2025 中财传媒版
年度全国会计专业技术资格考试辅导系列丛书·注定会赢®

初级会计实务
过关一本通

财政部中国财经出版传媒集团　组织编写

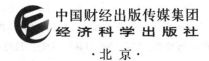

中国财经出版传媒集团
经济科学出版社
·北京·

图书在版编目（CIP）数据

初级会计实务过关一本通／财政部中国财经出版传
媒集团组织编写. -- 北京 ：经济科学出版社，2024.
12. --（中财传媒版 2025 年度全国会计专业技术资格考试
辅导系列丛书）. -- ISBN 978 - 7 - 5218 - 6539 - 4

Ⅰ. F233

中国国家版本馆 CIP 数据核字第 20244HJ935 号

责任校对：徐　昕　王京宁
责任印制：张佳裕　邱　天

初级会计实务过关一本通

CHUJI KUAIJI SHIWU GUOGUAN YIBENTONG

财政部中国财经出版传媒集团　组织编写

经济科学出版社出版、发行　新华书店经销

社址：北京市海淀区阜成路甲 28 号　邮编：100142

总编部电话：010 - 88191217　发行部电话：010 - 88191522

天猫网店：经济科学出版社旗舰店

网址：http://jjkxcbs. tmall. com

北京季蜂印刷有限公司印装

787 × 1092　16 开　24 印张　710000 字

2024 年 12 月第 1 版　2024 年 12 月第 1 次印刷

ISBN 978 - 7 - 5218 - 6539 - 4　定价：78.00 元

（图书出现印装问题，本社负责调换。电话：010 - 88191545）

（打击盗版举报热线：010 - 88191661，QQ：2242791300）

前　言

2025 年度全国会计专业技术初级资格考试大纲已经公布，辅导教材也已正式出版发行。与 2024 年度相比，新考试大纲及辅导教材的内容都有所变化。为了帮助考生准确理解和掌握新大纲和新教材的内容、顺利通过考试，中国财经出版传媒集团本着为广大考生服务的态度，严格按照新大纲和新教材内容，组织编写了中财传媒版 2025 年度全国会计专业技术资格考试辅导"注定会赢"系列丛书。

该系列丛书包含 5 个子系列，共 9 本图书，具有重点把握精准、难点分析到位、题型题量丰富、模拟演练逼真等特点。本书属于"过关一本通"子系列，包括三部分，第一部分考点精讲，突出对教材变化及知识点的解读，并配以例题点津；第二部分习题演练，精选典型习题，配有答案与解析；第三部分模拟测试，含三套模拟试题，帮助考生模拟演练，提高应试能力。

中国财经出版传媒集团旗下"中财云知"App 为购买本书的考生提供线上增值服务。考生使用微信扫描封面下方的防伪码并激活下载 App 后，可免费享有课程讲解、题库练习、学习答疑、每日一练等增值服务。

全国会计专业技术资格考试是我国评价选拔会计人才、促进会计人员成长的重要渠道，是中国式现代化人才战略的重要组成部分。希望广大考生在认真学习教材内容的基础上，结合本丛书准确理解和全面掌握应试知识点内容，顺利通过 2025 年会计资格考试，在会计事业发展中不断取得更大进步，为中国式现代化建设贡献更多力量！

书中如有疏漏和不当之处，敬请批评指正。

财政部中国财经出版传媒集团

2024 年 12 月

目　录

第一部分　考点精讲

第二部分 习题演练

第一章 概 述

第二章 会计基础

第三章 流动资产

第四章 非流动资产

第五章 负 债

第六章 所有者权益

第七章 收入、费用和利润

第八章 财务报告

第九章 产品成本核算

第十章　政府会计基础

第三部分　模拟测试

第一部分　考点精讲

第一章 概　述

教材变化

　　2025 年教材本章内容变化不大，具体内容变化如下：

　　1. 第一节重新编写了"会计核算的内容"。

　　2. 第二节调整了"会计核算基础"的部分内容。

　　3. 第四节调整了"会计职业的特征"中"会计职业的时代性"的内容。

　　4. 第五节更新了"企业会计准则体系"和"政府会计准则体系"的内容。

考情分析

　　本章内容属于会计基础知识，难度不大，但知识点较零碎，需要记忆的内容较多。考试题型主要为客观题，目的是测试考生会计基础理论水平，本章预计分值 5 分左右，考生在学习中应侧重对相关文字的理解以及理论知识的运用。

本章考点框架

概述
- 会计概念、职能和目标
  - 会计概念 ★
  - 会计职能 ★★
  - 会计目标 ★
- 会计基本假设和会计核算基础
  - 会计基本假设 ★★
  - 会计核算基础 ★★
- 会计信息质量要求
  - 会计信息 ★
  - 会计信息质量要求 ★★
- 会计人员职业道德规范
  - 会计职业及其特征 ★
  - 会计职业道德概述 ★
  - 会计职业道德的内容 ★★
  - 会计职业道德的相关管理规定 ★
- 会计准则制度体系概述
  - 企业会计准则体系概述 ★★
  - 政府会计准则制度体系概述 ★★

考点解读

第一单元　会计概念、职能和目标

✿ 考点1　会计概念★

一、考点解读

会计是以货币为主要计量单位，采用专门方法和程序，对企业和行政、事业单位的经济活动过程及其结果进行准确完整、连续系统的核算和监督，以如实反映受托责任履行情况和提供有用经济信息为主要目的的经济管理活动。其特征表现如表1-1所示。

表1-1

项目	内　容
特征	以货币为主要计量单位（提示：不是唯一计量单位）
	采用专门方法和程序
	准确完整、连续系统的核算和监督
	反映受托责任履行情况、提供有用经济信息

二、例题点津

【例题1·多选题】 下列关于会计的基本特征的说法中，正确的有（　　）。

A. 会计以货币为主要计量单位

B. 准确完整性、连续系统性

C. 会计监督是会计核算的基础

D. 会计是一种经济管理活动

【答案】 AB

【解析】 会计的基本特征表现为以货币为主要计量单位和准确完整性、连续系统性两个方面，选项A、B正确。选项C错误，会计核算和会计监督是会计职能，且会计核算是会计监督的基础。选项D错误，属于会计的定义。

【例题2·判断题】 会计是以货币为唯一的计量单位。（　　）

【答案】 ×

【解析】 会计是以货币为主要计量单位，但货币不是唯一的计量单位。

✿ 考点2　会计职能★★

一、考点解读

会计职能，是指会计在经济活动及其管理过程中所具有的功能，除具有会计核算和会计监督两项基本职能外，还具有预测经济前景、参与经济决策、评价经营业绩等拓展职能。如图1-1和表1-2所示。

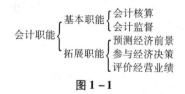

图1-1

表1-2

会计职能	类别	内　容
基本职能	核算职能	指会计以货币为主要计量单位，对特定主体的经济活动进行确认、计量、记录和报告。 提示　会计核算贯穿于经济活动的全过程，是会计最基本的职能

续表

会计职能	类别	内　　容
基本职能	监督职能	会计监督可分为单位内部监督、国家监督和社会监督等三部分，三者共同构成了"三位一体"的会计监督体系。 **单位内部的会计监督职能**是指会计机构、会计人员对其特定主体经济活动和相关会计核算的真实性、完整性、合法性和合理性进行审查，使之达到预期经济活动和会计核算目标的功能。 **会计的国家监督**是指财政、审计、税务、金融管理等部门依照有关法律、行政法规规定对各有关单位会计资料的真实性、完整性、合法性等实施的监督检查并出具检查结论。 **会计的社会监督**是指以注册会计师为主体的社会中介机构等实施的监督活动
	基本职能之间的关系	会计核算与会计监督是相辅相成、辩证统一的； 会计核算是会计监督的基础； 会计监督是会计核算质量的保障。 **提示** 会计职能为高频考点
拓展职能	预测经济前景	指根据财务报告等提供的信息，定量、定性地判断和推测经济活动的发展变化规律，以指导和调节经济活动，提高经济效益
	参与经济决策	指根据财务报告等提供的信息资料，运用定量分析和定性分析方法，对备选方案进行经济可行性分析，为企业经营管理等提供决策相关的信息
	评价经营业绩	指利用财务报告等提供的会计资料，采用适当的方法，对企业一定经营期间的资产运营、经济效益等经营成果，对照相应的评价标准，进行定量及定性对比分析并作出综合评价

二、例题点津

【例题1·单选题】下列各项中，会计机构、会计人员对企业经济活动和相关会计核算的真实性、完整性、合法性和合理性进行审查属于（　）。

A. 参与经济决策职能

B. 评价经营业绩职能

C. 单位内部的会计监督职能

D. 核算职能

【答案】 C

【解析】单位内部的会计监督职能是指会计机构、会计人员对其特定主体经济活动和相关会计核算的真实性、完整性、合法性和合理性进行审查，使之达到预期经济活动和会计核算目标的功能。故选项C正确。

【例题2·多选题】下列各项中，关于会计职能的表述正确的有（　）。

A. 监督职能是核算职能的保障

B. 核算职能是监督职能的基础

C. 预测经济前景、参与经济决策和评价经营业绩是拓展职能

D. 核算与监督是基本职能

【答案】 ABCD

【解析】会计的基本职能包括核算职能和监督职能。会计核算是会计监督的基础；会计监督是会计核算的保障。会计拓展职能包括预测经济前景、参与经济决策、评价经营业绩。故选项A、B、C、D正确。

【例题3·多选题】根据会计法律制度的规定，下列各项中，属于会计核算内容的有（　）。

A. 资产的增减和使用

B. 财务成果的计算和处理

C. 需要办理会计手续的事项

D. 收入、支出的增减

【答案】 ABCD

【解析】会计核算的内容主要包括：（1）资产的增减和使用（选项A）；（2）负债的增减；

（3）净资产（所有者权益）的增减；（4）收入、支出、费用、成本的增减（选项D）；（5）财务成果的计算和处理（选项B）；（6）需要办理会计手续、进行会计核算的其他事项（选项C）。

【例题4·判断题】 会计监督是会计核算的基础，没有监督，就难以保证核算提供信息的质量。（　）

【答案】 ×

【解析】 会计核算是会计监督的基础，没有核算提供的各种信息，监督就失去了依据；会计监督是会计核算质量的保障。

✿ 考点3　会计目标★

一、考点解读

会计的基本目标是向财务报告使用者提供企业财务状况、经营成果和现金流量等有关的会计资料和信息，反映企业管理层受托责任履行情况，有助于财务报告使用者作出经济决策，达到不断提高企业事业单位乃至经济社会整体的经济效益和效率的目的和要求。

从更高层面看，会计的目标还包括规范会计行为，保证会计资料真实、完整，加强经济管理和财务管理，提高经济效益，维护社会主义市场经济秩序，为市场在资源配置中起决定性作用和更好发挥政府作用提供基础性保障作用，实现经济高质量发展。

会计目标的实现状况及其结果主要表现为会计的经济后果，即反映受托责任的履行情况和有助于作出经济决策以及维护经济秩序、提高经济效益等所产生的影响及其经济结果。

【目标要点】

（1）会计的基本目标是反映企业管理层受托责任履行情况；

（2）财务报告使用者主要包括投资者、债权人、政府及其有关部门和社会公众等。

提示　重点关注财务报告使用者包括哪些人？

二、例题点津

【例题1·单选题】 下列关于会计目标的说法中，不正确的是（　　）。

A. 会计目标的实现状况及其结果主要表现为会计的经济后果

B. 会计目标是向财务报告使用者提供会计资料和信息

C. 会计目标反映企业管理层受托责任的履行情况

D. 会计目标不包括规范会计行为

【答案】 D

【解析】 会计的基本目标是向财务报告使用者提供企业财务状况、经营成果和现金流量等有关的会计资料和信息（选项B正确），反映企业管理层受托责任履行情况（选项C正确），有助于财务报告使用者作出经济决策，达到不断提高企业事业单位乃至经济社会整体的经济效益和效率的目的和要求，从更高层面看，会计的目标还包括规范会计行为（选项D不正确），保证会计资料真实、完整，加强经济管理和财务管理，提高经济效益，维护社会主义市场经济秩序，为市场在资源配置中起决定性作用和更好发挥政府作用提供基础性保障作用，实现经济高质量发展。会计目标的实现状况及其结果主要表现为会计的经济后果，即反映受托责任的履行情况和有助于作出经济决策以及维护经济秩序、提高经济效益等（选项A正确）。

第二单元　会计基本假设和会计核算基础

✿ 考点1　会计基本假设★★

一、考点解读

会计基本假设是对会计核算时间和空间范围以及所采用的主要计量单位等所作的合理假定，是企业会计确认、计量、记录和报告的前提。

会计基本假设包括会计主体、持续经营、会计分期和货币计量，如表1-3所示。

表 1 – 3

基本假设	内　　容
会计主体	指会计工作服务的特定对象，是企业会计确认、计量和报告的空间范围。 **提示** 如果某项经济交易或事项是属于企业所有者个体所发生的，则不应纳入企业会计核算的范围。如果企业所有者向企业投入资本或企业向投资者分配利润，则属于企业会计主体的核算范围
持续经营	指在可以预见的将来，企业将会按当前的规模和状态继续经营下去，不会停业，也不会大规模削减业务。 在持续经营假设下，会计确认、计量、记录和报告应当以企业持续、正常的生产经营活动为前提。 **提示** 持续经营是会计分期的前提
会计分期	指将一个企业持续经营的生产经营活动划分为一个个连续的、长短相同的期间。 **提示** 会计分期的目的，是据以分期结算盈亏，按期编报财务报告，从而及时向财务报告使用者提供有关企业财务状况、经营成果和现金流量的信息
货币计量	指会计主体在会计确认、计量、记录和报告时主要以货币作为计量单位，来反映会计主体的生产经营活动过程及其结果。 **提示** 对于业务收支以外币为主的企业，可选定某种外币作为记账本位币，但在编报财务报告时应折算为人民币

二、例题点津

【例题 1·单选题】 企业固定资产可以按照其价值和使用情况，确定采用某一方法计提折旧，它所依据的会计前提是（　　）。

A. 会计主体　　　　B. 持续经营

C. 会计分期　　　　D. 货币计量

【答案】B

【解析】企业的固定资产，只有在持续经营的前提下，才可以在使用年限内，按照其价值和使用情况，确定采用某一折旧方法计提折旧。故选项 B 正确。

【例题 2·单选题】 会计上产生本期和非本期的概念，为不同会计主体提供了会计基础，进而产生应收、应付等事项，是由于（　　）假设。

A. 会计周期　　　　B. 持续经营

C. 会计分期　　　　D. 货币计量

【答案】C

【解析】会计分期的目的，是据以分期结算盈亏，按期编报财务报告，从而及时向财务报告使用者提供有关企业财务状况、经营成果和现金流量的信息。选项 C 符合题意。

【例题 3·多选题】 下列各项中，可确认为会计主体的有（　　）。

A. 子公司　　　　B. 销售部门

C. 集团公司　　　　D. 母公司

【答案】ABCD

【解析】选项 A、B、C、D 均可以进行独立核算，均可确认为会计主体。

【例题 4·多选题】 下列各项中，既是法律主体又是会计主体的有（　　）。

A. 甲公司

B. 甲公司非独立核算的分公司

C. 甲公司的子公司

D. 经工商部门注册登记的甲企业集团

【答案】ACD

【解析】甲公司和其子公司都是独立法人，既是法律主体也是会计主体，选项 A、C 正确；甲公司非独立核算的分公司属于企业内部的一个单位只能作为会计主体，不能作为法律主体，选项 B 错误；集团公司如果只是几个企业联合组成的一个集团，没有法人资格，不能作为法律主体，如在工商部门进行了注册登记，有工商营业执照，可以成为法律主体，也可以作为会计主体，因此，选项 D 正确。

【例题 5·多选题】 持续经营是企业会计确认、计量、记录和报告的前提，下列关于持续经营的说法中，正确的有（　　）。

A. 会计分期是对持续经营基本假设的有效延续

B. 无形资产摊销可以按照其价值和使用情况，确定采用合适的摊销方法，其依据的会计核算前提是持续经营

C. 在持续经营理念下，企业会计人员认为未来经济发展快速，应根据未来的预测核算经济业务的发生

D. 持续经营是将生产经营活动划分成连续的、长短相同的期间

【答案】AB

【解析】在持续经营假设下，会计确认、计量和报告应当以企业持续、正常的生产经营活动为前提，选项C表述错误；将生产经营活动划分成连续的、长短相同的期间属于会计分期的定义，选项D表述错误。

【例题6·判断题】由于有了持续经营这个会计核算的基本假设，才产生了当期与其他期间的区别。（　　）

【答案】×

【解析】由于有了会计分期这个基本假设，才产生了当期与其他期间的区别。

✳ 考点2　会计核算基础★★

一、考点解读

会计核算的基础是指会计确认、计量、记录和报告的基础，具体包括权责发生制和收付实现制，如表1-4所示。

表1-4

会计基础	权责发生制	收付实现制
概念	指以取得收取款项的权利或支付款项的义务为标志来确定本期收入和费用的会计核算基础	指以现金的实际收付为标志确认本期收入和费用的会计核算基础
说明	凡是当期已经实现的收入和已经发生或者应当负担的费用，无论款项是否收付，都应当作为当期的收入和费用，计入利润表；凡是不属于当期的收入和费用，即使款项已在当期收付，也不应当作为当期的收入和费用	凡是本期实际收到款项的收入和支付款项的费用，无论其是否应归属于本期，均应作为本期的收入、费用；凡是本期未实际收到款项的收入和未支付款项的费用，即使发生，也不作为本期的收入、费用
适用范围	企业会计的确认、计量、记录和报告应当以权责发生制为基础	政府会计中的预算会计采用收付实现制；工会会计、社会保险基金等基金（资金）会计主要以收付实现制为核算基础
二者会计处理结果的差异	相较于收付实现制，权责发生制下会计处理较为复杂，其会计处理结果存在一定的差异。在交易或者事项的发生时间与相关款项收付时间不一致时产生两种会计核算基础下确认的利润差额	

二、例题点津

【例题1·单选题】甲公司2×24年12月的办公楼的租金费用200万元，用银行存款支付180万元，20万元未付。按照权责发生制和收付实现制在12月应分别确认费用（　　）万元。

A. 180、20　　　　B. 20、180

C. 200、180　　　D. 180、200

【答案】C

【解析】权责发生制应按200万元确认费用，而收付实现制应按实际支付的180万元确认费用。故选项C正确。

【例题2·单选题】甲公司2×24年4月发生如下业务：（1）销售商品价款20万元，款项收到；（2）收到上月销货款10万元；（3）预收销货款6万元；（4）销售商品价款15万元，款项未收。该企业采用权责发生制，本月收入为（　　）万元。

A. 35　　B. 36　　C. 31　　D. 51

【答案】A

【解析】权责发生制下，当期已经实现的收入，无论款项是否收到，都应作为当期收入，计入利润表，因此，已收款的20万元和未收款的15万元销货款应作为当期收入；不属于当期的收入，即使款项在当期收到，也不应作为当期收入，因此上月销货款10万元和预收货款6万元不能作为当期收入。20+15=35（万元），故选项A正确。

【例题3·多选题】下列交易或事项，在权责发生制下，应确认本月企业费用的有（　　）。

A. 本月支付上月工资

B. 本月支付本月水电费

C. 本月应负担的借款利息

D. 本月预付下月房租

【答案】BC

【解析】权责发生制下，本期发生或者应当负担的费用，无论款项是否支付，都应当作为当期费用，计入利润表，故选项B、C正确；凡是不属于当期的费用，即使款项已在当期支付，也不应当作为当期费用，故选项A、D错误。

【例题4·多选题】下列关于权责发生制原则的说法，正确的有（   ）。

A. 以款项实际支付的时间确认费用

B. 以款项实际收到的时间确认收入

C. 凡是当期已经实现的收入，不论款项是

否收到，都应当作为当期的收入

D. 凡是当期已经发生的或应当负担的费用，不论款项是否支付，都应当作为当期费用

【答案】CD

【解析】以款项实际收到或支付的时间确认收入和费用，体现的是收付实现制，选项A、B错误；在权责发生制下，凡是当期已经实现的收入和已经发生或者应当负担的费用，无论款项是否收付，都应当作为当期的收入和费用，计入利润表；凡是不属于当期的收入和费用，即使款项已在当期收付，也不应当作为当期的收入和费用，选项C、D正确。

第三单元 会计信息质量要求

✿ 考点1 会计信息 ★

一、考点解读

会计信息的主要作用有：解脱企业及其管理者的受托责任，降低企业和外部利益相关者之间的信息不对称；有效约束公司管理层的行为，提高公司治理的效率；帮助投资者甄别其投资的优劣进而作出投资决策；有利于债权人作出授信决策；维护资本市场秩序，提高经济的运行效率等。

会计信息质量，是指会计信息符合会计法律、会计准则等规定要求的程度，是满足企业利益相关者需要的能力和程度。

二、例题点津

【例题1·判断题】会计信息是企业和内部

管理层进行交流的较为直接、重要的信息来源和载体。（   ）

【答案】×

【解析】会计信息是企业和外部利益相关者进行交流的较为直接、重要的信息来源和载体。

✿ 考点2 会计信息质量要求 ★★

一、考点解读

会计信息质量要求是使财务报告所提供会计信息对信息使用者决策应具备的基本特征。我国会计信息质量要求包括可靠性、相关性、可理解性、可比性、实质重于形式、重要性、谨慎性和及时性，如表1-5所示。

表1-5

项目	具体内容
可靠性	企业应当以实际发生的交易或者事项为依据进行确认、计量、记录和报告，如实反映符合确认和计量要求的各项会计要素及其他相关信息，保证会计信息真实可靠、内容完整。可靠性是高质量会计信息的重要基础和关键所在。 提示 信息要准确可信
相关性	要求企业提供的会计信息应当与财务会计报告使用者的经济决策需要相关，有助于财务会计报告使用者对企业过去、现在或者未来的情况作出评价或者预测。 提示 会计信息是否有用是会计信息质量的重要标志和基本特征之一

续表

项目	具体内容
可理解性	要求企业提供的会计信息应当清晰明了，便于投资者等财务报告使用者理解和使用。 提示 信息要让使用者看懂
可比性	要求企业提供的会计信息应当相互可比，主要包括两层含义： （1）同一企业不同时期可比（纵向可比）：同一企业不同时期发生的相同或者相似的交易或者事项，应当采用一致的会计政策，不得随意变更。 （2）不同企业相同会计期间可比（横向可比）：不同企业同一会计期间发生的相同或者相似的交易或者事项，应当采用同一会计政策，确保会计信息口径一致、相互可比，以使不同企业按照一致的确认、计量和报告要求提供有关会计信息。 提示 若按照规定或者在会计政策变更后能够提供更可靠、更相关的会计信息，企业可以变更会计政策，并在附注中予以说明
实质重于形式	要求企业应当按照交易或者事项的经济实质进行会计确认、计量、记录和报告，不仅仅以交易或事项的法律形式为依据。 提示 企业租入的资产（短期租赁和低价值资产租赁除外），虽然从法律形式上来讲企业并不拥有其所有权，但是由于租赁合同规定的租赁期相当长，往往接近于该资产的使用寿命，租赁结束时承租企业有优先购买该资产的选择权，在租赁期内承租企业拥有资产使用权并从中受益等。从其经济实质看，企业能够控制租入资产所创造的未来经济利益，在会计确认、计量和报告中就应当将租入的资产视为企业资产，在资产负债表中列报为使用权资产
重要性	要求企业提供的会计信息应当反映与企业财务状况、经营成果和现金流量有关的所有重要交易或事项。 提示 重要性的应用需要依赖职业判断，企业应当根据其所处环境和实际情况，从项目的功能、性质和金额大小等多方面加以判断
谨慎性	要求企业对交易或事项进行会计确认、计量、记录和报告应当保持应有的谨慎，不应高估资产或者收益、低估负债或者费用。 （1）企业对售出商品很可能发生的保修义务确认预计负债、对很可能承担的环保责任确认预计负债等，这就体现了会计信息质量的谨慎性要求。 （2）实务中常见的案例：对各项资产计提减值准备、计提产品质量保证、预计负债的确认、固定资产采用加速折旧法、物价下降时存货发出采用先进先出法等。 提示 不应高估资产或者收益、低估负债或者费用，并非说明可以低估资产或者收益、高估负债或者费用
及时性	要求企业对于已经发生的交易或事项，应当及时进行确认、计量、记录和报告，不得提前或延后。 在会计确认、计量和报告过程中贯彻及时性要求：（1）及时收集会计信息；（2）及时处理会计信息；（3）及时传递会计信息

二、例题点津

【例题1·单选题】下列各项中，企业对很可能承担的环保责任确认预计负债，该企业遵循的会计信息质量要求是（　　）。

A. 谨慎性　　　　B. 实质重于形式

C. 可比性　　　　D. 及时性

【答案】A

【解析】谨慎性要求企业对交易或事项进行会计确认、计量、记录和报告应当保持应有的谨慎，不应高估资产或者收益、低估负债或者费用。例如，要求企业对可能发生的资产减值损失计提资产减值准备、要求企业对售出商品很可能发生的保修义务确认预计负债、对很可能承担的环保责任确认预计负债等，就体现了会计信息质量的谨慎性要求。故选项A正确。

【例题2·单选题】 我国会计目标中"有助于财务报告使用者作出经济决策",体现了会计信息质量要求中的( )。

A. 真实性 　　　　 B. 相关性

C. 可靠性 　　　　 D. 可理解性

【答案】 B

【解析】 相关性要求企业提供的会计信息应当与财务会计报告使用者的经济决策需要相关,有助于财务会计报告使用者对企业过去、现在或者未来的情况作出评价或者预测。选项B正确。

【例题3·单选题】 下列各项表述中,体现谨慎性会计信息质量要求的是( )。

A. 不同时期发生的相同交易,应采用一致的会计政策,不得随意变更

B. 提供的会计信息应当清晰明了,便于理解和使用

C. 对已售商品的保修义务确认预计负债

D. 及时将编制的财务报告传递给使用者

【答案】 C

【解析】 不同时期发生的相同交易,应采用一致的会计政策,不得随意变更,体现的是可比性要求,选项A错误;提供的会计信息应当清晰明了,便于理解和使用,体现的是可理解性要求,选项B错误;及时将编制的财务报告传递给使用者,体现的是及时性要求,选项D错误。

【例题4·多选题】 下列各项中,不违背可比性要求的有( )。

A. 因市场环境发生变化,将固定资产预计使用寿命由10年改为5年

B. 因上年利润任务完成不佳,将存货发出由先进先出法改为月末一次加权平均法

C. 因债务人宣告破产,将应收账款坏账损失率由5%变更为60%

D. 因企业会计准则的修订,将采购费用由计入当期损益变更为计入采购成本

【答案】 ACD

【解析】 同一企业不同时期发生的相同或者相似的交易或事项,应当采用一致的会计政策,不得随意变更,选项B错误。

【例题5·多选题】 下列各项中,体现谨慎性会计信息质量要求的有( )。

A. 固定资产按直线法计提折旧

B. 低值易耗品金额较小的,在领用时一次性计入成本费用

C. 对售出商品很可能发生的保修义务确认预计负债

D. 当存货成本高于可变现净值时,计提存货跌价准备

【答案】 CD

【解析】 选项A错误,固定资产按直线法计提折旧,每年计提金额一致,并不能体现谨慎性,固定资产采用加速折旧法计提折旧时才能体现谨慎性;选项B错误,体现的是重要性。

【例题6·判断题】 对于短期借款利息,如按月支付或按季度支付但金额较小,也可以不分月预提,支出时直接计入当期损益,体现了会计信息质量要求的重要性。( )

【答案】 √

【解析】 企业应当根据其所处环境和实际情况,从项目的功能、性质和大小等多方面加以判断。

第四单元 会计人员职业道德规范

✴ **考点1 会计职业及其特征★**

一、考点解读

会计职业,是指利用会计专门的知识和技能,为经济社会提供会计服务,获取合理报酬的职业。在会计实务中,会计职业主要是指根据会计法律法规等相关规定要求,在国家机关、社会团体、企业、事业单位和其他组织中从事会计核算、实行会计监督的会计工作。其特征如表1-6所示。

表1-6

特征	具体内容
社会属性	会计职业是社会的一种分工，履行会计职能，为社会提供会计服务，维护生产关系和经济社会秩序，正确处理企业利益相关者和社会公众的经济权益及其关系
规范性	会计职业具有系统性的专业规范操作要求，具有严格职业道德的规范性要求
经济性	会计职业是会计人员赖以谋生的劳动过程，具有获取合理报酬的特性
技术性	会计职业采用各种专门方法和程序履行其职能
时代性	会计职业应适应经济社会生产经营方式以及文化、社会组织等多种因素的变化要求，既要有助于发挥市场在经济资源配置中的决定性作用，也要有助于更好地发挥政府作用，切实贯彻创新、协调、绿色、开放、共享的新发展理念，与时俱进

二、例题点津

【例题1·单选题】 会计职业是会计人员赖以谋生的劳动过程，具有获取合理报酬的特性，体现了会计职业的（　　）特征。

A. 规范性　　　　B. 经济性

C. 技术性　　　　D. 时代性

【答案】 B

【解析】 会计职业是会计人员赖以谋生的劳动过程，具有获取合理报酬的特性体现了会计职业的经济性。选项B正确。

【例题2·多选题】 下列各项中，属于会计职业特征的有（　　）。

A. 会计职业的社会属性

B. 会计职业的规范性

C. 会计职业的经济性

D. 会计职业的及时性

【答案】 ABC

【解析】 会计职业的特征包括社会属性、规范性、经济性、技术性、时代性。故选项A、B、C正确。

✲ 考点2　会计职业道德概述 ★

一、考点解读

（一）会计职业道德的概念

会计职业道德，是指会计人员在会计工作中应当遵循的、体现会计职业特征的、调整会计职业关系的职业行为准则和规范。

会计职业道德由特定的社会生产关系和经济社会发展水平所决定，属于社会意识形态范畴。

会计职业道德由会计职业理想、会计职业责任、会计职业技能、会计工作态度、会计工作作风和会计职业纪律等构成。

提示 会计职业道德的核心是诚信。

（二）会计职业道德与会计法律制度的联系与区别

会计职业道德与会计法律制度的联系：（1）在内容上相互渗透、相互吸收；（2）在作用上相互补充、相互协调。会计职业道德是会计法律制度的重要补充，会计法律制度是会计职业道德的最低要求，是会计职业道德的基本制度保障。

会计职业道德与会计法律制度的区别，如表1-7所示。

表1-7

区别	会计职业道德	会计法律制度
性质不同	通过行业行政管理部门规范和会计从业人员自觉执行，具有内在的控制力，可以约束会计人员的内在心理活动，具有职业的更高目标和很强的自律性	通过国家权力强制执行，具有很强的他律性
作用范围不同	不仅调整会计人员的外在行为，还调整会计人员内在的精神世界，作用范围更加广泛	侧重于调整会计人员的外在行为和结果的合法化，具有较强的客观性
表现形式不同	出自会计人员的职业生活和职业实践，其表现形式既有成文的规范，也有不成文的规范	通过一定的程序由国家立法部门或行政管理部门制定、颁布的，其表现形式是具体的、明确的、正式形成文字的成文规定

续表

区别	会计职业道德	会计法律制度
实施保障机制不同	依靠行业行政管理部门监管执行和职业道德教育、社会舆论、传统习惯和道德评价来实现	依靠国家强制力保证其贯彻执行
评价标准不同	以行业行政管理规范和道德评价为标准	以法律规定为评价标准

二、例题点津

【例题 1 · 单选题】 下列关于会计职业道德与会计法律制度的说法中，错误的是（　）。

A. 会计法律制度是会计职业道德的重要补充

B. 会计法律制度通过国家行政权力强制执行

C. 会计职业道德以行业行政管理规范和道德评价为标准

D. 会计职业道德的作用范围比会计法律制度更加广泛

【答案】 A

【解析】 会计职业道德是会计法律制度的重要补充，会计法律制度是会计职业道德的最低要求，是会计职业道德的基本制度保障。选项 A 符合题意。

【例题 2 · 多选题】 下列关于会计职业道德的表述中，正确的有（　）。

A. 会计职业道德由国家强制力保障实施

B. 会计职业道德是会计法律制度的重要补充

C. 会计职业道德不要求调整会计人员的外在行为

D. 会计法律制度是会计职业道德的最低要求

【答案】 BD

【解析】 选项 A，会计法律制度是由国家强制力保障实施；选项 C，会计职业道德不仅要求调整会计人员的外在行为，还要求调整会计人员内在的精神世界。选项 B、D 正确。

【例题 3 · 多选题】 会计职业道德由（　）等构成。

A. 会计职业理想　　B. 会计职业责任

C. 会计工作作风　　D. 会计职业纪律

【答案】 ABCD

【解析】 会计职业道德由会计职业理想、会计职业责任、会计职业技能、会计工作态度、会计工作作风和会计职业纪律等构成。故选项 A、B、C、D 均正确。

【例题 4 · 判断题】 会计职业道德不仅调整会计人员的外在行为，还调整会计人员内在的精神世界。（　）

【答案】 √

【解析】 会计职业道德不仅调整会计人员的外在行为，还调整会计人员内在的精神世界，作用范围更加广泛。本题表述正确。

✱ 考点 3　会计职业道德的内容 ★★

一、考点解读

为贯彻落实党中央、国务院关于加强社会信用体系建设的决策部署，推进会计诚信体系建设，提高会计人员职业道德水平，根据《会计法》《会计基础工作规范》，财政部研究制定了《会计人员职业道德规范》，提出"三坚三守"，强调会计人员"坚"和"守"的职业特性和价值追求，是对会计人员职业道德要求的集中表达，具体内容如表 1-8 所示。

表 1-8

具体内容	内涵	地位
坚持诚信，守法奉公	牢固树立诚信理念，以诚立身、以信立业，严于律己、心存敬畏。学法知法守法，公私分明、克己奉公，树立良好职业形象，维护会计行业声誉	自律要求
坚持准则，守责敬业	严格执行准则制度，保证会计信息真实完整。勤勉尽责、爱岗敬业，忠于职守、敢于斗争，自觉抵制会计造假行为，维护国家财经纪律和经济秩序	履职要求

续表

具体内容	内涵	地位
坚持学习,守正创新	始终秉持专业精神,勤于学习、锐意进取,持续提升会计专业能力。不断适应新形势新要求,与时俱进、开拓创新,努力推动会计事业高质量发展	发展要求

二、例题点津

【例题1·单选题】下列关于"三坚三守"说法中,错误的是( )。

A."坚持诚信,守法奉公"要求会计人员牢固树立诚信理念

B."三坚三守"强调会计人员"坚"和"守"的职业特性和价值追求

C."三坚三守"是对会计人员职业道德要求的集中表达

D."三坚三守"包括"坚持惯例,守护传统"

【答案】D

【解析】"坚持诚信,守法奉公"要求会计人员牢固树立诚信理念,以诚立身、以信立业,严于律己、心存敬畏。学法知法守法,公私分明、克己奉公,树立良好职业形象,维护会计行业声誉(选项A正确)。财政部研究制定了《会计人员职业道德规范》,提出"三坚三守",强调会计人员"坚"和"守"的职业特性和价值追求,是对会计人员职业道德要求的集中表达(选项B、C正确)。"三坚三守"包括"坚持诚信,守法奉公""坚持准则,守责敬业""坚持学习,守正创新"(选项D错误)。

【例题2·判断题】"坚持学习,守正创新"是对会计人员的自律要求。( )

【答案】×

【解析】"坚持诚信,守法奉公"是对会计人员的自律要求,"坚持准则,守责敬业"是对会计人员的履职要求,"坚持学习,守正创新"是对会计人员的发展要求。

✲ 考点4 会计职业道德的相关管理规定★

一、考点解读

会计职业道德管理措施具体如表1-9所示。

表1-9

措施	内　　容
增强会计人员诚信意识	(1)强化会计职业道德意识; (2)加强会计诚信教育
建设会计人员信用档案	(1)建立严重失信会计人员"黑名单"制度; (2)建立会计人员信用信息管理制度; (3)完善会计人员信用信息管理系统
会计职业道德管理的组织实施	(1)组织领导; (2)广泛宣传; (3)褒奖守信会计人员
建立健全会计职业联合惩戒机制	(1)罚款、限制从事会计工作、追究刑事责任等惩戒措施; (2)记入会计从业人员信用档案; (3)将会计领域违法失信当事人信息通过财政部网站、"信用中国"网站予以发布,同时协调相关互联网新闻信息服务单位向社会公布; (4)实行行业惩戒; (5)限制取得相关从业任职资格,限制获得认证证书;

续表

措施	内 容
建立健全会计职业联合惩戒机制	（6）依法限制参与评先、评优或取得荣誉称号； （7）依法限制担任金融机构董事、监事、高级管理人员； （8）依法限制其担任国有企业法定代表人、董事、监事； （9）限制登记为事业单位法定代表人； （10）作为招录（聘）为公务员或事业单位工作人员以及业绩考核、干部选任的参考

二、例题点津

【例题 1·多选题】 下列各项中，属于联合惩戒措施的有（　　）。

A. 记入会计从业人员信用档案

B. 限制取得相关从业任职资格

C. 依法限制担任金融机构董事、监事、高级管理人员

D. 依法限制其担任国有企业法定代表人、董事、监事

【答案】 ABCD

【解析】 以上四个选项均属于联合惩戒措施。

【例题 2·判断题】 鼓励用人单位建立会计人员信用管理制度，将会计人员遵守会计职业道德情况作为考核评价、岗位聘用的重要依据，强化会计人员诚信责任。（　　）

【答案】 √

【解析】 增强会计人员诚信意识需要加强会计诚信教育，鼓励用人单位建立会计人员信用管理制度，将会计人员遵守会计职业道德情况作为考核评价、岗位聘用的重要依据，强化会计人员诚信责任。

【例题 3·判断题】 在会计专业技术资格考试或会计职称评审、高端会计人才选拔等资格资质审查过程中，对严重失信会计人员实行"一票否决制"。（　　）

【答案】 √

【解析】 该说法正确。

第五单元　会计准则制度体系概述

✽ 考点 1　企业会计准则体系概述 ★★

一、考点解读

我国企业会计准则体系的相关内容如表 1-10 所示。

表 1-10

内容	适用范围	组成内容
企业会计准则体系	适用于上市公司、金融机构、国有企业等大中型企业	主要包括 1 项基本准则、42 项具体准则及其应用指南、18 项企业会计准则解释、10 余项会计处理规定
小企业会计准则	适用于符合《中小企业划型标准规定》所规定的小型企业标准的企业，但以下三类小企业除外：（1）股票或债券在市场上公开交易的小企业；（2）金融机构或其他具有金融性质的小企业；（3）企业集团内的母公司和子公司	主要包括《小企业会计准则》和针对某些特定行业某项或某类业务的会计处理规定，如《律师事务所相关业务会计处理规定》

提示 根据会计主体不同，我国统一的会计核算制度体系主要包括企业会计准则制度，政府会计准则，以及民间非营利组织会计制度、基金（资金）类会计制度、农村集体经济组织会计制度等。

二、例题点津

【例题 1 · 多选题】 下列各项中，属于企业会计准则体系的适用范围的有（   ）。

A. 上市公司　　　B. 政府会计主体

C. 金融机构　　　D. 国有企业

【答案】 ACD

【解析】 企业会计准则主要适用于上市公司、金融机构、国有企业等大中型企业。故选项A、C、D正确。

【例题 2 · 多选题】 下列各项中，属于我国统一的会计核算制度体系的有（   ）。

A. 企业会计准则

B. 农村集体经济组织会计制度

C. 民间非营利组织会计制度

D. 基金（资金）类会计制度

【答案】 ABCD

【解析】 根据会计主体不同，我国统一的会计核算制度体系主要包括企业会计准则（选项A正确），政府会计准则制度，以及民间非营利组织会计制度（选项C正确）、基金（资金）类会计制度（选项D正确）、农村集体经济组织会计制度（选项B正确）等。

✳ 考点 2　政府会计准则制度体系概述 ★★

一、考点解读

我国政府会计准则制度体系的相关内容如表 1 – 11 所示。

表 1 – 11

内容	适用范围	组成内容
政府会计准则体系	适用于政府会计主体，主要包括各级政府、各部门、各单位（军队和已纳入企业财务管理体系的单位和执行《民间非营利组织会计制度》的社会团体，其会计核算不适用政府会计准则制度体系）	主要包括1项基本准则、10项具体准则、2项应用指南和7项政府会计准则制度解释
政府会计制度	—	主要包括政府财政总会计制度和政府单位会计制度； 主要规定政府会计科目及账务处理、报表体系及编制说明等，与政府会计具体准则相互补充

二、例题点津

【例题 1 · 多选题】 下列各项中，属于政府会计制度组成部分的有（   ）。

A. 社会保险基金会计制度

B. 政府财政总会计制度

C. 政府单位会计制度

D. 民间非营利组织会计制度

【答案】 BC

【解析】 按照政府会计主体不同，政府会计制度主要由政府财政总会计制度和政府单位会计制度组成。故选项B、C正确。

第二章 会计基础

教材变化

2025 年教材中对本章内容进行了部分调整。具体情况如下：

1. 原始凭证的基本内容中增加了从外单位取得原始凭证、自制原始凭证、对外开出的原始凭证、电子原始凭证等相关内容。

2. 原始凭证的审核中修改了电子原始凭证的相关内容。

3. 记账凭证的审核中增加了机制记账凭证的相关内容。

4. 修改了会计凭证的保管要求相关内容。

5. 修改了会计账簿的部分相关内容。

6. 修改了对账与结账的部分相关内容。

7. 修改了第六节会计信息化基础整节内容。

考情分析

本章内容属于会计基础知识，难度不大，但涵盖的知识点较零碎，需要记忆的内容较多。主要包括会计要素与会计等式、会计科目和借贷记账法、会计凭证和会计账簿、财产清查、会计账务处理程序、会计信息化基础。考生在学习时应侧重对文字表述的理解以及理论知识的应用，建议复习以客观题为主，本章预计考试分值在 7 分左右。

本章考点框架

```
                          ┌ 会计要素与会计等式 ┌ 会计要素及其确认条件★★
                          │                  │ 会计计量属性及其应用原则★
                          │                  └ 会计等式★★★
                          │ 会计科目和借贷记账法 ┌ 会计科目与账户★
                          │                  └ 借贷记账法★★★
                          │ 会计凭证          ┌ 会计凭证概述★
                          │                  │ 原始凭证★★★
                          │                  │ 记账凭证★★★
                          │                  └ 会计凭证的保管★★
                          │ 会计账簿          ┌ 会计账簿概述★
会计基础                   │                  │ 会计账簿的启用与登记★★
                          │                  │ 对账与结账★★
                          │                  └ 会计账簿的保管★★
                          │ 财产清查          ┌ 财产清查的种类★★
                          │                  └ 财产清查的方法与会计处理★
                          │ 会计账务处理程序    ┌ 会计账务处理程序的种类★★
                          │                  └ 会计账务处理程序的应用★★
                          └ 会计信息化基础     ┌ 会计信息化概述★
                                             │ 单位会计信息化建设★
                                             └ 会计数据处理和应用★
```

考点解读

第一单元　会计要素与会计等式

✿ 考点1　会计要素及其确认条件★★

一、考点解读

会计要素按照其性质分为资产、负债、所有者权益、收入、费用和利润，其中，资产、负债和所有者权益要素侧重于反映企业的财务状况；收入、费用和利润要素侧重于反映企业的经营成果。

解释 会计要素是会计对象的具体化，是按交易或事项基本特征所作出的基本分类，构成了会计报表的基本框架。

提示 掌握会计要素按经济内容的分类，即：反映财务状况的会计要素和反映经营成果的会计要素。

（一）资产（见表2-1）

表2-1

项目	内　　容
定义	指企业过去的交易或者事项形成的，由企业拥有或者控制的，预期会给企业带来经济利益的资源。 解释 资产的本质是资源，只有同时满足表中下列特征的资源才可以确认为资产要素

续表

项目	内 容
特征	(1) 资产应为企业拥有或者控制的资源。 解释 会计上的资产不仅强调拥有产权，也强调没有产权情况下拥有控制权 (2) 资产预期会给企业带来经济利益。 解释 经济利益表现为多种情况，例如存货可以销售出去、固定资产能正常使用、应收账款可以收回款项等 (3) 资产是由企业过去的交易或者事项形成的。 解释 资产一定是现时的，也就是说只有过去的交易或者事项才能产生资产，企业预期在未来发生的交易或者事项不形成资产
确认条件	(1) 与该资源有关的经济利益很可能流入企业 (2) 该资源的成本或者价值能够可靠地计量 提示 将一项资源确认为资产，除需要符合资产的定义外，应同时满足上述两个条件。 解释 可计量性，是会计确认的先决条件。不能货币量化的交易或事项，会计上是不能确认的
分类和内容	(1) 流动资产：包括货币资金、交易性金融资产、衍生金融资产、应收票据、应收账款、应收款项融资、预付款项、其他应收款、存货、合同资产、持有待售资产、一年内到期的非流动资产、其他流动资产。 (2) 非流动资产：包括债权投资、其他债权投资、长期应收款、长期股权投资、其他权益工具投资、其他非流动金融资产、投资性房地产、固定资产、在建工程、生产性生物资产、油气资产、使用权资产、无形资产、开发支出、商誉、长期待摊费用、递延所得税资产、其他非流动资产

（二）负债（见表2－2）

表2－2

项目	内 容
定义	指企业过去的交易或者事项形成的，预期会导致经济利益流出企业的现时义务

续表

项目	内 容
特征	(1) 负债是企业承担的现时义务。 解释 义务 ⎰潜在义务 ⎱现时义务 ⎰法定义务 ⎱推定义务 (2) 负债预期会导致经济利益流出企业 (3) 负债是由企业过去的交易或者事项形成的。 解释 未来发生的交易或者事项形成的义务，不属于现时义务，不应当确认为负债
确认条件	(1) 与该义务有关的经济利益很可能流出企业 (2) 未来流出的经济利益的金额能够可靠地计量 提示 将一项现时义务确认为负债，除需要符合负债的定义外，应同时满足上述两个条件
分类和内容	(1) 流动负债：包括短期借款、交易性金融负债、衍生金融负债、应付票据、应付账款、预收款项、合同负债、应付职工薪酬、应交税费、其他应付款、持有待售负债、一年内到期的非流动负债、其他流动负债； (2) 非流动负债：包括长期借款、应付债券、租赁负债、长期应付款、预计负债、递延收益、递延所得税负债、其他非流动负债

（三）所有者权益

1. 所有者权益的定义

所有者权益是指企业资产扣除负债后，由所有者享有的剩余权益。公司的所有者权益又称为股东权益。所有者权益是所有者对企业资产的剩余索取权，它是企业的资产扣除债权人权益后应由所有者享有的部分，既可反映所有者投入资本的保值增值情况，又体现了保护债权人权益的理念，见图2－1。

所有者权益的来源 ——→ 所有者权益的会计科目 ——→ 所有者权益的构成

所有者投入的资本 { 实收资本（股本）——→（1）实收资本（股本）
资本公积（资本或股本溢价）
（其他资本公积） } ——→（2）资本公积

直接计入所有者权益的利得和损失 ——→ 其他综合收益 ——→（3）其他综合收益

留存收益 { 盈余公积 ——→（4）盈余公积
本年利润
利润分配 } ——→（5）未分配利润

图 2－1

2. 所有者权益的确认条件

所有者权益体现的是所有者在企业中的剩余权益，因此，所有者权益的确认和计量主要依赖于资产和负债的确认和计量。

3. 所有者权益的来源

所有者权益的来源包括所有者投入的资本、其他综合收益、留存收益等，通常由股本（或实收资本）、资本公积（含股本溢价或资本溢价、其他资本公积）、其他综合收益、盈余公积和未分配利润等构成。

（四）收入（见表 2－3）

表 2－3

项目	内　　容
定义	指企业在日常活动中形成的、会导致所有者权益增加的、与所有者投入资本无关的经济利益的总流入
特征	（1）收入是企业在日常活动中形成的。[提示] 利得与收入的区别在于是否为日常活动形成的 （2）收入是与所有者投入资本无关的经济利益的总流入。[提示] 接受所有者投入的资本不属于收入 （3）收入会导致所有者权益的增加。[提示] 与所有者投入资本无关的经济利益的总流入不一定都是收入
确认条件	（1）合同各方已批准该合同并承诺将履行各自义务 （2）该合同明确了合同各方与所转让商品或提供劳务相关的权利和义务 （3）该合同有明确的与所转让商品或提供劳务相关的支付条款

续表

项目	内　　容
确认条件	（4）该合同具有商业实质，即履行该合同将改变企业未来现金流量的风险、时间分布或金额 （5）企业因向客户转让商品或提供劳务而有权取得的对价很可能收回

（五）费用（见表 2－4）

表 2－4

项目	内　　容
定义	指企业在日常活动中发生的、会导致所有者权益减少的、与向所有者分配利润无关的经济利益的总流出
特征	（1）费用是企业在日常活动中形成的。[提示] 损失与费用的区别在于是否为日常活动形成的 （2）费用是与向所有者分配利润无关的经济利益的总流出。[提示] 向所有者分配利润不属于费用 （3）费用会导致所有者权益的减少
确认条件	（1）与费用相关的经济利益应当很可能流出企业 （2）经济利益流出企业的结果会导致资产的减少或者负债的增加 （3）经济利益的流出额能够可靠计量

（六）利润

1. 利润的定义

利润是指企业在一定会计期间的经营成果。通常情况下，如果企业实现了利润，表明企业的所有者权益将增加；反之，如果企业发生亏损

（即利润为负数），表明企业的所有者权益将减少。

2. 利润的来源

利润包括收入减去费用后的净额、直接计入当期利润的利得和损失等。其中收入减去费用后的净额反映的是企业日常活动的业绩（营业利润）。

解释 直接计入当期利润的利得和损失是指应当计入当期损益、会导致所有者权益发生增减变动的、与所有者投入资本或者向所有者分配利润无关的利得或损失。其中，利得是指由企业非日常活动所形成的、会导致所有者权益增加的、与所有者投入资本无关的经济利益的流入；损失是指由企业非日常活动所发生的、会导致所有者权益减少的、与向所有者分配利润无关的经济利益的流出。

提示 （1）利得在我国分为直接计入利润的利得和直接计入所有者权益的利得。

（2）损失在我国分为直接计入利润的损失和直接计入所有者权益的损失。

3. 利润确认条件

利润反映的是收入减去费用、利得减去损失后净额的概念。因此，利润的确认主要依赖于收入和费用，以及利得和损失的确认，其金额的确定也主要取决于收入、费用、利得和损失金额的计量。

二、例题点津

【例题1·单选题】下列各项中，符合资产定义的是（　　）。

A. 拟3个月后购入的材料

B. 融资租入固定资产

C. 经营租入固定资产

D. 库存已霉烂变质的存货

【答案】B

【解析】资产是指企业过去的交易或者事项形成的，由企业拥有或者控制的，预期会给企业带来经济利益的资源。选项A不是过去的交易或事项形成的；选项B是由企业拥有或者控制的；选项C不是由企业拥有或者控制的；选项D是预期不会给企业带来经济利益的资源。

【例题2·单选题】下列各项中，属于流动资产的是（　　）。

A. 持有待售资产　　B. 无形资产

C. 在建工程　　　　D. 债权投资

【答案】A

【解析】流动资产包括货币资金、交易性金融资产、衍生金融资产、应收票据、应收账款、应收款项融资、预付款项、其他应收款、存货、合同资产、持有待售资产、一年内到期的非流动资产、其他流动资产。无形资产、在建工程和债权投资属于非流动资产，选项B、C、D错误。

【例题3·多选题】下列各项中，属于非流动负债的有（　　）。

A. 其他应付款　　　B. 租赁负债

C. 应交税费　　　　D. 预计负债

【答案】BD

【解析】企业负债分为流动负债和非流动负债两大类。其中非流动负债包括长期借款、应付债券、租赁负债、长期应付款、预计负债、递延收益、递延所得税负债、其他非流动负债。其他应付款和应交税费属于流动负债，选项A、C错误。

【例题4·多选题】下列关于所有者权益的说法中，不正确的有（　　）。

A. 所有者权益又称为股东权益

B. 所有者权益包括股本、资本公积、盈余公积和留存收益

C. 所有者权益的金额等于资产扣除负债后的余额

D. 所有者权益是指企业所有者在企业资产中享有的经济利益

【答案】BD

【解析】选项A说法正确；选项B，留存收益包括盈余公积和未分配利润，选项B的说法不准确；选项C，资产＝负债＋所有者权益，选项C说法正确；选项D，所有者权益是指企业资产扣除负债后，即企业净资产中由所有者享有的经济利益，是剩余权益，选项D说法不正确。

【例题5·判断题】某企业将一项符合负债定义的现时义务确认为负债，要满足两个条件，与该义务有关的经济利益很可能流出企业和未来企业流出的经济利益的金额能够可靠计量。（　　）

【答案】√

【解析】将一项现时义务确认为负债，除需要符合负债的定义外，应同时满足与该义务有关

的经济利益很可能流出企业和未来企业流出的经济利益的金额能够可靠地计量两个条件。

【例题6·判断题】负债是指企业过去的交易或者事项形成的，预期会导致经济利益流出企业的永久义务。（　　）

【答案】×

【解析】负债是现时义务，不是永久义务。

【例题7·判断题】收入是指企业在经济活动中形成的经济利益的总流入，包括主营业务收入、其他业务收入和营业外收入。（　　）

【答案】×

【解析】营业外收入为非日常活动形成，属于利得，不属于收入。

✽ 考点2　会计计量属性及其应用原则 ★

一、考点解读

会计计量属性主要包括历史成本、重置成本、可变现净值、现值和公允价值等，见表2-5。

表2-5

计量属性	项目	内　容
历史成本	定义	又称实际成本，是指取得或制造某项财产物资时所实际支付的现金或者现金等价物
	计量体现	资产：按照其购置时支付的现金或现金等价物的金额，或者按照购置时所付出对价的公允价值计量
		负债：按照其因承担现时义务而实际收到的款项或者资产的金额，或者承担现时义务的合同金额，或者按照日常活动中为偿还负债预期需要支付的现金或者现金等价物的金额计量
重置成本	定义	又称现行成本，是指按照当前市场条件，重新取得同样一项资产所需支付的现金或现金等价物金额
	计量体现	资产：按照现在购买相同或者相似资产所需支付的现金或者现金等价物的金额计量
		负债：按照现在偿付该项债务所需支付的现金或者现金等价物的金额计量
	提示 主要用于存货、固定资产盘盈	
可变现净值	定义	是指在生产经营过程中，以预计售价减去进一步加工成本和销售所必需的预计税金、费用后的净值。 提示 (1) 可变现净值实质是未来现金净流量。 (2) 主要用于存货期末计量
现值	定义	是指对未来现金流量以恰当的折现率进行折现后的价值，是考虑货币时间价值因素等的一种计量属性
	计量体现	资产：按照预计从其持续使用和最终处置中所产生的未来净现金流入量的折现金额计量
		负债：按照预计期限内需要偿还的未来净现金流出量的折现金额计量
公允价值	定义	是指市场参与者在计量日发生的有序交易中，出售一项资产所能收到或者转移一项负债所需支付的价格。 提示 (1) 主要用于金融工具确认和计量（例如，交易性金融资产）。 (2) 企业通常选择历史成本计量；如选择其他四种计量属性应保证会计要素的金额能够持续取得且可靠计量

二、例题点津

【例题1·多选题】下列各项中，属于企业会计计量属性的有（　　）。

A. 公允价值　　　　B. 会计分期

C. 重置成本　　　　D. 现值

【答案】ACD

【解析】会计计量属性主要包括历史成本、重置成本、可变现净值、现值和公允价值等，会计分期属于会计基本假设。

【例题2·单选题】资产按照其购置时所付出对价的公允价值计量，体现了（　　）。

A. 实际成本　　　　B. 重置成本

C. 可变现净值　　　D. 现值

【答案】A

【解析】采用历史成本（实际成本）计量时，资产按照其购置时支付的现金或现金等价物的金额，或者按照购置时所付出对价的公允价值计量。

【例题3·多选题】下列各项中，影响可变现净值的因素有（　　）。

A. 预计售价

B. 进一步加工成本

C. 销售所必需的预计税金

D. 销售所必需的预计费用

【答案】ABCD

【解析】可变现净值，是指在生产经营过程中，以预计售价减去进一步加工成本和销售所必需的预计税金、费用后的净值。

【例题4·多选题】下列关于会计计量属性的表述中，正确的有（　　）。

A. 企业在对会计要素进行计量时，一般应采用历史成本

B. 准则允许交易性金融资产采用公允价值计量，但应当保证其公允价值金额能够取得并可靠计量

C. 存货减值时，应采用可变现净值计量

D. 重置成本计量，是指市场参与者在计量日发生的有序交易中，出售一项资产所能收到或者转移一项负债所需支付的价格

【答案】ABC

【解析】重置成本是指按照当前市场条件，重新取得同样一项资产所需支付的现金或现金等价物金额，而选项D所指的计量属性是公允价值。

✦ 考点3　会计等式 ★★★

一、考点解读

会计等式，又称会计恒等式、会计方程式或会计平衡公式，是表明会计要素之间基本关系的等式。

（一）会计等式的表现形式

资产和负债、所有者权益三者之间在数量上存在下列恒等关系，用公式表示为：

资产 ＝ 负债 ＋ 所有者权益

提示 这一等式反映了企业在某一特定时点资产、负债和所有者权益三者之间的平衡关系，因此，该等式被称为财务状况等式、基本会计等式或静态会计等式，它是复式记账法的理论基础，也是编制资产负债表的依据。

在不考虑利得和损失的情况下（由于收入和费用要素是狭义的概念，利润是广义的概念），收入、费用和利润之间的关系用公式表示为：

收入 － 费用 ＝ 利润

提示 这一等式反映了企业利润的实现过程，称为经营成果等式或动态会计等式。收入、费用和利润之间的上述关系，是编制利润表的依据。

（二）交易或事项对会计等式的影响

企业发生的交易或事项按其对财务状况等式的影响不同，可以分为以下9种基本类型：

（1）一项资产增加、另一项资产等额减少的经济业务。

提示 该类型资产总额不变。

（2）一项资产增加、一项负债等额增加的经济业务。

提示 该类型资产和负债总额同时增加，所有者权益总额不变。

（3）一项资产增加、一项所有者权益等额增加的经济业务。

提示 该类型资产和所有者权益总额同时增加，负债总额不变。

（4）一项资产减少、一项负债等额减少的经济业务。

提示 该类型资产和负债总额同时减少，所有者权益总额不变。

（5）一项资产减少、一项所有者权益等额减少的经济业务。

提示 该类型资产和所有者权益总额同时减少，负债总额不变。

（6）一项负债增加、另一项负债等额减少的经济业务。

提示 该类型负债不变。

（7）一项负债增加、一项所有者权益等额减少的经济业务。

提示 该类型负债总额增加和所有者权益总额减少，资产总额不变。

（8）一项所有者权益增加、一项负债等额减少的经济业务。

提示 该类型所有者权益总额增加和负债总额减少，资产总额不变。

（9）一项所有者权益增加、另一项所有者权益等额减少的经济业务。

提示 该类型所有者权益总额不变。

以财务状况等式为例，上述9类基本经济业务的发生均不影响会计等式的平衡关系，具体分为三种情形：基本经济业务（1）、（6）、（7）、（8）、（9）使会计等式左右两边的金额保持不变；基本经济业务（2）、（3）使会计等式左右两边的金额等额增加；基本经济业务（4）、（5）使会计等式左右两边的金额等额减少。

提示 会计等式为高频考点。

二、例题点津

【例题1·单选题】 下列各项交易或事项中，引起企业资产和负债同时减少的是（   ）。

A. 计提坏账准备

B. 计提行政大楼折旧

C. 支付已宣告发放的现金股利

D. 将现金支票送存银行

【答案】C

【解析】计提坏账准备，资产总额不变，选

项A错误；计提行政大楼折旧，费用增加，资产减少，选项B错误；支付已宣告发放的现金股利，借记"应付股利"科目，贷记"银行存款"科目，资产和负债同时减少，选项C正确；将现金支票送存银行，资产总额不变，选项D错误。

【例题2·多选题】 下列各项业务中，不会引起资产和所有者权益同时增加的有（   ）。

A. 支付已宣告发放的现金股利

B. 取得短期借款存入银行

C. 到期的商业承兑汇票因无力支付转为应付账款

D. 收到投资者投入的设备

【答案】ABC

【解析】支付已宣告发放的现金股利，借记"应付股利"科目，贷记"银行存款"科目，资产和负债同时减少，选项A符合题意；取得短期借款存入银行，借记"银行存款"科目，贷记"短期借款"科目，资产和负债同时增加，选项B符合题意；到期的商业承兑汇票因无力支付转为应付账款，借记"应付票据"科目，贷记"应付账款"科目，负债内部一增一减，选项C符合题意；收到投资者投入的设备，借记"固定资产"科目，贷记"实收资本"（或股本）科目，资产和所有者权益同时增加，选项D不符合题意。

【例题3·多选题】 下列等式中，属于会计等式的有（   ）。

A. 资产＝负债＋所有者权益－费用

B. 资产＝负债＋所有者权益＋收入

C. 资产＝负债＋所有者权益

D. 收入－费用＝利润

【答案】CD

【解析】选项C为财务状况等式；选项D为经营成果等式。

【例题4·判断题】 经济业务的发生，可能引起资产与权益总额发生变化，也可能会破坏会计基本等式的平衡关系。（   ）

【答案】×

【解析】经济业务的发生，可能引起资产与权益总额发生变化，但是不会破坏会计基本等式的平衡关系。

第二单元　会计科目和借贷记账法

✱ 考点 1　会计科目与账户★

一、考点解读

（一）会计科目

会计科目是对会计要素具体内容进行分类核算的项目，是进行会计核算和提供会计信息的基础。

解释 会计要素提供的信息不够具体，无法满足信息使用者的需要，因此需要对其具体内容进行分类。

会计科目可以按其反映的经济内容（即所属会计要素）、提供信息的详细程度及其统驭关系分类，见表 2-6。

表 2-6

依据	类别	内容
按反映的经济内容分类（即所属会计要素）	资产类科目	是对资产要素的具体内容进行分类核算的项目，按资产的流动性分为反映流动资产的科目和反映非流动资产的科目。反映流动资产的科目主要有"库存现金""银行存款""应收账款""原材料""库存商品"等科目；反映非流动资产的科目主要有"长期股权投资""长期应收款""固定资产""在建工程""无形资产"等科目
	负债类科目	是对负债要素的具体内容进行分类核算的项目，按负债的偿还期限长短分为反映流动负债的科目和反映非流动负债的科目。反映流动负债的科目主要有"短期借款""应付账款""应付职工薪酬""应交税费"等科目；反映非流动负债的科目主要有"长期借款""应付债券""长期应付款"等科目
	共同类科目	是既有资产性质又有负债性质的科目，主要有"清算资金往来""货币兑换""套期工具""被套期项目"等科目
	所有者权益类科目	是对所有者权益要素的具体内容进行分类核算的项目，主要有"实收资本（或股本）""资本公积""其他综合收益""盈余公积""本年利润""利润分配""库存股"等科目
	成本类科目	是对可归属于产品生产成本、劳务成本等的具体内容进行分类核算的项目，主要有"生产成本""制造费用""劳务成本""研发支出"等科目
	损益类科目	是对收入、费用等要素的具体内容进行分类核算的项目。其中，反映收入的科目主要有"主营业务收入""其他业务收入"等科目；反映费用的科目主要有"主营业务成本""其他业务成本""销售费用""管理费用""财务费用"等科目
按提供信息的详细程度及其统驭关系分类	总分类科目	又称总账科目或一级科目，是对会计要素的具体内容进行总括分类，提供总括信息的会计科目。 提示 总账科目由财政部统一制定
	明细分类科目	又称明细科目，是对总分类科目作进一步分类，提供更为详细和具体会计信息的科目。 提示 明细科目由企业自行确定，不是所有总账科目都有明细科目，例如"本年利润"

（二）账户

账户是根据会计科目设置的，具有一定格式和结构，用于分类反映会计要素增减变动情况及其结果的载体。

提示 账户基本结构是固定划分为左右两方（见图2-2）。

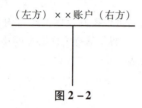

（左方）××账户（右方）

图2-2

根据核算的经济内容，账户分为资产类账户、负债类账户、共同类账户、所有者权益类账户、成本类账户和损益类账户；根据提供信息的详细程度及其统驭关系，账户分为总分类账户和明细分类账户。

二、例题点津

【例题1·单选题】会计科目，简称科目，是对（ ）具体内容进行分类核算的项目，是进行会计核算和提供会计信息的基础。

A. 会计对象

B. 会计要素

C. 会计目标

D. 会计主体

【答案】B

【解析】会计科目是对会计要素具体内容进行分类核算的项目，是进行会计核算和提供会计信息的基础。

【例题2·多选题】下列各项中，属于资产类科目的有（ ）。

A. 应交税费

B. 库存现金

C. 应付账款

D. 应收账款

【答案】BD

【解析】选项A、C属于负债类科目。

【例题3·判断题】根据会计科目按照经济内容的分类，预付账款属于负债类科目。（ ）

【答案】×

【解析】预付账款属于资产类科目。

✤ 考点2 借贷记账法 ★★★

一、考点解读

借贷记账法，是以"借"和"贷"作为记账符号的一种复式记账法。复式记账法，是指对于每一笔经济业务，都必须用相等的金额在两个或两个以上相互联系的账户中进行登记，全面、系统地反映会计要素增减变化的一种记账方法。复式记账法有借贷记账法、增减记账法、收付记账法等。

提示 （1）目前国际通行的是借贷记账法。借和贷作为记账符号，用来标明会计要素增减变动的方向，没有明确的含义。

（2）我国会计准则规定，企业、行政单位和事业单位会计核算采用借贷记账法记账。

（一）借贷记账法的账户结构

借贷记账法下，T型账户的左方为借方，右方为贷方，一方登记账户的增加额，另一方就登记账户的减少额。至于"借"表示增加，还是"贷"表示增加，则取决于账户的性质与所记录经济业务内容的性质。

通常情况下，资产类、成本类和费用类账户的增加用"借"表示，减少用"贷"表示；负债类、所有者权益类和收入类账户的增加用"贷"表示，减少用"借"表示。具体总结如表2-7所示。

表2-7

账户性质		借方	贷方	余额
资产类		增加	减少	借方
负债类		减少	增加	贷方
所有者权益类		减少	增加	贷方
成本类		增加	减少	一般无（如有，在借方）
损益类	收入类	减少	增加	无
	费用类	增加	减少	无

（二）借贷记账法的记账规则

借贷记账法的记账规则是"有借必有贷，

借贷必相等"。即：任何经济业务的发生总会涉及两个或两个以上的相关账户，一方（或几方）记入借方，另一方（或几方）必须记入贷方，记入借方的金额等于记入贷方的金额。如果涉及多个账户，记入借方账户金额的合计数等于记入贷方账户金额的合计数。

提示（1）"有借必有贷"是由借贷记账法下账户结构决定的。

（2）"借贷必相等"是由复式记账原理决定的。

（三）借贷记账法下的账户对应关系与会计分录

账户对应关系是指采用借贷记账法对每笔交易或事项进行记录时，相关账户之间形成的应借、应贷的相互关系。存在对应关系的账户称为对应账户。

会计分录是对每项经济业务列示出应借、应贷的账户名称（科目）及其金额的一种记录。会计分录由应借应贷方向、相互对应的科目及其金额三个要素构成。在我国，会计分录记载于记账凭证中。

按照所涉及账户的多少，会计分录分为简单会计分录和复合会计分录，见图2－3。

会计分录 { 简单会计分录 —— 一借一贷
复合会计分录 { 一借多贷
多借一贷
多借多贷 }

图2－3

（四）借贷记账法下的试算平衡

试算平衡是指根据借贷记账法的记账规则和资产与权益（负债和所有者权益）的恒等关系，通过对所有账户的发生额和余额的汇总计算和比较，来检查账户记录是否正确的一种方法。

1. 试算平衡的分类

（1）发生额试算平衡。

全部账户本期借方发生额合计＝全部账户本期贷方发生额合计

提示 发生额试算平衡的直接依据是借贷记账法的记账规则，即"有借必有贷，借贷必相等"。

（2）余额试算平衡。

全部账户借方期末（初）余额合计＝全部账户贷方期末（初）余额合计

提示 余额试算平衡的直接依据是财务状况等式，即：资产＝负债＋所有者权益。

2. 试算平衡表的编制

试算平衡是通过编制试算平衡表进行的。

试算平衡表通常是在期末结出各账户的本期发生额合计和期末余额后编制的，试算平衡表中一般应设置"期初余额""本期发生额""期末余额"三大栏目，各大栏中的借方合计与贷方合计应该平衡相等，否则，便存在记账错误。

由于账户记录可能存在不能由试算平衡表发现的错误，所以需要对一切会计记录进行日常或定期的复核，以保证账户记录的正确性。

提示 试算平衡为高频考点。

二、例题点津

【例题1·单选题】采用借贷记账法时，资产账户的结构特点是（　　）。

A. 借方登记增加、贷方登记减少，期末余额在借方

B. 借方登记减少、贷方登记增加，期末余额在贷方

C. 借方登记增加、贷方登记减少，期末一般无余额

D. 借方登记减少、贷方登记增加，期末一般无余额

【答案】A

【解析】在借贷记账法下，资产类账户的借方登记增加额；贷方登记减少额；期末余额一般在借方。

【例题2·单选题】企业"库存现金"账户期初余额为5 000元，本期增加发生额为3 000元，期末余额为2 000元，则本期减少发生额为（　　）元。

A. 3 000　　　　　　B. 4 000

C. 5 000　　　　　　D. 6 000

【答案】D

【解析】资产类账户期末余额＝期初余额＋本期增加额－本期减少额。所以资产类账户本期减少额＝期初余额＋本期增加额－期末余额＝5 000＋3 000－2 000＝6 000（元）。

【例题3·多选题】下列各项中，在借贷记

账法下，可以在账户借方登记的有（　　）。

A. 资产的增加

B. 负债的增加

C. 收入的增加

D. 所有者权益的减少

【答案】AD

【解析】资产的增加和所有者权益的减少反映在借方，负债和收入的增加反映在贷方。

【例题4·多选题】下列关于试算平衡的说法中，正确的有（　　）。

A. 试算平衡是通过编制试算平衡表进行的

B. 试算平衡包括发生额试算平衡和余额试算平衡

C. 发生额试算平衡的直接依据是借贷记账法的记账规则

D. 余额试算平衡的直接依据是经营成果等式

【答案】ABC

【解析】试算平衡是通过编制试算平衡表进行的，选项A正确；试算平衡包括发生额试算平衡和余额试算平衡两类，选项B正确；发生额试算平衡是指全部账户本期借方发生额合计与全部账户本期贷方发生额合计保持平衡，其直接依据是借贷记账法的记账规则，选项C正确；余额试算平衡是指全部账户借方期末（初）余额合计与全部账户贷方期末（初）余额合计保持平衡，其直接依据是财务状况等式，选项D错误。

【例题5·判断题】期末无余额的账户一定是损益类账户。（　　）

【答案】×

【解析】损益类账户期末一定无余额，有些成本类账户期末也可能无余额，所以期末无余额的账户一定是损益类账户的说法错误。

【例题6·判断题】试算平衡表明记账一定正确，如果试算不平衡则表明记账一定有错误。（　　）

【答案】×

【解析】试算不平衡，表示记账一定有错误；但试算平衡时，不能表明记账一定正确。

第三单元　会 计 凭 证

✿ 考点1　会计凭证概述★

一、考点解读

会计凭证是指记录经济业务发生或者完成情况的书面证明，是登记账簿的依据，包括纸质会计凭证和电子会计凭证两种形式。每个企业都必须按一定的程序填制和审核会计凭证，根据审核无误的会计凭证进行账簿登记，如实反映企业的经济业务。

会计凭证按照填制程序和用途可分为原始凭证和记账凭证，见图2-4。

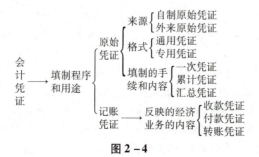

图2-4

二、例题点津

【例题1·多选题】会计凭证按照（　　）可分为原始凭证和记账凭证。

A. 填制程序　　　B. 格式

C. 来源　　　　　D. 用途

【答案】AD

【解析】会计凭证按照填制程序和用途可分为原始凭证和记账凭证。

【例题2·单选题】下列各项中，属于通用凭证的是（　　）。

A. 折旧计算表　　　B. 工资费用分配表

C. 差旅费报销单　　D. 增值税专用发票

【答案】D

【解析】通用凭证是指由有关部门统一印制、在一定范围内使用的具有统一格式和使用方法的原始凭证。通用凭证的使用范围因制作部门的不同而有所差异，可以是分地区、分行业使用，也可以全国通用，如某省（市）印制的在该省（市）通用的发票、收据等；由中国人民银行制作的在全国通用的银行转账结算凭证、由国家税务总局统一印制的全国通用的增值税专用发票等。选项 A、B、C 都属于专用凭证。

【例题 3·判断题】外购产品的入库单属于外来原始凭证。（　　）

【答案】×

【解析】外来原始凭证是指在经济业务发生或完成时，从其他单位或个人直接取得的原始凭证。产品虽是从外单位采购，但入库单是企业在产品入库时自行填制，属于自制原始凭证。

✻ 考点 2　原始凭证 ★★★

一、考点解读

（一）原始凭证的种类（见表 2−8）

表 2−8

依据	种类	内容	举例
按照来源不同	外来原始凭证	在经济业务发生或完成时，从其他单位或个人直接取得的原始凭证	增值税专用发票、飞机票、火车票和餐饮费发票
	自制原始凭证	本单位有关部门和人员，在经办或完成某项经济业务时填制的原始凭证	领料单、产品入库单、借款单
按照格式不同	通用凭证	由有关部门统一印制、在一定范围内使用的具有统一格式和使用方法的原始凭证	银行转账结算凭证、增值税专用发票
	专用凭证	由单位自行印制的原始凭证	领料单、差旅费报销单、折旧计算表、工资费用分配表
按填制的手续和内容不同	一次凭证	一次填制完成，只记录一笔经济业务且仅一次有效的原始凭证	收据、收料单、发货票、银行结算凭证
	累计凭证	在一定时期内多次记录发生的同类经济业务且多次有效的原始凭证	限额领料单
	汇总凭证	对一定时期内反映经济业务内容相同的若干张原始凭证，按照一定标准综合填制的原始凭证	发料凭证汇总表

（二）原始凭证的基本内容

原始凭证的格式和内容因经济业务和经营管理的不同而有所差异，但原始凭证应当具备以下基本内容（也称为"原始凭证要素"）：（1）凭证的名称；（2）填制凭证的日期；（3）填制凭证单位名称或者填制人姓名；（4）经办人员的签名或者盖章；（5）接受凭证单位名称；（6）经济业务内容；（7）数量、单价和金额。

（三）原始凭证的要求

（1）从外单位取得的原始凭证，必须盖有填制单位的公章或者发票（收费、财务）专用章，或者法律、法规规定的其他签章。

（2）从个人取得的原始凭证，必须有填制人员的签名或者盖章。

（3）以取得的境外原始凭证作为入账依据时，应当保证其来源可靠，内容真实、完整；必要时，提供境外公证机构或者注册会计师的确认证明。

（4）自制原始凭证，应当有经办单位负责人或者其授权人员的签名或者盖章；通过业务系统传递数据至会计软件实现集成报账生成自制原始凭证的，在确保业务系统数据规则清晰、自动出具、满足内部审批要求、体现审批环节人员信息且信息传递完整准确的情况下，无须经办单位负责人或者其授权人员的签名或者盖章。

（5）对外开出的原始凭证，必须加盖本单位公章或者发票（收费、财务）专用章，或者法律、法规规定的其他签章。

（四）电子原始凭证

（1）来源可靠、程序规范、要素合规的电子原始凭证与纸质原始凭证具有同等法律效力，可以直接作为入账依据。

（2）以电子原始凭证的纸质打印件作为入账依据的，必须同时保存该纸质件的电子原始凭证。

（3）各单位处理和应用电子原始凭证，应当保证电子原始凭证的接收、生成、传输、存储等各环节的安全可靠，能够及时发现对电子原始凭证的任何篡改，能够有效防止电子原始凭证重复入账。

（五）原始凭证的审核

审核的主要内容包括：

（1）审核原始凭证的真实性。

提示 凭证日期是否真实、业务内容是否真实。

提示 从外单位取得的或对外开出的电子原始凭证应附有符合《中华人民共和国电子签名法》规定的电子签名；不具备电子签名的，必须通过可信的数据源查验电子原始凭证的真实、完整。

（2）审核原始凭证的合法性、合理性。

（3）审核原始凭证的完整性。

（4）审核原始凭证的正确性。

提示 审核原始凭证记载的各项内容是否正确，包括：接受原始凭证单位的名称是否正确；金额的填写和计算是否正确；更正是否正确。原始凭证记载的各项内容均不得涂改、刮擦和挖补。

二、例题点津

【例题1·单选题】在经济业务发生或完成时取得或填制的，用以记录或证明经济业务的发生或完成情况的会计凭证是（　　）。

A. 原始凭证　　　　B. 记账凭证

C. 收款凭证　　　　D. 转账凭证

【答案】A

【解析】原始凭证是指在经济业务发生或完成时取得或填制的，用以记录或证明经济业务的

发生或完成情况的原始凭据。

【例题2·多选题】下列各项中，属于原始凭证审核内容的有（　　）。

A. 凭证日期是否真实

B. 金额的填写和计算是否正确

C. 应借、应贷科目以及对应关系是否正确

D. 各项基本要素是否齐全

【答案】ABD

【解析】原始凭证的审核包括审核原始凭证的真实性，原始凭证的合法性、合理性，原始凭证的完整性和原始凭证的正确性。审核凭证日期是否真实，属于审核原始凭证的真实性，选项A正确；审核金额的填写和计算是否正确，属于审核原始凭证的正确性，选项B正确；审核应借、应贷科目以及对应关系是否正确，属于记账凭证审核内容，选项C错误；审核各项基本要素是否齐全，属于审核原始凭证的完整性，选项D正确。

【例题3·多选题】下列各项中，不属于一次凭证的有（　　）。

A. 限额领料单　　　B. 发料凭证汇总表

C. 收料单　　　　　D. 银行存款余额调节表

【答案】ABD

【解析】选项A属于累计凭证；选项B属于汇总凭证；选项C属于一次凭证；选项D不是原始凭证。

【例题4·判断题】原始凭证的基本内容必须有填制日期、填制和接受凭证单位的名称、数量和金额，经济业务内容可以不用填列。（　　）

【答案】×

【解析】原始凭证应当具备以下基本内容（也称为原始凭证要素）：（1）凭证的名称；（2）填制凭证的日期；（3）填制凭证单位名称或者填制人姓名；（4）经办人员的签名或者盖章；（5）接受凭证单位名称；（6）经济业务内容；（7）数量、单价和金额。

【例题5·判断题】来源可靠、程序规范、要素合规的电子原始凭证与纸质原始凭证不具有同等法律效力，不可以直接作为入账依据。（　　）

【答案】×

【解析】来源可靠、程序规范、要素合规的电子原始凭证与纸质原始凭证具有同等法律效力，可以直接作为入账依据。

【例题6·判断题】某车间在领用材料填写领料单时，数量填写错误，领用人可以在领料单上进行涂改更正。（　　）

【答案】×

【解析】审核原始凭证的正确性是审核原始凭证记载的各项内容是否正确，包括：（1）接受原始凭证单位的名称是否正确；（2）金额的填写和计算是否正确；（3）更正是否正确。原始凭证记载的各项内容均不得涂改、刮擦和挖补。涂改领料单，属于不正确的原始凭证更正方式。

✳ 考点3　记账凭证★★★

一、考点解读

（一）记账凭证的种类

记账凭证按照其反映的经济业务的内容划分，通常可分为收款凭证、付款凭证和转账凭证。

（1）收款凭证，是指用于记录库存现金和银行存款收款业务的记账凭证。

（2）付款凭证，是指用于记录库存现金和银行存款付款业务的记账凭证。

（3）转账凭证，是指用于记录不涉及库存现金和银行存款业务的记账凭证。

（二）记账凭证的基本内容

记账凭证是登记账簿的依据，为了保证账簿记录的正确性，记账凭证必须具备以下基本内容：①填制凭证的日期；②凭证编号；③经济业务摘要；④应借应贷会计科目；⑤金额；⑥所附纸质原始凭证张数或电子原始凭证份数；⑦填制凭证人员、稽核人员、记账人员、会计机构负责人、会计主管人员签名或者盖章。收款和付款记账凭证还应当由出纳人员签名或者盖章。

（三）记账凭证的审核

为了保证会计信息的质量，在记账之前应由有关稽核人员对记账凭证进行严格的审核，审核的主要内容包括：

（1）记账凭证是否有原始凭证为依据，所附原始凭证或记账凭证汇总表的内容与记账凭证的内容是否一致。

（2）记账凭证各项目的填写是否齐全，如日期、凭证编号、摘要、会计科目、金额、所附原始凭证张数及有关人员签章等。

（3）记账凭证的应借、应贷科目以及对应关系是否正确。

（4）记账凭证所记录的金额与原始凭证的有关金额是否一致，计算是否正确。

（5）记账凭证中的记录是否文字工整、数字清晰，是否按规定进行更正等。

（6）审核出纳人员在办理收款或付款业务后，是否已在原始凭证上加盖"收讫"或"付讫"的戳记。

使用会计软件进行会计核算的单位，对于机制记账凭证，要认真审核，做到会计科目使用正确，数字准确无误。对于具有明晰审核规则的机制记账凭证，可以将审核规则嵌入会计软件，由会计软件自动审核。

二、例题点津

【例题1·单选题】甲公司销售商品一批，款项未收，应编制（　　）。

　A. 收款凭证　　　　B. 转账凭证

　C. 付款凭证　　　　D. 以上均可

【答案】B

【解析】甲公司销售商品一批，款项未收，不涉及库存现金和银行存款业务，应编制转账凭证。

【例题2·多选题】甲公司职工王某出差归来报销差旅费498元（原借款500元），退回现金2元，应编制（　　）。

　A. 现金收款凭证　　B. 转账凭证

　C. 现金付款凭证　　D. 银行存款付款凭证

【答案】AB

【解析】报销498元应编制转账凭证，退回现金2元应编制现金收款凭证。

【例题3·多选题】下列各项中，属于记账凭证审核内容的有（　　）。

　A. 是否有原始凭证为依据

　B. 审核业务内容的真实性

　C. 凭证的金额与所附原始凭证的金额是否一致

　D. 凭证项目是否填写齐全

【答案】ACD

【解析】记账凭证审核的内容主要包括：记账凭证是否有原始凭证为依据，所附原始凭证或原始凭证汇总表的内容与记账凭证的内容是否一致，选项A、C正确；记账凭证各项目的填写是否齐全，如日期、凭证编号、摘要、会计科目、金额、所附原始凭证张数及有关人员签章等，选项D正确；记账凭证的应借、应贷科目以及对应关系是否正确；记账凭证所记录的金额与原始凭证的有关金额是否一致，计算是否正确；记账凭证中的记录是否文字工整、数字清晰，是否按规定进行更正等；出纳人员在办理收款或付款业务后，是否已在原始凭证上加盖"收讫"或"付讫"的戳记。凭证日期是否真实、业务内容是否真实、数据是否真实等属于原始凭证的真实性的审核内容，选项B错误。

【例题4·判断题】对于记账凭证的审核，需要审核记账凭证是否有原始凭证为依据，特殊情况下所附原始凭证的内容可以与记账凭证不一致。（　　）

【答案】×

【解析】记账凭证审核内容之一，是审核记账凭证是否有原始凭证为依据，所附原始凭证或原始凭证汇总表的内容与记账凭证的内容是否一致，记账凭证与所附的原始凭证的内容与记账凭证要一致。

【例题5·判断题】收款凭证、付款凭证、转账凭证，都需要有出纳人员签名或盖章。（　　）

【答案】×

【解析】记账凭证通常需要填制凭证人员、稽核人员、记账人员、会计机构负责人、会计主管人员签名或者盖章，但收款和付款记账凭证应当由出纳人员签名或者盖章。

✱ 考点4　会计凭证的保管★★

一、考点解读

会计凭证的保管，是指会计凭证记账后的整理、装订、归档和存查工作。任何单位在完成经济业务手续和记账后，必须将会计凭证按规定的立卷归档制度形成会计档案，妥善保管，防止丢失，不得任意销毁，以便日后随时查阅。会计凭证的保管要求主要有：

（1）会计凭证登记完毕后，应当按照分类和编号顺序保管，不得散乱丢失。

（2）记账凭证应当连同所附的原始凭证或者原始凭证汇总表，按照编号顺序进行整理保管。

（3）原始凭证一般不得外借，根据国家有关规定必须借出的，应当严格按照规定办理相关手续。其他单位如因特殊原因需要使用原始凭证时，经本单位会计机构负责人（会计主管人员）批准，可以复制。向外单位提供的原始凭证复制件，应当在专设的登记簿上登记，并由提供人员和收取人员共同签名或者盖章。

（4）从外单位取得的原始凭证如有遗失，应当取得原开出单位盖有公章的证明，并注明原来凭证的号码、金额和内容等，由经办单位会计机构负责人（会计主管人员）和单位负责人或其授权人员批准后，代作原始凭证。如果确实无法取得证明的，由当事人写出详细情况并签名，由经办单位会计机构负责人（会计主管人员）和单位负责人或其授权人员批准后，代作原始凭证。

二、例题点津

【例题1·多选题】从外单位取得的原始凭证遗失，并且确实无法取得证明，可由当事人写明详细情况并经批准后代作原始凭证，审批人员包括（　　）。

A. 部门经理

B. 经办单位会计机构负责人

C. 会计主管人员

D. 单位负责人

【答案】BCD

【解析】从外单位取得的原始凭证遗失时，若确实无法取得证明的，如车票丢失，则应由当事人写明详细情况，由经办单位会计机构负责人（会计主管人员）和单位负责人批准后，代作原始凭证。

【例题2·判断题】会计凭证登记完毕后，应当按照时间和编号顺序保管，不得散乱丢失。（　　）

【答案】×

【解析】会计凭证登记完毕后，应当按照分

类和编号顺序保管，不得散乱丢失。

【例题3·判断题】原始凭证不得外借，其他单位如因特殊原因需要借用原始凭证的，经本单位会计人员批准，可以复制借出。（　　）

【答案】×

【解析】根据《会计基础工作规范》规定，原始凭证不得外借，其他单位如因特殊原因需要使用原始凭证时，经本单位会计机构负责人（会计主管人员）批准，可以复制。向外单位提供的原始凭证复制件，应当在专设的登记簿上登记，并由提供人员和收取人员共同签名或者盖章。

第四单元　会 计 账 簿

✳ 考点1　会计账簿概述 ★

一、考点解读

会计账簿是指由一定格式的账页组成的，以经过审核的会计凭证为依据，全面、系统、连续地记录各项经济业务和会计事项的簿籍。

（一）会计账簿的基本内容

包括封面（主要标明单位名称和账簿名称）、扉页（主要用来列明会计账簿的使用信息）和账页（包括账户名称、日期栏、凭证种类和编号、摘要栏、金额栏等）。

提示 会计账簿必须连续编号。启用订本式账簿，应当从第一页到最后一页顺序编定页数，不得跳页、缺号。使用活页式账页，应当按账户顺序编号，并须定期装订成册，装订后再按实际使用的账页顺序编定页码，另加目录，记明每个账户的名称和页次。

（二）会计账簿的种类（见表2-9）

（1）会计账簿按照用途，可以分为序时账簿、分类账簿和备查账簿。

（2）会计账簿按照账页格式，主要分为三栏式账簿、多栏式账簿、数量金额式账簿。

（3）会计账簿按照外形特征，可以分为订本式账簿、活页式账簿、卡片式账簿。

表2-9

分类依据	种类	内　容	
按用途分类	序时账簿（日记账）	按照经济业务发生时间的先后顺序逐日、逐笔登记的账簿	应用：库存现金日记账和银行存款日记账，一般采用三栏式，也可以采用多栏式，必须是订本账
	分类账簿	总分类账簿，编制财务报表的直接依据，通常为订本账簿，采用三栏式；根据记账凭证或记账凭证汇总表登记	
		明细分类账簿，通常为活页账、卡片账，采用三栏式、多栏式、数量金额式；根据记账凭证和原始凭证登记	
	备查账簿	对其他账簿记录的补充，没有固定格式	应用：租入固定资产登记簿，代管商品物资登记簿
按账页格式分类	三栏式账簿	设有借方、贷方和余额三个金额栏目	应用：各种日记账、总账以及资本、债权、债务明细账
	多栏式账簿	在账簿的两个金额栏（借方和贷方）按需要分设若干专栏	应用：收入、成本、费用明细账

续表

分类依据	种类	内　　容	
按账页格式分类	数量金额式账簿	在借方、贷方和余额每个栏目内再分设数量、单价和金额三小栏	应用：原材料、库存商品等明细账，可以反映资产的实物数量和价值量
按外形特征分类	订本账	优点是能避免账页散失和防止抽换账页；缺点是不能准确为各账户预留账页	应用：总分类账、库存现金日记账和银行存款日记账
	活页账	优点是便于分工记账；缺点是可能会造成账页散失或故意抽换账页	应用：明细分类账
	卡片账	一般只对固定资产的核算采用，少数企业在材料核算中也使用	

提示　账簿分类为高频考点。

二、例题点津

【例题 1·单选题】对某些在序时账簿和分类账簿中未能记载或记载不全的经济业务进行补充登记的账簿是（　）。

A. 序时账簿　　　　B. 分类账簿

C. 备查账簿　　　　D. 订本式账簿

【答案】C

【解析】备查账簿，又称辅助登记簿或补充登记簿，是对某些在序时账簿和分类账簿中未能记载或记载不全的经济业务进行补充登记的账簿。

【例题 2·多选题】下列账簿及格式中，适合明细账采用的有（　）。

A. 订本账簿　　　　B. 卡片式账簿

C. 三栏式格式　　　D. 数量金额式格式

【答案】BCD

【解析】明细分类账一般采用活页式账簿和卡片式账簿，选项 A 错误，选项 B 正确；常用格式有三栏式、多栏式、数量金额式，选项 C、D 正确。

【例题 3·多选题】下列各项中，必须逐日结出余额的账簿有（　）。

A. 库存现金总账　　B. 库存现金日记账

C. 银行存款总账　　D. 银行存款日记账

【答案】BD

【解析】库存现金日记账和银行存款日记账必须逐日结出余额。

【例题 4·判断题】会计账簿是指由一定格式的账页组成的，以会计凭证为依据，全面、系统、连续地记录各项经济业务的簿籍。（　）

【答案】×

【解析】会计账簿是指由一定格式的账页组成的，以经过审核的会计凭证为依据，全面、系统、连续地记录各项经济业务和会计事项的簿籍。

✿ 考点2　会计账簿的启用与登记★★

一、考点解读

（一）会计账簿的启用

启用会计账簿时，应当在账簿封面上写明单位名称和账簿名称，并在账簿扉页上附启用表。启用订本式账簿应当从第一页到最后一页顺序编定页数，不得跳页、缺号。使用活页式账簿应当按账户顺序编号，并须定期装订成册，装订后再按实际使用的账页顺序编定页码，另加目录以便于记明每个账户的名称和页次。

（二）会计账簿的登记要求

（1）登记会计账簿时，应当将会计凭证日期、编号、业务内容摘要、金额和其他有关资料逐项记入账内。账簿记录中的日期，应该填写记账凭证上的日期；以自制原始凭证作为记账依据的，账簿记录中的日期应按有关自制凭证上的日期填列。记账凭证登记完毕后，要在记账凭证上签名或者盖章，并注明已经登账的符号，表示已经登账。

（2）为了保持账簿记录的持久性，防止涂

改，登记账簿必须使用蓝黑墨水或碳素墨水书写，不得使用圆珠笔（银行的复写账簿除外）或者铅笔书写。以下情况可以使用红色墨水记账：

①按照红字冲账的记账凭证，冲销错误记录；

②在不设借贷等栏的多栏式账页中，登记减少数；

③在三栏式账户的余额栏前，如未印明余额方向的，在余额栏内登记负数余额；

④根据国家统一的会计制度的规定应当用红字登记的其他会计记录。

除上述情况外，不得使用红色墨水登记账簿。

（3）会计账簿应当按照连续编号的页码顺序登记。记账时发生错误或者隔页、缺号、跳行的，应在空页、空行处用红色墨水划对角线注销，或者注明"此页空白"或"此行空白"字样，并由记账人员签名或者盖章。

（4）凡需要结出余额的账户，结出余额后，应当在"借或贷"栏目内注明"借"或"贷"字样，以示余额的方向；对于没有余额的账户，应在"借或贷"栏内写"平"字，并在"余额"栏"元"位处用"θ"表示。

提示 库存现金日记账和银行存款日记账必须逐日结出余额。

（5）每一账页登记完毕时，应当结出本页发生额合计及余额，在该账页最末一行"摘要"栏注明"转次页"或"过次页"，并将这一金额记入下一页第一行有关金额栏内，在该行"摘要"栏注明"承前页"，以保持账簿记录的连续性，便于对账和结账。

（6）账簿记录发生错误时，不得刮擦、挖补或用褪色药水更改字迹，而应采用规定的方法更正。

二、例题点津

【例题1·单选题】下列情况中，不可以用红色墨水记账的是（　　）。

A. 冲账的记账凭证，冲销错误记录

B. 在不设借贷等栏的多栏式账页中，登记减少数

C. 在三栏式账户的余额栏前，印明余额方向的，在余额栏内登记负数余额

D. 在数量金额式账簿中，在余额栏内登记负数余额

【答案】 C

【解析】 本题考核会计账簿的登记要求。在三栏式账户的余额栏前，未印明余额方向的，可用红色墨水在余额栏内登记负数余额；印明余额方向的，不可用红色墨水登记。

【例题2·单选题】下列各项中，不符合账簿登记要求的是（　　）。

A. 根据红字冲账的记账凭证，用红字冲销错误记录

B. 登记账簿一律使用蓝黑墨水或碳素墨水书写

C. 日记账必须逐日结出余额

D. 发生账簿记录错误不得刮擦、挖补

【答案】 B

【解析】 本题考核会计账簿的登记要求。为了保持账簿记录的持久性，防止涂改，登记账簿必须使用蓝黑墨水或碳素墨水书写，不得使用圆珠笔（银行复写账簿除外）或者铅笔书写。以下情况可以使用红色墨水记账：（1）按照红字冲账的记账凭证，冲销错误记录；（2）在不设借贷等栏的多栏式账页中，登记减少数；（3）在三栏式账户的余额栏前，如未印明余额方向的，在余额栏内登记负数余额；（4）根据国家统一的会计制度的规定应当用红字登记的其他会计记录。库存现金日记账和银行存款日记账必须逐日结出余额。账簿记录发生错误时，不得刮擦、挖补或用褪色药水更改字迹，而应采用规定的方法更正。所以只有选项B不符合账簿登记要求。

【例题3·多选题】下列账簿中，一般采用多栏式的有（　　）。

A. 生产成本明细账

B. 本年利润明细账

C. 主营业务收入明细账

D. 管理费用总账

【答案】 ABC

【解析】 收入、成本、费用明细账一般采用多栏式账簿。选项A采用借方多栏式；选项B

采用借方贷方多栏式；选项 C 采用贷方多栏式；选项 D 是总账，采用三栏式数量金额式账簿。

【例题 4·多选题】下列账簿一般采用数量金额式的有（　　）。

A. 原材料总账

B. 库存商品明细账

C. 生产成本明细账

D. 自制半成品明细账

【答案】BD

【解析】原材料、库存商品、自制半成品等明细账一般采用数量金额式账簿。

✿ 考点 3　对账与结账★★

一、考点解读

（一）对账

对账是对账簿记录所进行的核对，也就是核对账目。对账工作每年至少进行一次。对账一般分为：

（1）账实核对：核对会计账簿记录与实物及款项的实有数额是否相符。

（2）账证核对：账簿记录与会计凭证核对。

（3）账账核对：核对不同会计账簿之间相对应的记录是否相符。

（4）账表核对：核对会计账簿记录与会计报表的有关内容、金额是否相符。

（二）结账

结账是将账簿记录定期结算清楚的会计工作，具体包括月结、季结和年结。结账的内容通常包括两个方面：一是结清各种损益类账户，据以计算确定本期利润；二是结出各资产、负债和所有者权益账户的本期发生额合计和期末余额。

二、例题点津

【例题 1·单选题】对账簿记录所进行的核对，属于（　　）。

A. 对账　　　　　　B. 结账

C. 错账更正　　　　D. 试算平衡

【答案】A

【解析】本题考核对账。对账，是对账簿记录所进行的核对，也就是核对账目。对账工作每

年至少进行一次。

【例题 2·单选题】下列关于账证核对的表述，错误的是（　　）。

A. 账证核对是指在登记账簿后，将账簿记录与会计凭证进行核对

B. 核对的内容包括时间、凭证字号、内容、金额

C. 账证核对只是核对账簿记录和记账凭证，与原始凭证无关

D. 账证核对也需核对记账方向是否相符

【答案】C

【解析】账证核对是核对会计账簿记录与原始凭证、记账凭证的时间、凭证字号、内容、金额等是否一致，记账方向是否相符。

【例题 3·多选题】账实核对不包括（　　）。

A. 银行存款日记账账面余额与银行对账单余额定期核对是否相符

B. 账簿记录与会计凭证核对

C. 总分类账簿与序时账簿之间的核对

D. 有关债权债务明细账账面余额与对方单位债权债务账面记录核对是否相符

【答案】BC

【解析】选项 A、D 属于账实核对；选项 B 属于账证核对；选项 C 属于账账核对。

【例题 4·多选题】下列各项中，结账时需要划红线的说法正确的有（　　）。

A. 需要结出当月发生额的，应当在摘要栏内注明"本月合计"字样并在下面通栏划单红线

B. 需要结出本年累计发生额的，应当在摘要栏内注明"本年累计"字样并在下面通栏划单红线

C. 12 月末的"本年累计"即全年累计发生额下面应当通栏划双红线

D. 所有总账账户都应当结出全年发生额和年末余额并在下面通栏划单红线

【答案】ABC

【解析】结账时，应当结出每个账户的期末余额。需要结出当月发生额的，应当在摘要栏内注明"本月合计"字样，并在下面通栏划单红线。需要结出本年累计发生额的，应当在摘要栏内注明"本年累计"字样，并在下面通栏划单红线；12 月末的"本年累计"就是全年累计发

生额。全年累计发生额下面应当通栏划双红线。年度终了结账时，所有总账账户都应当结出全年发生额和年末余额。

✦ 考点4　会计账簿的保管 ★★

一、考点解读

会计账簿是各单位重要的经济资料，必须建立管理制度，妥善保管。

（1）各种账簿要分工明确，指定专人管理。

（2）会计账簿未经领导和会计负责人或者有关人员批准，非经管人员不能随意翻阅查看会计账簿。会计账簿除需要与外单位核对外，一般不能携带外出；对携带外出的账簿，一般应由经管人员或会计主管人员指定专人负责。

（3）会计账簿不能随意交与其他人员管理。

（4）年度终了更换并启用新账后，对更换下来的旧账要整理装订，造册归档。

旧账装订时应注意：

①活页账一般按账户分类装订成册，一个账户装订成一册或数册；某些账户账页较少，也可以合并装订成一册。

②装订时应检查账簿扉页的内容是否填写齐全。

③装订后应由经办人员及装订人员、会计主管人员在封口处签名或盖章。

④旧账装订完毕，应当编制目录和编写移交清单，并按期移交档案部门保管。

提示　活页账应撤出未使用的空白账页，再编定页码，装订成册。

（5）实行会计电算化的单位，满足《会计档案管理办法》第八条有关规定的，可仅以电子形式保存会计账簿，无须定期打印会计账簿；确需打印的，打印的会计账簿必须连续编号，经审核无误后装订成册，并由记账人员和会计机构负责人、会计主管人员签字或者盖章。

（6）各种账簿必须按照《会计档案管理办法》规定的保存年限妥善保管，不得丢失和任意销毁。保管期满后，应当按照规定进行鉴定，经鉴定可以销毁的，方可按照审批程序报经批准后销毁。

二、例题点津

【例题1·单选题】下列关于活页账旧账装订的说法，错误的是（　　）。

A. 一般按账户分类装订成册

B. 一个账户必须装订成一册

C. 账页较少也可合并装订成一册

D. 一个账户可装订成数册

【答案】B

【解析】活页账一般按账户分类装订成册，选项A正确；一个账户可装订成一册或数册，选项B错误、选项D正确；某些账户账页较少，也可以合并装订成一册，选项C正确。

【例题2·多选题】下列有关会计账簿保管的做法，正确的有（　　）。

A. 未经批准，非经管人员不能随意翻阅查看会计账簿

B. 实行会计电算化的单位，必须以电子形式和打印方式来保存会计账簿

C. 活页账一般按账户分类装订成册，应当撤出未使用的空白账页

D. 会计账簿保管期满后可直接销毁

【答案】AC

【解析】未经领导和会计负责人或者有关人员批准，非经管人员不能随意翻阅查看会计账簿，选项A正确；实行会计电算化的单位，满足《会计档案管理办法》第八条有关规定的，可仅以电子形式保存会计账簿，无须定期打印会计账簿，选项B错误；活页账应撤出未使用的空白账页，再编定页码，装订成册，选项C正确；会计账簿保管期满后，应当按照规定进行鉴定，经鉴定可以销毁的，方可按照审批程序报经批准后销毁，选项D错误。

【例题3·判断题】旧账装订后由经办人员在封口处签名或盖章，按期移交档案部门保管。（　　）

【答案】×

【解析】旧账装订后应由经办人员及装订人员、会计主管人员在封口处签名或盖章，应当编制目录和编写移交清单，并按期移交档案部门保管。

第五单元 财产清查

✥ 考点1 财产清查的种类 ★★

一、考点解读

财产清查是指通过对货币资金、实物资产和往来款项等财产物资进行盘点或核对，确定其实存数，查明账存数与实存数是否相符的一种专门方法。

财产清查的分类见图2-5。

财产清查 {
按清查范围 {全面清查 / 局部清查
按清查时间 {定期清查 / 不定期清查
按清查执行系统 {内部清查 / 外部清查

图2-5

（一）按照清查范围分类

财产清查按照清查范围，分为全面清查和局部清查。全面清查是指对所有的财产进行全面的盘点和核对；局部清查是指根据需要只对部分财产进行盘点和核对。

（二）按照清查的时间分类

财产清查按照清查的时间，分为定期清查和不定期清查。定期清查是指按照预先计划安排的时间对财产进行的盘点和核对；不定期清查是指事前不规定清查日期，而是根据特殊需要临时进行的盘点和核对。

提示 定期清查一般在年末、季末、月末进行。

（三）按照清查的执行系统分类

财产清查按照清查的执行系统，分为内部清查和外部清查。

提示 结合教材阅读全面清查和局部清查的情况，以及理解一项清查从不同角度进行的分类。此为高频考点。

二、例题点津

【例题1·单选题】企业需要进行全面财产清查的情况是（   ）。

A. 年终决算前

B. 原材料发生火灾受损时

C. 包装物发生毁损时

D. 出纳人员离职时

【答案】A

【解析】需要进行全面清查的情况通常有：（1）年终决算前（选项A）；（2）在合并、撤销或改变隶属关系前；（3）中外合资、国内合资前；（4）股份制改造前；（5）开展全面的资产评估、清产核资前；（6）单位主要领导调离工作前等。

【例题2·多选题】下列关于局部清查的表述中，正确的有（   ）。

A. 局部清查是指根据需要只对部分财产进行盘点和核对

B. 一般而言，对于贵重财产物资，每月都要进行清查盘点

C. 对于库存现金，由出纳人员于每日终了进行清点核对

D. 一般而言，对于流动性较大的财产物资应根据需要随时轮流盘点或重点抽查

【答案】ABCD

【解析】局部清查，是指根据需要只对部分财产进行盘点和核对，选项A正确；一般而言，对于流动性较大的财产物资，如原材料、在产品、产成品，应根据需要随时轮流盘点或重点抽查，选项D正确；对于贵重财产物资，每月都要进行清查盘点，选项B正确；对于库存现金，每日终了，应由出纳人员进行清点核对，选项C正确；对于银行存款，企业至少每月同银行核对一次；对债权、债务，企业应每年至少同债权人、债务人核对一至两次。

【例题3·判断题】定期清查一般仅在年末进行。（   ）

【答案】×

【解析】定期清查一般在年末、季末、月末进行。

✳ 考点 2 财产清查的方法与会计处理 ★

一、考点解读

（一）财产清查的方法

财产清查的方法见图 2 – 6。

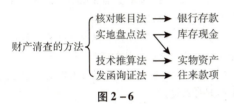

图 2 – 6

1. 库存现金的清查方法

库存现金的清查是采用实地盘点法确定库存现金的实存数，然后与库存现金日记账的账面余额相核对，确定账实是否相符。

库存现金清查一般由主管会计或财务负责人和出纳人员共同清点出各种纸币的张数和硬币的个数，并填制库存现金盘点报告表。

对库存现金进行盘点时，出纳人员必须在场，有关业务必须在库存现金日记账中全部登记完毕。盘点时，一方面要注意账实是否相符，另一方面还要检查现金管理制度的遵守情况，如库存现金有无超过其限额，有无白条抵库、挪用舞弊等情况。盘点结束后，应填制"库存现金盘点报告表"，作为重要原始凭证。

2. 银行存款的清查方法

银行存款的清查是将本单位银行存款日记账与开户银行转来的对账单逐笔进行核对。如果二者余额相符，通常说明没有错误；如果二者余额不相符，则可能是企业或银行一方或双方记账过程有错误或者存在未达账项。

未达账项一般分为以下四种情况：

（1）企业已收款记账，银行未收款未记账的款项。

（2）企业已付款记账，银行未付款未记账的款项。

（3）银行已收款记账，企业未收款未记账的款项。

（4）银行已付款记账，企业未付款未记账的款项。

上述任何一种未达账项的存在，都会使企业银行存款日记账的余额与银行开出的对账单的余额不符。如果存在未达账项，就应当编制"银行存款余额调节表"，据以调节双方的账面余额，确定企业银行存款实有数。

银行存款余额调节表的编制，是以企业银行存款日记账余额和银行对账单余额为基础，各自分别加上对方已收款入账而己方尚未入账的数额，减去对方已付款入账而己方尚未入账的数额。其计算公式如下：

企业银行存款日记账余额 + 银行已收企业未收款 – 银行已付企业未付款 = 银行对账单存款余额 + 企业已收银行未收款 – 企业已付银行未付款

3. 实物资产的清查方法

实物资产主要包括固定资产、存货等。实物资产的清查就是对实物资产数量和质量进行的清查。通常采用以下两种清查方法：

（1）实地盘点法。通过点数、过磅、量尺等方法来确定实物资产的实有数量。实地盘点法适用范围较广，在多数财产物资清查中都可以采用。

（2）技术推算法。利用一定的技术方法对财产物资的实存数进行推算，故又称估推法。技术推算法只适用于成堆量大而价值不高，逐一清点难度较大的财产物资的清查。例如，露天堆放的煤炭等。

4. 往来款项的清查方法

往来款项主要包括应收、应付款项和预收、预付款项等。往来款项的清查一般采用发函询证的方法进行核对。

（二）财产清查结果的会计处理

对于财产清查中发现的问题，应根据"清查结果报告表""盘点报告表"等，填制记账凭证，记入有关账簿，使账簿记录与实际盘存数相符。同时，根据管理权限，将处理建议报股东大会或董事会或类似机构批准。

财产清查产生的损溢，企业应在期末结账前处理完毕。如果在期末结账前尚未经批准，在对外提供财务报表时，先按相关规定进行相应账务处理，并在附注中作出说明，其后如果批准处理的金额与已处理金额不一致的，应调整财务报表相关项目的期初数。

二、例题点津

【例题1·单选题】 下列各项资产清查时，采用技术推算法的是（　　）。

A. 库存现金　　　　B. 银行存款

C. 库存商品　　　　D. 露天堆放的煤炭

【答案】 D

【解析】 技术推算法只适用于成堆量大而价值不高，逐一清点难度较大的财产物资的清查。选项D正确。

【例题2·单选题】 对库存现金的清查采用的方法是（　　）。

A. 实地盘点法　　　B. 技术推算法

C. 核对账目法　　　D. 全面清查法

【答案】 A

【解析】 技术推算法只适用于成堆量大而价值不高，逐一清点难度较大的财产物资的清查，选项B错误；核对账目法适用对银行存款的清查，选项C错误；全面清查属于财产清查的种类，不属于清查方法，选项D错误。

【例题3·多选题】 财产清查产生的损溢，企业应于期末前查明原因，并根据企业的管理权限，经（　　）批准后，在期末结账前处理完毕。

A. 股东大会　　　　B. 董事会

C. 厂长会议　　　　D. 经理会议

【答案】 ABCD

【解析】 财产清查产生的损溢，企业应于期末前查明原因，并根据企业的管理权限，经股东大会或董事会或类似机构批准后，在期末结账前处理完毕。

【例题4·多选题】 下列未达账项中，能够导致银行存款日记账余额大于银行对账单余额的有（　　）。

A. 企业送存转账支票800元，并登记银行存款增加，但银行尚未记账

B. 企业开出转账支票3 000元，并登记银行存款减少，但银行尚未记账

C. 企业委托银行代收款9 000元，银行已受托，企业尚未收到收款通知

D. 银行代企业支付电费1 000元，企业尚未收到付款通知

【答案】 AD

【解析】 能够导致银行存款日记账余额大于银行对账单余额的未达账项有：企业已收、银行未收；银行已付、企业未付。选项A、D符合。

【例题5·判断题】 银行存款余额调节表不属于原始凭证，不能作为记账的依据。（　　）

【答案】 √

【解析】 银行存款余额调节表只起对账调节的作用，不能作为记账的依据。

【例题6·判断题】 在对库存现金进行盘点时，出纳人员应当回避。（　　）

【答案】 ×

【解析】 在实物清查过程中，实物保管人员和盘点人员必须同时在场。在对库存现金进行盘点时，出纳人员必须在场。

第六单元　会计账务处理程序

✿ 考点1　会计账务处理程序的种类 ★★

一、考点解读

账务处理程序是指会计凭证、会计账簿和会计报表相结合的方式。

企业常用的账务处理程序，主要有记账凭证账务处理程序、汇总记账凭证账务处理程序和科目汇总表账务处理程序，它们之间的主要区别是登记总分类账的依据和方法不同，见图2-7和表2-10。

账务处理程序 ⟶ 登记总分类账的依据和方法不同 { 记账凭证账务处理程序
汇总记账凭证账务处理程序　} 常用
科目汇总表账务处理程序
日记总账账务处理程序
多栏式日记账账务处理程序等

图2-7

表 2 - 10

账务处理程序	概念	适用
记账凭证账务处理程序	是指对发生的经济业务，先根据原始凭证或汇总原始凭证填制记账凭证，再根据记账凭证登记总分类账的一种账务处理程序	规模较小、经济业务量较少的单位
汇总记账凭证账务处理程序	是指先根据原始凭证或汇总原始凭证填制记账凭证，定期根据记账凭证分类编制汇总收款凭证、汇总付款凭证和汇总转账凭证，再根据汇总记账凭证登记总分类账的一种账务处理程序	规模较大、经济业务较多的单位
科目汇总表账务处理程序	是指根据记账凭证定期编制科目汇总表，再根据科目汇总表登记总分类账的一种账务处理程序	经济业务较多的单位

二、例题点津

【例题 1·多选题】下列表述中，符合科目汇总表账务处理程序的有（　　）。

A. 适用于经济业务较多的单位

B. 减轻了登记总分类账的工作量

C. 可以起到试算平衡的作用

D. 适用于规模较小、经济业务量较少的单位

【答案】ABC

【解析】规模较小、经济业务量较少的单位适用记账凭证账务处理程序。

【例题 2·判断题】科目汇总表账务处理程序适合规模较小、经济业务量较少的单位。

（　　）

【答案】×

【解析】规模较小、经济业务量较少的单位适合采用记账凭证账务处理程序；科目汇总表账务处理程序适合经济业务较多的单位。

✳ 考点 2　会计账务处理程序的应用★★

一、考点解读

会计账务处理程序应用主要有记账凭证账务处理程序、汇总记账凭证账务处理程序和科目汇总表账务处理程序，具体特点见表 2 - 11。

表 2 - 11

账务处理程序	特点	优点	缺点
记账凭证账务处理程序	是直接根据记账凭证逐笔登记总分类账	简单明了，易于理解，总分类账可以反映经济业务的详细情况	登记总分类账的工作量较大
汇总记账凭证账务处理程序	是先根据记账凭证编制汇总记账凭证，再根据汇总记账凭证登记总分类账	减轻了登记总分类账的工作量	当转账凭证较多时，编制汇总转账凭证的工作量较大，并且按每一贷方账户编制汇总转账凭证，不利于会计核算的日常分工
科目汇总表账务处理程序	先将所有记账凭证汇总编制成科目汇总表，然后根据科目汇总表登记总分类账	减轻了登记总分类账的工作量，并且科目汇总表可以起到试算平衡的作用	科目汇总表不能反映各个账户之间的对应关系，不利于对账目进行检查

【提示】掌握各种核算形式的特点、优缺点和适用范围，均为高频考点。

二、例题点津

【例题1·多选题】下列不属于记账凭证账务处理程序优点的有（　　）。

A. 总分类账可以较详细地反映经济业务的发生情况

B. 减轻了登记总分类账的工作量

C. 可做到试算平衡

D. 能反映各个账户之间的对应关系

【答案】BCD

【解析】选项B属于科目凭证汇总表和汇总记账凭证的优点；选项C属于科目凭证汇总表的优点；选项D属于汇总记账凭证的优点。

【例题2·多选题】科目汇总表账务处理程序的优点包括（　　）。

A. 能反映各个账户之间的对应关系

B. 有利于对账目进行检查

C. 减轻了登记总分类账的工作量

D. 可做到试算平衡

【答案】CD

【解析】选项A、B属于汇总记账凭证账务处理程序的优点。

第七单元　会计信息化基础

✿ 考点1　会计信息化概述★

一、考点解读

（一）概念

会计信息化，是指单位利用现代信息技术手段和数字基础设施开展会计核算，以及利用现代信息技术手段和数字基础设施将会计核算与其他经营管理活动有机结合的过程。

（二）首次写入会计法

2024年6月28日，中华人民共和国第十四届全国人民代表大会常务委员会第十次会议表决通过的《关于修改〈中华人民共和国会计法〉的决定》，首次将会计信息化写入会计法，在第八条提出"国家加强会计信息化建设，鼓励依法采用现代信息技术开展会计工作，具体办法由国务院财政部门会同有关部门制定"。

（三）相关部门规章

《会计信息化工作规范》和《会计软件基本功能和服务规范》。

（四）重要性

（1）加强会计信息化建设是数字经济发展的必然选择。

（2）加强会计信息化建设是践行新发展理念的客观要求。

（3）加强会计信息化建设是会计职能拓展的重要支撑。

二、例题点津

【例题1·多选题】下列各项中，属于会计信息化工作相关法律法规的有（　　）。

A. 《中华人民共和国会计法》

B. 《会计信息化工作规范》

C. 《会计软件基本功能和服务规范》

D. 《中华人民共和国公司法》

【答案】ABC

【解析】新修改的《中华人民共和国会计法》，首次将会计信息化写入，在第八条提出"国家加强会计信息化建设，鼓励依法采用现代信息技术开展会计工作，具体办法由国务院财政部门会同有关部门制定"。为贯彻落实新会计法的要求，财政部修订印发了《会计信息化工作规范》（财会〔2024〕11号）及《会计软件基本功能和服务规范》（财会〔2024〕12号），自2025年1月1日起施行。选项A、B、C正确。

✿ 考点2　单位会计信息化建设★

一、考点解读

（一）概念

国家机关、社会团体、公司、企业、事业单位和其他组织（以下统称单位）应当重视会计信息化工作，加强组织领导和人才培养，建立健全制度，完善管理机制，保障资金投入，积极推进会计信息化在本单位的应用。

单位负责人是本单位会计信息化工作的第一责任人。

（二）岗位设置

单位应当指定专门机构或者岗位负责会计信息化工作，未设置会计机构和会计岗位的单位，可以采取委托代理记账机构或者财政部规定的其他方式组织会计工作，推进会计信息化应用。

（三）会计软件

单位配备会计软件、会计软件服务商提供会计软件和相关服务，应当符合国家统一的会计软件功能和服务规范的规定。

（四）会计信息化建设工作要点

（1）遵循统筹兼顾、安全合规、成本效益等原则，因地制宜地推进。

（2）加强顶层设计和整体规划，科学制定实施步骤和实施路径，保障内外部系统有机整合和互联互通。

（3）从业务领域层面逐步推动实现财务管理信息化和决策支持信息化，从技术应用层面推动实现会计工作数字化、智能化。

（4）加强制度建设，明确各个领域与各个环节的管理要求和责任机制。

（5）注重会计信息系统与单位运营环境的匹配等。

二、例题点津

【例题1·单选题】 下列各项中，关于单位会计信息化建设说法错误的是（　　）。

A. 单位会计负责人是会计信息化工作的第一责任人

B. 单位应当指定专门机构或者岗位负责会计信息化工作

C. 未设置会计机构和会计岗位的单位可以委托代理记账机构组织推进会计信息化应用

D. 单位配备会计软件、会计软件服务商提供会计软件和相关服务，应当符合国家统一的会计软件功能和服务规范的规定

【答案】 A

【解析】 单位负责人是本单位会计信息化工作的第一责任人。选项A的说法错误。

✳ 考点3　会计数据处理和应用 ★

一、考点解读

（一）会计数据处理要求

（1）遵循国家统一的会计数据标准。

（2）建立安全便捷的电子原始凭证获取渠道。

（3）保证电子会计凭证的接收、生成、传输、存储等各环节安全可靠。

（4）能够准确、完整、有效地读取或者解析电子原始凭证及其元数据，按照国家统一的会计制度的规定开展会计核算，生成会计凭证、会计账簿、财务会计报告等会计资料。

（5）以电子会计凭证的纸质打印件作为报销、入账、归档依据的，必须同时保存打印该纸质件的电子会计凭证原文件，并建立纸质会计凭证与其对应电子文件的检索关系。

（6）以纸质会计凭证的电子影像文件作为报销、入账、归档依据的，必须同时保存纸质会计凭证，并建立电子影像文件与其对应纸质凭证的检索关系。

（7）具备条件的单位应当推动电子会计凭证接收、生成、传输、存储、归档等各环节全流程无纸化、自动化处理。

（8）可以在权责明确、确保信息安全的情况下，将一个或者多个会计数据处理环节委托给符合要求的第三方平台进行集约化、批量化处理，以降低成本、提高效率。

（9）加强电子会计资料归档和电子会计档案管理。

（二）电子会计资料的法律效力

（1）同等法律效力：来源可靠、程序规范、要素合规的电子会计凭证、电子会计账簿、电子财务会计报告和其他电子会计资料与纸质会计资料具有同等法律效力，可仅以电子形式接收、处理、生成和归档保存。

（2）应当充分利用现代信息技术，推动单位业财融合和会计职能拓展，增强会计数据支撑单位提升绩效管理、风险管理、可持续发展的能力。

（3）**鼓励**运用各类信息技术**开展会计数据治理**，探索形成可扩展、可聚合、可比对的会计数据要素。

（4）应当根据法律法规要求向会计资料使用者**提供电子财务会计报告**等电子会计资料。

（5）接受外部监督检查机构依法依规查询和调阅会计资料时，对符合国家有关电子会计档案管理规定要求的电子会计资料，可**仅以电子形式提供**。

二、例题点津

【例题1·单选题】 下列各项中，关于会计数据处理要求的说法错误的是（　　）。

A. 单位应遵循国家统一的会计数据标准

B. 单位应保证电子会计凭证的接收、生成、传输、存储等各环节安全可靠

C. 以电子会计凭证的纸质打印件作为入账依据的，可以不保存打印该纸质件的电子会计凭证原文件

D. 以纸质会计凭证的电子影像文件作为入账依据的，必须同时保存纸质会计凭证

【答案】 C

【解析】 以电子会计凭证的纸质打印件作为报销、入账、归档依据的，必须同时保存打印该纸质件的电子会计凭证原文件，并建立纸质会计凭证与其对应电子文件的检索关系。选项C的说法错误。

【例题2·判断题】 来源可靠、程序规范、要素合规的电子会计凭证、电子会计账簿、电子财务会计报告和其他电子会计资料与纸质会计资料具有同等法律效力，可仅以电子形式接收、处理、生成和归档保存。（　　）

【答案】 √

【解析】 符合电子会计资料同等法律效力的定义。

第三章　流动资产

教材变化

2025 年教材本章内容变化不大，主要变化是：（1）"银行存款""其他货币资金""应收票据""应收账款""应收利息""其他应收款"等科目内容有变化。（2）"交易性金融资产"科目增加了"应计利息"二级明细科目，当交易性金融资产为债权投资的，可以将按票面或合同利率计算的利息计入投资收益，借记"交易性金融资产——应计利息"科目，贷记"投资收益"科目。企业也可以不单独确认前述利息，而是通过"交易性金融资产——公允价值变动"科目汇总反映包含利息的债权投资的公允价值变化。（3）增加了应收票据贴现时，不符合终止确认条件情况下的核算。（4）更改了"应收利息"的定义，增加了债权投资时应收利息的核算内容和例题。（5）删除了应收账款减值中直接转销法下小企业的核算内容。（6）已确认并转销的应收款项以后又收回的账务处理有变化。

考情分析

本章是对资产中的流动资产的讲解，主要内容包括货币资金、交易性金融资产、应收及预付款项和存货。交易性金融资产、应收账款、存货等内容常与其他章节结合出不定项选择题。

本章内容在考试中各种题型均会出现，内容多且难度较大，属于重要的章节。本章预计分值为 18 分左右。

本章考点框架

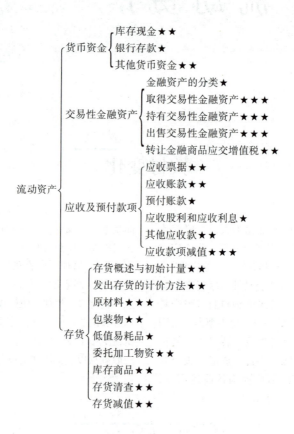

考点解读

流动资产，是指企业拥有或者控制的预计在一个正常营业周期（一年内，含一年）中变现、出售或耗用的资产。本章主要介绍货币资金、交易性金融资产、应收及预付款项和存货等的会计处理。

第一单元　货币资金

货币资金是指企业生产经营过程中处于货币形态的资产，属于企业的一种金融资产，包括库存现金、银行存款和其他货币资金。

❀ **考点1　库存现金★★**

一、考点解读

库存现金是指存放于企业财会部门、由出纳

人员经管的货币。

（一）现金管理制度

企业可用现金支付的款项有：（1）职工工资、津贴；（2）个人劳务报酬；（3）根据国家规定颁发给个人的科学技术、文化艺术、体育比赛等各种奖金；（4）各种劳保、福利费用以及国家规定的对个人的其他支出；（5）向个人收购农副产品和其他物资的价款；（6）出差人员必须随身携带的差旅费；（7）结算起点（**1 000元**）以下的零星支出；（8）中国人民银行确定需要支付现金的其他支出。

除企业可以现金支付的款项中的第（5）和第（6）项外，开户单位支付给个人的款项，超过使用现金限额的部分，应当以支票或者银行本票等方式支付；确需全额支付现金的，经开户银行审核后，予以支付现金。

提示 现金使用范围简单记忆：对个人的支出可以用现金；对单位的支出结算起点（1 000元）以下可以用现金结算。

（二）库存现金的账务处理

企业应当设置"库存现金"科目，对于企业内部各部门周转使用的备用金，可以单独设置"**备用金**"科目进行核算。为了全面、连续地反映和监督库存现金的收支和结存情况，企业应当设置现金总账和现金日记账，分别进行库存现金的总分类核算和明细分类核算。

（三）库存现金的清查

企业应当按规定对库存现金进行定期和不定期的清查，一般采用实地盘点法；对于清查的结果应当编制现金盘点报告单。发现有待查明原因的现金短缺或溢余，应先通过"待处理财产损溢"科目核算，按管理权限经批准后，分别区别两种情况处理（见表3－1）。

表3－1

情形	报经批准前	报经批准后
现金短缺（盘亏）	借：待处理财产损溢 贷：库存现金	借：其他应收款（责任方赔偿部分） 　　管理费用（无法查明原因部分） 贷：待处理财产损溢
现金溢余（盘盈）	借：库存现金 贷：待处理财产损溢	借：待处理财产损溢 贷：其他应付款（应支付有关人员或单位部分） 　　营业外收入（无法查明原因部分）

二、例题点津

【例题1·单选题】下列各项中，企业已记入"待处理财产损溢"科目且无法查明原因的现金盘盈，按管理权限批准后应转入的会计科目是（　　）。

A. 其他收益　　　B. 其他综合收益

C. 其他业务收入　D. 营业外收入

【答案】D

【解析】现金短缺或溢余，应先记入"待处理财产损溢"科目；现金溢余的情况，即现金盘盈时，属于无法查明原因的，记入"营业外收入"科目。

【例题2·单选题】甲企业支付的下列款项中，可以使用库存现金进行支付的是（　　）。

A. 财务部门购买账簿支付2 200元

B. 销售部门宣传费1 200元

C. 出差人员必须随身携带的30 000元差旅费

D. 生产车间办公费1 500元

【答案】C

【解析】对企事业单位在结算起点（1 000元）以下的零星支出可以使用现金，在结算起点以上的要以转账方式支付，所以选项A、B、D应当以转账方式支付。出差人员必须随身携带的差旅费可以使用现金的，因此选项C正确。

【例题3·单选题】企业在现金清查中发现有待查明原因的现金短缺或溢余，已按管理权限批准，下列相关会计处理中不正确的是（　　）。

A. 属于无法查明原因的现金溢余，应借记"待处理财产损溢"科目，贷记"营业外收入"科目

B. 属于应由保险公司赔偿的现金短缺，应借记"其他应收款"科目，贷记"待处理财产损溢"科目

C. 属于应支付给有关单位的现金溢余，应借记"待处理财产损溢"科目，贷记"其他应付款"科目

D. 属于无法查明原因的现金短缺，应借记"营业外支出"科目，贷记"待处理财产损溢"科目

【答案】D

【解析】现金溢余报经批准后的相关会计处理为：

借：待处理财产损溢

　　贷：其他应付款（应支付给他人或单位）

　　　　营业外收入（无法查明原因）

现金短缺报经批准后的相关会计处理为：

借：其他应收款（责任人或保险公司赔偿）

　　管理费用（无法查明原因）

　　贷：待处理财产损溢

所以选项 D 不正确，应计入管理费用。

【例题4·多选题】下列选项中，企业可以使用库存现金进行结算的经济业务有（　　）。

A. 按规定颁发给科技人员的创新奖金

B. 发放给职工的劳保福利

C. 向外单位支付的机器设备款

D. 向个人收购农副产品的价款

【答案】ABD

【解析】选项 C 不属于现金使用范围。

【例题5·判断题】企业发生经济业务需要支付现金时，可以从本单位的现金收入中直接安排支付。（　　）

【答案】×

【解析】开户单位支付现金，可以从本单位库存现金限额中支付或从开户银行提取，不得从本单位的现金收入中直接支付（即坐支）。因特殊情况需要坐支现金的，应当事先报经开户银行审查批准，由开户银行核定坐支范围和限额。坐支单位应当定期向开户银行报送坐支金额和使用情况。

✦ 考点2　银行存款★

一、考点解读

企业应当设置"银行存款"科目，借方登记企业银行存款的增加，贷方登记企业银行存款的减少，期末借方余额反映企业以摊余成本计量的、存放于银行或其他金融机构的各种款项。

企业应当设置银行存款总账和银行存款日记账，分别进行银行存款的总分类核算和序时、明细分类核算。

"银行存款日记账"应定期与"银行对账单"核对，至少每月核对一次。企业银行存款账面余额与银行对账单余额之间如有差额，应编制"银行存款余额调节表"调整未达账款，如没有记账错误，调节后的双方余额应相等，且该余额为企业可以实际动用的余额。

二、例题点津

【例题·判断题】银行存款日记账应定期与银行对账单核对，至少每月核对一次。（　　）

【答案】√

【解析】银行存款日记账应定期与银行对账单核对，至少每月核对一次。

✦ 考点3　其他货币资金★★

一、考点解读

（一）其他货币资金的内容

其他货币资金是指企业除库存现金、银行存款以外的其他各种货币资金，主要包括银行汇票存款、银行本票存款、信用卡存款、信用证保证金存款、存出投资款和外埠存款等。

银行汇票存款是指企业为取得银行汇票按照规定存入银行的款项。银行本票存款是指企业为了取得银行本票按照规定存入银行的款项。信用卡存款是指企业为取得信用卡而存入银行信用卡专户的款项。信用证保证金存款是指采用信用证结算方式的企业为开具信用证而存入银行信用证保证金专户的款项。信用证只限于转账结算，不得支取现金。存出投资款是指企业为购买股票、债券、基金等根据有关规定存入在证券公司指定银

行开立的投资款专户的款项。外埠存款是指企业为了到外地进行临时或零星采购,而汇往采购地银行开立采购专户的款项。

(二)其他货币资金的账务处理

企业应当设置"其他货币资金"科目,借方登记其他货币资金的增加,贷方登记其他货币资金的减少,期末余额在借方,反映企业持有的以摊余成本计量的其他货币资金。本科目应当按照其他货币资金的种类设置明细科目进行核算。

1. 银行汇票存款

(1)汇票申请人的账务处理如图3-1所示。

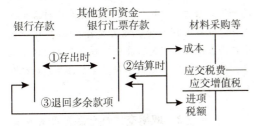

图3-1 银行汇票申请人账务处理

(2)销货企业的账务处理如图3-2所示。

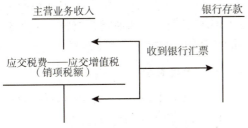

图3-2 银行汇票销货企业账务处理

2. 外埠存款、银行本票存款、信用卡存款、信用证保证金存款核算同上

3. 存出投资款(见图3-3)

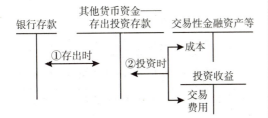

图3-3 存出投资款账务处理

二、例题点津

【例题1·单选题】企业向银行申领信用卡,交存相关款项,收到银行盖章退回的进账单。下列选项中,企业应借记的会计科目是( )。

A. 其他货币资金

B. 其他应收款

C. 银行存款

D. 应收票据

【答案】A

【解析】信用卡存款属于企业的其他货币资金。企业申领信用卡应填制"信用卡申请表",连同支票和有关资料一并送存发卡银行,根据银行盖章退回的进账单第一联,借记"其他货币资金——信用卡"科目,贷记"银行存款"科目。

【例题2·单选题】下列选项中,企业销售商品收到银行汇票存入银行应借记的会计科目是( )。

A. 应收账款

B. 应收票据

C. 其他货币资金

D. 银行存款

【答案】D

【解析】销货企业收到银行汇票、填制进账单到开户银行办理款项入账手续时,根据进账单及销货发票等,借记"银行存款"科目,贷记"主营业务收入""应交税费——应交增值税(销项税额)"等科目。

【例题3·多选题】下列各项中,企业应确认为其他货币资金的有( )。

A. 向银行申请银行本票划转的资金

B. 为开信用证而存入银行的专户资金

C. 汇向外地开立临时采购专户的资金

D. 为购买股票向证券公司划出的资金

【答案】ABCD

【解析】其他货币资金主要有银行汇票存款、银行本票存款、信用卡存款、信用证保证金存款、存出投资款和外埠存款等。

第二单元　交易性金融资产

✳ 考点1　金融资产的分类 ★

一、考点解读

企业应当根据管理金融资产的业务模式和金融资产的合同现金流量特征，对金融资产进行合理分类。金融资产划分为以下三类。

1. 以摊余成本计量的金融资产

企业应当将同时符合下列条件的金融资产分类为以摊余成本计量的金融资产：（1）管理该金融资产的业务模式是以收取合同现金流量为目标。（2）该金融资产的合同条款规定，在特定日期产生的现金流量，仅为对本金和以未偿付本金金额为基础的利息的支付。如债权投资的合同现金流量包括投资期间各期应收的利息和到期日收回的本金等；其他属于以摊余成本计量的金融资产性质的金融资产还有"贷款""应收账款"等。

2. 以公允价值计量且其变动计入其他综合收益的金融资产

企业应当将同时符合下列条件的金融资产分类为以公允价值计量且其变动计入其他综合收益的金融资产：（1）管理该金融资产的业务模式，既以收取合同现金流量为目标又以出售该金融资产为目标。（2）该金融资产的合同条款规定，在特定日期产生的现金流量，仅为对本金和以未偿付本金金额为基础的利息的支付。如其他债权投资。

3. 以公允价值计量且其变动计入当期损益的金融资产

企业应当将除上述分类为以摊余成本计量的金融资产和以公允价值计量且其变动计入其他综合收益的金融资产之外的金融资产，分类为以公允价值计量且其变动计入当期损益的金融资产。

资产负债表中"交易性金融资产""衍生金融资产""其他非流动金融资产"均属于以公允价值计量且其变动计入当期损益的金融资产。

二、例题点津

【例题·判断题】以摊余成本计量的金融资产，其业务模式是以收取合同现金流量为目标。（　　）

【答案】√

【解析】以摊余成本计量的金融资产应同时符合下列条件：（1）管理该金融资产的业务模式是以收取合同现金流量为目标。（2）该金融资产的合同条款规定，在特定日期产生的现金流量，仅为对本金和以未偿付本金金额为基础的利息的支付。

✳ 考点2　取得交易性金融资产 ★★★

交易性金融资产，反映以公允价值计量且其变动计入当期损益的金融资产。它是企业为了近期内出售而持有的金融资产，如企业以赚取差价为目的从二级市场购入的股票、债券、基金等，通过"交易性金融资产"科目核算。

一、考点解读

（一）交易性金融资产核算应设置会计科目

1. "交易性金融资产"科目

本科目核算企业分类为以公允价值计量且其变动计入当期损益的金融资产，其中包括企业为交易目的所持有的债券投资、股票投资、基金投资等交易性金融资产的公允价值，见图3-4。

交易性金融资产

①金融资产的取得成本 ②资产负债表日其公允价值高于账面余额的差额 ③出售金融资产时结转公允价值低于账面余额的变动金额	①资产负债表日其公允价值低于账面余额的差额 ②企业出售金融资产时以及结转的成本和公允价值高于账面余额的变动金额

×××

图3-4　"交易性金融资产"科目

企业应当按照交易性金融资产的类别和品种，分别设置"成本""应计利息""公允价值变动"等明细科目进行核算。

2. "公允价值变动损益"科目

本科目核算企业交易性金融资产等的公允价值变动而形成的应计入当期损益的利得或损失，见图3-5。

公允价值变动损益

资产负债表日企业持有的交易性金融资产等的公允价值低于账面余额的差额	资产负债表日企业持有的交易性金融资产等的公允价值高于账面余额的差额

图3-5 "公允价值变动损益"科目

3. "投资收益"科目

本科目核算企业持有交易性金融资产等的期间内取得的投资收益以及出售交易性金融资产等实现的投资收益或投资损失，见图3-6。

投资收益

①取得交易性金融资产时支付的交易费用 ②出售交易性金融资产等发生的投资损失	企业持有交易性金融资产等的期间内取得的投资收益以及出售交易性金融资产等实现的投资收益

图3-6 "投资收益"科目

（二）取得交易性金融资产

1. 确定初始入账金额

取得交易性金融资产时，应当按照该金融资产取得时的公允价值作为其初始入账金额。

金融资产的公允价值，应当以市场交易价格为基础加以确定。

提示 （1）对于取得交易性金融资产所支付价款中包含的已宣告但尚未发放的现金股利或已到付息期但尚未领取的债券利息，应单独确认为应收项目，而不构成交易性金融资产的初始入账金额。

（2）取得交易性金融资产发生的相关交易费用，应当在发生时作为投资收益进行会计处理，发生交易费用取得增值税专用发票的，进项

税额经认证后可从当月销项税额中扣除。

交易费用是指可直接归属于购买、发行或处置相关金融工具的增量费用，包括支付给代理机构、咨询公司、券商、证券交易所、政府有关部门等的手续费、佣金、相关税费以及其他必要支出，不包括债券溢价、折价、融资费用、内部管理成本和持有成本等与交易不直接相关的费用。

2. 账务处理

借：交易性金融资产——成本［公允价值］
　　投资收益［交易费用］
　　应交税费——应交增值税（进项税额）［可抵扣增值税］
　　应收股利［已宣告但尚未发放的现金股利］
　　应收利息［已到付息期但尚未领取的债券利息］
　　贷：其他货币资金——存出投资款［支付的全部价款］

二、例题点津

【例题1·单选题】下列选项中，增值税一般纳税人取得交易性金融资产的相关支出应计入投资收益的是（　　）。

A. 不含增值税的交易费用

B. 价款中包含的已宣告但尚未发放的现金股利

C. 增值税专用发票上注明的增值税税额

D. 价款中包含的已到付息期但尚未领取的债券利息

【答案】A

【解析】选项A，交易费用作为投资收益的抵减，发生时借记"投资收益"科目，交易费用对应的增值税记入"应交税费——应交增值税（进项税额）"科目。选项B和选项D，应记入应收项目，分别记入"应收股利"和"应收利息"科目。选项C，可以抵扣的增值税进项税额记入"应交税费——应交增值税（进项税额）"科目。

【例题2·单选题】甲公司为增值税一般纳税人，自证券交易所购入某公司股票100万股，每股支付购买价款8.8元（其中包括已宣告但尚

未发放的现金股利 0.3 元），另支付交易费用 2 万元，取得增值税专用发票上注明的增值税税额为 0.12 万元。甲公司将其划分为交易性金融资产核算，则该交易性金融资产的入账金额为（　　）万元。

A. 882　　　　　　B. 880

C. 852　　　　　　D. 850

【答案】D

【解析】交易性金融资产的入账金额 = 100 × (8.8 − 0.3) = 850（万元）。交易性金融资产的入账金额中不包括已宣告但尚未发放的现金股利（记入"应收股利"科目），支付的交易费用计入投资收益。

【例题 3 · 判断题】企业取得交易性金融资产时，支付给证券交易所的手续费和佣金应计入其初始确认金额。（　　）

【答案】×

【解析】企业取得交易性金融资产发生的交易费用确认为投资收益，不计入初始确认金额。

✦ 考点 3　持有交易性金融资产★★★

一、考点解读

（一）宣告发放现金股利或到期计提利息

企业在持有交易性金融资产期间，被投资单位宣告发放现金股利或已到付息期但尚未领取的债券利息，应确认为**应收项目**，计入**投资收益**：

借：应收股利［被投资单位宣告数 × 持股比例或持有股票数量 × 每股现金股利］

或应收利息［面值 × 票面利率］

　　贷：投资收益

实际收到时：

借：银行存款

　　贷：应收股利或应收利息

对于上述确认，企业必须同时满足三个条件：一是企业收取股利或利息的权利已经确立；二是与股利或利息相关的经济利益很可能流入企业；三是股利或利息的金额能够可靠计量。

（二）后续计量

资产负债表日，交易性金融资产应当按照公允价值计量，公允价值与账面余额之间的差额计入当期损益（**公允价值变动损益**）。

（1）交易性金融资产公允价值高于其账面余额时：

借：交易性金融资产——公允价值变动

　　贷：公允价值变动损益

（2）交易性金融资产公允价值低于其账面余额时：

借：公允价值变动损益

　　贷：交易性金融资产——公允价值变动

提示（1）交易性金融资产为债权投资的，可以将按票面或合同利率计算的利息计入投资收益，借记"交易性金融资产——应计利息"科目，贷记"投资收益"科目。企业也可以不单独确认前述利息，而是通过"交易性金融资产——公允价值变动"科目汇总反映包含利息的债权投资的公允价值变化。

（2）资产负债表日按上述调整后，交易性金融资产期末账面价值（账面余额）与资产负债表日该金融资产公允价值一致。即交易性金融资产不计提减值准备。

二、例题点津

【例题 1 · 单选题】企业持有的交易性金融资产期末公允价值高于账面价值余额的差额应记入的会计科目是（　　）。

A. 投资收益

B. 公允价值变动损益

C. 其他货币资金

D. 资本公积

【答案】B

【解析】资产负债表日，交易性金融资产公允价值的变动计入当期损益，即"公允价值变动损益"科目。公允价值高于账面价值时：

借：交易性金融资产——公允价值变动

　　贷：公允价值变动损益

公允价值低于账面价值时作相反会计分录。

【例题 2 · 单选题】2×24 年 12 月 10 日，甲公司购入乙公司股票 10 万股，将其划分为交易性金融资产，购买日支付价款 249 万元，另支付交易费用 0.6 万元，2×24 年 12 月 31 日，该股票的公允价值为 258 万元。不考虑其他因素，甲公司 2×24 年度利润表"公允价值变动收益"项目本期金额为（　　）万元。

A. 9　　　　　　 B. 9.6

C. 0.6　　　　　 D. 8.4

【答案】A

【解析】交易性金融资产入账价值为 249 万元，2×24 年度利润表"公允价值变动收益"项目本期金额 = 258 - 249 = 9（万元）。

【例题 3·判断题】交易性金融资产持有期间，投资单位收到投资前被投资单位宣告发放但未领取的现金股利时，应确认为投资收益。（　　）

【答案】×

【解析】取得交易性金融资产支付价款中包含被投资单位宣告发放但尚未领取的现金股利时，计入应收股利。待后期收到这笔现金股利时：

借：其他货币资金/银行存款

　　贷：应收股利

因此，不计入投资收益。

✿ 考点 4　出售交易性金融资产 ★★★

一、考点解读

出售交易性金融资产时，应当将该金融资产出售时的公允价值与其账面余额之间的差额作为投资损益进行会计处理。其账务处理为：

借：其他货币资金——存出投资款

　　　　　　　　　　　［出售净价］

　　贷：交易性金融资产——成本

　　　　　　　　　　　——公允价值变动

　　　　　　　　　　　［也可在借方］

　　投资收益［差额，也可在借方］

提示　出售交易性金融资产时，不需将公允价值变动损益结转计入投资收益。

二、例题点津

【例题 1·单选题】下列各项中，关于交易性金融资产相关会计处理表述正确的是（　　）。

A. 资产负债表日，其公允价值与账面余额之间的差额计入投资收益

B. 按取得时的公允价值作为初始入账金额

C. 出售时公允价值与账面余额的差额计入公允价值变动损益

D. 取得时发生的相关交易费用计入初始入账金额

【答案】B

【解析】选项 A，资产负债表日，交易性金融资产公允价值与账面余额之间的差额计入公允价值变动损益；选项 C，企业出售交易性金融资产时，其公允价值与账面余额之间的差额计入投资收益；选项 D，企业取得交易性金融资产时所发生的交易费用计入当期损益（投资收益）。

【例题 2·单选题】A 公司 2×24 年 1 月 1 日购入 B 公司同日发行的普通股股票 100 万股，每股 2 元；另支付相关交易费用 3 万元，增值税税额 0.18 万元；将其作为交易性金融资产进行核算。2×24 年 6 月 30 日，该股票的公允价值为 260 万元；2×24 年 8 月 30 日，将持有的 B 公司股票 100 万股全部出售，出售价款为 255 万元。A 公司出售该股票时应确认的投资收益金额为（　　）万元。

A. -55　　　　　 B. 55

C. 5　　　　　　 D. -5

【答案】D

【解析】计算处置时的投资收益 = 出售价款（不含税）- 出售时交易性金融资产账面价值，A 公司出售该股票时应确认的投资收益 = 255 - 260 = -5（万元）。

【例题 3·多选题】下列有关交易性金融资产的说法中不正确的有（　　）。

A. 企业取得交易性金融资产时，借记"交易性金融资产——成本""投资收益"科目，贷记"其他货币资金"科目

B. 收到企业投资期间被投资单位宣告发放的现金股利或者债券利息，借记"其他货币资金"科目，贷记"交易性金融资产——公允价值变动"科目

C. 出售交易性金融资产时，冲销"公允价值变动损益"科目余额

D. 资产负债表日，交易性金融资产的公允价值变动，贷记或借记"公允价值变动损益"科目

【答案】BC

【解析】选项B，收到企业投资期间被投资单位宣告发放的现金股利或债券利息，借记"其他货币资金"科目，贷记"应收股利"或"应收利息"科目。选项C，出售交易性金融资产时，将其公允价值与账面余额之间的差额确认为投资收益，无须将"公允价值变动损益"结转记入"投资收益"，即无须冲销"公允价值变动损益"科目余额。

【例题4·判断题】出售交易性金融资产时，其公允价值与账面余额之间的差额计入公允价值变动损益。（ ）

【答案】×

【解析】出售时公允价值与账面余额之间的差额计入投资收益。

✿ 考点5 转让金融商品应交增值税 ★★

一、考点解读

金融商品转让按照卖出价扣除买入价（不需要扣除已宣告未发放现金股利和已到付息期未领取的利息）后的余额作为销售额计算增值税，即转让金融商品按盈亏相抵后的余额为销售额。若相抵后出现负差，可结转下一纳税期与下期转让金融商品销售额互抵，但年末时仍出现负差的，不得转入下一会计年度。

转让金融资产应交增值税的账务处理如下：

（1）转让金融资产当月月末，如产生转让收益：

借：投资收益［应纳税额］
　　贷：应交税费——转让金融商品应交增值税

（2）转让金融资产当月月末，如产生转让损失，则可结转下月抵扣税额：

借：应交税费——转让金融商品应交增值税
　　贷：投资收益

（3）年末，如果"应交税费——转让金融商品应交增值税"科目有借方余额，说明本年度的金融商品转让损失无法弥补，且本年度的金融资产转让损失不可转入下年度继续抵减转让金融资产的收益，应将"应交税费——转让金融商品应交增值税"科目的借方余额转出。

借：投资收益
　　贷：应交税费——转让金融商品应交增值税

提示 交易性金融资产的几个"瞬间"：

● 取得时支付的交易费用——借记"投资收益"

● 持有期间被投资单位宣告发放现金股利或计提利息——贷记"投资收益"

● 持有期间公允价值变动——借记或贷记"公允价值变动损益"

● 出售价款与账面余额之间的差额——借记或贷记"投资收益"

● 确认转让金融商品应交增值税——借记或贷记"投资收益"

二、例题点津

【例题1·单选题】2×24年1月10日，甲公司转让其所持有的交易性金融资产，实际收到价款450 000元存入银行。转让时该交易性金融资产的账面价值为440 000元，其中，"交易性金融资产——成本"科目借方余额为420 000元，"交易性金融资产——公允价值变动"科目借方余额为20 000元。购入该交易性金融资产时，支付价款430 000元，其中，包含已宣告但尚未支付的现金股利10 000元。假定不考虑其他因素，公司转让该交易性金融资产应交增值税（ ）元。

A. 1 698　　　　　　B. 1 132

C. 566　　　　　　　D. −1 132

【答案】B

【解析】转让金融商品按照卖出价扣除买入价（不需要扣除已宣告未发放现金股利和已到付息期未领取的利息）后的余额作为销售额计算增值税。应交增值税 =（450 000 − 430 000）÷（1 + 6%）× 6% = 1 132（元）。

该笔交易的会计分录为：

借：投资收益　　　　　　　1 132
　　贷：应交税费——转让金融商品应交增值税　　　　　　　1 132

【例题2·多选题】下列选项中，关于交易性金融资产会计处理表述正确的有（ ）。

A. 资产负债表日公允价值与账面余额之间

的差额计入当期损益

B. 出售时公允价值与其账面余额的差额计入投资收益

C. 持有期间取得的现金股利收入计入投资收益

D. 转让时按收益计算应交纳的增值税计入投资收益

【答案】ABCD

【解析】选项A，计入公允价值变动损益，属于当期损益。

第三单元　应收及预付款项

应收及预付款项是指企业在日常生产经营过程中发生的各项债权，包括应收款项和预付款项。应收款项包括应收票据、应收账款、应收股利、应收利息和其他应收款等；预付款项则是指企业按照合同规定预付的款项，如预付账款等。

考点1　应收票据★★

一、考点解读

（一）概述

1. 概念

应收票据是指企业因销售商品、提供服务等而收到的商业汇票。商业汇票分为商业承兑汇票和银行承兑汇票。商业汇票的付款期限，最长不得超过6个月。

提示 要注意区分银行承兑汇票和银行汇票，银行承兑汇票是商业汇票，通过"应收票据"或"应付票据"科目核算；银行汇票存款属于企业其他货币资金，通过"其他货币资金"科目核算。

2. 科目设置

为了反映和监督应收票据取得、票款收回等情况，企业应当设置"应收票据"科目，借方登记取得的应收票据的面值，贷方登记到期收回票款或到期前向银行贴现的应收票据的票面余额，期末余额在借方，反映企业持有的从推余成本计量的商业汇票的票面余额。

（二）账务处理（见表3-2）

表3-2　应收票据业务账务处理

项目	内　容
销售商品、提供劳务取得票据	借：应收票据 　贷：主营业务收入 　　应交税费——应交增值税（销项税额）
债务人抵偿前欠货款取得票据	借：应收票据 　贷：应收账款
票据贴现	（1）符合终止确认条件的： 借：银行存款（实际收到的金额） 　财务费用（贴现息） 　贷：应收票据 （2）不符合终止确认条件的： 借：银行存款（实际收到的金额） 　贷：短期借款 此时一次性支付的贴现息体现在后续按实际利率法分期确认的利息费用中

续表

项目	内　　容
票据背书转让以取得所需物资	借：原材料/在途物资/材料采购/库存商品 　　应交税费——应交增值税（进项税额） 　　贷：应收票据 　　　　银行存款［差额，可借可贷］
到期	（1）到期收回： 借：银行存款 　　贷：应收票据 （2）到期未收回： 借：应收账款 　　贷：应收票据

二、例题点津

【例题1·单选题】 企业将持有的商业汇票背书转让以取得所需物资时，按应计入取得物资成本的金额，借记"材料采购"等科目，按照增值税专用发票上注明的可抵扣的增值税税额，借记"应交税费——应交增值税（进项税额）"科目，按商业汇票的票面金额，贷记"应收票据"科目，如有差额，借记或贷记（　　）等科目。

A. 财务费用

B. 银行存款

C. 管理费用

D. 其他应收款

【答案】 B

【解析】 企业可以将自己持有的商业汇票背书转让。背书是指在票据背面或者粘单上记载有关事项并签章的票据行为。背书转让的，背书人应当承担票据责任。企业将持有的商业汇票背书转让以取得所需物资时，之间的差额以银行存款结算。

【例题2·单选题】 企业持未到期的商业汇票向银行贴现，符合终止确认条件时，企业通常应按实际收到的金额，借记"银行存款"科目，按应收票据的票面金额，贷记"应收票据"科目，按其差额，借记或贷记（　　）科目。

A. 财务费用

B. 应收账款

C. 短期借款

D. 其他应付款

【答案】 A

【解析】 企业持未到期的商业汇票向银行贴现，符合终止确认条件的，应按实际收到的金额（即减去贴现息后的净额），借记"银行存款"等科目，按贴现息部分，借记"财务费用"等科目，按商业汇票的票面金额，贷记"应收票据"科目。不符合终止确认条件的，应按实际收到的金额（即减去贴现息后的净额），借记"银行存款"等科目，贷记"短期借款"等科目，一次性支付的贴现息体现在后续按实际利率法分期确认的利息费用中。

【例题3·多选题】 下列选项中，应记入"应收票据"科目借方的有（　　）。

A. 销售商品收到的银行汇票

B. 销售原材料收到的商业承兑汇票

C. 销售原材料收到的转账支票

D. 提供服务收到的银行承兑汇票

【答案】 BD

【解析】 应收票据是指企业因销售商品、提供劳务等而收到的商业汇票。商业汇票分为商业承兑汇票和银行承兑汇票，选项B、D属于"应收票据"。选项A，企业收到银行汇票记入"银行存款"科目。选项C，转账支票属于支票，在企业的银行存款中反映。

✳ 考点2 应收账款★★

一、考点解读

(一) 概述

1. 概念

应收账款是指企业因销售商品、提供服务等经营活动,应向购货单位或接受服务单位收取的款项。

2. 内容

应收账款主要包括企业销售商品或提供服务等应向有关债务人收取的价款、增值税,以及代购货单位垫付的包装费、运杂费等。

3. 科目设置

为了反映和监督应收账款的增减变动及其结存情况,企业应设置"应收账款"科目。"应收账款"科目的借方登记应收账款的增加,贷方登记应收账款的收回及确认的坏账损失,期末余额一般在借方,反映企业以摊余成本计量的尚未收回的应收账款;如果期末余额在贷方,一般为企业预收的账款(见图3-7)。

提示 不单独设置"预收账款"科目的企业,预收的账款也在"应收账款"科目核算。

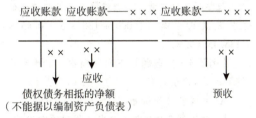

图3-7 "应收账款"账户解释

(二) 账务处理(见图3-8)

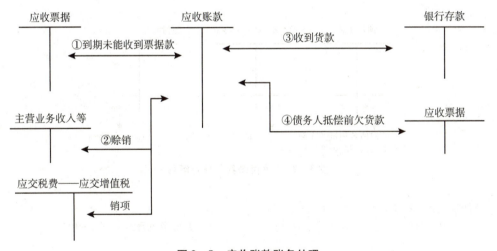

图3-8 应收账款账务处理

二、例题点津

【例题1·单选题】 下列各项中,不单独设置"预收账款"科目的企业实际预收的账款应记入的会计科目是(   )。

A. 其他应收款

B. 应收账款

C. 预付账款

D. 其他应付款

【答案】 B

【解析】 不单独设置"预收账款"科目的企业,预收的账款在"应收账款"科目核算。

【例题2·单选题】 甲公司采用托收承付结算方式销售一批商品,增值税专用发票上注明的价款为1 000万元,增值税税额为130万元,销售商品为客户代垫运输费5万元,增值税进项税额0.45万元,全部款项已办妥托收手续。该企业应确认的应收账款为(   )万元。

A. 1 000　　　　　　B. 1 005

C. 1 130　　　　　　D. 1 135.45

【答案】D

【解析】应收账款是指企业因销售商品、提供服务等经营活动，应向购货单位或接受服务单位收取的款项，主要包括企业销售商品或提供服务等应向有关债务人收取的价款、增值税及代购货单位垫付的包装费、运杂费等。企业应确认的应收账款的金额＝1 000＋130＋5＋0.45＝1 135.45（万元）。

【例题3·多选题】下列各项中，不构成应收账款入账价值的有（　　）。

A. 应收包装物租金

B. 确认商品销售收入时尚未收到的增值税

C. 代购货方垫付的运杂费

D. 预付的货款

【答案】AD

【解析】选项A，属于其他应收款；选项B、C，属于应收账款；选项D，属于预付账款。

✳ 考点3　预付账款★

一、考点解读

（一）概述

1. 概念

预付账款是指企业按照合同规定预付的款项。

2. 科目设置

企业应当设置"预付账款"科目，借方登记预付的款项及补付的款项，贷方登记收到所购物资时根据有关发票账单记入"原材料"等科目的金额及收回多付款项的金额，期末余额在借方，反映企业实际预付的款项；期末余额在贷方，则反映企业应付或应补付的款项（见图3－9）。

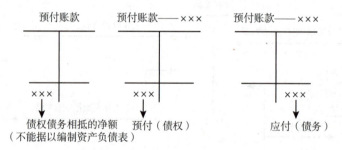

图3－9　"预付账款"账户解释

提示 预付款项情况不多的企业，可以不设置"预付账款"科目，而将预付款项通过"应付账款"科目核算。

（二）账务处理（见图3－10）

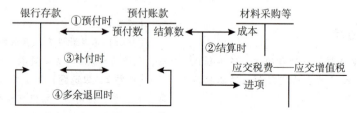

图3－10　预付账款账务处理

二、例题点津

【例题·单选题】下列各项中，应在"预付账款"科目贷方核算的是（　　）。

A. 预付设备采购款

B. 收回多预付款项

C. 收回前欠货款

D. 支付前赊购货款

【答案】B

【解析】"预付账款"科目属于资产类科目，增加记借方，减少记贷方。选项A，预付款增加，记入"预付账款"科目的借方；选项B，预付款减少，记入"预付账款"科目贷方；选项C，记入"应收账款"科目的贷方；选项D，记入"应付账款"科目的借方。

✦ 考点4 应收股利和应收利息 ★

一、考点解读

（一）应收股利

1. 概念

应收股利是指企业应收取的**现金股利**和应收取其他单位分配的**利润**。企业应设置"应收股利"科目进行核算。

提示 应收股利仅指现金股利。

2. 账务处理（见图3-11）

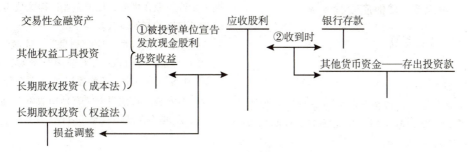

图3-11 应收股利账务处理

提示 企业收到被投资单位发放的现金股利或利润，应区别两种情况分别进行处理：对于企业通过证券公司购入上市公司股票所形成的股权投资取得的现金股利，应借记"其他货币资金——存出投资款"科目；对于企业持有的其他股权投资取得的现金股利或利润，应借记"银行存款"科目。

（二）应收利息

1. 概念

应收利息是指企业持有的各类债权投资等**已过付息期但尚未收到的利息**（含取得金融资产所支付价款中包含的已到付息期但尚未领取的利息）。

2. 科目设置

企业应设置"应收利息"科目，借方登记应收利息的增加，贷方登记收到的利息，期末余额一般在借方，反映企业**已过付息期但尚未收到**的利息。

3. 账务处理

（1）取得债权投资等金融资产时：

借：应收利息（支付的价款中包含的已到付息期但尚未领取的利息）

　　贷：银行存款

（2）资产负债表日：

借：债权投资——应计利息（按票面或合同利率计算确定的利息）

　　　　——利息调整（差额）

　　贷：投资收益

（3）对于已过付息期但尚未收到的利息：

借：应收利息

　　贷：债权投资——应计利息

企业实际收到应收利息时：

借：银行存款

　　贷：应收利息

二、例题点津

【例题·多选题】企业收到被投资单位发放的现金股利，涉及的会计科目有（　）。

A. 应收股利　　　　B. 其他货币资金

C. 银行存款　　　　D. 其他应收款

【答案】ABC

【解析】企业收到被投资单位发放的现金股利或利润，应贷记"应收股利"科目，而借记的会计科目应区别两种情况分别进行处理：对于企业通过证券公司购入上市公司股票所形成的股权投资取得的现金股利，应借记"其他货币资金——存出投资款"科目；对于企业持有的其他股权投资取得的现金股利或利润，应借记"银行存款"科目。

✱ 考点5　其他应收款 ★★

一、考点解读

（一）概述

1. 概念

其他应收款是指企业除应收票据、应收账款、预付账款、应收股利和应收利息以外的其他各种应收及暂付款项。

2. 内容

（1）应收的各种赔款、罚款；

（2）应收的出租包装物租金；

（3）应向职工收取的各种垫付款项，如垫付水电费、医药费、房租等；

（4）存出保证金，如租入包装物支付的押金；

（5）其他各种应收、暂付款项。

提示　其他应收款的内容为高频考点。

3. 科目设置

为了反映和监督其他应收账款的增减变动及其结存情况，企业应当设置"其他应收款"科目进行核算。"其他应收款"科目的借方登记其他应收款的增加，贷方登记其他应收款的收回，期末余额一般在借方，反映企业以摊余成本计量的尚未收回的其他应收款项。

期末，企业应将"应收利息""应收股利""其他应收款"科目的期末余额合计数，减去"坏账准备"科目中相关坏账准备期末余额后的金额，填入资产负债表中"其他应收款"项目。

（二）账务处理（见图3-12）

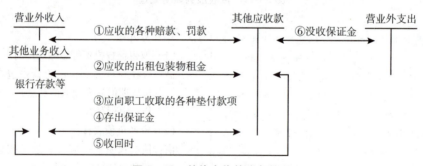

图3-12　其他应收款账务处理

二、例题点津

【例题1·单选题】2×24年12月1日，甲公司"其他应收款"科目借方余额为5万元。12月发生业务如下：销售商品为客户代垫运费2万元，增值税税额为0.18万元；收回垫付的房租4万元；支付租入包装物押金2万元。不考虑其他因素，甲公司12月31日"其他应收款"科目的借方余额为（　）万元。

A. 3　　　　　　　B. 5

C. 5.18　　　　　D. 1

【答案】A

【解析】销售商品为客户代垫运费和增值税，记入"应收账款"科目；垫付房租时，记入"其他应收款"科目；支付租入包装物押金，属于存出保证金，记入"其他应收款"科目。甲公司12月31日"其他应收款"科目的借方余额=5-4+2=3（万元）。

【例题2·多选题】下列选项中，应在"其他应收款"科目核算的有（　　）。

A. 应收的罚款收入

B. 应收的出租包装物租金

C. 企业代购货单位垫付的包装费、运杂费

D. 企业为职工垫付的房租费

【答案】ABD

【解析】"其他应收款"的主要内容包括：（1）应收的各种赔款、罚款，如因企业财产等遭受意外损失而应向保险公司收取的赔款等（选项A）；（2）应收的出租包装物租金（选项B）；（3）应向职工收取的各种垫付款项，如为职工垫付的水电费、应由职工负担的医药费、房租费等（选项D）；（4）存出保证金，如租入包装物支付的押金；（5）其他各种应收、暂付款项。选项C，企业代购货单位垫付的包装费、运杂费应记入"应收账款"科目。

【例题3·判断题】企业应向保险公司收取的财产损失赔款，应通过"应收账款"科目核算。（　　）

【答案】×

【解析】向保险公司收取的财产损失赔款，应通过"其他应收款"科目核算。

✳ 考点6　应收款项减值★★★

一、考点解读

企业的各项应收款项，可能会因债务人拒付、破产、死亡等信用缺失原因而使部分或全部无法收回。这类无法收回的应收款项通常称为坏账。企业因坏账而遭受的损失称为坏账损失。应收款项减值有两种核算方法，即直接转销法和备抵法。我国小企业会计准则规定，应收款项减值采用直接转销法。企业会计准则规定，应收款项减值的核算应采用备抵法。

（一）直接转销法

采用直接转销法时，日常核算中应收款项可能发生的坏账损失不进行会计处理，只有在实际发生坏账时，才作为坏账损失计入当期损益（营业外支出）。

直接转销法的优点是账务处理简单，将坏账损失在实际发生时确认为损失符合其偶发性特征

和小企业经营管理的特点。

直接转销法的缺点是不符合权责发生制会计基础，也与资产定义存在一定的冲突。在这种方法下，只有坏账实际发生时，才将其确认为当期损益，导致资产和各期损益不实；另外，在资产负债表上，应收账款是按账面余额而不是按账面价值反映，这在一定程度上会高估期末应收款项。

（二）备抵法下预期信用损失的确认

采用备抵法，需要对预期信用损失进行复杂的评估和判断，履行预期信用损失的确定程序。

1. 预期信用损失的概念

预期信用损失，是指以发生违约的风险为权重的金融工具信用损失的加权平均值。信用损失，是指企业按照实际利率折现的、根据合同应收的所有合同现金流量与预期收取的所有现金流量之间的差额。

2. 预期信用损失的确定方法

企业对于《企业会计准则第14号——收入》规范的交易形成且不含重大融资成分的应收款项，始终按照相当于整个存续期内预期信用损失的金额计量其损失准备。

信用风险自初始确认后是否显著增加的判断。（1）企业应通过比较应收款项在初始确认时所确定的预计存续期内的违约概率与该工具在资产负债表日所确定的预计存续期内的违约概率，来判定金融工具信用风险是否显著增加。（2）如果企业确定应收款项在资产负债表日只具有较低的信用风险的，可以假设该应收款项的信用风险自初始确认后并未显著增加。通常情况下，如果逾期超过30日，则表明应收款项的信用风险已经显著增加。（3）在确定信用风险自初始确认后是否显著增加时，企业应考虑无须付出不必要的额外成本或努力即可获得的合理且有依据的信息，包括前瞻性信息。（4）对于应收款项，企业在单项应收款项层面无法以合理成本获得关于信用风险显著增加的充分证据，而在组合的基础上评估信用风险是否显著增加是可行的，企业应按照应收款项的类型、信用风险评级、初始确认日期、剩余合同期限为共同风险特征，对应收账款进行分组并以组合为基础考虑评估信用风险是否显著增加。

在确定信用风险自初始确认后是否显著增加

时，企业应考虑的具体信息包括：（1）债务人未能按合同到期日支付款项的情况；（2）已发生的或预期的债务人的外部或内部信用评级的严重恶化；（3）已发生的或预期的债务人经营成果的严重恶化；（4）现存的或预期的技术、市场、经济或法律环境变化，并将对债务人对本企业的还款能力产生重大不利影响。

考虑到应收款项的流动性特征，实务中通常按照应收款项的账面余额和预计可收回金额的差额确定预计信用减值损失。

3. 备抵法评价

采用备抵法的优点主要有：符合权责发生制和会计谨慎性要求，在资产负债表中列示应收款项的净额，使财务报表使用者能了解企业应收款项预期可收回的金额和谨慎的财务状况；在利润表中作为营业利润项目列示，有利于落实企业管理者的经管责任，有利于企业外部利益相关者如实评价企业的经营业绩，作出谨慎的决策。

采用备抵法的缺点是：预期信用损失的估计需要考虑的因素众多，且有部分估计因素带有一定的主观性，对会计职业判断的要求较高。

（三）备抵法下坏账准备的账务处理

坏账准备可按以下公式计算：

当期应计提的坏账准备 = 当期按应收款项计算的坏账准备金额 −（或 +）"坏账准备"科目的贷方（或借方）余额

企业应当设置"坏账准备"科目，科目的贷方登记当期计提的坏账准备、收回已转销的应收账款而恢复的坏账准备，借方登记实际发生的坏账损失金额和冲减的坏账准备金额，期末余额一般在贷方，反映企业已计提但尚未转销的坏账准备。

1. 计提坏账准备

借：信用减值损失
　　贷：坏账准备

2. 冲减多计提的坏账准备：

借：坏账准备
　　贷：信用减值损失

3. 发生坏账（确实无法收回的应收款项经批准后作为坏账转销）

借：坏账准备
　　贷：应收账款

4. 发生的坏账又收回（已确认并转销的应收款项以后又收回）

借：应收账款
　　贷：坏账准备
借：坏账准备
　　贷：信用减值损失
借：银行存款
　　贷：应收账款

需要说明的是，除了"应收账款"外，"应收票据""其他应收款""预付账款"等科目的坏账计提也通过"坏账准备"科目核算。

二、例题点津

【例题 1·单选题】下列选项中，企业计提应收款项坏账准备时应记入的会计科目是（　　）。

A. 营业外支出　　　B. 管理费用

C. 信用减值损失　　D. 资产减值损失

【答案】C

【解析】计提应收款项坏账准备应通过"信用减值损失"科目核算。计提坏账准备的会计分录是：

借：信用减值损失
　　贷：坏账准备

【例题 2·单选题】甲公司 2×24 年 12 月 31 日应收乙公司账款 2 000 万元，该账款预计的未来现金流量现值为 1 920 万元，此前已对该账款计提了 12 万元的坏账准备，则 12 月 31 日甲公司为该笔应收账款应计提的坏账准备为（　　）万元。

A. 2 000　　　　　B. 1 920

C. 68　　　　　　D. 12

【答案】C

【解析】甲公司应计提的坏账准备 =（2 000 − 1 920）− 12 = 68（万元）。

【例题 3·多选题】下列各项中，引起应收账款账面价值发生变动的有（　　）。

A. 收回应收账款

B. 结转到期不能收回款项的商业承兑汇票

C. 收回已作为坏账转销的应收账款

D. 计提应收账款坏账准备

【答案】ABD

【解析】应收账款的账面价值 = 应收账款的

账面余额－坏账准备。因此，业务中涉及"应收账款"和"坏账准备"科目，即会引起应收账款账面价值变动。

选项 A，收回应收账款：

借：银行存款

　　贷：应收账款

选项 B，结转到期不能收回款项的商业承兑汇票：

借：应收账款

　　贷：应收票据

选项 C，收回已作为坏账转销的应收账款：

借：应收账款

　　贷：坏账准备

借：坏账准备

贷：信用减值损失

借：银行存款

　　贷：应收账款

选项 D，计提应收账款坏账准备：

借：信用减值损失

　　贷：坏账准备

【例题 4·判断题】 备抵法下，转销无法收回的应收账款，应冲减坏账准备和应收账款。（　　）

【答案】 √

【解析】 备抵法下，转销无法收回的应收账款时：

借：坏账准备

　　贷：应收账款

第四单元　存　　货

✿ 考点 1　存货概述与初始计量 ★★

一、考点解读

（一）概述

存货是指企业在日常活动中持有以备出售的产品或商品、处在生产过程中的在产品、在生产过程或提供劳务过程中储备的材料或物料等，包括各类材料、在产品、半成品、产成品、商品以及周转材料等。

存货必须在符合定义的前提下，同时具备与该存货有关的经济利益很可能流入企业和该存货的成本能够可靠地计量两个条件，才能予以确认。存货是流动资产中流动性较慢的一项重要资产。

（二）存货的初始计量

企业取得存货应当按照成本计量。存货成本包括采购成本、加工成本和其他成本以及自制存货成本等。

1. 存货的采购成本

企业的外购存货主要包括原材料和商品。存货的采购成本，包括购买价款、相关税费、运输费、装卸费、保险费以及其他可归属于存货采购成本的费用。

（1）存货的购买价款是指企业购入的材料或商品的发票账单上列明的价款，但不包括按照规定可以抵扣的增值税进项税额。

（2）存货的相关税费是指企业购买存货发生的进口关税、消费税、资源税和不能抵扣的增值税进项税额以及相应的教育费附加等应计入存货采购成本的税费。

（3）其他可归属于存货采购成本的费用是指采购成本中除上述各项以外的可归属于存货采购的费用，如在存货采购过程中发生的仓储费、包装费、运输途中的合理损耗（如汽车在运输煤炭、化肥等过程中自然散落以及易挥发产品在运输过程中的自然挥发等）、入库前的挑选整理费用（包括挑选整理中发生的工、费支出和挑选整理过程中所发生的数量损耗，并扣除回收的下脚废料价值）等。

（4）商品流通企业在采购商品过程中发生的运输费、装卸费、保险费以及其他可归属于存货采购成本的费用等进货费用，应当计入所购商品成本。企业也可以对这部分成本先进行归集，期末根据所购商品的存、销情况进行分摊。对于已售商品的进货费用，计入当期主营业务成本；对于未售商品的进货费用，计入期末存货成本。企业采购商品的进货费用金额较小的，可以在发生时直接计入当期销售费用。

商品的**进货费用有三种处理方式**：（1）全部计入所购商品成本；（2）先进行归集，期末分摊，已售商品的计入主营业务成本，未售商品的计入期末存货成本；（3）金额较小的，直接计入当期销售费用。

2. 加工取得存货的成本

企业通过进一步加工取得的存货，主要包括产成品、在产品、半成品、委托加工物资等，其成本由**采购成本**、**加工成本**构成。

存货的加工成本是指在存货的加工过程中发生的追加费用，包括**直接人工**以及按照一定方法分配的**制造费用**。

企业委托外单位加工完成的存货，包括加工后的原材料、包装物、低值易耗品、半成品、产成品等，其成本包括实际耗用的原材料或者半成品、加工费、装卸费、保险费、委托加工的往返运输费等费用以及按规定应计入存货成本的税费，见图3-13。

委托外单位加工完成的存货成本 { 所耗原材料或半成品成本 / 支付的加工费 / 支付的往返运杂费

↓

应税消费品

↓

向受托方支付消费税 { ①收回后用于直接销售，计入委托加工完成的存货成本 / ②收回后用于继续生产，计入应交税费——应交消费税

图3-13　委托加工物资成本构成

3. 存货的其他成本

存货的其他成本是指除采购成本、加工成本以外的，**使存货达到目前场所和状态所发生的其他支出**。

提示（1）为特定客户设计产品所发生的、可直接认定的产品设计费用应计入存货的成本。

（2）企业设计产品发生的设计费用通常应计入当期损益。

4. 企业自制存货的成本

企业自制的存货，包括自制原材料、自制包装物、自制低值易耗品、自制半成品及库存商品等，其成本包括直接材料、直接人工和制造费用

等的各项实际支出。

提示下列费用不应计入存货成本，而应在其发生时计入当期损益：

（1）非正常消耗的直接材料、直接人工和制造费用，应在发生时计入当期损益，不应计入存货成本。如由于自然灾害而发生的直接材料、直接人工和制造费用，应在发生时确认为当期损益（营业外支出）。

（2）仓储费用指企业在存货采购入库后发生的储存费用，应在发生时计入当期损益（管理费用）。但是，在生产过程中为达到下一个生产阶段所必需的仓储费用应计入存货成本。

（3）不能归属于使存货达到目前场所和状态的其他支出，应在发生时计入当期损益。

二、例题点津

【例题1·单选题】甲企业为增值税一般纳税人，本期购入一批商品100千克，进货价格为100万元，增值税进项税额为13万元。所购商品到达后验收发现商品短缺25%，其中合理损失15%，另10%的短缺无法查明原因。该批商品的单位成本是（　　）万元。

A. 1　　　　　　　B. 1.4

C. 1.2　　　　　　D. 1.25

【答案】 C

【解析】（1）运输途中的合理损耗计入采购商品的成本，不影响总成本。本题影响总成本的是10%的无法查明原因的短缺成本，因此商品总成本要减去这部分成本。商品总成本=100×（1-10%）=90（万元）。（2）计算单位成本时，商品数量按实际验收数量计算。商品单位成本=90÷[100×（1-25%）]=1.2（万元）。

【例题2·单选题】甲企业为增值税小规模纳税人，购入一批原材料，取得增值税专用发票上注明的价款为40万元，增值税税额为5.2万元，发生入库前的挑选整理费0.05万元，材料已验收入库。该批材料的入账价值为（　　）万元。

A. 45.2　　　　　　B. 45.25

C. 40　　　　　　　D. 40.05

【答案】 B

【解析】甲企业为小规模纳税人，其增值税

税额应计入存货成本，则该批原材料入账价值 = 40 + 5.2 + 0.05 = 45.25（万元）。

【例题3·多选题】 下列税费可以计入存货成本的有（　　）。

A. 企业购买存货发生的进口关税

B. 委托加工应税消费品支付的消费税（收回后用于继续生产）

C. 一般纳税人外购商品支付的增值税（取得增值税专用发票）

D. 小规模纳税人外购商品支付的增值税（取得增值税专用发票）

【答案】 AD

【解析】 选项 B，计入应交税费——应交消费税；选项 C，计入应交税费——应交增值税（进项税额）。

【例题4·多选题】 下列各项中，属于材料采购成本的有（　　）。

A. 材料采购运输途中发生的合理损耗

B. 材料入库前的挑选整理费用

C. 购买材料的价款

D. 购入材料的运输费

【答案】 ABCD

【解析】 存货的采购成本，包括购买价款、相关税费、运输费、装卸费、保险费、存货采购过程中发生的仓储费、包装费、运输途中的合理损耗、入库前的挑选整理费用等。四个选项都属于采购成本。

✳ 考点2　发出存货的计价方法★★

一、考点解读

企业发出的存货可以按实际成本核算，也可以按计划成本核算。

企业应当根据各类存货的实物流转方式、存货的性质、企业管理的要求等实际情况，合理地选择发出存货成本的计算方法，以合理确定当期发出存货的成本。

在实际成本核算方式下，企业可以采用的发出存货成本的计价方法包括个别计价法、先进先出法、月末一次加权平均法和移动加权平均法等。按照小企业会计准则规定，**小企业**应当采用先进先出法、加权平均法或者个别计价法确定发出存货的实际成本。**计价方法一经选用，不得随意变更。**

如果采用计划成本核算，会计期末要对存货计划成本和实际成本之间的差异进行单独核算，最终将计划成本调整为实际成本。

（一）个别计价法

个别计价法是假设存货具体项目的实物流转与成本流转相一致，按照各种存货逐一辨认各批发出存货和期末存货所属的购进批别或生产批别，分别按其购入或生产时所确定的单位成本计算各批发出存货和期末存货成本的方法。在这种方法下，把每一种存货的实际成本作为计算发出存货成本和期末存货成本的基础。

个别计价法的成本计算准确，符合实际情况，但在存货收发频繁的情况下，其发出成本分辨的工作量较大。因此，这种方法通常适用于一般不能替代使用的存货、为特定项目专门购入或制造的存货以及提供的劳务，如珠宝、名画等贵重物品。

（二）先进先出法

先进先出法，是指以先购入的存货应先发出（即用于销售或耗用）这样一种存货实物流动假设为前提，对发出存货进行计价的一种方法。

采用这种方法，先购入的存货成本在后购入存货成本之前转出，据此确定发出存货和期末存货的成本。

具体方法是：收入存货时，逐笔登记收入存货的数量、单价和金额；发出存货时，按照先进先出的原则逐笔登记存货的发出成本和结存金额。

先进先出法可以随时结转存货发出成本，但较烦琐。如果存货收发业务较多，且存货单价不稳定时，其工作量较大。

提示 在物价持续上升时，期末存货成本接近于市价，而发出成本偏低，会高估企业当期利润和库存存货价值；反之，会低估企业存货价值和当期利润。

（三）月末一次加权平均法

月末一次加权平均法，是指以本月全部进货数量加上月初存货数量作为权数，去除本月全部进货成本加上月初存货成本，计算出存货的加权平均单位成本，以此为基础计算本月发出存货的成本和期末结存存货的成本的一种方法。

计算公式如下：

$$存货单位成本 = \frac{月初库存存货成本 + 本月各批进货的实际单位成本 \times 本月各批进货的数量}{月初库存存货的数量 + 本月各批进货数量之和}$$

本月发出存货的成本 = 本月发出存货的数量 × 存货单位成本

本月月末结存存货成本 = 月末结存存货的数量 × 存货单位成本

或：

本月月末结存存货成本 = 月初结存存货成本 + 本月收入存货成本 - 本月发出存货成本

月末一次加权平均法可以简化成本计算工作，但不便于存货成本的日常管理与控制。

（四）移动加权平均法

移动加权平均法，是指以每次进货的成本加上原有结存存货的成本的合计额，除以每次进货数量加上原有结存存货的数量的合计数，据以计算加权平均单位成本，作为在下次进货前计算各次发出存货成本依据的一种方法。

计算公式如下：

$$存货单位成本 = \frac{原有结存存货成本 + 本次进货的成本}{原有结存存货数量 + 本次进货数量}$$

本次发出存货的成本 = 本次发出存货数量 × 本次发货前存货的单位成本

本月月末结存存货成本 = 月末结存存货的数量 × 本月月末结存存货单位成本

或：

本月月末结存存货成本 = 月初结存存货成本 + 本月收入存货成本 - 本月发出存货成本

采用移动加权平均法能够使企业管理层及时了解存货的结存情况，计算的平均单位成本以及发出和结存的存货成本比较客观。但计算工作量较大，对收发货较频繁的企业不太适用。

提示 采用不同发出存货的计价方法计算结果各不相同。在企业进货单价不断上升的情况下，不考虑其他影响利润的因素，采用先进先出法计算的利润额最高，采用月末一次加权平均法计算的利润额最低，这对准确评价企业盈利能力产生一定影响；发出存货成本高则期末存货成本

低，对存货周转率、资产负债率等财务指标形成一定影响，进而对评价企业营运能力和偿债能力产生一定的影响；可见，不同存货计价方法的经济后果可能存在差异。

二、例题点津

【例题1·单选题】甲企业采用先进先出法计算发出甲材料的成本，2×24年2月1日，结存甲材料200千克，每千克实际成本100元；2月10日，购入甲材料300千克，每千克实际成本110元；2月15日，发出甲材料400千克。2月末，库存甲材料的实际成本为（　　）元。

A. 10 000　　　　　　B. 10 500

C. 10 600　　　　　　D. 11 000

【答案】D

【解析】先进先出法下，剩余的甲材料的数量 = 200 + 300 - 400 = 100（千克），剩余的甲材料都是2月10日购入的，所以月末甲材料的实际成本 = 100 × 110 = 11 000（元）。

【例题2·单选题】企业采用月末一次加权平均法计算发出原材料的成本。10月1日，甲材料结存250千克，每千克实际成本为100元；10月10日，购入甲材料150千克，每千克实际成本为120元；10月20日，发出甲材料200千克。10月末，甲材料的结存成本为（　　）元。

A. 20 000　　　　　　B. 21 500

C. 21 600　　　　　　D. 21 000

【答案】B

【解析】计算月末一次加权平均单价 = （250 × 100 + 150 × 120）÷（250 + 150）= 107.5（元/千克）；计算月末甲材料的数量 = 250 + 150 - 200 = 200（千克）；甲材料的结存成本 = 200 × 107.5 = 21 500（元）。

【例题3·单选题】企业采用移动加权平均法计算发出原材料的成本。3月1日，甲存货结存数量为300件，单价4元；3月10日，购进存货200件，单价4.5元；3月15日，发出存货100件。3月17日购进存货100件，单价5元；3月25日，发出存货200件。假设3月份甲材料无其他收发业务。3月末甲存货结存成本为（　　）元。

A. 870　　　　　　　B. 1 302

C. 1 308   D. 872

【答案】C

【解析】计算 3 月 15 日发出存货单价 = (300 × 4 + 200 × 4.5) ÷ (300 + 200) = 4.2 (元/件); 3 月 15 日结存存货数量 = 300 + 200 - 100 = 400 (件); 3 月 15 日结存存货成本 = 400 × 4.2 = 1 680 (元); 计算 3 月 25 日发出存货单价 = (400 × 4.2 + 100 × 5) ÷ (400 + 100) = 4.36 (元/件); 计算月末甲存货的数量 = 400 + 100 - 200 = 300 (件); 甲存货的结存成本 = 300 × 4.36 = 1 308 (元)。

✱ 考点3 原材料★★★

一、考点解读

原材料的日常收发及结存可以采用实际成本核算,也可以采用计划成本核算。

(一) 采用实际成本核算

按照实际成本计价,不存在成本差异的计算与结转等问题,具有方法简单、核算程序简便易行等优点;但是采用实际成本核算,日常不能直接反映材料成本的节约或超支情况,不便于对材料等及时实施监督管理,不便于反映和考核材料物资采购、储存及其耗用等业务对经营成果的影响。因此,这种方法通常适用于材料收发业务较少、监督管理要求不高的企业。

1. 实际成本法下应设置的会计科目

采用实际成本核算,主要应设置的会计科目有**"原材料""在途物资""应付账款"**等科目。

(1) "原材料"科目。

本科目用于核算库存各种材料的收发与结存情况,见图 3 – 14。

原材料 (按实际成本核算)

入库材料的实际成本	发出材料的实际成本
企业库存材料的实际成本	

图 3 – 14

(2) "在途物资"科目。

本科目用于核算企业**采用实际成本 (进价)** 进行材料、商品等物资的日常核算、价款已付尚

未验收入库的各种物资 (即在途物资) 的采购成本,本科目应当按照供应单位和物资品种进行明细核算,见图 3 – 15。

在途物资

企业购入的在途物资的实际成本	验收入库的在途物资的实际成本
企业在途物资的采购成本	

图 3 – 15

2. 实际成本下账务处理

(1) 购入材料。

由于支付方式不同,原材料入库的时间与付款的时间可能一致,也可能不一致,在账务处理上也有所不同。

①货款已经支付或开出、承兑商业汇票,同时材料已验收入库:

借:原材料 [实际成本]
　　应交税费——应交增值税 (进项税额)
　　贷:银行存款/其他货币资金/应付票据/应付账款等

②货款已经支付或已开出、承兑商业汇票,材料尚未到达或尚未验收入库:

企业应通过"在途物资"科目核算采购的原材料;待材料到达入库后,再根据收料单,由"在途物资"科目转入"原材料"科目核算。

a. 购入时:

借:在途物资 [实际成本]
　　应交税费——应交增值税 (进项税额)
　　贷:银行存款/其他货币资金/应付票据/应付账款等

b. 收到材料时:

借:原材料
　　贷:在途物资

③货款尚未支付,材料已经验收入库:

a. 料到单到,无力支付 (赊购):

借:原材料 [实际成本]
　　应交税费——应交增值税 (进项税额)
　　贷:应付账款

b. 料到单未到,因而未付款:

对于材料已到达并已验收入库，但发票账单等结算凭证未到，货款尚未支付的采购业务，应于期末按材料的暂估价值入账：

借：原材料

　　贷：应付账款——暂估应付款

下月月初，用红字冲销原暂估入账金额，以便下月付款或开出、承兑商业汇票后，按正常程序，借记"原材料""应交税费——应交增值税（进项税额）"科目，贷记"银行存款""应付账款"或"应付票据"等科目。

④采用预付货款方式采购材料：

预付货款时：

借：预付账款

　　贷：银行存款

收到材料并验收入库：

借：原材料

　　应交税费——应交增值税（进项税额）

　　贷：预付账款

补付货款：

借：预付账款

　　贷：银行存款

（2）发出材料。

企业发出材料主要有以下几种情形：

①生产经营领用材料：

借：生产成本［生产产品领用］

　　制造费用［车间一般消耗］

　　销售费用［销售部门领用］

　　管理费用等［管理部门领用］

　　研发支出［研发环节领用］

　　贷：原材料［实际成本］

②出售材料结转成本：

借：其他业务成本

　　贷：原材料［实际成本］

③发出委托外单位加工的材料：

借：委托加工物资

　　贷：原材料［实际成本］

提示 企业可以选择采用个别计价法、先进先出法、月末一次加权平均法、移动加权平均法计算确定发出材料的实际成本。

（二）采用计划成本核算

材料实际成本与计划成本的差异，通过"材料成本差异"科目核算。月末，计算本月发出材料应负担的成本差异并进行分摊，根据领用材料的用途计入相关资产的成本或者当期损益，从而将发出材料的计划成本调整为实际成本。

在实务工作中，对于材料收发业务较多并且计划成本资料较为健全、准确的企业，一般可以采用计划成本进行材料收发的核算。

1. 计划成本法下应设置的会计科目

（1）"原材料"科目。

本科目用于核算库存各种材料的收发与结存情况。在材料采用计划成本核算时，本科目的借方登记入库材料的计划成本，贷方登记发出材料的计划成本，期末余额在借方，反映企业库存材料的计划成本。

（2）"材料采购"科目。

本科目借方登记采购材料的实际成本，贷方登记入库材料的计划成本。①借方大于贷方表示超支，从"材料采购"科目的贷方转入"材料成本差异"科目的借方；②贷方大于借方表示节约，从"材料采购"科目的借方转入"材料成本差异"科目的贷方；③期末为借方余额，反映企业在途材料的采购成本。

提示 计划成本核算下才会设置"材料采购"科目，实际成本核算无须设置此科目。

（3）"材料成本差异"科目。

本科目反映企业已入库各种材料的实际成本与计划成本的差异，借方登记超支差异及发出材料应负担的节约差异，贷方登记节约差异及发出材料应负担的超支差异。期末如为借方余额，反映企业库存材料的实际成本大于计划成本的差异（即超支差异）；如为贷方余额，反映企业库存材料实际成本小于计划成本的差异（即节约差异）。

小企业也可以在"原材料""周转材料"等科目设置"成本差异"明细科目进行材料成本差异的核算。

计划成本法下账务处理见图3-16。

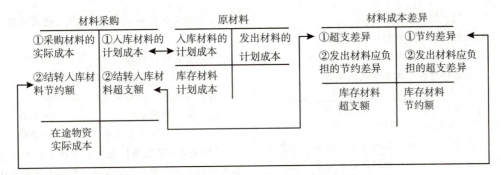

图3－16 计划成本法下采购材料账务处理

2. 计划成本法下账务处理

（1）购入材料。

①货款已经支付，同时材料验收入库。

提示 在采用计划成本法的情况下，购入的材料无论是否验收入库，都要先通过"材料采购"科目进行核算，以反映企业所购材料的实际成本，从而与"原材料"科目相比较，计算确定材料差异成本。

a. 购入时：

借：材料采购［实际成本］

　　应交税费——应交增值税（进项税额）

　　贷：银行存款等

b. 收料时：

借：原材料［计划成本］

　　材料成本差异［超支额］

　　贷：材料采购［实际成本］

　　　　材料成本差异［节约额］

②货款已经支付，材料尚未验收入库。

提示 尚未验收入库的材料通过"材料采购"科目进行核算。由于材料尚未入库，因此不借记"原材料"科目，也不计算材料成本差异。

分录步骤同上。

③货款尚未支付，材料已经验收入库。

a. 料到单到，无力支付（赊购）：

购入时：

借：材料采购［实际成本］

　　应交税费——应交增值税（进项税额）

　　贷：应付账款

同时，收料时：

借：原材料［计划成本］

　　材料成本差异［超支额］

　　贷：材料采购［实际成本］

材料成本差异［节约额］

b. 料到单未到，因而未付款：

对于尚未收到发票账单的收料凭证，月末应按计划成本暂估入账。

借：原材料［计划成本］

　　贷：应付账款——暂估应付账款［计划成本］

下期期初用红字予以冲回。

（2）发出材料。

企业采用计划成本核算，发出材料的几种情形同采用实际成本核算相同。平时发出材料时，一律用计划成本。月末，企业根据领料单等编制"发料凭证汇总表"结转发出材料的计划成本，按计划成本分别：

借：生产成本［计划成本］

　　制造费用［计划成本］

　　销售费用［计划成本］

　　管理费用等［计划成本］

　　贷：原材料［计划成本］

（3）月末分配结转材料成本差异。

企业日常采用计划成本核算的，发出的材料成本应由计划成本调整为实际成本，通过"材料成本差异"科目进行结转，按照发出材料的用途，分别记入"生产成本""制造费用""销售费用""管理费用""其他业务成本""委托加工物资"等科目。发出材料应负担的成本差异应当按期（月）分摊，不得在季末或年末一次计算。

期末结转差异时：

借：生产成本等

　　贷：材料成本差异［结转超支差］

借：材料成本差异［结转节约差］

贷：生产成本等

有关材料成本差异的计算公式如下：

本月材料成本差异率＝

$$\frac{月初结存材料的成本差异＋本月验收入库材料的成本差异}{月初结存材料的计划成本＋本月验收入库材料的计划成本}×100\%$$

本月发出材料应负担的成本差异＝本月发出材料的计划成本×本月材料成本差异率

如果企业的材料成本差异率各期之间是比较均衡的，也可以采用期初材料成本差异率分摊本期的材料成本差异。年度终了，应对材料成本差异率进行核实调整。

期初材料成本差异率＝

$$\frac{期初结存材料的成本差异}{期初结存材料的计划成本}×100\%$$

发出材料应负担的成本差异＝发出材料的计划成本×期初材料成本差异率

二、例题点津

【例题1·单选题】甲企业采用计划成本法进行材料核算，8月1日购入材料一批，取得增值税专用发票上注明的价款为300 000元，增值税税额为39 000元，计划成本为320 000元。8月3日，材料运达并验收入库。不考虑其他因素，下列各项中，关于材料入库的会计处理正确的是（　　）。

A. 借：原材料　　　　320 000
　　贷：材料采购　　　　　300 000
　　　　材料成本差异　　　　20 000

B. 借：原材料　　　　300 000
　　　　材料成本差异　　20 000
　　贷：材料采购　　　　　320 000

C. 借：原材料　　　　300 000
　　　　材料成本差异　　20 000
　　贷：在途物资　　　　　320 000

D. 借：原材料　　　　300 000
　　贷：在途物资　　　　　300 000

【答案】A

【解析】8月1日，购入材料时：

借：材料采购（实际成本）
　　　　　　　　　　　　300 000

　　　应交税费——应交增值税（进项税额）
　　　　　　　　　　　　39 000
　　贷：银行存款　　　　339 000

8月3日，材料验收入库时：

借：原材料（计划成本）　320 000
　　贷：材料采购　　　　　300 000
　　　　材料成本差异　　　　20 000

【例题2·单选题】企业采用计划成本法核算原材料，对于货款已付但尚未验收入库的在途材料，应记入的会计科目是（　　）。

A. 在途物资　　　B. 原材料
C. 材料采购　　　D. 周转材料

【答案】C

【解析】选项A，"在途物资"是在实际成本法下需要设置的会计科目。选项D，"周转材料"科目用来核算周转材料，这里企业采购的是原材料。周转材料，是指企业能够多次使用，不符合固定资产定义，逐渐转移其价值但仍保持原有形态的材料物品，包括包装物和低值易耗品等。选项B和选项C，计划成本法下，企业应设置的会计科目有"原材料""材料采购""材料成本差异"等。题目中原材料尚未入库，应以实际成本记入"材料采购"科目，入库时与"原材料"科目计划成本进行比较，计算确定材料成本差异。

【例题3·单选题】甲企业为增值税小规模纳税人，原材料采用计划成本核算，A材料计划成本为每千克20元，本期购进A材料6 000千克，收到增值税专用发票上注明的材料价款为102 000元，增值税税额为13 260元，另发生运杂费2 400元，保险费600元。原材料验收入库为5 995千克，运输途中合理损耗5千克。购进A材料发生的成本差异为（　　）。

A. 节约1 740元　　B. 节约1 640元
C. 节约15 000元　　D. 节约14 900元

【答案】B

【解析】购入材料的实际成本＝102 000＋13 260＋2 400＋600＝118 260（元），甲企业为小规模纳税人，增值税进项税额要计入材料成本。购入材料计划成本＝20×5 995＝119 900（元）。购进A材料发生的成本差异＝118 260－119 900＝－1 640（元）。

【例题 4·多选题】下列各项中，关于原材料按计划成本核算会计处理表述正确的有（　　）。

A. 入库材料的超支差异应借记"材料成本差异"科目

B. 发出材料应负担的节约差异应借记"材料成本差异"科目

C. 发出材料应负担的超支差异应贷记"材料成本差异"科目

D. 入库材料的节约差异应借记"材料成本差异"科目

【答案】ABC

【解析】选项 D，材料的节约差异应记入"材料成本差异"科目的贷方，记忆规则"借超贷节"（入库环节，发出材料相反）。

【例题 5·判断题】材料采用计划成本核算，发出材料应负担的成本差异在年末一次计算分摊。（　　）

【答案】×

【解析】采用计划成本核算，发出材料应负担的成本差异应当按期（月）分摊，不得在季末或年末一次计算。

【例题 6·判断题】已验收入库但至月末尚未收到增值税扣税凭证的赊购货物，应按合同协议价格计算增值税进项税额暂估入账。（　　）

【答案】×

【解析】发票账单未到难以确定实际成本，期末应按照暂估价值先入账，在下月月初，用红字冲销原暂估入账金额，待收到发票账单后再按照实际金额记账。期末按材料的暂估价值，借记"原材料"科目，贷记"应付账款——暂估应付账款"科目。但是这种情况不暂估增值税入账。

✲ 考点 4　包装物 ★★

周转材料，是指企业能够多次使用，不符合固定资产定义，逐渐转移其价值但仍保持原有形态的材料物品。企业的周转材料包括包装物和低值易耗品。

一、考点解读

（一）包装物的内容

包装物，是指为了包装商品而储备的各种包装容器，如桶、箱、瓶、坛、袋等。具体包括：

（1）生产过程中用于包装产品作为产品组成部分的包装物。

（2）随同商品出售而不单独计价的包装物。

（3）随同商品出售单独计价的包装物。

（4）出租或出借给购买单位使用的包装物。

（二）包装物的账务处理

1. 科目设置

为了反映和监督包装物的增减变动及其价值损耗、结存等情况，企业应当设置"周转材料——包装物"科目进行核算，借方登记包装物的增加，贷方登记包装物的减少，期末余额在借方，反映企业期末结存包装物的金额。

2. 包装物发出

（1）生产领用包装物。

借：生产成本

　　贷：周转材料——包装物［发出包装物实际成本或计划成本］

（2）随同商品出售而不单独计价的包装物。

借：销售费用

　　贷：周转材料——包装物［发出包装物实际成本或计划成本］

（3）随同商品出售而单独计价的包装物。

借：银行存款

　　贷：其他业务收入

　　　　应交税费——应交增值税（销项税额）

同时，结转所销售包装物的成本：

借：其他业务成本

　　贷：周转材料——包装物［发出包装物实际成本或计划成本］

（4）出租或出借包装物。

①发出出租或出借包装物：

借：周转材料——包装物——出租包装物（或出借包装物）

　　贷：周转材料——包装物——库存包装物

②出租或出借包装物的押金和租金（存入保证金）：

a. 收取押金时：

借：库存现金/银行存款

　　贷：其他应付款——存入保证金

退还押金时，编制相反的会计分录。

b. 收取租金时：

借：库存现金/银行存款/其他应收款

　　贷：其他业务收入

③出租或出借包装物发生的相关费用：

a. 包装物的摊销费用：

借：其他业务成本［出租包装物］

　　销售费用［出借包装物］

　　　贷：周转材料——包装物——包装物
　　　　　摊销

b. 包装物的维修费用：

借：其他业务成本［出租包装物］

　　销售费用［出借包装物］

　　　贷：库存现金/银行存款/原材料/应付
　　　　　职工薪酬

以上业务，如果采用计划成本计价，应同时
结转材料成本差异：

借：生产成本

　　销售费用

　　其他业务成本

　　　贷：材料成本差异（发出包装物计划
　　　　　成本×材料成本差异率）

或编制相反会计分录。

二、例题点津

【例题 1·单选题】 某企业为增值税一般纳
税人，购买包装箱支付不含税价款 0.5 万元，购
买劳动保护用品支付不含税价款 0.3 万元，购买
生产辅料支付不含税价款 0.6 万元。不考虑其他
因素，通过"周转材料"科目核算的金额为
（　　）万元。

A. 0.6　　　　　　　　B. 0.8

C. 0.5　　　　　　　　D. 1.4

【答案】 B

【解析】 企业的周转材料包括包装物和低值
易耗品。包装物，是指为了包装商品而储备的各
种包装容器，如桶、箱、瓶、坛、袋等。低值易
耗品一般划分为一般工具、专用工具、替换设备、
管理用具、劳动保护用品和其他用具等。则"周
转材料"科目核算的金额 =0.5+0.3=0.8（万
元）。购买生产辅料支出记入"原材料"科目。

【例题 2·单选题】 甲公司 2×24 年 3 月 10
日，销售商品领用不单独计价包装物，其成本为

5 万元；销售商品领用单独计价包装物一批，其
成本为 4 万元；出租包装物一批，租金 3 万元，
本期摊销额为 2 万元，则包装物中应计入其他业
务成本的金额是（　　）万元。

A. 11　　　　　　　　B. 6

C. 4　　　　　　　　D. 7

【答案】 B

【解析】 销售商品领用不单独计价包装物的
成本计入销售费用 5 万元；领用的单独计价包装
物成本计入其他业务成本 4 万元；出租包装物租
金计入其他业务收入 3 万元，包装物摊销计入其
他业务成本 2 万元。则计入其他业务成本金额 =
4+2=6（万元）。

【例题 3·多选题】 下列关于包装物的会计
处理表述正确的有（　　）。

A. 随同商品出售而单独计价的包装物成本，
计入其他业务成本

B. 生产领用的包装物成本，计入生产成本

C. 随同商品出售但不单独计价的包装物成
本，计入管理费用

D. 多次使用的包装物应当根据使用次数分
次进行摊销，计入相应成本费用

【答案】 ABD

【解析】 选项 C，随同商品出售但不单独计
价的包装物成本，应计入销售费用，而不是管理
费用。

【例题 4·判断题】 企业销售商品领用单独
计价包装物的实际成本应计入销售费用。（　　）

【答案】 ×

【解析】 企业销售商品领用单独计价包装物
的实际成本应计入其他业务成本。

✳ 考点 5　低值易耗品★

一、考点解读

（一）低值易耗品的内容

低值易耗品一般划分为一般工具、专用工
具、替换设备、管理用具、劳动保护用品和其他
用具等。

（二）低值易耗品的账务处理

1. 科目设置

为了反映和监督低值易耗品的增减变动及其

结存情况，企业应当设置"周转材料——低值易耗品"科目，借方登记低值易耗品的增加，贷方登记低值易耗品的减少，期末余额在借方，通常反映企业期末结存低值易耗品的金额。

2. 低值易耗品发出

低值易耗品等企业的周转材料符合存货定义和条件的，按照使用次数分次计入成本费用；金额较小的，可在领用时一次计入成本费用。

（1）一次摊销法：

借：制造费用［车间领用低值易耗品］

　　管理费用等［管理部门领用低值易耗品］

　　贷：周转材料——低值易耗品［发出低值易耗品实际成本或计划成本］

如果采用计划成本计价，应同时结转材料成本差异：

借：制造费用［车间领用低值易耗品］

　　管理费用等［管理部门领用低值易耗品］

　　贷：材料成本差异［发出低值易耗品计划成本×材料成本差异率］

或编制相反会计分录。

（2）分次摊销法：

分次摊销法适用于可供多次反复使用的低值易耗品。在采用分次摊销法的情况下，需要单独设置"周转材料——低值易耗品——在用""周转材料——低值易耗品——在库""周转材料——低值易耗品——摊销"明细科目。

①领用时：

借：周转材料——低值易耗品——在用

　　贷：周转材料——低值易耗品——在库

②摊销时：

借：制造费用等

　　贷：周转材料——低值易耗品——摊销

③最后一次摊销时：

借：制造费用

　　贷：周转材料——低值易耗品——摊销

同时核销在用低值易耗品，注销使用部门的经管责任：

借：周转材料——低值易耗品——摊销

　　贷：周转材料——低值易耗品——在用

二、例题点津

【例题·判断题】"周转材料——低值易耗品"科目，借方登记低值易耗品的减少，贷方登记低值易耗品的增加，期末余额在贷方。（　　）

【答案】×

【解析】"周转材料——低值易耗品"属于资产类科目，借方登记低值易耗品的增加，贷方登记低值易耗品的减少，期末余额在借方，通常反映企业期末结存低值易耗品的金额。

❋ 考点6　委托加工物资★★

一、考点解读

（一）委托加工物资的内容和成本

委托加工物资是指企业委托外单位加工的各种材料、商品等物资。

企业委托外单位加工物资的成本包括：

（1）加工中实际耗用物资的成本；

（2）支付的加工费用及应负担的运杂费；

（3）支付的税费等（见表3-3）。

表3-3

税种	涉及科目	业务
增值税	借记"应交税费——应交增值税（进项税额）"	一般纳税人，取得增值税专用发票，进项税额可以抵扣
	借记"委托加工物资"	小规模纳税人或者一般纳税人未取得增值税专用发票，进项税额不得抵扣
消费税	借记"委托加工物资"	收回后用于直接销售
	借记"应交税费——应交消费税"	收回后继续加工应税消费品

（二）委托加工物资的账务处理

1. 科目设置

为了反映和监督委托加工物资增减变动及其结存情况，企业应当设置"委托加工物资"科目，借方登记委托加工物资的实际成本，贷方登记加工完成验收入库的物资的实际成本和剩余物资的实际成本，期末余额在借方，反映企业尚未完工的委托加工物资的实际成本等。委托加工物资也可以采用计划成本或售价进行核算，其方法与库存商品相似。

2. 账务处理

（1）发出原材料时：

借：委托加工物资

　　贷：原材料［发出材料实际成本或计划成本］

如果采用计划成本计价，应同时结转材料成本差异：

借：委托加工物资

　　贷：材料成本差异［发出材料计划成本×材料成本差异率］

或编制相反会计分录。

（2）支付加工费、运杂费等：

借：委托加工物资

　　应交税费——应交增值税（进项税额）

　　贷：银行存款等

（3）如果委托加工应税消费品，由受托方代收代缴消费税：

①收回后，用于直接销售：

借：委托加工物资

　　贷：银行存款等

提示 收回后用于直接销售的，借记"委托加工物资"科目，消费税此时直接计入委托加工物资的成本，在销售时转入主营业务成本。

②收回后，用于继续加工应税消费品：

借：应交税费——应交消费税

　　贷：银行存款等

提示 收回后用于继续加工应税消费品的，借记"应交税费——应交消费税"科目，消费税此时准予扣除，在最终销售时转入"税金及附加"科目：

借：税金及附加

　　贷：应交税费——应交消费税

（4）收回时：

①收回后，用于直接销售：

借：库存商品［实际成本或计划成本］

　　贷：委托加工物资［实际成本］

　　　　产品成本差异［差额，也可借方］

提示 委托加工物资实际成本＝（1）＋（2）＋（3）

②收回后，用于继续加工应税消费品：

借：原材料［实际成本或计划成本］

　　贷：委托加工物资［实际成本］

　　　　材料成本差异［差额，也可借方］

提示 委托加工物资实际成本＝（1）＋（2）

二、例题点津

【例题1·单选题】2×24年6月5日，甲公司为增值税一般纳税人，委托某量具厂加工一批量具，发出材料的计划成本为80 000元，材料成本差异率为5%，支付运输费2 000元，取得的增值税专用发票上注明的增值税税额为260元，6月25日支付上述量具的加工费用20 000元，6月30日收回委托加工的量具，并以银行存款支付运输费3 000元，取得的增值税专用发票上注明的增值税税额为390元，假定不考虑其他因素，甲公司收回该批量具的实际成本为（　　）元。

A. 109 650　　　　B. 105 000

C. 103 000　　　　D. 109 000

【答案】D

【解析】企业委托外单位加工物资的成本包括：（1）加工中实际耗用物资的成本；（2）支付的加工费用及应负担的运杂费；（3）支付的税费等。甲公司为增值税一般纳税人，增值税专用发票上的进项税额可以抵扣，不计入委托加工材料的成本。则该材料的实际成本＝80 000×（1＋5%）＋2 000＋20 000＋3 000＝109 000（元）。

【例题2·单选题】甲企业为增值税一般纳税人，收回委托加工应税消费品的材料一批，原材料的成本为210万元，支付的加工费为10万元，增值税税额1.3万元，消费税税额17万元，收回的材料要连续生产应税消费品，这批材料的入账价值为（　　）万元。

A. 220　　　　B. 237

C. 238.3　　　　D. 221.3

【答案】A

【解析】收回的材料要连续生产应税消费品，故消费税不计入材料成本，记入"应交税费——应交消费税"科目。则该材料的入账价值＝210＋10＝220（万元）。

✿ 考点7　库存商品★★

一、考点解读

（一）库存商品的内容

1. 概念

库存商品是指企业完成全部生产过程并已验收入库、合乎标准规格和技术条件，可以按照合同规定的条件送交订货单位，或可以作为商品对外销售的产品以及外购或委托加工完成验收入库用于销售的各种商品。

2. 库存商品的内容

（1）产成品；

（2）外购商品；

（3）存放在门市部准备出售的商品；

（4）发出展览的商品；

（5）寄存在外的商品；

（6）接受来料加工制造的代制品；

（7）为外单位加工修理的代修品等。

已完成销售手续但购买单位在月末未提取的产品，不应作为企业的库存商品，而作为代管商品在备查簿中登记。

（二）库存商品的账务处理

库存商品可以采用实际成本核算，也可以采用计划成本核算，其方法与原材料相似。采用计划成本核算时，库存商品实际成本与计划成本的差异，可单独设置"产品成本差异"科目核算。

1. 科目设置

为了反映和监督库存商品的增减变动及其结存情况，企业应当设置"库存商品"科目，借方登记验收入库的库存商品成本，贷方登记发出的库存商品成本，期末余额在借方，反映各种库存商品的实际成本。

2. 制造业企业账务处理

（1）验收入库商品：

借：库存商品

　　贷：生产成本——基本生产成本

（2）发出商品：

借：主营业务成本

　　贷：库存商品

3. 商品流通企业商品核算

商品流通企业的库存商品可以采用毛利率法和售价金额核算法进行日常核算。

（1）毛利率法。

毛利率法是指根据本期销售净额乘以上期实际（或本期计划）毛利率匡算本期销售毛利，并据以计算本期发出存货和期末存货成本的一种方法。

这一方法的计算公式如下：

毛利率＝销售毛利÷销售额×100%

销售净额＝商品销售收入－销售退回与折让

销售毛利＝销售净额×毛利率

销售成本＝销售净额－销售毛利

期末存货成本＝期初存货成本＋本期购货成本－本期销售成本

提示　毛利率法是商品流通企业，尤其是商业批发企业常用的计算本期商品销售成本和期末库存商品成本的方法。

（2）售价金额核算法。

售价金额核算法是指平时商品的购入、加工收回、销售均按售价记账，售价与进价的差额通过"商品进销差价"科目核算，期末计算进销差价率和本期已销售商品应分摊的进销差价，并据以调整本期销售成本的一种方法。

这一方法的计算公式如下：

$$商品进销差价率＝\frac{期初库存商品进销差价＋本期购入商品进销差价}{期初库存商品售价＋本期购入商品售价}×100\%$$

本期销售商品应分摊的商品进销差价＝本期商品销售收入×商品进销差价率

本期销售商品的成本＝本期商品销售收入－本期销售商品应分摊的商品进销差价

期末结存商品的成本＝期初库存商品的进价成本＋本期购进商品的进价成本－本期销售商品的成本

如果企业的商品进销差价率各期之间比较均衡，也可以采用上期商品进销差价率分摊本期的商品进销差价。年度终了，再对商品进销差价进行核实调整。

提示　售价金额法适用于从事商业零售业务的企业，如百货公司、超市等。

采用售价金额核算法的账务处理如下：

①商品入库时：

借：库存商品［售价］
　　应交税费——应交增值税（进项税额）
　　贷：银行存款/在途物资/委托加工物资
　　　　等［进价］
　　　　商品进销差价［差额］
②销售发出商品结转成本：
借：主营业务成本［售价］
　　贷：库存商品［售价］
期（月）末分摊已销商品的进销差价：
借：商品进销差价
　　贷：主营业务成本

二、例题点津

【例题1·单选题】 某企业为增值税一般纳税人，2×24年6月采购商品一批，取得的增值税专用发票上注明的售价为300 000元，增值税税额为39 000元，另支付保险费10 000元，款项用银行存款支付，商品已验收入库。不考虑其他因素，该企业采购商品的成本为（　　）元。

　　A. 310 000　　　　　B. 358 000
　　C. 348 000　　　　　D. 300 000

【答案】 A

【解析】 采购商品的成本 = 300 000 + 10 000 = 310 000（元）。

【例题2·单选题】 甲公司库存商品采用毛利率法进行核算，月初结存库存商品成本200万元，本月购入库存商品成本300万元，本月销售库存商品取得不含税收入220万元，上季度该类库存商品的毛利率为20%，不考虑其他因素，则月末结存库存商品的成本为（　　）万元。

　　A. 280　　　　　　　B. 324
　　C. 224　　　　　　　D. 242

【答案】 B

【解析】 月末结存库存商品的成本 = 200 + 300 − 220 × (1 − 20%) = 324（万元）。分解计算过程：销售毛利 = 220 × 20% = 44（万元）；本期销售成本 = 220 − 44 = 176（万元）；月末结存

商品成本 = 200 + 300 − 176 = 324（万元）。

【例题3·多选题】 以下选项中属于企业库存商品的有（　　）。

　　A. 接受来料加工制造的代制品
　　B. 已完成销售手续但购买单位在月末未提取的产品
　　C. 外购商品
　　D. 寄存在外的商品

【答案】 ACD

【解析】 库存商品具体包括库存产成品、外购商品、存放在门市部准备出售的商品、发出展览的商品、寄存在外的商品、接受来料加工制造的代制品和为外单位加工修理的代修品等。已完成销售手续但购买单位在月末未提取的产品，不应作为企业的库存商品，而应作为代管商品处理，单独设置"代管商品"备查簿进行登记。

✦ 考点8　存货清查 ★★

一、考点解读

（一）存货清查的概念

存货清查是指通过对存货的实地盘点，确定存货的实有数量，并与账面结存数核对，从而确定存货实存数与账面结存数是否相符的一种专门方法。

对于存货的盘盈、盘亏，应填写存货盘点报告（如实存账存对比表），及时查明原因，按照规定程序报批处理。

（二）科目设置

为了反映和监督企业在财产清查中查明的各种存货的盘盈、盘亏和毁损情况，企业应当设置"待处理财产损溢"科目，借方登记存货的盘亏、毁损金额及盘盈的转销金额，贷方登记存货的盘盈金额及盘亏的转销金额。企业清查的各种存货损溢，应在期末结账前处理完毕，期末处理后，"待处理财产损溢"科目应**无余额**。

（三）存货盘盈的账务处理（见表3-4）

表3-4

情形	报经批准前（发生时）	报经批准后
盘盈	借：原材料/库存商品等 　　贷：待处理财产损溢	借：待处理财产损溢 　　贷：管理费用［一般为管理疏忽所致］

续表

情形	报经批准前（发生时）	报经批准后
盘亏	借：待处理财产损溢 　　贷：原材料/库存商品 　　　　应交税费——应交增值税（进项税额转出）[自然灾害不需转出]	借：原材料 [残料残值] 　　其他应收款 [应由保险公司和过失人赔款部分] 　　管理费用 [一般经营损失部分] 　　营业外支出 [非常损失部分] 　　贷：待处理财产损溢

提示 （1）存货盘盈：一般是由于管理疏忽，如收发时记录错误所致，因此冲减管理费用。

（2）存货盘亏：管理不善等原因造成的一般经营损失需要转出进项税额，自然灾害等非常损失不需要转出进项税额。

小企业存货发生毁损，按取得的处置收入、可收回的责任人赔偿和保险赔款，扣除其成本、相关税费后的净额，应当计入营业外支出或营业外收入。发生的存货盘盈，按实现的收益计入营业外收入；发生的存货盘亏损失应当计入营业外支出。

二、例题点津

【例题1·单选题】甲企业为增值税一般纳税人，因遭受雷电毁损一批库存原材料，该批原材料的实际成本为10 000元，增值税税额为1 300元。经确认，毁损原材料应由保险公司赔偿2 000元。不考虑其他因素，该企业应确认的原材料净损失为（　　）元。

A. 10 000　　　　B. 8 000
C. 9 300　　　　D. 11 300

【答案】B

【解析】自然灾害等造成的非常损失，增值税进项税额不需要转出。本题原材料因遭受雷电而毁损，属于自然灾害造成的非常损失，不需要转出进项税额。甲企业应确认的原材料净损失＝10 000－2 000＝8 000（元）。

【例题2·单选题】甲公司为增值税一般纳税人，清查时发现一批因管理不善而毁损的材料，其成本为2 000元，增值税进项税额为260元，收到保险公司赔款500元，残料收入200元，报经批准后计入管理费用的金额为（　　）元。

A. 2 000　　　　B. 1 560
C. 1 300　　　　D. 1 500

【答案】B

【解析】该业务的会计处理如下：

（1）发现毁损材料，报经批准前：

借：待处理财产损溢　　　　2 260
　　贷：原材料　　　　　　　2 000
　　　　应交税费——应交增值税（进项税额转出）　　　　　260

（2）报经批准后：

借：其他应收款　　　　　　500
　　原材料　　　　　　　　200
　　管理费用　　　　　　1 560
　　贷：待处理财产损溢　　2 260

【例题3·单选题】甲公司2×24年12月12日按管理权限报经批准后，对实际成本为8 600元的盘盈材料会计处理正确的是（　　）。

A. 借：待处理财产损溢——待处理流动资产损溢　　8 600
　　　贷：管理费用　　　　8 600

B. 借：管理费用　　　　8 600
　　　贷：待处理财产损溢——待处理流动资产损溢　　8 600

C. 借：待处理财产损溢——待处理流动资产损溢　　8 600
　　　贷：营业外收入　　　　8 600

D. 借：待处理财产损溢——待处理流动资产损溢　　8 600
　　　贷：主营业务收入　　　　8 600

【答案】A

【解析】存货盘盈时，借记"原材料"等科目，贷记"待处理财产损溢"科目；按管理权限报经批准后，借记"待处理财产损溢"科目，贷记"管理费用"科目。

借：待处理财产损溢——待处理流动资产损

溢　　　　　　　　　　8 600

贷：管理费用　　　　　　8 600

流动资产中现金和存货清查需区别记忆，见表 3－5。

表 3－5

项目	盘盈记入科目	盘亏记入科目
现金清查	营业外收入	管理费用
存货清查	管理费用	管理费用（一般经营损失） 营业外支出（非常损失）

✿ 考点 9　存货减值 ★★

一、考点解读

（一）存货跌价准备的计提和转回

1. 存货期末计量原则

资产负债表日，存货应当按照**成本与可变现净值孰低**计量。

（1）成本是指期末存货的实际成本。

（2）可变现净值是指在日常活动中，存货的估计售价减去至完工时估计将要发生的成本、估计的销售费用以及估计的相关税费后的金额。

提示 可变现净值＝存货的估计售价－至完工时估计将要发生的成本－估计的销售费用及相关税费（需要进一步加工的存货）

可变现净值＝存货的估计售价－估计的销售费用以及相关税费（直接用于销售的存货）

2. 减值测试

当成本＜可变现净值→按成本计价→不作账务处理

当成本＞可变现净值→按可变现净值计价→计提存货跌价准备，并计入资产减值损失

（二）存货跌价准备的账务处理

为了反映和监督存货跌价准备的计提、转回和转销情况，企业应当设置"存货跌价准备"科目，贷方登记**计提**的存货跌价准备金额；借方登记**实际发生**的存货跌价损失金额和**转回**的存货跌价准备金额，期末余额一般在贷方，反映企业

已计提但尚未转销的存货跌价准备。

（1）当存货成本**高于**其可变现净值时，存货按可变现净值计价，应确认减值损失计入当期损益（**资产减值损失**），并相应减少存货的账面价值。

借：**资产减值损失**〔存货可变现净值低于成本的差额〕

贷：存货跌价准备

（2）以前减记存货价值的影响因素已经消失的，减记的金额应当予以恢复，并在**原已计提的存货跌价准备金额内转回**，转回的金额计入当期损益。

借：存货跌价准备

贷：资产减值损失

（3）当存货成本**低于**其可变现净值时，存货按成本计价，不用进行账务处理。

（4）企业结转存货销售成本时，对于已计提存货跌价准备的，应当一并结转，同时调整销售成本。

①结转销货成本：

借：主营业务成本/其他业务成本

贷：库存商品/原材料

②结转跌价准备：

借：存货跌价准备

贷：主营业务成本/其他业务成本

需要强调的是，在资产负债表日，为生产而持有的材料等，用其生产的产成品的可变现净值高于成本的，该材料仍然按照成本计量；材料价格的下降表明产成品的可变现净值低于成本的，该材料按照可变现净值计量。也就是说，材料存货在期末通常按照成本计量，除非企业用其生产的产成品发生了跌价，并且该跌价是由材料本身的价格下跌所引发的，才需要考虑计算材料存货的可变现净值，然后将该材料的可变现净值与成本进行比较，从而确定材料存货是否发生了跌价问题。

二、例题点津

【例题 1·单选题】甲公司 2×24 年末库存 A 材料成本为 100 万元，市价 95 万元。A 材料是生产乙产品的主要材料，如将其全部消耗，可生产出 200 件乙产品，乙产品可变现净值为 205

万元。乙产品单位生产成本0.95万元。则甲公司2×24年末A材料在资产负债表中存货项目应列示的金额为（　　）万元。

A. 95　　　　　　B. 100

C. 190　　　　　　D. 205

【答案】B

【解析】乙产品成本＝200×0.95＝190（万元）；可变现净值＝205万元，说明乙产品不减值。乙产品不减值，则甲材料按成本100万元计量。

【例题2·多选题】下列选项中，影响企业资产负债表日存货可变现净值的有（　　）。

A. 存货的账面价值

B. 销售存货过程中估计的销售费用及相关税费

C. 存货的估计售价

D. 存货至完工估计将要发生的成本

【答案】BCD

【解析】可变现净值是指在日常活动中，存货的估计售价减去至完工时估计将要发生的成本、估计的销售费用以及估计的相关税费后的金额。

【例题3·多选题】下列各项中，关于存货期末计量会计处理正确的有（　　）。

A. 存货跌价损失一经确认，在以后会计期间不得转回

B. 期末存货应按成本与可变现净值孰低计量

C. 某种存货成本高于其可变现净值的，应确认存货跌价损失

D. 某种存货成本低于可变现净值的差额应借记"资产减值损失"科目

【答案】BC

【解析】选项A错误，以前减记存货价值的影响因素已经消失的，减记的金额应当予以恢复，并在原已计提的存货跌价准备金额内转回，转回的金额计入当期损益。选项B、C正确，期末存货应按成本与可变现净值孰低计量，成本高于可变现净值时，按可变现净值计量，存货发生的减值确认为存货跌价损失。选项D错误，存货成本低于可变现净值时，期末按成本计量，不需要计提存货跌价准备；如果是存货减值因素消失，减记的金额恢复，则转回存货跌价准备，贷记"资产减值损失"科目。

本章综合题型精讲

【例题1】甲公司为增值税一般纳税人，存货按实际成本法核算。2×24年12月初"应收账款"科目借方余额为800 000元（各明细科目无贷方余额），"应收票据"科目借方余额为300 000元，"坏账准备——应收账款"科目贷方余额为80 000元。

2×24年12月甲公司发生如下经济业务：

（1）2日，向乙公司销售一批商品，开具的增值税专用发票上注明价款500 000元，增值税税额65 000元；用银行存款为乙公司垫付运费40 000元，增值税税额3 600元，上述全部款项至月末尚未收到。

（2）10日，购入一批原材料，取得的增值税专用发票上注明的价款为270 000元，增值税税额35 100元，材料验收入库。甲公司背书

转让面值300 000元、不带息的银行承兑汇票结算购料款，不足部分以银行存款补付。

（3）18日，因丙公司破产，应收丙公司的账款40 000元不能收回，经批准确认为坏账并予以核销。

（4）31日，经评估计算，甲公司"坏账准备——应收账款"科目的贷方余额应为102 400元。

要求：根据上述资料，不考虑其他因素，分析回答下列问题。

（1）根据资料（1），下列选项中，甲公司销售商品确认的应收账款的金额是（　　）元。

A. 608 600　　　　B. 605 000

C. 540 000　　　　D. 565 000

【答案】A

【解析】应收账款包括商品价款、增值税和

垫付的运费。本题中，应收账款 = 500 000 + 65 000 + 40 000 + 3 600 = 608 600（元）。

（2）根据资料（2），下列选项中，甲公司采购材料相关会计科目处理正确的是（　　）。

A. 贷记"银行存款"科目 5 100 元

B. 贷记"应收票据"科目 300 000 元

C. 贷记"应收票据"科目 305 100 元

D. 借记"原材料"科目 270 000 元

【答案】ABD

【解析】该笔业务的会计分录为：

借：原材料　　　　　　　270 000

　　应交税费——应交增值税（进项税额）

　　　　　　　　　　　　　35 100

　　贷：应收票据　　　　　300 000

　　　　银行存款　　　　　　5 100

（3）根据资料（3），下列选项中，甲公司核销坏账的会计处理正确的是（　　）。

A. 借：信用减值损失——计提的坏账准备

　　　　　　　　　　　　　40 000

　　　贷：应收账款——丙公司

　　　　　　　　　　　　　40 000

B. 借：坏账准备——应收账款

　　　　　　　　　　　　　40 000

　　　贷：信用减值损失——计提的坏账准备

　　　　　　　　　　　　　40 000

C. 借：信用减值损失——计提的坏账准备

　　　　　　　　　　　　　40 000

　　　贷：坏账准备——应收账款

　　　　　　　　　　　　　40 000

D. 借：坏账准备——应收账款

　　　　　　　　　　　　　40 000

　　　贷：应收账款——丙公司

　　　　　　　　　　　　　40 000

【答案】D

【解析】核销坏账时，借记"坏账准备"科目，贷记"应收账款"科目，因此选项 D 正确。在计提或冲减坏账准备时才涉及"信用减值损失"科目。

（4）根据期初资料、资料（1）~（4），下列选项中，关于甲公司 12 月末坏账准备会计处理表述正确的是（　　）。

A. 计提坏账准备前，"坏账准备——应收账

款"科目为贷方余额 80 000 元

B. 本年末应计提坏账准备的金额为 62 400 元

C. 计提坏账准备前，"坏账准备——应收账款"科目为贷方余额 40 000 元

D. 本年末应计提坏账准备的金额为 102 400 元

【答案】BC

【解析】12 月初的"坏账准备——应收账款"科目为贷方余额 80 000 元，18 日核销坏账时借记"坏账准备——应收账款"40 000 元，则在计提坏账准备前，"坏账准备——应收账款"科目为贷方余额 40 000 元，选项 C 正确。本年应计提坏账准备金额 = 102 400 − （80 000 − 40 000）= 62 400（元），选项 B 正确。

（5）根据期初资料、资料（1）~（4），12 月 31 日甲公司资产负债表"应收账款"项目期末余额应列示的金额是（　　）元。

A. 1 408 600　　　　B. 1 306 200

C. 1 266 200　　　　D. 1 328 600

【答案】C

【解析】"应收账款"项目期末余额 = "应收账款"科目期初余额 800 000 + 资料（1）应收账款 608 600 − 资料（3）冲销坏账 40 000 − 资料（4）坏账准备 102 400 = 1 266 200（元）。

【例题 2】甲公司为增值税一般纳税人，2×24 年发生如下有关金融资产业务：

（1）2 月 10 日，以存出投资款从二级市场购入乙公司股票，并通过"交易性金融资产"科目核算。购入股票支付价款 1 010 万元，其中包含已宣告但尚未发放的现金股利 10 万元。另支付交易费用 2 万元，取得增值税专用发票上注明的增值税税额为 0.12 万元。2 月 22 日，收到乙公司发放的现金股利 10 万元。

（2）2 月末，持有乙公司股票的公允价值为 1 030 万元。

（3）3 月 31 日，通过二级市场出售所持有的全部乙公司股票，实际取得价款 1 047.8 万元，转让该股票应交的增值税税额为 2.14 万元。

要求：根据上述材料，不考虑其他因素，分析回答下列问题。

（1）根据资料（1），下列各项中，甲公司

购入乙公司股票的入账价值是（　　）万元。

　　A. 1 010　　　　　　B. 1 012.12

　　C. 1 000　　　　　　D. 1 002

【答案】C

【解析】取得交易性金融资产所支付价款中包含的已宣告但尚未发放的现金股利，应当单独确认为应收项目，不计入入账价值。该股票的入账价值 = 1 010 - 10 = 1 000（万元）。会计分录是：

借：交易性金融资产——乙公司股票——成本
　　　　　　　　　　　　　　1 000

　　应收股利　　　　　　　　10

　　投资收益　　　　　　　　2

　　应交税费——应交增值税（进项税额）
　　　　　　　　　　　　　　0.12

　　贷：其他货币资金　　　　1 012.12

（2）根据资料（1），下列各项中，甲公司收到现金股利的会计处理正确的是（　　）。

　　A. 贷记"应收股利"科目10万元

　　B. 借记"其他货币资金"科目10万元

　　C. 贷记"投资收益"科目10万元

　　D. 贷记"其他应收款"科目10万元

【答案】AB

【解析】取得交易性金融资产时包含的未发放现金股利计入应收项目，收到时的会计分录为：

借：其他货币资金　　　　　10

　　贷：应收股利　　　　　　10

（3）根据资料（1）~（2），下列各项中，2月末甲公司对持有乙公司股票公允价值变动的会计处理正确的是（　　）。

　　A. 借：交易性金融资产——乙公司股票——
　　　　　公允价值变动　　　20

　　　　　贷：投资收益　　　　20

　　B. 借：交易性金融资产——乙公司股票——
　　　　　成本　　　　　　　28

　　　　　贷：公允价值变动损益　28

　　C. 借：交易性金融资产——乙公司股票——
　　　　　成本　　　　　　　17.88

　　　　　贷：投资收益　　　　17.88

　　D. 借：交易性金融资产——乙公司股票——
　　　　　公允价值变动　　　30

　　　　　贷：公允价值变动损益　30

【答案】D

【解析】资产负债表日，交易性金融资产应当按照公允价值计量，公允价值与账面余额之间的差额计入公允价值变动损益。该交易性金融资产2月末公允价值1 030万元大于账面价值1 000万元，差额30万元记入"公允价值变动损益"科目贷方，调增该交易性金融资产账面价值。

（4）根据资料（1）~（3），下列各项中，3月31日甲公司出售乙公司股票相关会计科目处理正确的是（　　）。

　　A. 贷记"交易性金融资产——乙公司股票——成本"科目1 010万元

　　B. 借记"其他货币资金——存出投资款"科目1 047.8万元

　　C. 贷记"公允价值变动损益"科目37.8万元

　　D. 贷记"应交税费——转让金融商品应交增值税"科目2.14万元

【答案】BD

【解析】会计分录如下：

借：其他货币资金——存出投资款
　　　　　　　　　　　　　　1 047.8

　　贷：交易性金融资产——乙公司股票
　　　　——成本　　　　　　1 000

　　　　——公允价值变动　　30

　　　　投资收益　　　　　　17.8

借：投资收益　　　　　　　　2.14

　　贷：应交税费——转让金融商品应交增值税　　　　　　　　　2.14

（5）根据资料（1）~（3），下列各项中，甲公司上述业务导致的第一季度营业利润增加金额是（　　）万元。

　　A. 28　　　　　　　　B. 43.66

　　C. 45.8　　　　　　　D. 47.8

【答案】B

【解析】甲公司上述业务对第一季度营业利润的影响，主要看计入当期损益的一些金额。本题中涉及的科目有"投资收益""公允价值变动损益"。营业利润增加金额 = 资料（1）中投资收益（-2）+ 资料（2）中公允价值变动损益（30）+ 资料（3）中投资收益（17.8 - 2.14）= 43.66（万元）。

【例题3】甲企业为增值税一般纳税人，增值税税率为13%；原材料采用计划成本核算，运输费等不考虑增值税。P材料单位计划成本为100元。4月初"原材料——P材料"余额为10 000元，"材料成本差异——P材料"余额为贷方100元，"材料采购——P材料"余额为20 000元。本月发生业务如下：

（1）5日，收到上月购入的P材料并入库，数量为210千克。

（2）13日，基本生产车间生产领用P材料100千克。

（3）15日，向银行申请银行汇票150 000元，款项已划拨。

（4）16日，持上述银行汇票购进P材料1 300千克，买价123 500元，增值税税额16 055元，运费3 000元，装卸费500元。材料验收入库时发现短缺5千克，经查为运输途中的合理损耗。收到银行余款退回通知，汇票余款已退回。

（5）23日，基本生产车间生产领用P材料1 000千克，车间管理部门领用100千克。

（6）28日，购进P材料500千克，买价48 500元，增值税进项税额6 305元，运杂费1 000元。款项尚未支付，材料尚未运达。

要求：根据上述资料，不考虑其他因素，分析回答下列问题。

（1）根据资料（4），下列各项中，其会计处理结果正确的是（　　）。

A. 16日，甲企业确认原材料129 500元

B. 16日，甲企业确认增值税进项税额16 055元

C. 16日，甲企业确认管理费用500元

D. 16日，甲企业确认材料成本差异2 500元

【答案】ABD

【解析】该企业对于本题中资料（4）的经济业务，应编制的会计分录如下：

借：材料采购——P材料　127 000
　　应交税费——应交增值税（进项税额）
　　　　　　　　　　　　　　16 055
　　贷：其他货币资金——银行汇票
　　　　　　　　　　　　　　143 055
借：原材料——P材料
　　〔（1 300 − 5）× 100〕129 500

　　贷：材料采购——P材料　127 000
　　　　材料成本差异　　　　　　　2 500
借：银行存款　　　　　　　　　　6 945
　　贷：其他货币资金——银行汇票
　　　　　　　　　　　　　　6 945

（2）根据资料（1）~（6），计算本期材料成本差异率为（　　）。

A. 2.24%　　　　B. − 2.24%

C. 3.18%　　　　D. − 3.18%

【答案】B

【解析】本月材料成本差异率 =（期初结存材料成本差异额 + 本期验收入库材料成本差异额）÷（期初结存材料计划成本 + 本期验收入库材料计划成本）=（− 100 − 1 000 − 2 500）÷（10 000 + 21 000 + 129 500）× 100% = − 2.24%。

（3）根据资料（1）~（6），计算本期发出材料应负担的成本差异为（　　）元。

A. − 2 688　　　B. 3 816

C. − 3 816　　　D. 2 688

【答案】A

【解析】发出材料应负担的成本差异 = 发出材料的计划成本 × 材料成本差异率 =（10 000 + 100 000 + 10 000）×（− 2.24%）= − 2 688（元）。

（4）根据资料（1）~（6），计算本期发出材料的实际成本为（　　）元。

A. 123 816　　　B. 122 688

C. 117 312　　　D. 116 184

【答案】C

【解析】发出材料的实际成本 = 发出材料的计划成本 + 发出材料应负担的成本差异 =（10 000 + 100 000 + 10 000）− 2 688 = 117 312（元）。

（5）根据资料（1）~（6），计算月末结存材料的实际成本为（　　）元。

A. 35 724　　　B. 32 189

C. 30 466　　　D. 39 588

【答案】D

【解析】月末结存材料的实际成本 = 结存材料的计划成本 + 结存材料的成本差异 =（10 000 + 21 000 + 129 500 − 10 000 − 100 000 − 10 000）+（− 100 − 1 000 − 2 500 + 2 688）= 39 588（元）。

第四章　非流动资产

教材变化

2025 年本章教材完善了投资性房地产处置账务处理内容、完善了自行研究开发无形资产账务处理的内容，整体变化不大。

考情分析

本章主要内容包括长期股权投资、投资性房地产、固定资产、无形资产、长期待摊费用。本章考试分值为 8 ~ 12 分，可能会涉及各种题型的考核，属于非常重要的章节。其中，长期股权投资的核算、投资性房地产的核算、在建工程和固定资产的核算、固定资产折旧方法和计提折旧以及固定资产减值的核算为重要内容，考生可以采用非流动资产的确认（确认条件、确认时间等）、计量（初始计量、后续计量等）、记录、报告的步骤学习，本章学习的重点仍旧为固定资产和无形资产部分，对于长期股权投资、投资性房地产部分要熟悉其会计处理。

本章考点框架

非流动资产
- 长期股权投资
  - 长期股权投资初始计量★★
  - 长期股权投资后续计量★★★
- 投资性房地产
  - 投资性房地产的核算范围★
  - 投资性房地产的确认与计量★★
  - 投资性房地产的账务处理★★
- 固定资产
  - 固定资产的管理★
  - 取得固定资产★★★
  - 固定资产折旧★★★
  - 固定资产发生的后续支出★★★
  - 处置固定资产★★★
  - 固定资产清查★★
  - 固定资产减值★★
- 无形资产和长期待摊费用
  - 无形资产概述★★
  - 取得无形资产★★★
  - 无形资产摊销★★★
  - 出售和报废无形资产★★★
  - 无形资产减值★★
  - 长期待摊费用的核算★★

考点解读

第一单元　长期股权投资

❈ 考点1　长期股权投资初始计量★★

一、考点解读

根据投资方在股权投资后对被投资单位能够施加影响的程度，区分为应当按照金融工具准则进行核算和应当按照长期股权投资准则核算两种情况（见表4-1）。

表4-1

分类		内　　容
长期股权投资	控制	对被投资单位实施控制的权益性投资：对子公司的投资
	共同控制的合营企业	投资方与其他合营方一同对被投资单位实施共同控制且对被投资单位净资产享有权利的权益性投资：对合营企业的投资
	重大影响的联营企业	投资方对被投资单位具有重大影响的权益性投资：对联营企业的投资

续表

分类		内 容
长期股权投资	小企业会计准则规定	长期股权投资是指小企业准备长期持有的权益性投资
	金融工具确认和计量	不具有控制、共同控制和重大影响的股权投资；其他投资

（一）以合并方式取得的长期股权投资（见图4-1）

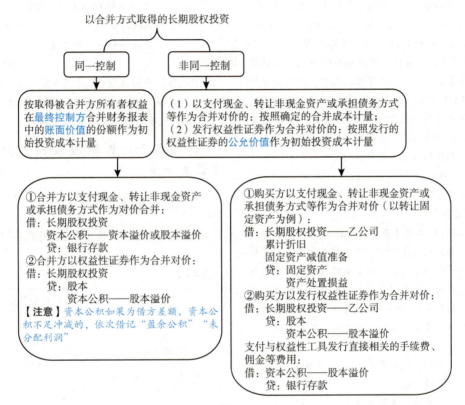

图4-1

企业为企业合并发生的审计、法律服务、评估咨询等中介费用以及其他相关管理费用应作为**当期损益计入管理费用。**

为发行权益性工具支付给有关证券承销机构的手续费、佣金等与工具发行直接相关的费用，不构成取得长期股权投资的成本。该部分费用应**自所发行证券的溢价发行收入中扣除，溢价收入不足冲减的，应依次冲减盈余公积和未分配利润。**

提示 同一控制是指交易发生前后合并方、被合并方均在相同的最终控制方控制之下，最终控制方在企业合并前后能够控制的资产并没有发生变化，同一控制下企业合并实质是集团内部资产的重新配置与账务调拨，仅涉及集团内部不同企业间资产和所有者权益的变动，不具有商业实质，不应产生经营性损益和非经营性损益。

非同一控制本质上为市场化购买，是指参与合并各方在合并前后不受同一方或相同的多方最终控制的合并交易，具有商业实质性质，产生经营性或非经济性损益。

（二）以非合并方式取得的长期股权投资

应按现金、非现金资产的公允价值或按照非

货币性资产交换或债务重组准则确定的初始投资成本，借记以非企业合并方式形成的“长期股权投资”科目，贷记“银行存款”等科目，贷记或借记“资产处置损益”等处置非现金资产相关的科目。

二、例题点津

【例题1·单选题】甲公司和乙公司为非同一控制下的两家独立公司。2×24年6月30日，甲公司以其拥有的无形资产对乙公司进行投资，取得乙公司60%的股权。该无形资产原值为2 000万元，已累计计提摊销600万元，已计提减值准备150万元。投资日该无形资产的公允价值为1 600万元，2×24年6月30日，乙公司的可辨认净资产公允价值为2 000万元。假定不考虑相关税费等其他因素影响，甲公司取得对乙公司的长期股权投资入账价值为（　　）万元。

A. 900　　B. 2 000

C. 1 350　　D. 1 600

【答案】D

【解析】本题考查非同一控制下企业合并形成的长期股权投资的初始投资成本计量。以支付非现金资产的方式取得的长期股权投资，应按非现金资产的公允价值作为初始投资成本计量，投资日该无形资产的公允价值为1 600万元，所以长期股权投资的入账价值为1 600万元。会计分录为：

借：长期股权投资　1 600
　　累计摊销　600
　　无形资产减值准备　150
　　贷：无形资产　2 000
　　　　资产处置损益　350

【例题2·多选题】A、B公司为甲公司控制下的两家全资子公司。2×24年5月1日，A公司以600万元现金作为对价，自甲公司处取得对B公司80%的控股股权，相关手续已办理，能够对B公司实施控制。合并当日，B公司所有者权益在其最终控制方合并财务报表中的账面价值为1 000万元。假定A公司与B公司的会计年度和采用的会计政策相同，不考虑增值税等相关税费和其他因素的影响。下列选项正确的有（　　）。

A. 长期股权投资的初始投资成本为1 000万元

B. 长期股权投资的初始投资成本为800万元

C. 在贷方确认资本公积200万元

D. 应在借方依次调整资本公积、盈余公积和未分配利润

【答案】BC

【解析】本题目账务处理为：

借：长期股权投资
　　（1 000×80%）800
　　贷：银行存款　600
　　　　资本公积——股本溢价（贷差）
　　　　200

长期股权的初始投资成本为800万元，选项B正确，选项A错误。应在贷方确认资本公积200万元，选项C正确，选项D错误。

考点2　长期股权投资后续计量★★★

一、考点解读

长期股权投资的后续计量方法见表4－2。

表4－2

类别	计量方法
控制（子公司）	成本法
共同控制（合营企业）	权益法
重大影响（联营企业）	权益法

（一）成本法

成本法的特点是，除追加投资或收回投资外，长期股权投资的账面价值一般应当保持不变。除取得投资时实际支付的价款或对价中包含的已宣告但尚未发放的现金股利或利润外，投资企业应当按照被投资单位宣告发放的现金股利或利润中应享有的份额确认投资收益，借记“应收股利”科目，贷记“投资收益”科目。

（二）权益法

权益法，是指取得长期股权投资以初始投资成本计价，后续根据投资企业享有被投资单位所有者权益份额的变动相应对其投资的账面

价值进行调整的一种方法。其特点是，长期股权投资的账面价值随被投资单位所有者权益的变动而变动，在股权持有期间，长期股权投资的账面价值与享有被投资单位所有者权益的份额相对应。

1. 初始投资成本的调整（见表4-3）

表4-3

情况	含义	处理
长期股权投资的初始投资成本 > 投资时应享有被投资单位可辨认净资产公允价值的份额	差额是投资方在取得投资过程中通过作价体现出的与所取得股权份额相对应的商誉价值	不调整已确认的初始投资成本
长期股权投资的初始投资成本 < 投资时应享有被投资单位可辨认净资产公允价值的份额	差额是双方在交易作价过程中转让方的让步，该部分经济利益流入应计入取得投资当期的营业外收入	按其初始投资成本和公允价值份额的差额： 借：长期股权投资——投资成本 　　贷：营业外收入

2. 投资收益的确认

被投资单位实现净利润时：

借：长期股权投资——损益调整

　　贷：投资收益

被投资单位发生净亏损时：

借：投资收益

　　贷：长期股权投资——损益调整

此时以"长期股权投资"科目的账面价值减记至零为限；还需承担的投资损失，应将其他实质上构成对被投资单位净投资的"长期应收款"等的账面价值减记至零为限；除按照以上步骤已确认的损失外，按照投资合同或协议约定将承担的损失，确认为预计负债。除上述情况仍未确认的应分担被投资单位的损失，应在账外备查登记。发生亏损的被投资单位以后实现净利润的，应按与上述相反的顺序进行处理（见图4-2）。

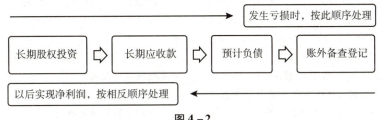

图4-2

3. 被投资单位分配股利或利润的会计处理

取得长期股权投资后，被投资单位宣告发放现金股利或利润时，企业计算应分得的部分，借记"应收股利"科目，贷记"长期股权投资"科目（损益调整）。收到被投资单位发放的股票股利，不进行账务处理，但应在备查簿中登记。

发生亏损的被投资单位以后实现净利润的，企业计算应享有的份额，如有未确认投资损失的，应先弥补未确认的投资损失，弥补损失后仍有余额的，依次借记"长期应收款"科目和"长期股权投资"科目（损益调整），贷记"投资收益"科目。

4. 被投资单位除净损益、利润分配以外的其他综合收益变动或所有者权益的其他变动

企业按持股比例计算应享有的份额，借记"长期股权投资"科目（其他综合收益或其他权益变动），贷记"其他综合收益"或"资本公积——其他资本公积"科目。

5. 长期股权投资减值准备

资产负债表日，企业根据资产减值相关要求

确定长期股权投资发生减值的，按应减记的金额：

借：资产减值损失

　　贷：长期股权投资减值准备

6. 处置长期股权投资

（1）结转账面价值：

借：银行存款

　　长期股权投资减值准备

　　贷：长期股权投资

（2）尚未领取的现金股利或利润：

借：投资收益（也可能在贷方）

　　贷：应收股利

（3）处置采用权益法核算的长期股权投资时，结转其他综合收益或资本公积：

借（或贷）：其他综合收益

　　贷（或借）：投资收益

应按结转的长期股权投资的投资成本比例结转原记入"资本公积——其他资本公积"科目的金额：

借（或贷）：资本公积——其他资本公积

　　贷（或借）：投资收益

二、例题点津

【例题1·多选题】2×24年1月1日，甲公司以银行存款3 950万元取得乙公司30%的股份，另以银行存款50万元支付了与该投资直接相关的手续费，相关手续于当日完成，能够对乙公司施加重大影响。当日，乙公司可辨认净资产的公允价值为14 000万元。各项可辨认资产、负债的公允价值均与其账面价值相同。乙公司2×24年实现净利润2 000万元，其他债权投资的公允价值上升100万元（即乙公司其他综合收益增加100万元）。不考虑其他因素，下列各项中甲公司2×24年与该投资相关的会计处理中，正确的有（　　）。

A. 确认投资收益600万元

B. 确认财务费用50万元

C. 确认其他综合收益30万元

D. 确认营业外收入200万元

【答案】ACD

【解析】采用权益法核算的长期股权投资，投资方对于被投资方的净资产的变动应调整长期

股权投资的账面价值。相关账务处理如下：

借：长期股权投资——投资成本

　　{3 950 + 50 + [14 000 ×

　　30% − (3 950 + 50)]} 4 200

　　贷：银行存款（3 950 + 50）4 000

　　　　营业外收入　　　　　200

借：长期股权投资——损益调整

　　　　　　（2 000 × 30%）600

　　贷：投资收益　　　　　　600

借：长期股权投资——其他综合收益

　　　　　　（100 × 30%）30

　　贷：其他综合收益　　　　30

所以，选项A、C、D正确。

【例题2·多选题】采用权益法核算长期股权投资时，下列各项中，会影响长期股权投资账面价值的有（　　）。

A. 被投资单位资本公积发生变动

B. 被投资单位宣告发放现金股利

C. 被投资单位提取盈余公积

D. 被投资单位其他综合收益发生变动

【答案】ABD

【解析】选项C，被投资单位所有者权益总额不发生变动，投资方不需要调整长期股权投资账面价值。

【例题3·多选题】下列关于成本法核算的长期股权投资的会计处理的说法中，表述正确的有（　　）。

A. 被投资单位宣告发放现金股利时，投资方应确认投资收益

B. 被投资单位实现净利润时，投资方需要调整长期股权投资的账面价值

C. 被投资单位其他债权投资发生公允价值变动时，投资方不需要调整长期股权投资的账面价值

D. 长期股权投资发生减值时，需要计提长期股权投资减值准备

【答案】ACD

【解析】成本法下，被投资单位实现净利润时，投资方不需要进行会计处理，即不需要根据被投资单位实现的净利润调整长期股权投资的账面价值，选项B不正确。

第二单元　投资性房地产

✱ 考点1　投资性房地产的核算范围★

一、考点解读

投资性房地产是指为赚取租金或资本增值，或两者兼有而持有的房地产，包括已出租的土地使用权、持有并准备增值后转让的土地使用权、已出租的建筑物（见表4-4）。

表4-4

属于投资性房地产的项目	不属于投资性房地产的项目
（1）已出租的土地使用权。 （2）持有并准备增值后转让的土地使用权。 （3）已出租的建筑物，指企业拥有产权并以经营租赁方式出租的房屋等建筑物，包括自行建造或开发活动完成后用于出租的建筑物	（1）对以经营租赁方式租入土地使用权再转租给其他单位的，不能确认为投资性房地产。 （2）按照国家有关规定认定的闲置土地，不属于持有并准备增值后转让的土地使用权。 （3）企业以经营租赁方式租入建筑物再转租的建筑物不属于投资性房地产。 （4）企业自用房地产和作为存货的房地产不属于投资性房地产，比如企业拥有并自行经营的旅馆饭店，其经营目的主要是通过提供客房服务赚取服务收入，该旅馆饭店不确认为投资性房地产

【注意】如果某项投资性房地产部分用于赚取租金或增值、部分自用（用于生产商品、提供服务或经营管理），能区分则区分，不能区分的，不确定为投资性房地产。

二、例题点津

【例题1·单选题】下列各项中，应作为投资性房地产核算的是（　　）。

A. 已出租的土地使用权

B. 租入再转租的建筑物

C. 房地产开发企业持有并准备增值后转让的商品房

D. 出租给本企业职工居住的自建宿舍楼

【答案】A

【解析】选项B，租入后再转租的建筑物不能作为投资性房地产核算；选项C，房地产开发企业持有并准备增值后转让的商品房属于存货；选项D，出租给本企业职工的自建宿舍楼作为自有固定资产核算，不属于投资性房地产。

【例题2·多选题】下列各项中，不属于房地产开发企业投资性房地产的有（　　）。

A. 用于出售的楼盘

B. 用于自建厂房的土地使用权

C. 拥有并自行经营的旅馆

D. 已出租的办公楼

【答案】ABC

【解析】本题考查投资性房地产的核算范围。用于出售的楼盘应作为房地产开发企业的存货核算，不属于投资性房地产，选项A应选；用于自建厂房的土地使用权应作为无形资产核算，不属于投资性房地产，选项B应选；拥有并自行经营的旅馆应作为固定资产核算，不属于投资性房地产，选项C应选；已出租的办公楼应作为投资性房地产核算，选项D不选。

【例题3·判断题】企业租入后再转租给其他单位的土地使用权，不能确认为投资性房地产。（　　）

【答案】√

【解析】企业租入的土地使用权，不属于企业的自有资产，转租后不能作为投资性房地产核算。

✳考点2 投资性房地产的确认与计量 ★★

一、考点解读

（一）投资性房地产的确认条件

投资性房地产在符合其定义的前提下，同时满足下列条件的予以确认：

（1）与该投资性房地产有关的经济利益很可能流入企业，即有证据表明企业能够获取租金或资本增值，或两者兼而有之。

（2）该投资性房地产的成本能够可靠地计量。

（二）投资性房地产的确认时点

（1）对已出租的土地使用权、已出租的建筑物，其作为投资性房地产的确认时点一般为租赁期开始日，即土地使用权、建筑物进入出租状态、开始赚取租金的日期。但对企业持有以备经营出租的空置建筑物，董事会或类似机构作出书面决议，明确表明将其用于经营出租且持有意图短期内不再发生变化的，即使尚未签订租赁协议，也应视为投资性房地产。

（2）对持有并准备增值后转让的土地使用权，其作为投资性房地产的确认时点为企业将自用土地使用权停止自用，准备增值后转让的日期。

（三）投资性房地产的计量（见表4-5）

表4-5

投资性房地产计量模式	科目设置及处理方法
成本模式	投资性房地产→核算其实际成本及增减变化 投资性房地产累计折旧（摊销） 投资性房地产减值准备 }核算计提的折旧、摊销和减值
公允价值模式 【注意】（1）不可计提折旧或摊销，不可计提减值准备。 （2）资产负债表日，公允价值变动记入"投资性房地产——公允价值变动"科目	投资性房地产初始计量采用实际成本核算，后续计量按照投资性房地产的公允价值进行计量： 投资性房地产——成本→核算其实际成本及增减变化 投资性房地产——公允价值变动→核算公允价值增减变动 公允价值变动损益→核算投资性房地产公允价值变动损益 其他综合收益→核算非投资性房地产转换为投资性房地产转换日的公允价值大于账面价值的差额

在处置投资性房地产时，成本模式和公允价值模式均设置"其他业务收入"和"其他业务成本"科目，核算处置收益和成本。

二、例题点津

【例题1·单选题】2×24年2月5日，甲公司资产管理部门建议管理层将一闲置办公楼用于出租。2×24年2月10日，董事会批准关于出租办公楼的方案并明确出租办公楼的意图在短期内不会发生变化。2×24年2月20日，甲公司承租方签订办公楼租赁合同，租赁期自2×24年3月1日起2年。甲公司将自用房地产转换为投资性房地产的时点是（　　）。

A. 2×24年2月5日

B. 2×24年2月10日

C. 2×24年2月20日

D. 2×24年3月1日

【答案】B

【解析】已备出租的闲置办公楼，确认投资性房地产的时点为董事会作出书面决议的日期，也就是2×24年2月10日，即董事会批准关于出租办公楼的方案的日期，故选项B正确。

【例题2·单选题】甲公司持有一项投资性房地产，该项投资性房地产于2×22年12月31日取得，原价900万元，预计使用20年，预计净残值为0，采用年限平均法计提折旧。2×23年12月31日其公允价值为1 380万元，该项投资性房地产每月取得租金收入6万元，2×24年

12月31日其公允价值为1 385万元,甲公司对投资性房地产采用成本模式进行后续计量。不考虑其他因素影响,则该项投资性房地产对甲公司2×24年利润总额的影响金额为（ ）万元。

A. 28.4   B. 27

C. 23.4   D. -23.4

【答案】B

【解析】在成本模式下,应当按照固定资产或无形资产的有关规定,对投资性房地产进行后续计量,按期（月）计提折旧或摊销,将该投资性房地产折旧的金额记入"其他业务成本"科目中,将取得的租金收入记入"其他业务收入"科目中,成本模式下是不受公允价值变动的影响的,所以最终影响利润总额的金额 = 其他业务收入（租金收入）- 其他业务成本（折旧）= 6 × 12 - 900 ÷ 20 = 27（万元）。

相应的分录:

借:其他业务成本　　　　　　45

　　贷:投资性房地产累计折旧　45

借:银行存款　　　　　　　　72

　　贷:其他业务收入　　　　　72

【例题3·多选题】下列有关投资性房地产的定义与特征的表述中,正确的有（ ）。

A. 投资性房地产是为赚取租金或资本增值,或者两者兼有而持有的房地产

B. 投资性房地产应当能够单独计量和出售

C. 已出租的土地使用权确认为投资性房地产的时点一般为租赁期开始日

D. 投资性房地产有两种计量模式:成本模式和公允价值模式

【答案】ABCD

【解析】本题考查了投资性房地产的概念、确认条件、确认时点和计量模式。

✳ 考点3　投资性房地产的账务处理 ★★

一、考点解读

（一）初始确认（见表4 - 6）

取得时:在成本模式下或公允价值模式下均应按照取得时的实际成本核算。

表4 - 6

外购	自行建造	自用房地产或存货转换为采用公允价值模式计量的投资性房地产	自用房地产或存货转换为采用成本模式计量的投资性房地产
外购的土地使用权和建筑物,按照取得时的实际成本进行初始计量: 借:投资性房地产（购买价款、相关税费和可直接归属于该资产的其他支出） 　贷:银行存款等	自行建造的投资性房地产,其成本由建造该项资产达到预定可使用状态前发生的必要支出构成: 借:投资性房地产（土地开发费、建筑成本、安装成本、应予以资本化的借款费用、支付的其他费用和分摊的间接费用等） 　贷:在建工程等	投资性房地产应当按照转换日的公允价值计量: 公允价值 < 原账面价值,公允价值和账面价值的差额计入当期损益（公允价值变动损益）; 公允价值 > 原账面价值,公允价值和账面价值的差额计入其他综合收益	（1）自用房地产→成本模式计量的投资性房地产: 借:投资性房地产 　　累计折旧（摊销） 　　固定资产（无形资产）减值准备 　贷:固定资产/无形资产 　　投资性房地产累计折旧（摊销） 　　投资性房地产减值准备 （2）作为存货的房地产→成本模式计量的投资性房地产: 借:投资性房地产 　　存货跌价准备 　贷:开发产品

（二）后续计量（见表4-7）

表4-7

成本模式（比照固定资产或无形资产）		公允价值模式	
计提折旧或摊销	借：其他业务成本 　　贷：投资性房地产累计折旧（摊销）	公允价值 变动	借或贷：投资性房地产——公允价 　　　　　值变动 　　贷或借：公允价值变动损益
计提减值	借：资产减值损失 　　贷：投资性房地产减值准备		
确认租金收入	借：其他应收款（或银行存款） 　　贷：其他业务收入		

（三）处置核算（见表4-8）

表4-8

成本模式		公允价值模式
结转成本	借：其他业务成本 　　投资性房地产累计折旧（摊销） 　　投资性房地产减值准备 　　贷：投资性房地产	借：其他业务成本 　　投资性房地产——公允价值变动 　　贷：投资性房地产——成本 　　　　公允价值变动损益 （投资性房地产——公允价值变动有可能在贷方） 若存在原转换日计入其他综合收益的金额，也一并结转
收到价款	借：银行存款 　　贷：其他业务收入	

二、例题点津

【例题1·单选题】2×23年12月31日，甲公司以银行存款12 000万元外购一栋写字楼并立即出租给乙公司使用，租期5年，每年年末收取租金1 000万元。该写字楼的预计使用年限为20年，预计净残值为零，采用年限平均法计提折旧。甲公司对投资性房地产采用成本模式进行后续计量。2×24年12月31日，该写字楼出现减值迹象，可收回金额为11 200万元。不考虑其他因素，与该写字楼相关的交易或事项对甲公司2×24年度营业利润的影响金额为（　　）万元。

　　A. 400　　B. 800　　C. 200　　D. 1 000

【答案】C

【解析】2×24年12月31日，在减值测试前投资性房地产的账面价值＝12 000－12 000÷20＝

11 400（万元），可收回金额为11 200万元，应计提减值准备的金额＝11 400－11 200＝200（万元），与该写字楼相关的交易或事项对甲公司2×24年度营业利润的影响金额＝租金收入1 000－折旧金额12 000÷20－减值的金额200＝200（万元）。相关会计分录为：

（1）确认2×24年租金收入：

借：银行存款　　　　　　　　1 000

　　贷：其他业务收入　　　　　　　1 000

（2）计提2×24年折旧：

借：其他业务成本

　　　　　　　　（12 000÷20）600

　　贷：投资性房地产累计折旧　　600

（3）2×24年12月31日计提减值准备：

借：资产减值损失　　　　　　　200

　　贷：投资性房地产减值准备　　200

【例题2·单选题】甲公司原自用办公楼的

账面价值为 4 500 万元，其中原值 6 500 万元，已提折旧 1 200 万元，已提减值准备为 800 万元。甲公司将该办公楼对外出租并采用成本模式进行后续计量，则转换日投资性房地产科目的金额为（　　）万元。

A. 4 500　　B. 5 300　　C. 6 500　　D. 3 700

【答案】C

【解析】投资性房地产科目的金额为固定资产的账面原值，即 6 500 万元，选项 C 正确。

相关会计分录为：

借：投资性房地产　　　　6 500

累计折旧　　　　　　1 200

固定资产减值准备　　800

贷：固定资产　　　　　6 500

投资性房地产累计折旧（摊销）

1 200

投资性房地产减值准备　800

【例题 3·单选题】下列各项关于出售投资性房地产的表述中，正确的是（　　）。

A. 投资性房地产因出售产生的净损益应计入资产处置损益

B. 成本模式计量的投资性房地产出售时其减值准备不得结转

C. 公允价值模式计量的投资性房地产出售时将原计入公允价值变动损益的金额结转至其他业务收入

D. 公允价值模式计量的投资性房地产出售时原计入其他综合收益的金额需冲减其他业务成本

【答案】D

【解析】本题考查投资性房地产的处置。投资性房地产出售时，应当按实际收到的金额，借记"银行存款"等，贷记"其他业务收入"，而非计入资产处置损益，选项 A 错误；成本模式计量的投资性房地产出售时应将其账面价值转入"其他业务成本"，减值准备作为账面价值的构成部分也应一并进行结转，选项 B 错误；公允价值模式计量的投资性房地产出售时应将原计入公允价值变动损益和其他综合收益的金额转入"其他业务成本"，选项 C 错误，选项 D 正确。

第三单元　固定资产

✸ 考点1　固定资产的管理★

一、考点解读

（一）固定资产的概念和特征

固定资产是指同时具有以下特征的有形资产：

（1）企业持有固定资产的目的，是用于生产商品、提供劳务、出租或经营管理。

（2）企业使用固定资产的期限超过一个会计年度。

（二）固定资产分类

（1）按固定资产的经济用途分类，可分为生产经营用固定资产和非生产经营用固定资产。

（2）按固定资产的经济用途和使用情况等综合分类，可把企业的固定资产划分为：

①生产经营用固定资产。

②非生产经营用固定资产。

③经营租赁方式下出租给外单位使用的固定资产。

④不需用固定资产。

⑤未使用固定资产。

⑥土地。

提示 指过去已经估价单独入账的土地。因征地而支付的补偿费，应计入与土地有关的房屋、建筑物的价值内，不单独作为土地价值入账。企业取得的土地使用权，应作为无形资产管理和核算，不作为固定资产管理和核算。

（三）固定资产核算应设置的会计科目

1. "固定资产"科目

本科目核算企业固定资产的原价，借方登记企业增加的固定资产原价，贷方登记企业减少的固定资产原价，期末借方余额，反映企业期末固定资产的账面原价。

2. "累计折旧"科目

本科目属于"固定资产"的调整科目，核算企业固定资产的累计折旧，贷方登记企业计提的固定资产折旧，借方登记处置固定资产转出的累计折旧，期末贷方余额，反映企业固定资产的累计折旧额。

3. "在建工程"科目

本科目核算企业基建、更新改造等在建工程发生的支出，借方登记企业各项在建工程的实际支出，贷方登记完工工程转出的成本，期末借方余额，反映企业尚未达到预定可使用状态的在建工程的成本。

4. "工程物资"科目

本科目核算企业为在建工程而准备的各种物资的实际成本，借方登记企业购入工程物资的成本，贷方登记领用工程物资的成本，期末借方余额，反映企业为在建工程准备的各种物资的成本。

5. "固定资产清理"科目

本科目核算企业因出售、报废、毁损、对外投资、非货币性资产交换、债务重组等原因转入清理的固定资产价值以及在清理过程中发生的清理费用和清理收益，借方登记转出的固定资产账面价值、清理过程中应支付的相关税费及其他费用，贷方登记出售固定资产取得的价款、残料价值和变价收入。期末借方余额，反映企业尚未清理完毕的固定资产清理净损失，期末如为贷方余额，则反映企业尚未清理完毕的固定资产清理净收益。固定资产清理完成时，借方登记转出的清理净收益，贷方登记转出的清理净损失，结转清理净收益、净损失后，该科目无余额。企业应当按照被清理的固定资产项目设置明细账，进行明细核算。

此外，企业固定资产、在建工程、工程物资发生减值的，还应当设置"固定资产减值准备""在建工程减值准备""工程物资减值准备"等科目进行核算。

提示 "固定资产清理"的账户结构为高频考点。

二、例题点津

【例题1·多选题】固定资产的特征主要有（   ）。

A. 使用寿命超过一个会计年度

B. 是有形资产

C. 不以投资和销售为目的而取得

D. 成本能够可靠计量

【答案】ABC

【解析】固定资产是指同时具有以下特征的有形资产：（1）为生产商品、提供劳务、出租或经营管理而持有；（2）使用寿命超过一个会计年度。

【例题2·多选题】企业固定资产发生增减变动应通过"固定资产清理"核算的有（   ）。

A. 出售老旧生产设备

B. 盘亏行政管理用的办公设备

C. 盘盈销售机构装卸设备

D. 报废交通事故的运输车辆

【答案】AD

【解析】固定资产处置，即固定资产的出售（选项A正确）、报废（选项D正确）、毁损、对外投资、非货币性资产交换、债务重组等，通过"固定资产清理"科目核算。选项B，盘亏的固定资产通过"待处理财产损溢"科目核算；选项C，盘盈的固定资产应当作为重要的前期差错进行处理，应通过"以前年度损益调整"科目核算。

✳ 考点2　取得固定资产★★★

一、考点解读

（一）外购固定资产

企业外购的固定资产，应按实际支付的购买价款、相关税费、使固定资产达到预定可使用状态前所发生的可归属于该项资产的运输费、装卸费、安装费和专业人员服务费等，作为固定资产的取得成本（成本＝价＋税＋费）。

【注意】相关税费不包括按照现行增值税制度规定，可以从销项税额中抵扣的增值税进项税额。这里的税费主要指契税、车辆购置税等。

1. 购入不需安装固定资产

企业作为一般纳税人，购入不需要安装的固定资产时：

借：固定资产（取得成本，即买价、运输费、装卸费和专业人员服务费等）

　　应交税费——应交增值税（进项税额）（固定资产和其他费用的增值税进项税

额之和）

　　　　贷：银行存款（或应付账款）

　2. 购入需安装固定资产

　　企业作为一般纳税人，购入需要安装的固定资产时，应在购入的固定资产取得成本的基础上加上安装调试成本作为入账成本。

　（1）购入时：

　　借：在建工程（固定资产取得成本）

　　　　应交税费——应交增值税（进项税额）

　　　　（可抵扣增值税）

　　　　贷：银行存款（或应付账款）

　（2）发生安装调试成本时：

　　借：在建工程（安装调试成本）

　　　　应交税费——应交增值税（进项税额）

　　　　（安装调试费用的增值税进项税额）

　　　　贷：银行存款（或应付账款）

　　借：在建工程（耗用本单位材料和人工成本）

　　　　贷：原材料

　　　　　　应付职工薪酬

　（3）安装完成达到预定可使用状态时：

　　借：固定资产

　　　　贷：在建工程

　3. 小规模纳税人购入固定资产

　　按现行增值税制度规定，小规模纳税人购入固定资产发生的增值税进项税额不得从销项税额中抵扣，而应计入固定资产成本。购入需要安装的固定资产，其安装费及增值税进项税额也应一同计入固定资产成本。

　4. 其他

　　企业以一笔款项购入多项没有单独标价的固定资产，应将各项资产单独确认为固定资产，并按各项固定资产公允价值的比例对总成本进行分配，分别确定各项固定资产的成本。

　（二）建造固定资产

　　企业自行建造固定资产，应当按照建造该项资产达到预定可使用状态前所发生的必要支出，作为固定资产的成本。

　　自建固定资产应先通过"在建工程"科目核算，工程达到预定可使用状态时，再从"在建工程"科目转入"固定资产"科目。企业自建固定资产，主要有自营和出包两种方式，由于采用的建设方式不同，其会计处理也不同。

　1. 自营工程

　（1）购入工程物资时：

　　借：工程物资

　　　　应交税费——应交增值税（进项税额）

　　　　贷：银行存款（或应付账款）

　（2）领用工程物资时：

　　借：在建工程

　　　　贷：工程物资

　（3）在建工程领用本企业原材料时：

　　借：在建工程

　　　　贷：原材料

　（4）在建工程领用本企业生产的商品时：

　　借：在建工程

　　　　贷：库存商品

　（5）自营工程发生的其他费用（如分配工程人员薪酬等）：

　　借：在建工程

　　　　贷：银行存款

　　　　　　应付职工薪酬

　（6）自营工程达到预定可使用状态时：

　　借：固定资产

　　　　贷：在建工程

　2. 出包工程

　　企业采用出包方式进行的固定资产工程，其工程的具体支出主要由建造承包商核算，在这种方式下，"在建工程"科目主要是反映企业与建造承包商办理工程价款结算的情况，企业支付给建造承包商的工程价款作为工程成本，通过"在建工程"科目核算。

　（1）企业按合理估计的发包工程进度和合同规定向建造承包商结算进度款时：

　　借：在建工程

　　　　贷：银行存款等

　（2）工程达到预定可使用状态时：

　　借：固定资产

　　　　贷：在建工程

二、例题点津

　【例题1·单选题】甲公司为增值税一般纳税人，2×24年1月15日购入一台生产设备并立即投入使用。取得增值税专用发票上注明价款500万元，增值税税额65万元。当日预付未来一年的设备维修费，取得增值税专用发票上注明的价款为 10 万元，增值税税额为 1.3 万元，不考虑其他因素，该设备的入账价值为（　　）万元。

A. 500　　　　　　B. 510

C. 565　　　　　　D. 576.3

【答案】A

【解析】本题考查的是外购不需安装固定资产入账成本的计算。外购不需安装固定资产入账成本＝买价＋相关税费＋装卸费＋运输费＋专业人员服务费等，而预付未来一年的设备维修费不属于固定资产达到预定可使用状态的必要支出，应于实际发生时计入当期损益，因此该设备的入账价值为 500 万元，选项 A 正确。

【例题 2 · 单选题】甲公司一次性购入 A、B、C 三项没有单独标价的固定资产，取得增值税专用发票上注明的价款为 100 万元，增值税税额为 13 万元。三项固定资产的公允价值分别为 30 万元、45 万元和 50 万元。C 固定资产的入账价值应为（　　）万元。

A. 125　　　　　　B. 100

C. 50　　　　　　　D. 40

【答案】D

【解析】C 固定资产应分配的固定资产价值比例＝50÷125×100%＝40%；C 固定资产的成本＝100×40%＝40（万元）。

【例题 3 · 多选题】某企业为增值税一般纳税人，自行建造一幢厂房。下列各项中，应计入该厂房成本的有（　　）。

A. 领用工程物资的成本

B. 领用本企业自产产品的成本

C. 购买工程物资支付的增值税

D. 确认工程人员的薪酬

【答案】ABD

【解析】增值税一般纳税人购买工程物资支付的增值税可以抵扣，不计入成本，选项 C 错误。

✳ 考点 3　固定资产折旧 ★★★

一、考点解读

（一）固定资产折旧概述

企业应当在固定资产的使用寿命内，按照确定的方法对应计折旧额进行系统分摊。所谓应计折旧额，是指应当计提折旧的固定资产原价扣除其预计净残值后的金额，已计提减值准备的固定资产，还应当扣除已计提的固定资产减值准备累计金额。

提示　掌握应计折旧额的计算。

企业应当根据固定资产的性质和使用情况，合理确定固定资产的使用寿命和预计净残值。固定资产的使用寿命、预计净残值一经确定，不得随意变更。

1. 影响固定资产折旧的主要因素

（1）固定资产原价；

（2）预计净残值；

（3）固定资产减值准备（每计提一次减值准备，固定资产后续期间都应按最新固定资产账面价值重新计算折旧）；

（4）固定资产的使用寿命（包括固定资产的预计期间、固定资产所能生产产品或提供劳务的数量）。

2. 固定资产折旧范围

（1）空间范围。

企业应对所有固定资产计提折旧，但下列固定资产不包括在固定资产折旧范围内：

①已提足折旧仍继续使用的固定资产；

②单独计价入账的土地。

提示　上述空间范围同时满足两个基本前提：一是固定资产；二是本企业的固定资产。

在确定固定资产折旧时还应注意：

①固定资产提足折旧后，不论能否继续使用，均不再计提折旧。

②提前报废的固定资产，也不再补提折旧。

③已达到预定可使用状态但尚未办理竣工决算的固定资产，应当按照估计价值确定其成本，并计提折旧；待办理竣工决算后，再按实际成本调整原来的暂估价值，但不需要调整原已计提的折旧额。

④计提减值准备后的固定资产计提折旧时，需要按最新的固定资产账面价值重新计算折旧，即按固定资产原值减去累计折旧和固定资产减值准备后的金额重新计算折旧。

⑤对于改扩建期间的固定资产，其已转入"在建工程"科目核算，不再计提折旧。

（2）时间范围。

固定资产应当按月计提折旧，**当月增加的固定资产，当月不计提折旧，从下月起计提折旧；当月减少的固定资产，当月仍计提折旧，从下月起不计提折旧**。

3. 固定资产使用寿命、预计净残值和折旧方法的复核

企业至少应当于每年年度终了，对固定资产的使用寿命、预计净残值和折旧方法进行复核。固定资产使用寿命、预计净残值和折旧方法的改变应当作为**会计估计变更**进行会计处理。

提示 会计估计是指对结果不确定的交易或事项以最近可利用的信息为基础所作出的判断。

4. 固定资产折旧方法

企业应当根据与固定资产有关的经济利益的预期消耗方式，合理选择固定资产折旧方法。可选用的折旧方法包括年限平均法（又称直线法）、工作量法、双倍余额递减法和年数总和法等。

（1）年限平均法。

年限平均法的特点是将固定资产的应计折旧额均衡地分摊到固定资产预计使用寿命内。

提示 采用年限平均法计算的每期（月）折旧额是相等的。

年限平均法的计算公式如下：

年折旧率 =（1 - 预计净残值率）÷ 预计使用寿命（年）× 100%

月折旧率 = 年折旧率 ÷ 12

月折旧额 = 固定资产原价 × 月折旧率

或：

年折旧额 =（固定资产原价 - 预计净残值）÷ 预计使用寿命（年）

月折旧额 = 年折旧率 ÷ 12

（2）工作量法。

工作量法是指根据实际工作量计算固定资产每期应计提折旧额的一种方法。

工作量法的基本计算公式如下：

$$单位工作量折旧额 = \frac{固定资产原价 ×（1 - 预计净残值率）}{预计总工作量}$$

某项固定资产月折旧额 = 该项固定资产当月工作量 × 单位工作量折旧额

（3）双倍余额递减法。

双倍余额递减法是指在不考虑固定资产预计净残值的情况下，根据每期期初固定资产原价减去累计折旧后的余额和双倍的直线法折旧率计算固定资产折旧的一种方法。

采用双倍余额递减法计提固定资产折旧，一般应在固定资产使用寿命到期前两年内，将固定资产账面净值扣除预计净残值后的余额平均摊销。

双倍余额递减法的计算公式如下：

年折旧率 = 2 ÷ 预计使用寿命（年）× 100%

折旧额 = 每个折旧年度年初固定资产账面净值 × 年折旧率

月折旧额 = 年折旧额 ÷ 12

双倍余额法下，在到期前的最后两年之前，固定资产年折旧率不变，固定资产账面净值逐年减少，固定资产使用早期计提折旧高，以后逐年递减。

【例 4 - 1】 甲公司为一般纳税人，2×22 年 3 月 1 日购入不需安装的一台设备，价款 100 万元，增值税税额 13 万元，预计使用寿命 5 年，预计净残值 1 万元，采用双倍余额递减法计提折旧。

要求：

（1）计算各折旧年度折旧额。

第一年折旧额 = 第一个折旧年度年初固定资产账面净值（100 - 0）× 年折旧率 2/5 = 40（万元）

第二年折旧额 = 第二个折旧年度年初固定资产账面净值（100 - 40）× 年折旧率 2/5 = 24（万元）

第三年折旧额 = 第三个折旧年度年初固定资产账面净值（100 - 64）× 年折旧率 2/5 = 14.4（万元）

第四年折旧额（到期前的最后两年之前）= 固定资产账面净值扣除预计净残值后的余额（100 - 78.4 - 1）÷ 2（平均摊销）= 10.3（万元）

第五年折旧额 = 10.3 万元

（2）计算各会计年度折旧额。

由于本题中折旧年度和会计年度起止时间不同，因此应将各折旧年度折旧分摊到各会计年度。

2×22 年折旧额 = 40 × 9/12 = 30（万元）

（当月增加当月不提，下月开始提）

2×23 年折旧额 = 40 × 3/12 + 24 × 9/12 = 28

（万元）

2×24 年折旧额 $= 24 \times 3/12 + 14.4 \times 9/12 = 16.8$ （万元）

2×25 年折旧额 $= 14.4 \times 3/12 + 10.3 \times 9/12 = 11.325$ （万元）

2×26 年折旧额 $= 10.3 \times 3/12 + 10.3 \times 9/12 = 10.3$ （万元）

2×27 年折旧额 $= 10.3 \times 3/12 = 2.575$ （万元）

原理如图 4 - 3 所示。

第一年折旧额40万元		第二年折旧额24万元		第三年折旧额14.4万元	
9个月	3个月	9个月	3个月	9个月	3个月

$2 \times 22.1.1$ 　4.1 　　 $2 \times 22.12.31$ 　3.31 　　 $2 \times 23.12.31$ 　3.31 　　 $2 \times 24.12.31$ 　3.31

图 4 - 3

（4）年数总和法。

年数总和法是指将固定资产的原价减去预计净残值后的余额，乘以一个逐年递减的分数计算每年的折旧额，这个分数的分子代表固定资产尚可使用寿命，分母代表固定资产预计使用寿命逐年数字总和。

年数总和法的计算公式如下：

$$年折旧率 = \frac{预计使用寿命 - 已使用寿命}{预计使用寿命 \times (预计使用寿命 + 1)/2} \times 100\%$$

或：

年折旧率 = 尚可使用寿命÷预计使用寿命的年数总和 × 100%

年折旧额 = （固定资产原价 - 预计净残值）× 年折旧率

年数总和法下，固定资产原价减去预计净残值的余额始终保持不变，年折旧率逐年降低，年折旧额逐年减少，逐年降低的幅度较双倍余额递减法有所减缓。所以，年数总和法和双倍余额递减法都为加速折旧法，前期计提折旧多，后期计提折旧少。

提示1 折旧方法及其计算为高频考点。

提示2 固定资产账面净值 = 固定资产原值 - 累计折旧

固定资产账面价值 = 固定资产原值 - 累计折旧 - 固定资产减值准备 = 固定资产账面净值 - 固定资产减值准备

（二）固定资产折旧的账务处理

固定资产应当按月计提折旧，计提的折旧应当记入"累计折旧"科目，并根据用途计入相关资产的成本或者当期损益。

企业期末计提固定资产折旧时：

借：在建工程（企业自行建造固定资产过程中使用的固定资产）
　　制造费用（基本生产车间所使用的固定资产）
　　管理费用（管理部门所使用的固定资产）
　　销售费用（销售部门所使用的固定资产）
　　其他业务成本（经营租出的固定资产）
　　贷：累计折旧

二、例题点津

【例题1·单选题】下列各项中，企业本月应计提折旧的固定资产是（　　）。

A. 本月新增的固定资产

B. 已提足折旧仍继续使用的固定资产

C. 季节性停用的固定资产

D. 已提足折旧当月报废的固定资产

【答案】C

【解析】固定资产当月增加当月不计提折旧，从下月起计提折旧（选项A错误）；固定资产已提足折旧，无论是否继续使用，都不再计提折旧（选项B、D错误）。

【例题2·单选题】某项固定资产的原值为 200 000 元，预计净残值为 2 000 元，预计使用年限为 5 年。采用年数总和法计提折旧的情况下，该固定资产第二年的折旧额为（　　）元。

A. 26 400　　　　　　B. 52 800

C. 40 000　　　　　　D. 39 600

【答案】B

【解析】年数总和法下，第二年的折旧率 = $(5 - 1) \div (5 + 4 + 3 + 2 + 1) = 4 \div 15$；折旧额 = $(200\,000 - 2\,000) \times 4 \div 15 = 52\,800$ （元）。

【**例题3·单选题**】甲公司为增值税一般纳税人，2×22年12月5日购入一台不需要安装的生产设备，取得的增值税专用发票上注明的价款为5 000元，增值税税额为650元，预计使用年限为5年，预计净残值为200元，按双倍余额递减法计提折旧。该设备2×24年全年计提折旧的金额应为（　　）元。

A.1 152　　　　　　B.1 200

C.2 000　　　　　　D.1 356

【**答案**】B

【**解析**】年折旧率=2/5×100%=40%。

2×23年折旧额=每个折旧年度年初固定资产账面净值×年折旧率=5 000×40%=2 000（元）

2×24年折旧额=（5 000-2 000）×40%=1 200（元）。

【**例题4·单选题**】甲公司为增值税一般纳税人，2×24年9月23日购入一项固定资产，取得的增值税专用发票上注明的价款为200万元，增值税税额为26万元，预计使用年限为5年，预计净残值为2%。假定不考虑其他因素，甲公司对该固定资产采用年限平均法计提折旧，则2×25年该项固定资产应计提的折旧额为（　　）万元。

A. 40　　　　　　　B. 45.2

C. 39.2　　　　　　D. 44.3

【**答案**】C

【**解析**】2×25年该项固定资产应计提的折旧额=200×（1-2%)/5=39.2（万元）。

✖ 考点4　固定资产发生的后续支出★★★

一、考点解读

（一）固定资产后续支出概述

1. 固定资产的后续支出

固定资产的后续支出是指固定资产在使用过程中发生的更新改造支出、修理费用等。

2. 分类

按固定资产的更新改造、修理等后续支出是否满足固定资产确认条件，可分为：

（1）资本化后续支出，即固定资产的后续支出，满足固定资产确认条件的，应当计入固定资

产成本，如有被替换的部分，应同时将被替换部分的账面价值从该固定资产原账面价值中扣除。

（2）费用化后续支出，即固定资产的后续支出，不满足固定资产确认条件的固定资产修理费用等，应当在发生时按照受益对象计入当期损益或计入相关资产的成本。

（二）固定资产资本化后续支出的账务处理

固定资产发生的可资本化的后续支出，应当通过"在建工程"科目核算。

（1）首先应将该固定资产的原价、已计提的累计折旧和减值准备转销，将固定资产的账面价值转入在建工程：

借：在建工程（账面价值）

　　累计折旧

　　固定资产减值准备

　　贷：固定资产（原值）

（2）发生可资本化的后续支出时：

借：在建工程

　　应交税费——应交增值税（进项税额）

　　贷：银行存款/工程物资等

（3）如存在被替换部分，应按账面价值终止确认：

借：营业外支出（净损失）

　　原材料（残料残值）

　　贷：在建工程（被替换部分账面价值）

提示 注意题目中被替换部分的表述，如果题目中给出的是被替换部分的账面原值，还需要计算出其账面价值进行确认，即扣除被替换部分的已计提折旧和减值准备后的金额。

（4）在固定资产发生的后续支出完工并达到预定可使用状态时：

借：固定资产

　　贷：在建工程

（三）固定资产费用化后续支出的账务处理

企业行政管理部门和专设销售机构发生的费用化的后续支出，例如，发生的固定资产日常修理费用及其可抵扣的增值税进项税额，可作分录如下：

借：管理费用（行政管理部门）

　　销售费用（专设销售机构）

　　应交税费——应交增值税（进项税额）

　　贷：银行存款等

二、例题点津

【例题1·单选题】企业对其拥有的一台大型设备进行更新改造。该设备原价为1 000万元，已计提折旧500万元，更新改造过程中发生满足固定资产确认条件的支出为700万元，被替换部分账面价值为100万元。不考虑其他因素，该设备更新改造后的入账价值为（　）万元。

A. 1 100　　　　　B. 1 200

C. 1 600　　　　　D. 1 700

【答案】A

【解析】本题考查的是固定资产后续支出的会计处理。该设备更新改造后的入账价值＝更新改造前固定资产的账面价值＋更新改造支出－被替换部分的账面价值＝1 000（固定资产原值）－500（累计折旧）＋700（更新改造支出）－100（被替换部分的账面价值）＝1 100（万元），选项A正确；选项B错误，未扣除被替换部分的账面价值；选项C错误，未扣除累计折旧的金额；选项D错误，未扣除被替换部分和累计折旧的金额。

【例题2·单选题】甲公司对一幢办公楼进行更新改造，该办公楼原值为1 000万元，已计提折旧500万元。更新改造过程中发生支出600万元，被替换部分账面原值为100万元，出售价款为2万元。不考虑相关税费，则新办公楼的入账价值为（　）万元。

A. 1 100　　　　　B. 1 050

C. 1 048　　　　　D. 1 052

【答案】B

【解析】被替换部分账面原值为100万元，需要计算其账面价值＝100－100÷1 000×500＝50（万元）。新办公楼入账价值＝1 000－500－50＋600＝1 050（万元）。

【例题3·多选题】下列关于固定资产的后续支出说法不正确的有（　）。

A. 固定资产的后续支出，均应当计入固定资产成本

B. 固定资产的更新改造中，如有被替换的部分，应同时将被替换部分的账面余额从该固定资产原账面价值中扣除

C. 企业行政管理部门发生的不可资本化的固定资产日常修理费用，计入制造费用

D. 企业专设销售机构发生的不可资本化的后续支出，计入销售费用

【答案】ABC

【解析】选项A，固定资产的后续支出，只有满足资本化条件的才能计入固定资产成本；选项B，应当将被替换部分的账面价值从该固定资产原账面价值中扣除；选项C，应当计入管理费用。

✳ 考点5　处置固定资产★★★

一、考点解读

固定资产处置包括固定资产的出售、报废、毁损、对外投资、非货币性资产交换、债务重组等。处置固定资产应通过"固定资产清理"科目核算。包括以下几个环节：

1. 固定资产转入清理

借：固定资产清理（账面价值）

　　累计折旧（已计提）

　　固定资产减值准备（已计提）

　　贷：固定资产（原值）

2. 发生的清理费用等

借：固定资产清理（清理费用）

　　应交税费——应交增值税（进项税额）

　　贷：银行存款

3. 收回出售固定资产的价款、残料价值和变价收入等

借：银行存款

　　贷：固定资产清理（出售价款）

　　　　应交税费——应交增值税（销项税额）

借：原材料

　　贷：固定资产清理（残料残值）

4. 保险赔偿等的处理

借：其他应收款等

　　贷：固定资产清理

5. 结转清理净损益

（1）因生产经营期间已丧失使用功能或因自然灾害发生毁损等原因而报废清理：

①属于生产经营期间已丧失使用功能的报废清理（正常原因）：

如为净损失：

借：营业外支出——非流动资产处置损失

　　贷：固定资产清理

如为净收益：

借：固定资产清理

　　贷：营业外收入——非流动资产处置
　　　　利得

②因自然灾害发生毁损（非正常原因）：

借：营业外支出——非常损失

　　贷：固定资产清理

（2）因出售、转让等原因而处置固定资产：

如为净损失：

借：资产处置损益

　　贷：固定资产清理

如为净收益：

借：固定资产清理

　　贷：资产处置损益

提示　固定资产清理的账户结构、固定资产出售转让、固定资产报废毁损的账务处理为高频考点。

二、例题点津

【例题1·单选题】下列各项中，企业处置毁损固定资产时，通过"固定资产清理"科目借方核算的是（　　）。

A. 收到的变价收入

B. 结转处置净损失

C. 应收过失人赔偿款

D. 固定资产的账面价值

【答案】D

【解析】选项A、B、C均通过"固定资产清理"科目贷方核算。固定资产账面价值转入"固定资产清理"借方。

【例题2·多选题】2×24年12月1日甲公司出售其持有的一条生产线，该生产线原价为1 000万元，已计提折旧700万元，已计提减值准备120万元；取得出售价款为155万元，增值税税率为13%。在出售时，发生固定资产清理费用3万元，残料变价收入0.8万元，均通过银行存款核算。假定不考虑其他因素，下列有关说法中，正确的有（　　）。

A. 发生的清理费用计入固定资产清理

B. 出售时生产线的账面价值为300万元

C. 此业务影响企业当期损益的金额为27.2万元

D. 此业务影响企业当期损益的金额为28万元

【答案】AC

【解析】将固定资产转入清理：

借：固定资产清理　　　　　　180

　　累计折旧　　　　　　　　700

　　固定资产减值准备　　　　120

　　　贷：固定资产　　　　　　　1 000

发生清理费用：

借：固定资产清理　　　　　　　3

　　　贷：银行存款　　　　　　　　3

残料变价收入：

借：银行存款　　　　　　　　0.8

　　　贷：固定资产清理　　　　　0.8

收到出售价款：

借：银行存款　　　　　　175.15

　　　贷：固定资产清理　　　　　155

　　　　　应交税费——应交增值税（销项
　　　　　税额）　　　　　　　20.15

结转清理净损益：

借：资产处置损益　　　　　27.2

　　　贷：固定资产清理　　　　　27.2

✴ 考点6　固定资产清查★★★

一、考点解读

企业应当定期或者至少于每年年末对固定资产进行清查盘点。

（一）固定资产的盘盈

企业在财产清查中盘盈的固定资产，作为重要的前期差错进行会计处理，在按管理权限报经批准处理前应先通过"以前年度损益调整"科目核算，按重置成本确定其入账价值。

借：固定资产（重置成本）

　　贷：以前年度损益调整

报批后，由于以前年度损益调整而增加的所得税费用：

借：以前年度损益调整

　　贷：应交税费——应交所得税

报批后，将以前年度损益调整科目余额转入

留存收益：

　　借：以前年度损益调整

　　　　贷：盈余公积

　　　　　　利润分配——未分配利润

（二）固定资产的盘亏

企业在财产清查中盘亏的固定资产，应通过"待处理财产损溢"科目核算。

1. 盘亏

借：待处理财产损溢（账面价值）

　　累计折旧（已计提）

　　固定资产减值准备（已计提）

　　贷：固定资产（原值）

有不可抵扣的进项税额的，还应转出：

借：待处理财产损溢

　　贷：应交税费——应交增值税（进项税额转出）

2. 企业按照管理权限报经批准后处理

借：其他应收款（可收回的保险赔偿或过失人赔偿）

　　营业外支出——盘亏损失（净损失）

　　贷：待处理财产损溢

二、例题点津

【例题1·单选题】固定资产的盘亏净损失应计入（　　）。

A. 管理费用　　　　B. 营业外支出

C. 其他业务成本　　D. 资本公积

【答案】B

【解析】固定资产的盘亏净损失应计入营业外支出。

【例题2·单选题】某企业盘盈一台生产设备，该设备重置成本为30 000元。该企业按净利润的10%提取法定盈余公积。不考虑相关税费等因素，该企业盘盈该台生产设备应确认的留存收益的金额为（　　）元。

A. 3 000　　　　　B. 30 000

C. 2 700　　　　　D. 27 000

【答案】B

【解析】本题考查固定资产盘盈的计算。会计分录为：

盘盈生产设备：

借：固定资产　　　　　　　30 000

　　贷：以前年度损益调整　　　30 000

结转至留存收益时：

借：以前年度损益调整　　　30 000

　　贷：盈余公积——法定盈余公积

　　　　　　（30 000×10%）3 000

　　　　利润分配——未分配利润

　　　　　　　　　　　　　27 000

留存收益包括盈余公积和未分配利润，所以该企业盘盈该台生产设备应确认的留存收益的金额＝3 000＋27 000＝30 000（元）。

✳ 考点7　固定资产减值★★★

一、考点解读

由于固定资产使用年限较长，市场条件和经营环境的变化，以及科学技术的进步等原因，可能导致固定资产创造未来经济利益的能力大大下降，导致固定资产减值。

固定资产在资产负债表日存在可能发生减值的迹象时，其可收回金额低于账面价值的，企业应当将该固定资产的账面价值减记至可收回金额，减记的金额确认为减值损失，计入当期损益，同时计提相应的资产减值准备。

借：资产减值损失——固定资产减值损失

　　贷：固定资产减值准备

需要强调的是，固定资产减值损失一经确认，在以后会计期间不得转回。

二、例题点津

【例题1·单选题】2×24年12月31日，丁公司的某生产线存在可能发生减值的迹象。经计算，该生产线的可收回金额为200万元，账面原价为400万元，已提折旧120万元，以前年度未对该生产线计提减值准备。该固定资产2×24年12月31日应计提的减值准备金额为（　　）万元。

A. 80　　　　　　B. 200

C. 0　　　　　　D. 120

【答案】A

【解析】该固定资产2×24年12月31日应计提的减值准备金额＝（400－120）－200＝80（万元）。

【例题2·判断题】以前因固定资产减值而减记固定资产价值的影响因素已经消失的，减记的金额应当予以恢复，并在原已计提的固定资产减值准备金额内转回。（　　）

【答案】×

【解析】固定资产减值损失一经确认，不论何种情况出现，在以后会计期间不得转回。

第四单元　无形资产和长期待摊费用

✦ 考点1　无形资产概述★★

一、考点解读

（一）无形资产的概念和特征

无形资产是指企业拥有或者控制的没有实物形态的可辨认非货币性资产。无形资产具有四个特征：①具有资产基本特征；②不具有实物形态；③具有可辨认性；④属于非货币性资产。

提示　资产满足下列条件之一的，符合无形资产定义中的可辨认性标准：①能够从企业中分离或者划分出来，并能单独用于出售、转让。②源自合同性权利或其他法定权利，无论这些权利是否可以从企业或其他权利和义务中转移或者分离，如商标权、专利权等。企业自创商誉及内部产生的品牌报刊名等由于无法与企业的整体资产分离而存在，不具有可辨认性，不属于无形资产。

（二）无形资产的内容

无形资产主要包括专利权、非专利技术、商标权、著作权、土地使用权和特许权等。

（1）专利权。专利权包括发明专利权、实用新型专利权和外观设计专利权。企业从外单位购入的专利权，应按实际支付的价款作为专利权的成本。企业自行开发并按法律程序申请取得的专利权，应按照达到预定用途满足资本化条件的支出确定成本。

（2）非专利技术。非专利技术是指先进的、未公开的、未申请专利、可以带来经济效益的技术及诀窍。企业自己开发研究的非专利技术，应将达到预定用途满足资本化条件的开发支出，确认为无形资产。对于从外部购入的非专利技术，应将实际发生的支出予以资本化，作为无形资产入账。

（3）商标权。企业为宣传自创并已注册登记的商标而发生的相关费用，应在发生时直接计入当期损益。企业如果购买他人的商标，一次性支出费用较大，可以将购入商标的价款、支付的手续费及有关费用确认为商标权的成本。

提示　企业内部自创的品牌不是企业的无形资产。

（4）著作权。著作权又称版权，指作者对其创作的文学、科学和艺术作品依法享有的某些特殊权利。

提示　报刊名等不是企业的无形资产。

（5）土地使用权。土地使用权是指国家准许某一企业或单位在一定期间内对国有土地享有开发、利用、经营的权利。企业取得土地使用权，应将取得时发生的支出资本化，作为土地使用权的成本，记入"无形资产"科目核算。

（6）特许权。特许权又称经营特许、专营权，指企业在某一地区经营或销售某种特定商品的权利或是一家企业接受另一家企业使用其商标、商号、技术秘密等的权利。

（三）无形资产核算应设置的会计科目

1."无形资产"科目

"无形资产"科目核算企业持有的无形资产成本，借方登记取得无形资产的成本，贷方登记出售无形资产转出的无形资产账面余额，期末借方余额，反映企业无形资产的成本。

2."累计摊销"科目

"累计摊销"科目属于"无形资产"的调整科目，类似于"累计折旧"科目相对于"固定资产"科目，核算企业对使用寿命有限的无形资产计提的累计摊销，贷方登记企业计提的无形资产摊销，借方登记处置无形资产转出的累计摊销，期末贷方余额，反映企业无形资产的累计摊销额。

此外，企业无形资产发生减值的，还应当设置"无形资产减值准备"科目进行核算。

二、例题点津

【例题1·单选题】下列各项中，关于无形资产的表述不正确的是（　　）。

A. 无形资产不具有实物形态

B. 无形资产具有可辨认性

C. 商誉属于无形资产

D. 无形资产属于非货币性资产

【答案】C

【解析】商誉不具有可辨认性，不属于无形资产，选项 A、B、D 均属于无形资产的特征。

✳ 考点2　取得无形资产 ★★★

一、考点解读

无形资产应当按照成本进行初始计量。

（一）外购无形资产

外购无形资产的成本包括购买价款、相关税费以及直接归属于使该项资产达到预定用途所发生的其他支出。其中，相关税费不包括按照现行增值税制度规定，可以从销项税额中抵扣的增值税进项税额。

（二）自行研究开发无形资产

企业内部研究开发项目所发生的支出应区分研究阶段支出和开发阶段支出。

1. 研究阶段的支出和开发阶段的支出可以区分开

研究阶段发生的支出全部计入**当期损益**，发生时，借记"研发支出——费用化支出"科目，贷记"原材料""银行存款""应付职工薪酬"等科目；期末，借记"管理费用"科目，贷记"研发支出——费用化支出"科目。

开发阶段支出不满足资本化条件的，借记"研发支出——费用化支出"科目，满足资本化条件的，借记"研发支出——资本化支出"科目，贷记"原材料""银行存款""应付职工薪酬"等科目。自行研究开发无形资产发生的支出取得增值税专用发票可抵扣的进项税额，借记"应交税费——应交增值税（进项税额）"科目。

研究开发项目达到预定用途形成无形资产

的，应当按照"研发支出——资本化支出"科目的余额，借记"无形资产"科目，贷记"研发支出——资本化支出"科目。期（月）末，应将"研发支出——费用化支出"科目归集的金额转入"管理费用"科目，借记"管理费用"科目，贷记"研发支出——费用化支出"科目。

2. 研究阶段的支出和开发阶段的支出区分不开

企业如果无法可靠区分研究阶段的支出和开发阶段的支出，应将发生的研发支出全部费用化，计入当期损益，记入"管理费用"科目的借方。

提示　内部研究开发无形资产为高频考点。

二、例题点津

【例题1·单选题】某公司自行研发非专利技术共发生支出460万元，其中，研究阶段发生支出160万元；开发阶段发生支出300万元，符合资本化条件的支出为180万元。不考虑其他因素，该研发活动应计入当期损益的金额为（　　）万元。

A. 180　　　　　　B. 280

C. 340　　　　　　D. 160

【答案】B

【解析】研究阶段的支出全部费用化，计入当期损益；开发阶段的支出符合资本化的计入无形资产成本，不符合资本化的计入当期损益。应计入当期损益的金额 = 160 +（300 - 180）= 280（万元）。

【例题2·单选题】甲公司为增值税一般纳税人，2×24 年 7 月 10 日，甲公司购入一项非专利技术，取得的增值税专用发票上注明的价款为 100 万元，增值税税额为 6 万元，另支付注册登记费 1.5 万元形成一项专利权，为推广由该专利权生产的产品，发生广告宣传费 0.5 万元，不考虑其他因素，该专利权的入账成本为（　　）万元。

A. 100　　　　　　B. 107.5

C. 108　　　　　　D. 101.5

【答案】D

【解析】该专利权的入账成本 = 100 + 1.5 = 101.5（万元）。

考点3 无形资产摊销★★★

一、考点解读

使用寿命有限的无形资产应进行摊销，通常其残值视为零。使用寿命不确定的无形资产不应摊销。

无形资产按月摊销，应当自可供使用（即其达到预定用途）**当月起开始摊销，处置当月不再摊销**（当月增加，当月开始；当月减少，当月停止）。

提示 这点与固定资产的“当月增加，下月计提；当月减少，当月照提”不同，注意区分。

无形资产摊销方法包括年限平均法（即直线法）、生产总量法等。企业选择的无形资产摊销方法，应当反映与该项无形资产有关的经济利益的预期消耗方式。无法可靠确定预期消耗方式的，应当采用年限平均法（直线法）摊销。

无形资产的摊销额一般应当计入当期损益。企业管理用的无形资产，其摊销金额计入管理费用；出租的无形资产，其摊销金额计入其他业务成本；某项无形资产包含的经济利益通过所生产的产品或其他资产实现的，其摊销金额应当计入相关资产成本。

企业对无形资产进行摊销时，借记“管理费用”“其他业务成本”“生产成本”“制造费用”等科目，贷记“累计摊销”科目。

二、例题点津

【例题1·单选题】 企业将拥有的无形资产出租，对该出租无形资产进行摊销时，其摊销的金额应记入的科目是（　　）。

A. 其他业务成本　　B. 长期待摊费用

C. 销售费用　　D. 管理费用

【答案】A

【解析】对于一般企业来说，出租无形资产属于其他业务，其出租无形资产取得的收入和发生的相关费用，应计入其他业务收入和其他业务成本。

【例题2·多选题】 甲企业为增值税一般纳税人，2×24年1月4日购入一项无形资产，取得的增值税专用发票注明价款为880万元，增值税税额为52.8万元，该无形资产使用年限为5年，按年进行摊销，预计净残值为零。下列关于该项无形资产的会计处理中，正确的有（　　）。

A. 2×24年1月4日购入该项无形资产的成本为880万元

B. 2×24年12月31日该项无形资产的累计摊销额为176万元

C. 该无形资产自2×24年2月起开始摊销

D. 该无形资产的应计摊销额为932.8万元

【答案】AB

【解析】选项A正确，选项D错误，无形资产的成本不包括可抵扣增值税进项税额，因此其成本为880万元，应计摊销额也为880万元；选项B正确，选项C错误，无形资产自其可供使用（即其达到预定用途）当月起开始摊销，处置当月不再摊销，该无形资产应自2×24年1月开始摊销，2×24年12月31日的摊销额=880÷5=176（万元）。

考点4 出售和报废无形资产★★★

一、考点解读

（一）出售无形资产

企业出售无形资产，应当将取得的价款扣除该无形资产账面价值以及出售相关税费后的差额作为资产处置损益进行会计处理。

企业出售无形资产，应当按照实际收到或应收的金额等，借记“银行存款”“其他应收款”等科目，按照已计提的累计摊销，借记“累计摊销”科目，按照计提的减值准备，借记“无形资产减值准备”科目，按照实际支付的相关费用可抵扣的进项税额，借记“应交税费——应交增值税（进项税额）”科目，按照实际支付的相关费用，贷记“银行存款”等科目，按无形资产账面余额，贷记“无形资产”科目，按照其差额，**贷记或借记“资产处置损益”科目**。分录如下：

借：银行存款/其他应收款（实际收到或应收金额）
　　累计摊销
　　应交税费——应交增值税（进项税额）
　　无形资产减值准备

资产处置损益（借差）
　　贷：无形资产
　　　　应交税费——应交增值税（销项税额）
　　　　资产处置损益（贷差）
　　　　银行存款（实际支付）

（二）报废无形资产

企业报废并转销无形资产时，应按已计提的累计摊销，借记"累计摊销"科目，按其账面余额，贷记"无形资产"科目，如果已计提减值准备的，还应同时结转减值准备，借记"无形资产减值准备"科目，按其差额，借记"营业外支出"科目。会计分录如下：

借：累计摊销
　　无形资产减值准备
　　营业外支出
　　贷：无形资产

二、例题点津

【例题1·单选题】2×24年7月，某制造企业转让一项专利权，开具的增值税专用发票上注明的价款为100万元，增值税税额为6万元，全部价款已存入银行。该专利权成本为200万元，已摊销150万元，不考虑其他因素，该企业转让专利权对利润总额的影响金额为（　　）万元。

A. -94　　　　　　　B. 56
C. -100　　　　　　D. 50

【答案】D

【解析】出售无形资产过程中产生的增值税不影响无形资产的处置损益。对利润总额的影响金额 =100-（200-150）=50（万元）。

【例题2·单选题】下列选项中，关于制造业企业让渡无形资产使用权的相关会计处理表述正确的是（　　）。

A. 转让无形资产使用权的收入计入营业外收入

B. 已转让使用权的无形资产应停止计提摊销

C. 已转让使用权的无形资产计提的摊销额计入管理费用

D. 转让无形资产使用权的收入计入其他业务收入

【答案】D

【解析】选项A错误，选项D正确，企业转让无形资产使用权的收入计入其他业务收入；选项B、C错误，企业转让使用权的无形资产仍应摊销，其摊销额计入其他业务成本。

✱ 考点5　无形资产减值★★

一、考点解读

无形资产在资产负债表日存在可能发生减值的迹象时，其可收回金额低于账面价值的，企业应当将该无形资产的账面价值减记至可收回金额，减记的金额确认为减值损失，计入当期损益，同时计提相应的资产减值准备。相关会计分录如下：

借：资产减值损失——无形资产减值损失
　　贷：无形资产减值准备

需要强调的是，企业无形资产减值损失一经确认，在以后会计期间不得转回。

二、例题点津

【例题1·多选题】下列关于无形资产的说法中，正确的有（　　）。

A. 不再为企业带来经济利益的无形资产，其摊余价值应全部转入当期损益

B. 无形资产减值损失一经确认，不得转回

C. 出售无形资产形成的净损失应计入其他业务成本

D. 使用寿命不确定的无形资产不应摊销

【答案】ABD

【解析】选项A，不再为企业带来经济利益的无形资产，已经不符合资产的定义，应终止确认，摊余价值全部转入当期损益；选项C，出售无形资产形成的净损益应计入资产处置损益，选项C错误。

✱ 考点6　长期待摊费用的核算★★

一、考点解读

长期待摊费用是指企业已经发生但应由本期和以后各期负担的分摊期限在一年以上的各项费用，如以租赁方式租入的固定资产发生的改良支出等。

企业应设置"长期待摊费用"科目对此类项目进行核算。"长期待摊费用"科目可按费用项目进行明细核算。

企业发生的长期待摊费用，借记"长期待摊费用"科目，取得可在当期抵扣的增值税进项税额，借记"应交税费——应交增值税（进项税额）"科目，贷记"原材料""银行存款"等科目。摊销长期待摊费用，借记"管理费用""销售费用"等科目，贷记"长期待摊费用"科目。"长期待摊费用"科目期末借方余额，反映企业尚未摊销完毕的长期待摊费用。

二、例题点津

【例题1·判断题】企业对租入的租赁期为10年的办公楼进行装修，发生的装修支出100万元，应直接计入固定资产。（　　）

【答案】×

【解析】该装修支出应计入长期待摊费用。长期待摊费用是指企业已经发生但应由本期和以后各期负担的分摊期限在1年以上的各项费用，如以租赁方式租入的使用权资产发生的改良支出等。

本章综合题型精讲

【例题1】甲公司是增值税一般纳税人，2×23～2×24年相关业务如下：

（1）甲公司2×23年1月1日将2×21年12月31日取得并开始使用的一幢办公楼用于对外出租。由于公允价值不能持续可靠估计，甲公司采用成本模式进行后续计量。该办公楼当初购买价格为3 020万元。预计使用寿命为40年，预计净残值为20万元，甲公司采用直线法提取折旧。

（2）该办公楼的年租金为400万元，于每年年末一次结清，租赁期开始日为2×23年1月1日。

（3）2×23年末该办公楼的可收回价值为2 560万元，预计净残值变为14万元，预计使用年限和折旧方法不变。

（4）2×24年12月31日，甲公司以2 800万元（不含增值税）的价格对外转让该办公楼。

要求：根据上述资料，不考虑其他条件，分析回答下列问题。

（1）根据资料（1），2×23年1月1日出租办公楼时，正确的会计分录是（　　）。

A. 借：投资性房地产　　　　3 020
　　　贷：固定资产　　　　　　3 020

B. 借：投资性房地产——成本
　　　　　　　　　　　　　　3 020
　　　贷：固定资产　　　　　　3 020

C. 借：投资性房地产　　　3 020
　　　累计折旧　　　　　　　75

　　　贷：固定资产　　　　　　3 020
　　　　投资性房地产累计折旧　75

D. 借：投资性房地产　　　3 020
　　　投资性房地产累计折旧　75
　　　贷：固定资产　　　　　　3 020
　　　　累计折旧　　　　　　　75

【答案】C

【解析】2×22年末累计提的折旧额＝（3 020－20）÷40＝75（万元）。出租办公楼时的会计分录为：

借：投资性房地产　　　　3 020
　　累计折旧　　　　　　　75
　　贷：固定资产　　　　　　3 020
　　　投资性房地产累计折旧　75

（2）根据资料（2），收取租金时，影响的会计科目为（　　）。

A. 投资收益　　　B. 资产处置损益
C. 其他业务收入　D. 主营业务收入

【答案】C

【解析】2×23年末收取租金时，会计分录为：

借：银行存款　　　　　　400
　　贷：其他业务收入　　　　400

（3）根据资料（3），2×23年办公楼计提的折旧和减值金额为（　　）万元。

A. 75　　　　　　　B. 150
C. 385　　　　　　D. 310

【答案】AD

【解析】2×23 年末办公楼的账面价值 = 3 020 – 75 – 75 = 2 870（万元），相比此时的可收回金额，发生减值金额 = 2 870 – 2 560 = 310（万元），所以选项 A、D 正确。

（4）2×24 年计提的折旧金额是（   ）万元。

A. 67
B. 75
C. 66.8
D. 63.65

【答案】A

【解析】2×24 年计提的折旧额 = （2 560 – 14）÷38 = 67（万元），会计分录为：

借：其他业务成本　　　　　　　67
　　贷：投资性房地产累计折旧　　67

（5）根据资料（4），2×24 年 12 月 31 日对外转让办公楼时，对营业利润的影响为（   ）万元。

A. 240
B. 307
C. 390
D. 232

【答案】B

【解析】2×24 年 12 月 31 日对外转让办公楼时，会计分录为：

借：银行存款　　　　　　　　2 800
　　贷：其他业务收入　　　　　　2 800
借：其他业务成本　　　　　　2 493
　　投资性房地产累计折旧
　　　　　　　（75 + 75 + 67）217
　　投资性房地产减值准备　　　310
　　贷：投资性房地产　　　　　　3 020

所以对营业利润的影响金额 = 2 800 – 2 493 = 307（万元），选项 B 正确。

【例题 2】甲公司对乙公司进行股票投资的相关交易或事项如下：

（1）2×23 年 1 月 1 日，甲公司以银行存款 7 300 万元从非关联方取得乙公司 20% 的有表决权股份，对乙公司的财务和经营政策具有重大影响。当日，乙公司所有者权益的账面价值为 40 000 万元，各项可辨认资产、负债的公允价值均与其账面价值相同。本次投资前，甲公司不持有乙公司股份且与乙公司不存在关联方关系。甲公司的会计政策、会计期间与乙公司的相同。

（2）2×23 年度乙公司实现净利润 6 000 万元，持有的其他债权投资因公允价值上升计入其他综合收益 380 万元。

（3）2×24 年 4 月 1 日，乙公司宣告分派现金股利 1 000 万元，2×24 年 4 月 10 日，甲公司按其持股比例收到乙公司发放的现金股利并存入银行。

要求：根据上述资料，不考虑增值税等相关税费及其他因素，分析回答下列问题。

（1）甲公司 2×23 年 1 月 1 日取得对乙公司的长期股权投资，与投资相关的会计分录正确的是（   ）。

A. 借：长期股权投资——投资成本
　　　　　　　　　　　　　　7 300
　　贷：银行存款　　　　　　7 300

B. 借：长期股权投资——投资成本
　　　　　　　　　　　　　　8 000
　　贷：银行存款　　　　　　7 300
　　　　营业外收入　　　　　　700

C. 借：长期股权投资——投资成本
　　　　　　　　　　　　　　8 000
　　贷：银行存款　　　　　　8 000

D. 借：长期股权投资——投资成本
　　　　　　　　　　　　　　8 000
　　贷：银行存款　　　　　　7 300
　　　　投资收益　　　　　　　700

【答案】B

【解析】2×23 年 1 月 1 日，甲公司取得乙公司长期股权投资的初始投资成本是 7 300 万元，占乙公司所有者权益公允价值的份额 = 40 000×20% = 8 000（万元），初始投资成本小于所占乙公司所有者权益公允价值的份额，所以需要调整长期股权投资的初始入账价值。

借：长期股权投资——投资成本
　　　　　　　　　　　　　　7 300
　　贷：银行存款　　　　　　7 300
借：长期股权投资——投资成本
　　　　　　　（8 000 – 7 300）700
　　贷：营业外收入　　　　　　700

（2）根据资料（2），下列说法正确的是（   ）。

A. 甲公司 2×23 年度对乙公司股权投资应确认的投资收益为 1 900 万元

B. 甲公司 2×23 年度对乙公司股权投资应

确认的其他综合收益为 76 万元

C. 2×23 年 12 月 31 日长期股权投资账面价值为 9 276 万元

D. 2×23 年 12 月 31 日长期股权投资账面价值为 8 576 万元

【答案】BC

【解析】甲公司 2×23 年度对乙公司股权投资应确认的投资收益 = 6 000 × 20% = 1 200（万元）；甲公司 2×23 年度对乙公司股权投资应确认的其他综合收益 = 380 × 20% = 76（万元）；

2×23 年 12 月 31 日长期股权投资账面价值 = 7 300 + 700 + 1 200 + 76 = 9 276（万元）。

借：长期股权投资——损益调整
　　　　　　　　　　1 200
　　贷：投资收益　　　　1 200
借：长期股权投资——其他综合收益
　　　　　　　　　　76
　　贷：其他综合收益　　76

（3）关于甲公司 2×24 年 4 月 1 日在乙公司宣告分派现金股利，以及 2×24 年 4 月 10 日收到现金股利时，下列会计分录正确的是（　　）。

A. 宣告分派现金股利时：
借：应收股利　　　　200
　　贷：投资收益　　　200

B. 收到现金股利时：
借：银行存款　　　　200
　　贷：应收股利　　　200

C. 宣告分派现金股利时：
借：应收股利　　　　200
　　贷：长期股权投资——损益调整
　　　　　　　　　　200

D. 收到现金股利时：不进行账务处理，在备查簿中登记

【答案】BC

【解析】2×24 年 4 月 1 日宣告分派现金股利时：
借：应收股利（1 000 × 20%）200
　　贷：长期股权投资——损益调整
　　　　　　　　　　200
2×24 年 4 月 10 日收到现金股利时：
借：银行存款　　　　200
　　贷：应收股利　　　200

【例题 3】甲公司系增值税一般纳税人，适用的增值税税率为 13%。

（1）2×22 年 11 月 5 日，甲公司用银行存款购入一台需要安装的生产设备，增值税专用发票上注明的设备买价为 200 000 元，增值税税额为 26 000 元，另支付包装费并取得增值税专用发票，注明包装费 6 000 元，增值税税额 360 元。2×22 年 12 月 2 日，甲公司用银行存款支付安装费并取得增值税专用发票，注明安装费 10 000 元，增值税税额 900 元，设备达到使用状态。设备预计使用年限 6 年，估计残值 6 000 元，使用年数总和法计提折旧。

（2）2×23 年 3 月，支付生产设备维修费 20 000 元，增值税税额 2 600 元。

（3）2×24 年 12 月 31 日，甲公司售出该设备，开具的增值税专用发票上注明的价款为 140 000 元，增值税税额为 18 200 元，款项已收存银行，另以银行存款支付清理费用 20 000 元。

要求：根据上述资料，不考虑其他因素，分析回答下列问题。

（1）根据资料（1），甲公司购入 A 设备的入账价值为（　　）元。

A. 216 000　　B. 210 000
C. 200 000　　D. 212 000

【答案】A

【解析】甲公司购入 A 设备的入账价值 = 200 000 + 6 000 + 10 000 = 216 000（元）。

（2）根据资料（1），关于设备计提折旧说法正确的是（　　）。

A. 设备应计折旧总额为 210 000 元
B. 设备应从 2×22 年 12 月开始计提折旧
C. 设备 2×23 年的折旧额为 60 000 元
D. 设备 2×24 年的折旧额为 50 000 元

【答案】ACD

【解析】应计折旧额 = 原价 − 净残值 = 216 000 − 6 000 = 210 000（元），选项 A 正确；设备应从 2×23 年 1 月开始计提折旧，选项 B 错误；2×23 年设备折旧额 =（216 000 − 6 000）× 6/21 = 60 000（元），选项 C 正确；2×24 年设备折旧额 =（216 000 − 6 000）× 5/21 = 50 000（元），选项 D 正确。

（3）根据资料（1），下列关于计提折旧说

法正确的是（　　）。

A. 提前报废的固定资产，不再补提折旧

B. 固定资产折旧方法的改变属于会计估计变更

C. 当月减少的固定资产，当月起停止计提折旧

D. 更新改造期间停止使用的设备继续计提折旧

【答案】AB

【解析】当月减少的固定资产，下月停止计提折旧，选项 C 错误；更新改造期间停止使用的固定资产停止计提折旧，选项 D 错误。

（4）根据资料（2），关于生产设备维修费说法正确的是（　　）。

A. 生产设备维修费应计入在建工程

B. 生产设备维修费应计入管理费用

C. 生产设备维修费应当费用化

D. 生产设备维修费应计入制造费用

【答案】BC

【解析】生产设备维修费属于修理支出，应当费用化，计入管理费用。

（5）根据资料（3），下列关于甲公司出售该设备的说法中，正确的是（　　）。

A. 出售固定资产计入营业外收入的金额为 14 000 元

B. 出售固定资产计入资产处置损益的金额为 14 000 元

C. 出售固定资产应当通过"固定资产清理"科目核算

D. 出售固定资产业务不影响营业利润，影响利润总额

【答案】BC

【解析】出售该设备账务处理如下：

借：固定资产清理　　　　　　106 000
　　累计折旧　　　　　　　　110 000
　　贷：固定资产　　　　　　　　216 000
借：银行存款　　　　　　　　158 200
　　贷：固定资产清理　　　　　　140 000
　　　　应交税费——应交增值税（销项税额）　　　　　　　　　18 200
借：固定资产清理　　　　　　 20 000
　　贷：银行存款　　　　　　　　 20 000
借：固定资产清理　　　　　　 14 000
　　贷：资产处置损益　　　　　　 14 000

出售固定资产影响营业利润，同时影响利润总额。

第五章 负 债

教材变化

2025 年教材本章内容有以下变化：删除了预收账款；增加了合同负债相关内容；修改了应付利息相关内容；修改了长期借款利息、应付债券的账务处理相关内容。

考情分析

本章内容主要讲述流动负债，难度不大。通常会结合资产、收入等内容命题，大多数考试题型集中在客观题，考点相对集中于应付职工薪酬和应交税费等。所有题型均有涉及，历年考试分值在 13～14 分之间。

本章考点框架

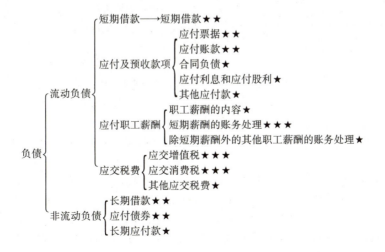

考点解读

负债是指企业过去的交易或者事项形成的、预期会导致经济利益流出企业的现时义务。

负债按偿还期限的长短可分为流动负债和非流动负债。

流动负债是指需要在1年内或长于1年的一个营业周期内偿还的负债。流动负债的主要特点是偿还期限短等。

非流动负债是指除流动负债以外的其他负债。

第一单元　短期借款

✦ 考点1　短期借款★★

一、考点解读

（一）短期借款的概念

短期借款是指企业向银行或其他金融机构等借入的期限在 1 年以下（含 1 年） 的各种款项。

提示 短期借款的偿还时间是 1 年以下（含 1 年）；短期借款具有借款金额小、时间短、利息低等特点。

（二）短期借款的账务处理

企业应设置"短期借款"科目，用来核算短期借款本金的借入和归还。"短期借款"属于负债类科目，它的基本账户结构如图 5-1 所示。

借方	短期借款	贷方
减少额：偿还借款本金的金额	增加额：取得借款本金的金额	
	余额：尚未偿还的短期借款	

图 5-1

1. 企业取得短期借款的账务处理

借：银行存款

　　贷：短期借款（本金）

2. 短期借款利息的账务处理

短期借款应支付的利息属于筹资费用，应当于发生时直接计入当期损益。

（1）如果短期借款利息是按期（如按季度）支付，或者利息是在借款到期时连同本金一起归还，并且数额较大，企业于月末应对短期借款利息采用预提方式。

①在资产负债表日，应当按照计算确定的短期借款利息费用：

借：财务费用

　　贷：应付利息（本金×年利率×1÷12）

②实际支付利息时：

借：应付利息

　　贷：银行存款

（2）如果短期借款利息是按月支付，或者利息是在借款到期时连同本金一起归还，但数额不大的，可不采用预提方式，在实际支付或收到银行的计息通知时，直接计入当期损益。

借：财务费用

　　贷：银行存款

3. 归还短期借款的账务处理

借：短期借款（本金）

　　贷：银行存款

二、例题点津

【例题1·单选题】如果短期借款利息是按月支付，或者利息是在借款到期时连同本金一起归还，但数额不大的，可不采用预提方式，在实际支付或收到银行的计息通知时，直接计入当期损益，体现了（　　）。

A. 谨慎性　　　　　B. 权责发生制

C. 重要性　　　　　D. 实质重于形式

【答案】C

【解析】企业发生的短期借款利息，从支出

的受益期来看，可能需要在若干会计期间进行分摊，但是因其数额不大，根据会计信息质量的重要性要求，可以一次性计入当期损益。

【例题2·单选题】2×24年7月1日，某企业向银行借入短期借款150万元，期限为6个月，年利率为4%，到期一次还本付息，借款利息按月计提。2×24年12月31日，该企业归还本金和利息的会计处理正确的是（　　）。

A. 借：短期借款　　　　　1 500 000
　　　财务费用　　　　　　　5 000
　　　应付利息　　　　　　 25 000
　　　　贷：银行存款　　　　　　1 530 000

B. 借：短期借款　　　　　1 500 000
　　　财务费用　　　　　　 25 000
　　　应付利息　　　　　　　5 000
　　　　贷：银行存款　　　　　　1 530 000

C. 借：短期借款　　　　　1 530 000
　　　　贷：银行存款　　　　　　1 530 000

D. 借：短期借款　　　　　1 500 000
　　　财务费用　　　　　　 30 000
　　　　贷：银行存款　　　　　　1 530 000

【答案】A

【解析】7月1日借入短期借款：

借：银行存款　　　　　　1 500 000
　　贷：短期借款　　　　　　　1 500 000

7月末、8月末、9月末、10月末、11月末，计提利息：

借：财务费用
（1 500 000×4%/12=5 000）5 000
　　贷：应付利息　　　　　　　 5 000

12月31日支付借款本息：

借：短期借款　　　　　　1 500 000
　　财务费用　　　　　　　　5 000
　　应付利息　　　　　　　 25 000
　　　贷：银行存款　　　　　　 1 530 000

【例题3·多选题】下列各项中，关于制造业企业预提短期借款利息的会计科目处理正确的有（　　）。

A. 借记"财务费用"科目
B. 借记"制造费用"科目
C. 贷记"应付账款"科目
D. 贷记"应付利息"科目

【答案】AD

【解析】预提短期借款利息账务处理如下：

借：财务费用
　　贷：应付利息

【例题4·判断题】"短期借款"科目只核算短期借款本金，不核算短期借款利息。（　　）

【答案】√

【解析】"短期借款"科目，用来核算短期借款本金的借入和归还。

【例题5·判断题】企业短期借款利息必须采用预提方式进行会计核算。（　　）

【答案】×

【解析】如果企业短期借款利息是按月支付，或者利息是在借款到期时连同本金一起归还，但数额不大，可以不采用预提方式，而是于实际支付或收到银行的计息通知时，直接计入当期损益。如果短期借款利息是按期（如按季度）支付，或者利息是在借款到期时连同本金一起归还，并且数额较大，应分月计提。

第二单元　应付及预收款项

✳ **考点1　应付票据 ★★**

一、考点解读

（一）概述

1. 概念

应付票据是指企业购买材料、商品和接受服务等而开出、承兑的商业汇票，包括银行承兑汇票、财务公司承兑汇票、商业承兑汇票等。

2. 科目设置

企业应通过"应付票据"科目，核算以摊余成本计量的应付票据的发生、偿付等情况（见图5-2）。

借方	应付票据	贷方
支付票据的金额	开出、承兑汇票的面值	
	余额：反映企业尚未到期的商业汇票的票面金额	

图 5－2

（二）账务处理

1. 企业因购买材料、商品和接受服务等而开出、承兑的商业汇票

借：材料采购/在途物资/原材料/库存商品/应付账款

　　应交税费——应交增值税（进项税额）

　　贷：应付票据（面值）

2. 企业因开出银行承兑汇票而支付的银行承兑汇票手续费

借：财务费用

　　应交税费——应交增值税（进项税额）

　　贷：银行存款

提示 高频考点。

3. 到期支付票款

借：应付票据（面值）

　　贷：银行存款

4. 转销应付票据

企业开具的商业汇票到期支付时如无力支付票款，应分为以下两种情况：

（1）应付商业承兑汇票到期无力支付票款：

借：应付票据

　　贷：应付账款

（2）应付银行承兑汇票到期无力支付票款：

借：应付票据

　　贷：短期借款

提示 高频考点。

二、例题点津

【例题1·单选题】银行承兑汇票到期，企业账户余额不足时，下列会计处理中，正确的是（　　）。

A. 借：应付票据

　　贷：应付账款

B. 借：应付票据

　　贷：营业外收入

C. 借：应付票据

　　贷：短期借款

D. 借：应付票据

　　贷：银行存款

【答案】C

【解析】应付银行承兑汇票到期，若企业无力支付票款，则由承兑银行代为支付并作为付款企业的贷款处理，企业应将应付票据的账面余额转作短期借款，借记"应付票据"科目，贷记"短期借款"科目，选项C正确。

【例题2·单选题】企业无力支付到期商业承兑汇票票据款113万元，转销时的会计处理正确的是（　　）。

A. 借：应付票据　　　　113

　　贷：短期借款　　　　　113

B. 借：应付票据　　　　113

　　贷：应付账款　　　　　113

C. 借：应付票据　　　　113

　　贷：其他应付款　　　　113

D. 借：应付票据　　　　113

　　贷：预收账款　　　　　113

【答案】B

【解析】应付银行承兑汇票到期无力支付的应转入短期借款；应付商业承兑汇票到期无力支付票款的，应转入应付账款。

【例题3·多选题】下列各项中，会引起企业"应付票据"科目余额减少的有（　　）。

A. 转销已到期但无力支付票款的商业承兑汇票

B. 使用银行承兑汇票购买生产设备

C. 以银行存款支付到期银行承兑汇票

D. 以银行存款支付开具银行承兑汇票的手续费

【答案】AC

【解析】选项A，借：应付票据

　　　　　　　贷：应付账款

应付票据减少；

选项B，借：固定资产等

　　　　　　贷：应付票据

应付票据增加；

选项C，借：应付票据

　　　　　　贷：银行存款

应付票据较少；

选项 D，借：财务费用

　　　　　贷：银行存款

对应付票据无影响。

【例题 4 · 多选题】下列各项中，关于应付票据的会计处理表述正确的有（　　　）。

A. "应付票据"科目核算的内容包括企业开出的商业承兑汇票

B. 应付票据应按面值入账

C. 银行承兑汇票到期无力支付，应转入其他应付款

D. 企业开出银行承兑汇票时支付的承兑手续费应计入财务费用

【答案】ABD

【解析】选项 C，应付银行承兑汇票到期，如企业无力支付票款，则由承兑银行代为支付并作为付款企业的贷款处理，企业应将应付票据的账面余额转作短期借款，借记"应付票据"科目，贷记"短期借款"科目，选项 C 不正确。

✨ 考点 2　应付账款 ★★

一、考点解读

（一）概述

1. 概念

应付账款是指企业因购买材料、商品或接受服务等经营活动而应付给供应单位的款项。

2. 入账时间

（1）在材料、商品和发票账单同时到达的情况下，一般在所购材料、商品验收入库后，根据发票账单确认应付账款。

（2）在所购材料、商品已经验收入库，但是发票账单未能同时到达的情况下，在会计期末应将所购材料、商品和相关的应付账款暂估入账，待下月初用红字将上月末暂估入账的应付账款予以冲销。

提示　高频考点。

3. 科目设置

企业通过"应付账款"科目，核算以摊余成本计量的应付账款的发生、偿还、转销等情况（见图 5 - 3）。

借方　　　　　应付账款　　　　　贷方	
偿还的应付账款或者以商业汇票抵付的应付账款，或者无法支付的应付账款（应付未付款项的减少）	因购买材料、商品、服务应支付的款项（应付未付款项的增加）
	余额：反映企业以摊余成本计量的尚未支付的应付账款

图 5 - 3

（二）账务处理

1. 企业购入材料、商品等所产生应付账款的账务处理

借：材料采购等

　　应交税费——应交增值税（进项税额）

　　贷：应付账款

2. 企业接受供应单位提供服务而发生的应付未付款项的账务处理

借：生产成本/管理费用等

　　应交税费——应交增值税（进项税额）

　　贷：应付账款

3. 偿还应付账款的账务处理

借：应付账款

　　贷：银行存款（偿还）

　　　应付票据（开出商业汇票抵付）

4. 转销应付账款的账务处理

由于债权单位撤销或其他原因而使应付账款无法清偿，此时企业应将确实无法支付的应付账款予以转销。

借：应付账款

　　贷：营业外收入

提示　高频考点。

二、例题点津

【例题 1 · 单选题】某一般纳税企业采用托收承付结算方式从其他企业购入原材料一批，货款为 100 000 元，增值税税额为 13 000 元；对方代垫运费 3 000 元，增值税税额为 270 元。该原材料已经验收入库。该购买业务所产生的应付账款的入账价值为（　　　）元。

A. 116 270　　　　　B. 113 000

C. 103 000　　　　　D. 100 000

【答案】A

【解析】企业购买原材料所发生的应付账款包括原材料价款、支付的增值税，还包括代垫的运费以及支付的相应增值税。故本题中应付账款的入账价值 = 100 000 + 13 000 + 3 000 + 270 = 116 270（元），选项 A 正确。

【例题 2 · 单选题】下列各项中，企业应通过"应付账款"科目核算的是（　　）。

A. 应付材料采购款

B. 应付债券利息

C. 应付存入保证金

D. 应付租入包装物租金

【答案】A

【解析】应付账款，是指企业因购买材料、商品或接受服务等经营活动而应付给供应单位的款项。选项 B 计入应付利息，选项 C、D 计入其他应付款。

【例题 3 · 单选题】企业因债权人撤销而无法支付的应付账款，应转入（　　）科目。

A. 营业外收入　　　B. 其他业务收入

C. 资本公积　　　　D. 短期借款

【答案】A

【解析】因债权人撤销而无法支付的款项，属于与企业日常活动无关的利得，所以在将其转销时，应记入"营业外收入"科目，选项 A 正确。

【例题 4 · 判断题】企业向供货单位采购原材料支付货款开出的银行承兑汇票，应通过"应付账款"科目核算。（　　）

【答案】×

【解析】企业向外单位开出的银行承兑汇票，通过"应付票据"科目核算。

❋ 考点 3　合同负债 ★

一、考点解读

（一）概述

1. 概念

合同负债核算企业按照《企业会计准则第

14 号——收入》规定预收的转让商品款或应收客户对价而应向客户转让商品的义务。

2. 科目设置

企业应设置"合同负债"科目，核算企业在向客户转让商品之前，客户已经支付了合同对价或企业已经取得了无条件收取合同对价的权利（见图 5 - 4）。

借方	合同负债	贷方
企业向客户转让相关商品时转销的金额	企业已收或应收的金额	
	余额：反映企业在向客户转让商品之前，已经收到的合同对价或已经取得的无条件收取合同对价权利的金额	

图 5 - 4

（二）账务处理

1. 企业在向客户转让商品之前，客户已经支付了合同对价或企业已经取得了无条件收取合同对价权利的，企业应当在客户实际支付款项与到期应支付款项孰早时点，按照该已收或应收的金额（不包含增值税部分）：

借：银行存款/应收账款/应收票据等

　　贷：合同负债

2. 企业向客户转让相关商品时：

借：合同负债

　　贷：主营业务收入/其他业务收入等

二、例题点津

【例题 1 · 判断题】对于不适用《企业会计准则第 14 号——收入》规定的预收款项，企业可设置"合同负债"科目。（　　）

【答案】×

【解析】对于不适用《企业会计准则第 14 号——收入》规定的预收款项，企业可设置"预收账款"科目。

考点4　应付利息和应付股利★

一、考点解读

（一）应付利息

1. 概念

应付利息是指企业按照合同约定应支付的已过付息期但尚未支付的利息。

2. 应付利息的内容

（1）吸收存款的利息。

（2）分期付息到期还本的长期借款的利息。

（3）企业债券的利息。

提示　高频考点。

3. 科目设置

企业应通过"应付利息"科目，核算应付利息的发生、支付情况（见图5-5）。

借方	应付利息	贷方
实际支付的利息	按合同约定应支付的已过付息期但尚未支付的利息	
	余额：已过付息期但尚未支付的利息	

图5-5

4. 账务处理

（1）资产负债表日，

短期借款利息费用：

借：财务费用

　　贷：应付利息

长期借款或应付债券：

①利息费用：

借：在建工程/财务费用等

　　贷：长期借款——应计利息/应付债券——应计利息

差额贷记"长期借款——利息调整"、借记或贷记"应付债券——利息调整"；

②已过付息期但尚未支付的利息：

借：长期借款——应计利息/应付债券——应计利息

　　贷：应付利息

（2）实际支付时：

借：应付利息

　　贷：银行存款

（二）应付股利

1. 应付股利

应付股利是指企业根据股东大会或类似机构审议批准的利润分配方案确定分配给投资者的现金股利或利润。

2. 科目设置

企业应通过"应付股利"科目，核算企业确定或宣告发放但尚未实际支付的现金股利或利润（见图5-6）。

借方	应付股利	贷方
实际支付的现金股利或利润	应支付的现金股利或利润	
	余额：企业应付未付的现金股利或利润	

图5-6

应付股利仅指现金股利，企业分配的股票股利不通过"应付股利"科目核算。

3. 确认时间

企业根据股东大会或类似机构审议批准的利润分配方案，确认应付给投资者的现金股利或利润。

提示　企业董事会或类似机构通过的利润分配方案中拟分配的现金股利或利润，不需要进行账务处理，但应在附注中披露。

4. 账务处理

（1）确认时：

借：利润分配——应付现金股利或利润

　　贷：应付股利

（2）实际支付时：

借：应付股利

　　贷：银行存款

二、例题点津

【例题1·多选题】下列各项中，属于企业应付利息包含内容的有（　　）。

A. 每季度付息到期还本的应付企业债券

利息

B. 吸收存款的利息

C. 每半年付息到期还本的长期借款利息

D. 宣告发放的现金股利

【答案】ABC

【解析】应付利息是指企业按照合同约定应支付的已过付息期但尚未支付的利息，包括吸收存款利息（选项B）、分期付息到期还本的长期借款利息（选项C）、企业债券等的利息（选项A）。选项D通过“应付股利”科目核算。

【例题2·判断题】企业根据股东大会或类似机构审议批准的利润分配方案中确认分配的股票股利，应通过“应付股利”科目核算。（　　）

【答案】×

【解析】应付股利是指企业根据股东大会或类似机构审议批准的利润分配方案，确定分配给投资者的现金股利或利润。企业分配的股票股利不通过“应付股利”科目核算。

考点5　其他应付款★

一、考点解读

（一）概述

1. 概念

其他应付款是指企业除应付票据、应付账款、预收账款、合同负债、应付职工薪酬、应交税费、应付利息、应付股利等经营活动以外的其他各项应付、暂收的款项。

2. 内容

（1）应付短期租赁固定资产租金。

（2）应付低价值资产租赁的租金。

（3）应付租入包装物租金。

（4）出租或出借包装物向客户收取的押金。

（5）存入保证金。

提示 高频考点。

3. 科目设置

企业应设置“其他应付款”科目，核算其他应付款的增减变动及其结存情况（见图5－7）。

借方　　其他应付款	贷方
偿还或转销的各种应付、暂收款项	发生的各种应付、暂收款项
	余额：反映企业应付未付的其他应付款项

图5－7

（二）账务处理

1. 企业发生其他各种应付、暂收款项时

借：管理费用等（应付短期租赁固定资产租金、租入包装物租金）

　　银行存款（存入保证金）

　　贷：其他应付款

2. 支付或退回其他各种应付、暂收款项时

借：其他应付款

　　贷：银行存款（支付或退回）

　　　　营业外收入（没收保证金）

二、例题点津

【例题1·单选题】下列各项中，应通过“其他应付款”科目核算的是（　　）。

A. 应交纳的教育费附加

B. 出租包装物收取的押金

C. 股东大会宣告分配的现金股利

D. 应付供货方代垫的运费

【答案】B

【解析】选项A，应通过“应交税费——应交教育费附加”科目核算；选项C，应通过“应付股利”科目核算；选项D，应通过“应付账款”科目核算。

【例题2·多选题】下列各项中，应通过“其他应付款”科目核算的有（　　）。

A. 预先收取的出借包装物押金

B. 应付的租入包装物租金

C. 应付的材料采购运费

D. 应付的短期借款利息

【答案】AB

【解析】选项C通过“应付账款”科目核算；选项D通过“应付利息”科目核算。

第三单元　应付职工薪酬

✳ 考点1　职工薪酬的内容 ★

一、考点解读

（一）概念

职工包括三类人员：一是与企业订立劳动合同的所有人员，含全职、兼职和临时职工；二是未与企业订立劳动合同，但由企业正式任命的企业治理层和管理层人员，如董事会成员、监事会成员；三是在企业的计划和控制下，虽未与企业订立劳动合同或未由其正式任命，但向企业所提供服务与职工所提供服务类似的人员，也属于职工的范畴。

职工薪酬是指企业为获得职工提供的服务或解除劳动关系而给予的各种形式的报酬或补偿。企业提供给职工配偶、子女、受赡养人、已故员工遗属及其他受益人等的福利，也属于职工薪酬。

职工薪酬包括短期薪酬、离职后福利、辞退福利和其他长期职工福利。

提示 职工薪酬从时间看，既包括职工在职期间，也包括离职后；从支付对象看，既包括职工本人，也包括职工家属。

（二）内容

1. 短期薪酬

（1）概念。

短期薪酬是指企业在职工提供相关服务的年度报告期间结束后**12个月内**需要全部予以支付的职工薪酬，因解除与职工的劳动关系**给予的补偿除外**。

（2）内容。

①职工工资、奖金、津贴和补贴。

②职工福利费。

③医疗保险费、工伤保险费等**社会保险费**。

提示 养老保险、失业保险属于离职后福利，不属于短期薪酬。

提示 以商业保险形式提供给职工的各种保险待遇，也属于职工薪酬。

④住房公积金。

⑤工会经费和职工教育经费。

⑥短期带薪缺勤。

⑦短期利润分享计划。

⑧其他短期薪酬。

2. 离职后福利

离职后福利，是指企业为获得职工提供的服务而在职工退休或与企业解除劳动关系后，提供的各种形式的报酬和福利，短期薪酬和辞退福利除外。包括**设定提存计划**和设定受益计划。其中，设定提存计划包括养老保险费和失业保险费。

3. 辞退福利

辞退福利，是指企业在职工劳动合同到期之前解除与职工的劳动关系，或者为鼓励职工自愿接受裁减而给予职工的补偿。

4. 其他长期职工福利

其他长期职工福利，是指除短期薪酬、离职后福利、辞退福利之外所有的职工薪酬。

（三）科目设置

企业应当设置"应付职工薪酬"科目，核算应付职工薪酬的计提、结算、使用等情况（见图5-8）。

借方　　　　应付职工薪酬　　　　贷方	
实际发放的职工薪酬	已分配计入有关成本费用的职工薪酬
	余额：反映企业应付未付的职工薪酬

图5-8

二、例题点津

【例题1·单选题】下列各项中，不属于短期薪酬的是（　　）。

A. 职工工资

B. 职工福利费

C. 短期利润分享计划

D. 养老保险

【答案】D

【解析】养老保险属于离职后福利。

【例题2·单选题】下列各项中，不属于企业职工薪酬组成内容的是（　　）。

A. 为职工代扣代缴的个人所得税

B. 根据设定提存计划计提应向单独主体缴存的提存金

C. 为鼓励职工自愿接受裁减而给予职工的补偿

D. 按国家规定标准提取的职工教育经费

【答案】A

【解析】职工薪酬主要包括以下内容：（1）短期薪酬，具体包括：①职工工资、奖金、津贴和补贴；②职工福利费；③医疗保险费、工伤保险费等社会保险费；④住房公积金；⑤工会经费和职工教育经费（选项D）；⑥短期带薪缺勤；⑦短期利润分享计划；⑧其他短期薪酬。（2）离职后福利，分为设定提存计划和设定受益计划（选项B）。（3）辞退福利（选项C）。（4）其他长期职工福利，是指长期带薪缺勤、长期残疾福利、长期利润分享计划等。

【例题3·多选题】下列各项中，属于短期薪酬的有（　　）。

A. 提前解除劳动合同给予职工的补偿

B. 按规定计提的基本养老保险

C. 按规定计提的住房公积金

D. 向职工发放的生活困难补助

【答案】CD

【解析】选项A属于辞退福利，选项B属于离职后福利。

【例题4·多选题】下列各项中，属于"应付职工薪酬"科目核算内容的有（　　）。

A. 正式任命并聘请的独立董事津贴等

B. 已订立劳动合同的全职职工的奖金

C. 已订立劳动合同的临时职工的工资

D. 向住房公积金管理机构缴存的住房公积金

【答案】ABCD

【解析】选项A属于应付职工薪酬中短期薪酬的津贴；选项B属于应付职工薪酬中短期薪酬的奖金；临时工也属于职工的范畴，因此选项C也属于应付职工薪酬；选项D属于应付职工薪酬中短期薪酬的住房公积金。选项A、B、C、D均正确。

✴ 考点2　短期薪酬的账务处理★★★

一、考点解读

企业应当在职工为其提供服务的会计期间，将实际发生的短期薪酬确认为负债，并计入当期损益，其他会计准则要求或允许计入资产成本的除外。

存货准则要求生产工人、车间管理人员、劳务人员薪酬计入产品或合同履约成本；固定资产准则要求工程人员薪酬计入工程成本；无形资产准则要求研发人员薪酬计入研发支出等。

（一）货币性短期职工薪酬

1. 职工工资、奖金、津贴和补贴

（1）实际发生职工工资、奖金、津贴和补贴等时：

借：生产成本/制造费用/合同履约成本等

　　贷：应付职工薪酬——工资

（2）实际支付时：

借：应付职工薪酬——工资

　　贷：银行存款等

（3）企业从应付职工薪酬中扣还的各种款项（代垫的职工家属医药费、个人所得税等）：

借：应付职工薪酬

　　贷：其他应收款（先支付，后扣回）

　　　　其他应付款（先扣回，后支付）

　　　　应交税费——应交个人所得税

　　　　（代扣代交的个人所得税）

2. 职工福利费（核算原则，先提后支）

（1）职工福利费实际发生时：

借：生产成本/制造费用/管理费用等

　　贷：应付职工薪酬——职工福利费

（2）支付时：

借：应付职工薪酬——职工福利费

　　贷：银行存款等

3. 国家规定计提标准的职工薪酬

（1）对于工会经费（工资总额的2%）和职工教育经费（工资总额的8%），计提时：

借：生产成本/制造费用/管理费用等

　　贷：应付职工薪酬——工会经费

　　　　　　　　　　——职工教育经费

实际上缴或者发生实际开支时：

借：应付职工薪酬——工会经费

——职工教育经费

贷：银行存款等

（2）对于社会保险费和住房公积金，企业应缴纳的部分：

借：生产成本/制造费用/管理费用等

贷：应付职工薪酬——工资

对于职工个人承担的部分：

借：应付职工薪酬——工资

贷：其他应付款——社会保险费、住房公积金

（二）非货币性职工薪酬

1. 以其自产产品作为非货币性福利发放给职工（视同销售）

（1）决定发放时：

借：生产成本/制造费用/管理费用等

贷：应付职工薪酬——非货币性福利（含税公允价值）

（2）实际发放时：

借：应付职工薪酬——非货币性福利

贷：主营业务收入

应交税费——应交增值税（销项税额）

借：主营业务成本

贷：库存商品

2. 将拥有的房屋等资产无偿提供给职工

应当根据受益对象，将该住房每期应计提的折旧计入相关资产成本或当期损益，同时确认应付职工薪酬：

借：生产成本/制造费用/管理费用等

贷：应付职工薪酬——非货币性福利

借：应付职工薪酬——非货币性福利

贷：累计折旧

3. 租赁住房等资产供职工无偿使用

应当根据受益对象，将每期应付的租金计入相关资产成本或当期损益，并确认应付职工薪酬：

借：生产成本/制造费用/管理费用等

贷：应付职工薪酬——非货币性福利

借：应付职工薪酬——非货币性福利

贷：银行存款等

难以认定受益对象的非货币性福利，直接计入当期损益和应付职工薪酬。

提示 高频考点。

二、例题点津

【例题1·单选题】某企业将自产的一批产品作为非货币性福利发给车间的生产工人，该批产品不含税售价为 50 000 元，适用的增值税税率为 13%，成本为 35 000 元，下列各项中，发放该项非货币性福利应计入生产成本的金额为（ ）元。

A. 41 500　　　　B. 35 000

C. 56 500　　　　D. 50 000

【答案】C

【解析】应计入生产成本的金额 = 50 000 ×（1 + 13%）= 56 500（元）。相关账务处理为：

计提时：

借：生产成本　　　　　　56 500

贷：应付职工薪酬　　　56 500

实际发放时：

借：应付职工薪酬　　　　56 500

贷：主营业务收入　　　50 000

应交税费——应交增值税（销项税额）　　　　　　6 500

借：主营业务成本　　　　35 000

贷：库存商品　　　　　35 000

【例题2·单选题】下列各项中，企业计提由其负担的研发中心职工社会保险费和住房公积金时，应借记的会计科目是（ ）。

A. 财务费用　　　　B. 销售费用

C. 其他业务成本　　D. 研发支出

【答案】D

【解析】会计分录如下：

借：研发支出

贷：应付职工薪酬—社会保险费

—住房公积金

✿ 考点3　除短期薪酬外的其他职工薪酬的账务处理 ★

一、考点解读

1. 离职后福利

对于设定提存计划，企业应当根据在资产负

债表日为换取职工在会计期间提供的服务而应向单独主体缴存的提存金，确认为应付职工薪酬，并计入当期损益或相关资产成本。

借：生产成本
　　制造费用
　　管理费用
　　销售费用
　　贷：应付职工薪酬——设定提存计划

2. 辞退福利

企业向职工提供辞退福利的，应当在"企业不能单方面撤回因解除劳动关系或裁减所提供的辞退福利时"和"企业确认涉及支付辞退福利的重组相关的成本或费用时"两者孰早日，确认辞退福利产生的职工薪酬负债，并计入当期损益。

借：管理费用
　　贷：应付职工薪酬——辞退福利

3. 其他长期职工福利

企业向职工提供的其他长期职工福利，符合设定提存计划条件的，应当按照设定提存计划的有关规定进行会计处理；符合设定受益计划条件的，应当按照设定受益计划的有关规定进行会计处理。

长期残疾福利水平取决于职工提供服务期间长短的，企业应在职工提供服务的期间确认应付长期残疾福利义务，计量时应当考虑长期残疾福利支付的可能性和预期支付的期限；与职工提供服务期间长短无关的，企业应当在导致职工长期残疾的事件发生的当期确认应付长期残疾福利。

二、例题点津

【例题1·单选题】某企业与其销售经理达成协议：2年后利润达到500万元，其薪酬为利润的3%。下列各项中，该企业向销售经理提供薪酬的类别是（　　）。

A. 带薪缺勤　　　　B. 辞退福利
C. 离职后福利　　　D. 利润分享计划

【答案】D

【解析】利润分享计划，是指因职工提供服务而与职工达成的基于利润或其他经营成果提供薪酬的协议。

【例题2·判断题】企业提前解除劳动合同给予职工解除劳动关系的补偿，应通过"应付职工薪酬——辞退福利"科目核算。（　　）

【答案】√

【解析】相关处理如下：

借：管理费用
　　贷：应付职工薪酬——辞退福利

第四单元　应交税费

企业应设置"应交税费"科目核算各种税费的应交、交纳等情况（见图5-9）。

借方	应交税费	贷方
实际交纳的税费		应交纳的各种税费
余额：反映企业多交或尚未抵扣的税费		余额：反映企业尚未交纳的税费

图5-9

提示 企业代扣代交的个人所得税等，也通过"应交税费"科目核算。而企业交纳的印花税、耕地占用税等不需要预计应交数的税金，不通过"应交税费"科目核算。

❖ 考点1　应交增值税 ★★★

一、考点解读

（一）概述

（1）增值税是以商品（含应税劳务、应税行为）在流转过程中实现的增值额作为计税依据而征收的一种流转税。

（2）增值税纳税人根据经营规模大小和会计核算水平的健全程度分为一般纳税人和小规模纳税人。增值税一般纳税人计算增值税大多采用一般计税方法；小规模纳税人一般采用简易计税方法；一般纳税人发生财政部和国家税务总局规定的特定应税销售行为，也可以采用简易计税方法，但是不得抵扣进项税额。

一般计税方法，即先按当期销售额和适用税率计算出销项税额，然后以该销项税额对当期购进项目支付的税款（即进项税额）进行抵扣，从而间接计算出当期的应纳税额。即：

应纳税额 = 当期销项税额 - 当期进项税额

简易计税方法是按照销售额与征收率的乘积计算应纳税额，不得抵扣进项税额。即：

应纳税额 = 销售额 × 征收率

（3）可以抵扣增值税进项税额的法定凭证通常包括：①增值税专用发票注明的增值税税额；②从海关取得的海关进口增值税专用缴款书上注明的增值税税额；③购进农产品，按照农产品收购发票或者销售发票上注明的买价和规定的扣除率计算的进项税额。

提示 增值税是价外税，因为它是不包含在销售收入中的，是在价格以外另外收取的，它不会影响企业当期损益。

（二）一般纳税人的账务处理

为了核算企业应交增值税的发生、抵扣、交纳、退税及转出等情况，增值税一般纳税人应当在"应交税费"科目下设置"应交增值税""未交增值税""预交增值税""待抵扣进项税额""待认证进项税额""待转销项税额""简易计税"等明细科目。

1. 取得资产、接受劳务或服务（取得可抵扣凭证且属于可抵扣范围）

（1）一般纳税人购进货物、加工修理修配劳务、服务、无形资产或者不动产时：

借：材料采购/在途物资/原材料/库存商品/
　　生产成本/无形资产/固定资产等
　　应交税费——应交增值税（进项税额）
　　（当月已认证的可抵扣增值税额）
　　　　——待认证进项税额（当月未认证的可抵扣增值税额）
　　贷：应付账款/应付票据/银行存款等

提示 购进货物等发生的退货，应根据税务机关开具的红字增值税专用发票编制相反的会计分录，如原增值税专用发票未做认证，应将发票退回并作相反的会计分录。

提示 企业购进农产品，除取得增值税专用发票或者海关进口增值税专用缴款书外，可以按照农产品收购发票或者销售发票上注明的农产品买价和规定的扣除率计算的进项税额，会计分录为：

借：材料采购/在途物资/原材料/库存商品
　　等（买价 - 买价 × 扣除率）
　　应交税费——应交增值税（进项税额）
　　（买价 × 扣除率）
　　贷：应付账款/应付票据/银行存款等
　　　　（应付或实际支付的价款）

提示 企业购进货物以及生产经营过程中支付的运费，按照取得的增值税专用发票上注明的税额作为进项税额。

（2）货物等**已验收入库但尚未取得增值税扣税凭证**。

企业购进的货物等已到达并验收入库，但尚未收到增值税扣税凭证并未付款的，应在月末按货物清单或相关合同协议上的价格**暂估入账**，不需要将增值税进项税额暂估入账。

下月初，用红字冲销原暂估入账金额，待取得增值税扣税凭证并经认证后：

借：原材料/库存商品/无形资产/固定资产等
　　应交税费——应交增值税（进项税额）
　　贷：应付账款/应付票据/银行存款等

提示 高频考点。

（3）进项税额转出。

企业已单独确认进项税额的购进货物、加工修理修配劳务或者服务、无形资产或者不动产但其事后改变用途（如用于简易计税方法计税项目、免征增值税项目、非增值税应税项目等），或发生非正常损失，进项税额不得抵扣。这里所说的"非正常损失"，是指因**管理不善造成**被盗、丢失、霉烂变质，以及因违反法律法规造成货物或不动产被依法没收、销毁、拆除的情形。

进项税额转出的账务处理为：

借：待处理财产损溢/应付职工薪酬等
　　贷：应交税费——应交增值税（进项税额转出）
　　　　——待抵扣进项税额
　　　　——待认证进项税额

需要说明的是，一般纳税人购进货物、加工修理修配劳务、服务、无形资产或不动产，**用于简易计税方法计税项目、免征增值税项目、集体**

福利或个人消费等,即使取得的增值税专用发票上已注明增值税进项税额,该税额按照现行增值税制度规定也不得从销项税额中抵扣的,取得增值税专用发票时,应将待认证的目前不可抵扣的增值税进项税额:

借:应交税费——待认证进项税额
　　贷:银行存款/应付账款等

经税务机关认证为不可抵扣的增值税进项税额时:

借:应交税费——应交增值税(进项税额)
　　贷:应交税费——待认证进项税额

同时,将增值税进项税额转出:

借:相关成本费用或资产科目
　　贷:应交税费——应交增值税(进项税额转出)

2. 销售等业务的账务处理

(1)企业销售货物、加工修理修配劳务、服务、无形资产或不动产:

借:应收账款/应收票据/银行存款等
　　贷:主营业务收入/其他业务收入/固定资产清理等
　　　　应交税费——应交增值税(销项税额)
　　　　应交税费——简易计税

企业销售货物等发生销售退回的,应根据税务机关开具的红字增值税专用发票作相反的会计分录。

会计上收入或利得确认时点早于增值税纳税义务发生时点的,应将相关销项税额记入"应交税费——待转销项税额"科目,待实际发生纳税义务时再转入"应交税费——应交增值税(销项税额)"或"应交税费——简易计税"科目。

按照增值税制度确认增值税纳税义务发生时点早于会计上收入或利得确认时点的,应将应纳增值税税额借记"应收账款"科目,贷记"应交税费——应交增值税(销项税额)"或"应交税费——简易计税"科目,待按规定确认收入或利得时,按扣除增值税销项税额后的金额确认收入。

(2)视同销售。

企业将自产或委托加工的货物用于集体福利或个人消费,将自产、委托加工或购买的货物作为投资、分配给股东或者投资者、无偿赠送他人等,税法规定应作为视同销售行为,计算确定增值税销项税额。

①用于集体福利:

借:应付职工薪酬
　　贷:主营业务收入
　　　　应交税费——应交增值税(销项税额)

同时,

借:主营业务成本
　　贷:库存商品

②对外投资:

借:长期股权投资
　　贷:主营业务收入
　　　　应交税费——应交增值税(销项税额)

同时,

借:主营业务成本
　　贷:库存商品

③分配给股东或投资者:

借:应付股利
　　贷:主营业务收入
　　　　应交税费——应交增值税(销项税额)

同时,

借:主营业务成本
　　贷:库存商品

④无偿赠送他人:

借:营业外支出
　　贷:库存商品
　　　　应交税费——应交增值税(销项税额)

提示 企业将自产或委托加工的货物用于对外捐赠,不确认销售收入,但应按计税价或者公允价或市场价计算增值税销项税额。

3. 交纳增值税

企业交纳当月应交的增值税:

借:应交税费——应交增值税(已交税金)
　　贷:银行存款

企业交纳以前期间未交的增值税:

借:应交税费——未交增值税
　　贷:银行存款

4. 月末转出多交增值税和未交增值税

月度终了，企业应当将当月应交未交或多交的增值税自"应交增值税"明细科目转入"未交增值税"明细科目。

（1）对于当月应交未交的增值税：

借：应交税费——应交增值税（转出未交增值税）

　　贷：应交税费——未交增值税

（2）对于当月多交的增值税：

借：应交税费——未交增值税

　　贷：应交税费——应交增值税（转出多交增值税）

企业购入材料等不能取得增值税专用发票的，发生的增值税应计入材料采购成本，借记"材料采购""在途物资""原材料""库存商品"等科目，贷记"银行存款"等科目。

（三）小规模纳税人的账务处理

小规模纳税人核算增值税采用简易计税的方法，即购进货物、应税劳务或应税行为，取得增值税专用发票上注明的增值税，一律不予抵扣，直接计入相关成本费用或资产。

小规模纳税人销售货物、服务、无形资产或不动产时，按照不含税的销售额和规定的增值税征收率计算应交纳的增值税，但不得开具增值税专用发票。

一般来说，小规模纳税人采用销售额和应纳税额合并定价的方法并向客户结算款项，销售货物、应税劳务或应税行为后，应进行价税分离，确定不含税的销售额。不含税的销售额计算公式为：

不含税销售额＝含税销售额÷（1＋征收率）

应纳税额＝不含税销售额×征收率

1. 科目设置

小规模纳税人进行账务处理时，只需在"应交税费"科目下设置"应交增值税"明细科目，该明细科目不再设置专栏。"应交税费——应交增值税"科目贷方登记应交纳的增值税，借方登记已交纳的增值税；期末贷方余额反映小规模纳税人尚未交纳的增值税，借方余额反映多交纳的增值税。

2. 账务处理

小规模纳税人购进货物、应税劳务或应税行为：

借：材料采购/在途物资/原材料/库存商品等

　　贷：应付账款/应付票据/银行存款等

销售货物、应税劳务或应税行为：

借：银行存款等【含税价】

　　贷：主营业务收入【不含税价】

　　　　应交税费——应交增值税【不含税价×征收率】

二、例题点津

【例题1·单选题】 下列各项中，不通过"应交税费"科目核算的是（　　）。

A. 交纳的印花税

B. 代扣的职工个人所得税

C. 按规定应交纳的土地增值税

D. 按规定应交纳的城市维护建设税

【答案】 A

【解析】 选项A，交纳的印花税不需要预计应交数的税金，不通过"应交税费"科目核算。

【例题2·单选题】 某企业2×24年5月20日购入农产品一批，农产品收购发票上注明的买价为100 000元，规定的扣除率为9%，货物已经到达并验收入库，价款已用银行存款支付。该企业所购这批农产品的入账价值为（　　）元。

A. 109 000　　　　B. 91 000

C. 100 000　　　　D. 113 000

【答案】 B

【解析】 该批农产品应交的增值税进项税额＝100 000×9%＝9 000（元），农产品的入账价值＝100 000－9 000＝91 000（元），选项B正确。

【例题3·单选题】 某企业因管理不善发生火灾毁损一批库存材料，经确认该批材料的成本为10 000元，增值税额为1 300元，其会计处理为（　　）。

A. 借：待处理财产损溢　　10 000

　　　贷：原材料　　　　　　　　10 000

B. 借：待处理财产损溢　　11 300

　　　贷：原材料　　　　　　　　11 300

C. 借：待处理财产损溢　　11 300

　　　贷：原材料　　　　　　　　10 000

　　　　　应交税费——应交增值税（进项税额转出）　　1 300

D. 借：待处理财产损溢　　11 300

贷：原材料　　　　　　10 000
　　应交税费——应交增值税（销
　　　项税额）　　　　　　 1 300

【答案】C

【解析】企业购进的货物发生非正常损失，其进项税额应通过"应交税费——应交增值税（进项税额转出）"科目转入有关科目，选项 C 正确。

【例题 4 · 单选题】下列各项中，增值税一般纳税人当期发生（增值税专用发票已经税务机关认证）准予以后期间抵扣的进项税额，应记入的会计科目是（　　）。

A. 应交税费——待转销项税额

B. 应交税费——未交增值税

C. 应交税费——待抵扣进项税额

D. 应交税费——应交增值税

【答案】C

【解析】"待抵扣进项税额"明细科目，核算一般纳税人已取得增值税扣税凭证并经税务机关认证，按照现行增值税制度规定准予以后期间从销项税额中抵扣的进项税额，选项 C 正确。

【例题 5 · 多选题】下列税费中不通过"应交税费"科目核算的有（　　）。

A. 印花税

B. 耕地占用税

C. 资源税

D. 个人所得税

【答案】AB

【解析】印花税和耕地占用税不需要预计应交数的税金，而是在实际发生时直接交纳，所以不通过"应交税费"科目核算。

【例题 6 · 判断题】企业购进的商品等已到达并验收入库，但尚未收到增值税扣税凭证的，应按暂估价入账，并将未来可抵扣的增值税记入"应交税费——待认证进项税额"科目。（　　）

【答案】×

【解析】企业购进的商品等已到达并验收入库，但尚未收到增值税扣税凭证并未付款的，应在月末按购货清单或相关合同协议上的价格暂估入账，不需要将增值税进项税额暂估入账。

【例题 7 · 判断题】一般纳税企业外购商品作为福利发放给职工，支付的增值税进项税额不得从销项税额中抵扣，直接将增值税进项税额转出。（　　）

【答案】×

【解析】一般纳税企业外购商品作为福利发放给职工，支付的增值税进项税额不得从销项税额中抵扣，取得增值税专用发票时，应将待认证的目前不可抵扣的增值税进项税额，借记"应交税费——待认证进项税额"科目，贷记"银行存款""应付账款"等科目。经税务机关认证为不可抵扣的增值税进项税额时，借记"应交税费——应交增值税（进项税额）"科目，贷记"应交税费——待认证进项税额"科目；同时，将增值税进项税额转出，借记相关成本费用或资产科目，贷记"应交税费——应交增值税（进项税额转出）"科目。

✿ 考点 2　应交消费税 ★★★

一、考点解读

（一）概述

消费税是指在我国境内生产、委托加工和进口应税消费品的单位和个人，按其流转额交纳的一种税。

消费税有从价定率、从量定额、从价定率和从量定额复合计税（以下简称"复合计税"）三种征收方法。

提示　消费税是价内税，因为消费税是包含在销售收入中的税款，它会影响企业当期的损益。

（二）账务处理

企业应在"应交税费"科目下设置"应交消费税"明细科目，核算应交消费税的发生、交纳情况。该科目贷方登记应交纳的消费税，借方登记已交纳的消费税；期末贷方余额反映企业尚未交纳的消费税，借方余额反映企业多交纳的消费税。

1. 销售应税消费品

借：税金及附加

　　贷：应交税费——应交消费税

2. 自产自用应税消费品

企业将生产的应税消费品用于在建工程等非

生产部门时，按规定应交纳的消费税：

借：在建工程等

　　贷：应交税费——应交消费税

3. 委托加工应税消费品

企业如有应交消费税的委托加工物资，一般应由受托方代收代缴消费税。

（1）委托加工物资收回后，直接用于销售的：

借：委托加工物资等

　　贷：应付账款/银行存款等

（2）委托加工物资收回后用于连续生产应税消费品的：

借：应交税费——应交消费税

　　贷：应付账款/银行存款等

待用委托加工的应税消费品生产出应纳消费税的产品销售时，再交纳消费税。

4. 进口应税消费品

企业进口应税物资交纳的消费税由海关代征。应交的消费税按照组成计税价格和规定的税率计算，消费税计入该项物资成本。

借：在途物资/原材料/材料采购/库存商品

　　贷：银行存款等

二、例题点津

【例题1·单选题】甲公司为增值税一般纳税人，委托乙公司加工一批应税消费品，该批应税消费品收回后用于连续生产应税消费品。甲公司在收回该批委托加工应税消费品时，应将由受托方代收代缴的消费税记入（　　）科目。

A. 应交税费——应交消费税

B. 主营业务成本

C. 委托加工物资

D. 生产成本

【答案】A

【解析】委托加工物资收回后用于连续生产应税消费品的，按规定准予抵扣的，应按已由受托方代收代缴的消费税，借记"应交税费——应交消费税"科目。

【例题2·判断题】消费税的征收方法有从价定率和从量定额两种。（　　）

【答案】×

【解析】消费税有从价定率、从量定额、从价定率和从量定额复合计税（简称"复合计

税"）三种征收方法。

✤ 考点3 其他应交税费 ★

一、考点解读

1. 应交资源税

（1）对外销售应税产品应交纳的资源税：

借：税金及附加

　　贷：应交税费——应交资源税

（2）自产自用应税产品应交纳的资源税：

借：生产成本/制造费用等

　　贷：应交税费——应交资源税

2. 应交城市维护建设税

城市维护建设税以纳税人实际缴纳的增值税和消费税税额为计税依据，即：

应交城市维护建设税 = 应纳税额 =（实际交纳的增值税 + 实际交纳的消费税）× 适用税率

企业按规定计算出应交纳的城市维护建设税：

借：税金及附加等

　　贷：应交税费——应交城市维护建设税

3. 应交教育费附加

教育费附加以各单位实际缴纳的增值税、消费税的税额为计征依据，按其一定比例分别与增值税、消费税同时交纳。

按规定计算出应交纳的教育费附加：

借：税金及附加等

　　贷：应交税费——应交教育费附加

4. 应交土地增值税

土地增值税按照转让房地产所取得的增值额和规定的税率计算征收。转让房地产的增值额是转让收入减去税法规定扣除项目金额后的余额。

（1）企业转让的土地使用权连同地上建筑物及其附着物一并在"固定资产"科目核算的，转让时应交的土地增值税：

借：固定资产清理

　　贷：应交税费——应交土地增值税

（2）土地使用权在"无形资产"科目核算的：

借：银行存款

　　累计摊销

　　无形资产减值准备

　　资产处置损益

贷：应交税费——应交土地增值税
　　　无形资产
　　　资产处置损益

（3）房地产开发经营企业销售房地产应交纳的土地增值税：

借：税金及附加
　　　贷：应交税费——应交土地增值税

5. 应交房产税、城镇土地使用税、车船税

企业应交的房产税、城镇土地使用税、车船税：

借：税金及附加
　　　贷：应交税费——应交房产税/应交城镇土地使用税/应交车船税

二、例题点津

【例题 1·单选题】 下列各项中，企业将应交资源税的自产矿产品用于企业产品的生产，确认应交的资源税应借记的会计科目是（　　）。

A. 税金及附加

B. 管理费用

C. 应交税费

D. 生产成本

【答案】 D

【解析】 本题考查应交资源税。企业将应交资源税的自产矿产品用于企业产品的生产，应交纳的资源税应记入"生产成本"或"制造费用"科目，选项 D 正确。

【例题 2·单选题】 下列各项中，企业依据税法规定计算应交的车船税，应借记的会计科目是（　　）。

A. 主营业务成本　　B. 销售费用

C. 税金及附加　　　D. 管理费用

【答案】 C

【解析】 企业应交的房产税、城镇土地使用税、车船税均记入"税金及附加"科目。

【例题 3·多选题】 2×24 年 12 月，某企业当月交纳增值税 50 万元，销售应税消费品交纳消费税 20 万元，经营用房屋交纳房产税 10 万元。该企业适用的城市维护建设税税率为 7%，教育费附加为 3%，不考虑其他因素。下列各项中，关于该企业 12 月应交纳城市维护建设税和教育费附加的相关会计处理正确的有（　　）。

A. 借记"税金及附加"科目 7 万元

B. 贷记"应交税费——应交教育费附加"科目 2.1 万元

C. 贷记"应交税费——应交城市维护建设税"科目 5.6 万元

D. 借记"管理费用"科目 7 万元

【答案】 AB

【解析】 应交城市维护建设税 =（50 + 20）× 7% = 4.9（万元），选项 C 错误；应交教育费附加 =（50 + 20）× 3% = 2.1（万元），选项 B 正确；企业的城市维护建设税以及教育费附加应计入税金及附加，所以因本月城市维护建设税和教育费附加而计入税金及附加的金额 = 4.9 + 2.1 = 7（万元），选项 A 正确、选项 D 错误。

第五单元　非流动负债

✦ 考点 1　长期借款 ★★

一、考点解读

（一）概述

长期借款是指企业向银行或其他金融机构借入的期限在 1 年以上（不含 1 年）的各种借款，一般用于固定资产的购建、改扩建工程、大修理工程、对外投资以及为了保持长期经营能力等方面。

它是企业长期负债的重要组成部分，必须加强管理与核算。

长期借款会计处理的基本要求是反映和监督企业长期借款的借入、借款利息的结算和借款本息的归还情况，促使企业遵守信贷纪律，提高信用等级，同时也要确保长期借款有效使用。

（二）科目设置

企业应设置"长期借款"科目，核算以摊余成本计量的长期借款的借入、归还等情况（见图 5 - 10）。该科目按照贷款单位和贷款种类设置明细账，分"本金""利息调整""应计利

息"等进行明细核算。

借方	长期借款	贷方
长期借款本息的减少额	长期借款本息的增加额	
	余额：反映企业尚未偿还的长期借款的摊余成本	

图 5 – 10

（三）账务处理

1. 取得长期借款

借：银行存款

　　贷：长期借款——本金

2. 发生长期借款利息

长期借款计算确定的利息费用，应当按以下原则计入有关成本、费用：属于筹建期间的，计入管理费用；属于生产经营期间的，计入财务费用。

如果长期借款用于购建固定资产等符合资本化条件的，在资产尚未达到预定可使用状态前，所发生的利息支出应当资本化，计入在建工程等相关资产成本；资产达到预定可使用状态后发生的利息支出，以及按规定不予资本化的利息支出，计入财务费用。

借：在建工程

　　制造费用

　　财务费用

　　研发支出

　　　贷：长期借款——应计利息

差额贷记"长期借款——利息调整"；

已过付息期但尚未支付的利息：

借：长期借款——应计利息

　　贷：应付利息

3. 归还长期借款

借：长期借款——本金（归还的金额）

　　应付利息

　　长期借款——应计利息

　　　贷：银行存款

二、例题点津

【例题1·单选题】 某企业为增值税一般纳税人，于 2×24 年 11 月 30 日从银行借入资金 100 000 元，借款期限为 2 年，年利率为 4.8%（到期一次还本付息，不计复利）。该企业于 2×24

年 12 月 31 日计提长期借款利息，应编制的会计分录为（　　）。

A. 借：财务费用　　　　　　　400

　　　贷：长期借款——应计利息

　　　　　　　　　　　　　　　400

B. 借：财务费用　　　　　　　400

　　　贷：应付利息　　　　　　400

C. 借：财务费用　　　　　　4 800

　　　贷：长期借款——应计利息

　　　　　　　　　　　　　　4 800

D. 借：财务费用　　　　　　4 800

　　　贷：应付利息　　　　　4 800

【答案】 A

【解析】 长期借款按合同利率计算确定的应付未付利息，记入"长期借款——应计利息"科目。该企业 2×24 年 12 月 31 日应计提长期借款利息 = 100 000 × 4.8% ÷ 12 = 400（元），选项 A 正确。

【例题2·判断题】 长期借款利息费用应当在资产负债表日按照实际利率法计算确定，实际利率与合同利率差异较小的，也可以采用实际利率计算确定利息费用。（　　）

【答案】 ×

【解析】 长期借款利息费用应当在资产负债表日按照实际利率法计算确定，实际利率与合同利率差异较小的，也可以采用合同利率计算确定利息费用。

✤ 考点2　应付债券★★

一、考点解读

（一）债券的发行

企业为筹集长期资金而发行的、期限在 1 年以上的债券为应付债券，构成了企业一项非流动负债。企业会在未来某一特定日期按债券所记载的利率、期限等约定还本付息。

债券发行有面值发行、溢价发行和折价发行三种情况。

（二）应付债券的账务处理

企业应当设置"应付债券"科目，核算以摊余成本计量的应付债券发行、计提利息、还本付息等情况。本科目可按"面值""利息调整"

"应计利息"等设置明细科目进行明细核算。

1. 发行长期债券

借：银行存款、库存现金等（实际收到的款项）

　　贷：应付债券——面值（按债券票面价值）

借记或贷记"应付债券——利息调整"（实际收到的款项与债券票面金额的差额）

2. 计提利息

借：在建工程、制造费用、财务费用、研发支出等

　　贷：应付债券——应计利息（按票面利率计算确定）

按实际利率计算的利息费用与按票面利率计算的"应付债券——应计利息"的差额，借记或贷记"应付债券——利息调整"科目。

已过付息期但尚未支付的利息：

借：应付债券——应计利息

　　贷：应付利息

3. 还本付息

（1）支付债券本息：

借：应付债券——面值

　　　　　　——应计利息

　　应付利息

　　贷：银行存款

（2）存在利息调整余额的，借记或贷记"应付债券——利息调整"科目，贷记或借记"在建工程""制造费用""财务费用""研发支付"等科目。

二、例题点津

【例题1·多选题】下列各项中，属于债券的发行方式的有（　　）。

A. 面值发行

B. 溢价发行

C. 折价发行

D. 联合发行

【答案】ABC

【解析】债券发行有面值发行、溢价发行和折价发行三种情况。其中：债券按其票面金额发行，称为面值发行；以低于债券票面金额的价格发行，称为折价发行；以高于债券票面金额的价

格发行，称为溢价发行。选项A、B、C正确。

✵ 考点3　长期应付款★

一、考点解读

（一）概念

长期应付款，是指企业除长期借款和应付债券以外的其他各种长期应付款项，如以分期付款方式购入固定资产发生的应付款项等。

（二）科目设置

企业应设置"长期应付款"科目，用以核算企业应付的款项及偿还情况（见图5-11）。该科目可按长期应付款的种类和债权人进行明细核算。

借方	长期应付款	贷方
偿还的应付款项		发生的长期应付款
		余额：反映企业尚未偿还的长期应付款

图5-11

（三）账务处理

企业购买资产有可能延期支付有关价款。

如果延期支付的购买价款超过正常信用条件，实质上具有融资性质的，所购资产的成本不能以各期付款额之和确定，应当以延期支付购买价款的现值为基础确认。

固定资产购买价款的现值，应当按照各期支付的价款选择适当的折现率进行折现后的金额加以确定。

折现率是反映当前市场货币时间价值和延期付款债务特定风险的利率。该折现率实质上是供货企业的必要报酬率。

各期实际支付的价款之和与其现值之间的差额，应当在信用期间内采用实际利率法进行摊销，计入相关资产成本或当期损益。

借：固定资产

　　在建工程

　　未确认融资费用（差额）

　　贷：长期应付款

二、例题点津

【例题1·判断题】长期应付款科目的贷方

登记发生的长期应付款，借方登记偿还的应付款项，期末贷方余额反映企业尚未偿还的长期应付款。（ ）

【答案】√

【解析】长期应付款科目的贷方登记发生的长期应付款，借方登记偿还的应付款项，期末贷方余额反映企业尚未偿还的长期应付款。

本章综合题型精讲

【例题】甲公司为增值税一般纳税人，采用实际成本进行材料日常核算，确认销售收入同时结转销售成本。2×24年12月该公司"应交税费"科目期初余额为零，当月发生有关经济业务资料如下：

（1）4日，购入M材料5 000千克，取得的增值税专用发票上注明的价款为800 000元，增值税税额为104 000元；发生运输费取得的增值税专用发票上注明的运输费为11 800元，增值税税额为1 062元；全部款项已通过银行存款支付。材料已验收入库，运输途中发生合理损耗50千克。

（2）14日，购入电暖器400台作为福利发放给直接从事生产的工人，取得的增值税专用发票上注明的价款为160 000元，增值税税额为20 800元，款项已通过银行存款支付。

（3）18日，销售N产品一批，开具的增值税专用发票上注明的价款为3 000 000元，增值税税额为390 000元；甲公司以银行存款代垫运费，收到的增值税专用发票上注明的运费为50 000元，增值税税额为4 500元；收到购货方交来的不带息银行承兑汇票一张，票面金额为3 444 500元，期限为2个月。该批N产品的实际成本为2 500 000元。符合收入确认条件。

要求：根据上述资料，不考虑其他因素，分析回答下列问题。

（1）根据资料（1），下列各项中，甲公司购入M材料应借记的会计科目及其金额正确的是（ ）。

A."应交税费——应交增值税（进项税额）"科目105 062元

B."应交税费——应交增值税（进项税额）"科目104 000元

C."原材料"科目811 800元

D."材料采购"科目803 800元

【答案】AC

【解析】采用实际成本核算，不通过"材料采购"科目核算，运输费计入原材料成本中，合理损耗不需要扣除，相关账务处理为：

借：原材料 811 800
　　应交税费——应交增值税（进项税额）
　　　　　　　　　105 062
　　贷：银行存款 916 862

（2）根据资料（2），下列各项中，甲公司购入用于发放非货币性福利的电暖器及其不可抵扣增值税进项税额的会计处理正确的是（ ）。

A.购入商品时：
借：库存商品 160 000
　　应交税费——应交增值税（进项税额）
　　　　　　　　　20 800
　　贷：银行存款 180 800

B.购进该批商品用于职工福利经税务机关认证时：
借：应交税费——应交增值税（进项税额）
　　　　　　　　　20 800
　　贷：应交税费——待认证进项税额
　　　　　　　　　20 800

C.不可抵扣增值税进项税额转出时：
借：库存商品 20 800
　　贷：应交税费——应交增值税（进项税额转出） 20 800

D.购入商品时：
借：库存商品 160 000
　　应交税费——待认证进项税额
　　　　　　　　　20 800

贷：银行存款　　　　180 800

【答案】BCD

【解析】①购入库存商品时：

借：库存商品　　　　160 000

　　应交税费——待认证进项税额

　　　　　　　　　　20 800

　　　贷：银行存款　　　　180 800

②经税务机关认证不可抵扣时：

借：应交税费——应交增值税（进项税额）

　　　　　　　　　　20 800

　　　贷：应交税费——待认证进项税额

　　　　　　　　　　　　20 800

同时：

借：库存商品　　　　20 800

　　　贷：应交税费——应交增值税（进项

　　　　　税额转出）　　20 800

（3）根据资料（2），下列各项中，甲公司向生产工人发放电暖器的会计处理正确的是（　　）。

A. 借：应付职工薪酬——非货币性福利

　　　　　　　　　　160 000

　　　贷：库存商品　　　160 000

B. 借：应付职工薪酬——非货币性福利

　　　　　　　　　　180 800

　　　贷：库存商品　　　180 800

C. 借：主营业务成本　　180 800

　　　贷：库存商品　　　180 800

D. 借：主营业务成本　　160 000

　　　贷：库存商品　　　160 000

【答案】B

【解析】外购商品用于职工福利，不视同销售，实际发放时：

借：应付职工薪酬——非货币性福利

　　　　　　　　　　180 800

　　　贷：库存商品　　　180 800

（4）根据资料（3），下列各项中，甲公司销售N产品相关会计处理正确的是（　　）。

A. 确认收入：

借：银行存款　　　　3 390 000

　　　贷：主营业务收入　　3 000 000

　　应交税费——应交增值税（销项税额）　　　　　390 000

B. 确认收入：

借：应收票据　　　　3 444 500

　　　贷：主营业务收入　　3 000 000

　　应交税费——应交增值税（销项税额）　　　　　390 000

　　银行存款　　　　54 500

C. 确认收入：

借：其他货币资金——银行汇票

　　　　　　　　　　3 444 500

　　　贷：主营业务收入　　3 000 000

　　应交税费——应交增值税（销项税额）　　　　　390 000

　　银行存款　　　　54 500

D. 结转成本：

借：主营业务成本　　2 500 000

　　　贷：库存商品　　　2 500 000

【答案】BD

【解析】销售商品收到的银行承兑汇票，通过"应收票据"科目核算，代垫的运输费以及增值税贷记"银行存款"科目。确认收入账务处理为：

借：应收票据　　　　3 444 500

　　　贷：主营业务收入　　3 000 000

　　应交税费——应交增值税（销项税额）　　　　　390 000

　　银行存款　　　　54 500

结转成本时：

借：主营业务成本　　2 500 000

　　　贷：库存商品　　　2 500 000

（5）根据资料（1）～（3），甲公司2×24年12月应交纳增值税的金额是（　　）元。

A. 259 638　　　　B. 280 438

C. 264 138　　　　D. 284 938

【答案】D

【解析】应交纳增值税的金额＝－105 062＋390 000＝284 938（元）。

第六章　所有者权益

教材变化

2025 年教材本章对"留存收益的账务处理"相关内容进行了调整。

考情分析

本章难度不大，主要内容为所有者权益各组成部分的确认与计量，往年考试在不同题型中都曾出现，考点主要集中在实收资本的核算、资本公积的来源及核算、留存收益的内容及核算。本章也可能会与其他章的考点结合考查。考试分值一般在 10 分左右。

本章考点框架

所有者权益
- 所有者权益的特征与来源→所有者权益的特征与来源★
- 实收资本（或股本）
  - 实收资本（或股本）概述★
  - 实收资本（或股本）的账务处理★★★
- 其他权益工具
  - 其他权益工具的概念★
  - 其他权益工具的账务处理★
- 资本公积
  - 资本公积概述★
  - 资本公积的账务处理★★
- 其他综合收益
- 留存收益
  - 留存收益概述★
  - 留存收益账务处理★★★

考点解读

第一单元　所有者权益的特征与来源

✴ 考点1　所有者权益的特征与来源★

一、考点解读

（一）所有者权益的概念

所有者权益是指企业资产扣除负债后由所有者享有的剩余权益。公司所有者权益又称为股东权益。

（二）所有者权益的特征

（1）除非发生减资、清算或分派现金股利，企业不需要偿还所有者权益；

（2）企业清算时，只有在清偿所有的负债后，所有者权益才能返还给所有者；

（3）所有者凭借所有者权益能够参与企业利润的分配。

（三）所有者权益的来源

所有者权益的来源包括：所有者投入的资本、直接计入所有者权益的利得和损失、留存收益等。如图6-1所示。

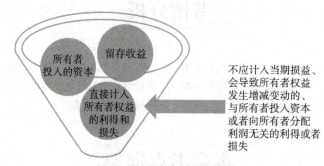

图6-1　所有者权益的来源

二、例题点津

【例题1·判断题】企业通常不需要偿还所有者权益，但在企业清算时，应首先满足所有者的需求。（　　）

【答案】×

【解析】除非发生减资、清算或分派现金股利，企业不需要偿还所有者权益，但在企业清算时，只有在清偿所有的负债后，所有者权益才返还给所有者。

第二单元　实收资本（或股本）

✴ 考点1　实收资本（或股本）概述★

一、考点解读

（一）实收资本（或股本）的概念

实收资本是指企业按照章程规定或合同、协议约定，接受投资者投入企业的资本。实收资本的构成比例或股东的股份比例，是确定所有者在企业所有者权益中所占份额的基础，也是企业进行利润或股利分配的主要依据。

对股份有限公司而言，实收资本又称为股本，即发起人按合同或协议约定投入的资本和社会公众在公司发行股票时认购股票缴入的资本，其在金额上等于股份面值和股份总额的乘积。

（二）股东出资形式

股东可以用货币出资，也可以用实物、知识产权、土地使用权、股权、债权等可以用货币估价并依法转让的非货币财产作价出资；但是，法律、行政法规规定不得作为出资的财产除外。股东的出资形式见表6-1。

表6-1 股东出资形式

基本规定	出资形式	举例
股东可以用货币出资，也可以用能够以货币估价并依法转让的非货币财产作价出资	货币	—
	非货币财产（可以用货币估价并依法转让）	实物、知识产权、土地使用权、股权、债权

（三）实收资本的增减变动相关规定

（1）一般情况下，企业的实收资本应相对固定不变，但在某些特定情况下，实收资本也可能发生增减变化。

（2）除国家另有规定外，企业的注册资金应当与实收资本相一致。

（3）当实收资本比原注册资金增加或减少超过20%时，应持资金使用证明向原登记主管机关申请变更登记。

（四）投入资本与实收资本的区别（见表6-2）

表6-2 投入资本与实收资本的区别

定义	概念	区别
投入资本	投资者（股东）实际投入企业财产物资的价值	二者都是来自投资者，但范围大小不同，投入资本不仅包括实收资本，还包括资本公积（资本溢价或股本溢价）
实收资本	投资者（股东）按公司章程或协议约定的应出资额（数量上等于注册资本×出资比例）	

二、例题点津

【例题1·单选题】以下关于实收资本（股本）的说法中，不正确的是（ ）。

A. 除国家另有规定外，企业的注册资金应当与实收资本相一致

B. 实收资本是指企业按照章程规定或合同、协议约定，接受投资者投入企业的资本

C. 股东只能用货币出资

D. 当实收资本比原注册资金增加或减少超过20%时，应持资金使用证明向原登记主管机关申请变更登记

【答案】C

【解析】股东可以用货币出资，也可以用实物、知识产权、土地使用权、股权、债权等可以用货币估价并可以依法转让的非货币财产作价出资。

【例题2·判断题】实收资本与注册资金始终相等。（ ）

【答案】×

【解析】一般情况下，企业的实收资本应相对固定不变，但在某些特定情况下，实收资本也可能发生增减变化。当实收资本比原注册资金增加或减少超过20%时，应申请变更登记。

✲ 考点2 实收资本（或股本）的账务处理★★★

一、考点解读

（一）科目设置

股份有限公司应设"股本"科目，其他各类企业应设"实收资本"科目，反映和监督企业实际收到的投资者投入资本的情况。

（二）账务处理

实收资本（或股本）的账务处理应根据投资者的出资方式及公司是否为股份有限公司，分不同情况来进行处理，见表6-3。

表6-3　　　　　　　　　　　　实收资本（或股本）的账务处理

账务处理	股份有限公司以外的企业	股份有限公司
相关科目设置	实收资本	股本
接受现金资产投资	借：银行存款［①实收数］ 　　贷：实收资本（②投资合同或协议约定的投资者在企业注册资本中所占份额的部分） 　　　　资本公积——资本溢价［③=①-②］	发行股票时： 借：银行存款［①实收数］ 　　贷：股本［②每股股票面值和发行股份的乘积计算的金额］ 　　　　资本公积——股本溢价［③=①-②］
接受非现金资产投资	借：固定资产/原材料/库存商品/无形资产［①投资合同或协议约定的价值］ 　　应交税费——应交增值税（进项税额）［②］ 　　贷：实收资本［③投资者在企业注册资本中所占份额的部分］ 　　　　资本公积——资本溢价［④=①+②-③］	借：固定资产/原材料/库存商品/无形资产等［①］ 　　应交税费——应交增值税（进项税额）［②］ 　　贷：股本［③］ 　　　　资本公积——股本溢价［④=①+②-③］
接受投资者追加投资	与投资者初次投入时相同	与投资者初次投入时相同
资本公积转增资本	借：资本公积——资本溢价 　　贷：实收资本	借：资本公积——股本溢价 　　贷：股本
盈余公积转增资本	借：盈余公积 　　贷：实收资本	借：盈余公积 　　贷：股本
实收资本（或股本）的减少	借：实收资本 　　贷：库存现金/银行存款	回购本公司股票： 借：库存股（①回购价） 　　贷：银行存款 注销本公司股票： （1）溢价回购： 借：股本［②面值］ 　　资本公积——股本溢价［③］ 　　盈余公积［④］ 　　利润分配——未分配利润［⑤］ 　　贷：库存股［①回购价］ 提示　溢价回购中，差额［①-②］依次用③④⑤冲减。 （2）折价回购： 借：股本［②面值］ 　　贷：库存股［①回购价］ 　　　　资本公积——股本溢价［③=②-①］

二、例题点津

【例题1·单选题】 A有限责任公司由甲、乙两个股东各出资140万元设立，设立时注册资本总额为280万元，经过两年营运，该公司盈余公积和未分配利润合计为80万元。所有者权益总额360万元。投资者丙有意加入，经各方协商，同意丙投资者以240万元出资，投资后A公司的注册资本增加至420万元，丙享有A公司1/3的股份，则该有限责任公司在接受丙投资者投资时，应借记"银行存款"科目240万元，贷记（　　）。

A. "实收资本"科目160万元，"资本公积——资本溢价"科目80万元

B. "实收资本"科目140万元，"资本公积——资本溢价"科目100万元

C. "实收资本"科目200万元，"资本公积——资本溢价"科目40万元

D. "实收资本"科目240万元

【答案】 B

【解析】 丙投资后享有A公司的注册资本金额=420×1/3=140（万元），丙实际投入银行存款240万元，则多余的100万元应当作为资本溢价记入"资本公积"科目。

【例题2·单选题】 甲公司2×24年12月31日的股本是1 000万股，每股面值1元，资本公积（股本溢价）500万元，盈余公积300万元，假定甲公司回购本公司股票200万股，以每股2元的价格收回，假定不考虑其他条件，则注销库存股时冲减的盈余公积是（　　）万元。

A. 0　　B. 200　　C. 300　　D. 260

【答案】 A

【解析】 注销库存股时，先冲减资本公积，资本公积不够的再冲减盈余公积，本题中，回购的库存股一共400万元，股本200万元，所以应该冲减的资本公积是200万元，不需要冲减盈余公积。即注销本公司股票时，借记"股本"200万元，借记"资本公积——资本溢价"200万元，贷记"库存股"400万元。

【例题3·多选题】 M公司、N公司均为增值税一般纳税人，适用的增值税税率为13%，M公司接受N公司投入机器设备一台（由投资方支付税款，并提供或开具增值税专用发票），设备

原价100万元，已提折旧40万元，投资合同约定价值50万元，假设投资合同约定价值与公允价值相符，则M公司会计处理正确的有（　　）。

A. M公司固定资产入账价值为60万元

B. M公司固定资产入账价值为50万元

C. M公司实收资本应增加67.8万元

D. M公司实收资本应增加56.5万元

【答案】 BD

【解析】 合同约定价值为公允价值则按合同约定价值作为固定资产入账价值，M公司实收资本增加=50×（1+13%）=56.5（万元）。

【例题4·多选题】 下列各项中，会导致企业实收资本增加的有（　　）。

A. 接受非流动资产捐赠

B. 接受投资者追加投资

C. 盈余公积转增资本

D. 资本公积转增资本

【答案】 BCD

【解析】 企业增加实收资本的途径：接受投资者追加投资、资本公积转增资本、盈余公积转增资本。

【例题5·多选题】 甲公司2×24年12月31日的股本为10 000万股，每股面值1元，资本公积（股本溢价）4 000万元，盈余公积1 500万元。经股东大会批准，甲公司以银行存款回购本公司股票1 500万股并注销，每股回购价为0.9元。下列各项中，会计处理正确的有（　　）。

A. 回购股票使所有者权益减少1 350万元

B. 回购股票不影响资产总额

C. 注销股票使股本减少1 350万元

D. 注销股票使资本公积增加150万元

【答案】 AD

【解析】 库存股属于所有者权益备抵科目，回购股票使所有者权益减少、资产减少。注销股票时，股本按面值减少。会计分录如下：

（1）回购股票：

借：库存股（1 500×0.9）　1 350

　　贷：银行存款　　　　　　　　1 350

（2）注销股票：

借：股本　　　　　　　　1 500

　　贷：库存股　　　　　　　　　1 350

　　　资本公积——股本溢价　　　150

第三单元　其他权益工具

✳ 考点 1　其他权益工具的概念 ★

一、考点解读

其他权益工具是企业发行的除普通股以外的按照准则规定归类为权益工具的各种金融工具，如优先股、永续债等。

优先股的特点有：

（1）优先股的股东对公司资产、利润分配等享有优先权，其风险较小；

（2）对公司的经营没有参与权，优先股股东不能退股，只能通过优先股的赎回条款被公司赎回。

永续债是指没有到期日的债券，一般由主权国家、大型企业发行，持有人不能要求清偿本金，但可以按期取得利息。永续债的特点主要体现在高票息、长久期、附加赎回条款并伴随利率调整条款。

符合负债条件的优先股、永续债，应当分类为金融负债。

二、例题点津

【例题 1·单选题】下列各项中，应通过"其他权益工具"科目核算的是（　　）。

A. 权益法核算的长期股权投资因被投资单位接受母公司控股股东现金捐赠而享有的份额

B. 重新计量设定受益计划净负债或净资产所产生的变动

C. 以权益结算的股份支付在等待期内确认的成本费用

D. 企业发行的作为权益工具核算的永续债

【答案】D

【解析】选项 A、C，应记入"资本公积——其他资本公积"科目；选项 B，应记入"其他综合收益"科目。

【例题 2·判断题】其他权益工具包括普通股、优先股、永续债等。（　　）

【答案】×

【解析】其他权益工具是企业发行的除普通股以外的按照准则规定归类为权益工具的各种金融工具，如优先股、永续债等。

✳ 考点 2　其他权益工具的账务处理 ★

一、考点解读

（一）其他权益工具账务处理的基本原则

对于归类为权益工具的金融工具，无论其名称中是否包含"债"，其利息支出或股利分配都应当作为发行企业的利润分配，其回购、注销等作为权益的变动处理；对于归类为金融负债的金融工具，无论其名称中是否包含"股"，其利息支出或股利分配原则上按照借款费用进行处理，其回购或赎回产生的利得或损失等计入当期损益。

（二）相应的账务处理（见表 6 - 4）

表 6 - 4　其他权益工具的账务处理

情形	账务处理
发行时	按照实际收到的金额（发行价扣除发生的手续费、佣金等交易费用）： 借：银行存款等 　　贷：其他权益工具
在存续期间分派股利的	作为利润分配处理，应根据经批准的股利分配方案，按应分配给金融工具持有者的股利金额： 借：利润分配——应付优先股股利、应付永续债股利 　　贷：应付股利——优先股股利、永续债股利等

续表

情形	账务处理
按规定赎回其他权益工具时	借：库存股——其他权益工具 　　贷：银行存款等
注销时	借：其他权益工具 　　贷：库存股——其他权益工具

二、例题点津

【例题1·单选题】 下列关于其他权益工具的核算，说法不正确的是（　　）。

A. 其他权益工具核算企业发行的普通股以及其他归类为权益工具的各种金融工具

B. 企业发行其他权益工具，应按照实际发行的对价扣除直接归属于权益性交易的交易费用后的金额，贷记"其他权益工具"科目

C. 其他权益工具存续期间分派股利或利息的，作为利润分配处理，借记"利润分配"科目，贷记"应付股利"科目

D. 其他权益工具的回购、注销等作为权益的变动处理

【答案】 A

【解析】 其他权益工具核算企业发行的除普通股以外的归类为权益工具的各种金融工具，企业发行的普通股通过"股本"科目以及"资本公积——股本溢价"科目核算，不通过"其他权益工具"科目核算。

【例题2·判断题】 优先股、永续债均为权益工具，其利息支出或股利分配都应当作为发行企业的利润分配，其回购、注销等作为权益的变动处理。（　　）

【答案】 ×

【解析】 企业应根据所签订金融工具的合同条款及其所反映的经济实质而非仅以法律形式，结合金融资产、金融负债和权益工具的定义，在初始确认时将该金融工具或其组成部分分类为金融资产、金融负债或权益工具。优先股、永续债应当根据经济实质确定其为金融负债还是权益工具。

第四单元　资 本 公 积

✳ 考点1　资本公积概述 ★

一、考点解读

资本公积是企业收到投资者出资额超出其在注册资本（或股本）中所占份额的部分，以及其他资本公积等。资本公积包括资本溢价（或股本溢价）和其他资本公积等。

（一）资本溢价

资本溢价是指投资者实际出资额超过其应出资额的部分。

（二）股本溢价

股本溢价是指股票发行价超过面值的部分。

（三）其他资本公积

其他资本公积是指除资本溢价（或股本溢价）以外所形成的资本公积。

二、例题点津

【例题1·单选题】 下列各项中，企业接受新投资者出资额大于其所享有注册资本份额的部分应记入的会计科目是（　　）。

A. 资本公积　　　　B. 实收资本

C. 营业外收入　　　D. 盈余公积

【答案】 A

【解析】 企业接受新投资者出资额大于其所享有注册资本份额的部分应记入"资本公积"

科目。

【例题2·单选题】 下列各项中关于资本公积的说法中，不正确的是（　　）。

A. 资本公积是企业收到投资者出资额超出其在注册资本（或股本）中所占份额的部分，以及其他资本公积等

B. 资本溢价是指投资者实际出资额超过其应出资额的部分，股本溢价是指股票发行价超过面值的部分

C. 资本公积包括资本溢价（或股本溢价）、其他资本公积、留存收益等

D. 其他资本公积是指除资本溢价（或股本溢价）以外所形成的资本公积

【答案】 C

【解析】 资本公积包括资本溢价（或股本溢价）和其他资本公积等，不包括留存收益。

❋ 考点2　资本公积的账务处理 ★★

一、考点解读

（一）资本溢价

企业重组或有新的投资者加入时：

借：银行存款（实收数）

　　贷：实收资本（股东在注册资本中所占份额）

　　　　资本公积——资本溢价（差额）

（二）股本溢价

股份有限公司在收到认股款时：

借：银行存款（实收数）

　　贷：股本（面值）

　　　　资本公积——股本溢价（差额）

股份有限公司发行股票发生的手续费、佣金等交易费用，应从溢价中抵扣，冲减资本公积（股本溢价）。溢价不足抵扣的，冲减盈余公积和未分配利润。

借：资本公积——股本溢价

　　贷：银行存款

（三）其他资本公积

（1）采用权益法核算的长期股权投资。因被投资单位除净损益、其他综合收益以及利润分配以外的所有者权益的其他变动，投资方应按所占份额相应调整长期股权投资的账面价值和资本公积——其他资本公积。在处置长期股权投资时，应转销与该笔投资相关的其他资本公积（见表6-5）。

表6-5

情形	账务处理	备注
变动发生时	借：长期股权投资——其他权益变动 　　贷：资本公积——其他资本公积	如为应分担的减少数额，则作相反分录
处置长期股权投资时	借：资本公积——其他资本公积 　　贷：投资收益	或作相反分录

（2）以权益结算的股份支付。以权益结算的股份支付换取职工或其他方提供服务的，应按照确定的金额，记入"管理费用"科目，同时增加资本公积（其他资本公积），见表6-6。

表6-6

情形	账务处理
授予时	借：管理费用 　　贷：资本公积——其他资本公积
行权时	借：资本公积——其他资本公积 　　贷：实收资本（或股本） 　　　　资本公积——资本溢价（或股本溢价）（差额，也可能在借方）

（四）资本公积转增资本

借：资本公积

　　贷：实收资本（或股本）

二、例题点津

【例题1·单选题】某股份有限公司首次公开发行普通股600万股，每股面值1元，每股发行价为6元，支付佣金72万元，手续费18万元，使企业资本公积增加的金额是（　　）万元。

A. 2 910　　　　　B. 2 928

C. 3 000　　　　　D. 2 982

【答案】A

【解析】应计入资本公积的金额 = $(6-1) \times 600 - (72+18) = 2\,910$（万元）。

【例题2·单选题】甲股份有限公司委托证券公司代理发行普通股1 000万股，每股股价1元，发行价格每股4元。证券公司按发行收入的2%收取手续费，该公司这项业务应计入资本公积的金额为（　　）万元。

A. 2 920　　　　　B. 2 940

C. 2 980　　　　　D. 3 000

【答案】A

【解析】发行股票支付的手续费 = $1\,000 \times 4 \times 2\% = 80$（万元）；发行股票相关的手续费等交易费用，在溢价发行时，应从溢价中扣除，冲减资本公积。所以计入资本公积的金额 = $1\,000 \times 4 - 1\,000 - 80 = 2\,920$（万元）。

【例题3·多选题】下列关于股份有限公司溢价发行股票相关会计处理的表述中，不正确的有（　　）。

A. 溢价总额高于发行股票发生的交易费用的差额作为资本公积入账

B. 溢价总额不足以抵扣发行股票发生的交易费用的差额应冲减股本

C. 发行股票发生的交易费用应单独计入当期损益

D. 溢价总额不足以抵扣发行股票发生的交易费用的差额应计入当期损益

【答案】BCD

【解析】在溢价发行股票的情况下，企业发行股票取得的收入等于股票面值部分作为股本处理，超出股票面值的溢价收入应作为股本溢价处理，选项A正确；发行股票相关的手续费、佣金等交易费用，如果是溢价发行股票的，应从溢价中抵扣，冲减资本公积（股本溢价），而不是计入当期损益，选项C错误；无溢价发行股票或溢价金额不足以抵扣交易费用的，应将不足以抵扣的部分依次冲减盈余公积和未分配利润，选项B、D错误。

第五单元　其他综合收益

一、考点解读

其他综合收益是指企业根据企业会计准则规定未在当期损益中确认的各项利得和损失，根据以后会计期间能否重分类进损益分为两类，见表6-7。

表6-7　其他综合收益的分类

项目	内　容
不能重分类进损益的其他综合收益	（1）重新计量设定受益计划变动额。 （2）权益法下不能转损益的其他综合收益。 （3）其他权益工具投资公允价值变动。 （4）企业自身信用风险公允价值变动

续表

项目	内　容
可以重分类进损益的其他综合收益	（1）权益法下可转损益的其他综合收益。 （2）其他债权投资公允价值变动。 （3）金融资产重分类计入其他综合收益的金额。 （4）其他债权投资信用减值准备。 （5）现金流量套期储备。 （6）外币财务报表折算差额

二、例题点津

【例题1·单选题】下列其他综合收益中，不属于以后期间可能重分类进损益的是（　　）。

A. 权益法下可转损益的其他综合收益

B. 其他债权投资信用减值准备

C. 企业自身信用风险公允价值变动

D. 现金流量套期储备

【答案】C

【解析】企业自身信用风险公允价值变动，属于不能重分类进损益的其他综合收益。

【例题2·多选题】下列各项中，不属于其他综合收益的有（　　）。

A. 股票发行的溢价

B. 外币财务报表折算差额

C. 投资者超额缴入的资本

D. 以权益结算的股份支付在等待期内形成的所有者权益

【答案】ACD

【解析】选项A记入"资本公积——股本溢价"科目；选项C记入"资本公积——资本溢价"科目；选项D，记入"资本公积——其他资本公积"科目。

【例题3·判断题】"其他综合收益"属于损益类科目。（　　）

【答案】×

【解析】"其他综合收益"属于所有者权益类科目。因此，本题表述错误。

第六单元　留存收益

✱ 考点1　留存收益概述 ★

一、考点解读

留存收益是指企业从历年实现的利润中提取或形成的留存于企业的内部积累，包括盈余公积和未分配利润两类。

（一）盈余公积

盈余公积是指企业按照有关规定从净利润（减弥补以前年度亏损，下同）中提取的积累资金。盈余公积包括法定盈余公积和任意盈余公积（见表6-8）。

表6-8

盈余公积类型	概念	提存依据	相关规定	用途
法定盈余公积	企业按照规定的比例从净利润中提取的盈余公积	相关法律制度	①如果以前年度未分配利润有盈余（即年初未分配利润余额为正数），在计算提取法定盈余公积的基数时，不应包括企业年初未分配利润；如果以前年度有亏损（即年初未分配利润余额为负数），应先弥补以前年度亏损再提取盈余公积。 ②法定盈余公积提取达到注册资本的50%时，可以不再提取。 ③法定盈余公积转增资本时，所留的该项公积金不得少于转增前公司注册资本的25%	①弥补亏损。②转增资本
任意盈余公积	企业按照股东会决议提取的盈余公积	股东会决议	—	

（二）未分配利润

未分配利润是指企业实现的净利润经过弥补亏损、提取盈余公积和向投资者分配利润后留存在企业的、历年结存的利润。相对于所有者权益的其他部分来说，企业对于未分配利润的使用有较大的自主权。

利润分配是指企业根据国家有关规定和企业章程、投资者协议等，对企业当年可供分配的利润所进行的分配。

1. 可供分配利润的构成

可供分配的利润 = 当年实现的净利润（或净亏损）+ 年初未分配利润（－年初未弥补亏损）+ 其他转入

可供投资者分配的利润 = 可供分配利润 － 提取的盈余公积

2. 利润分配的顺序

（1）提取法定盈余公积；

（2）提取任意盈余公积；

（3）向投资者分配利润。

二、例题点津

【例题1·单选题】下列各项中，不属于企业留存收益的是（　　）。

A. 发行股票的溢价收入

B. 按规定从净利润中提取的法定盈余公积

C. 累计未分配利润

D. 按股东会决议从净利润中提取的任意盈余公积

【答案】A

【解析】发行股票的溢价收入应计入资本公积，资本公积不属于留存收益。

【例题2·单选题】某企业计划利用盈余公积转增资本300万元，企业注册资本金为500万元，企业累计计提的法定盈余公积为300万元，累计计提的任意盈余公积为250万元，该企业转

增法定盈余公积的上限为（　　）万元。

A. 300

B. 250

C. 175

D. 0

【答案】C

【解析】该企业注册资本金为500万元，按照公司法规定，法定盈余公积转增后留存下来的部分不得低于转增前注册资本金的25%，即留存下的法定盈余公积不低于125万元（500×25%），最多转增法定盈余公积175万元（300－125）。

【例题3·多选题】下列各项中，属于企业留存收益的有（　　）。

A. 发行股票的溢价收入

B. 按规定从净利润中提取的法定盈余公积

C. 累计未分配利润

D. 按股东大会决议从净利润中提取的任意盈余公积

【答案】BCD

【解析】发行股票的溢价收入应计入资本公积，资本公积不属于留存收益。

✦ 考点2　留存收益账务处理★★★

一、考点解读

（一）盈余公积

"盈余公积"科目借方反映盈余公积的使用数（减少数），贷方反映提取数（增加数），期末的贷方余额反映盈余公积的累积结存数。账务处理见表6－9。

表6－9

情形	账务处理	对所有者权益的影响
提取盈余公积	借：利润分配——提取法定盈余公积 　　　　　——提取任意盈余公积 　贷：盈余公积——法定盈余公积 　　　　——任意盈余公积	本业务发生，属于所有者权益内部增减变动，所有者权益总额不变，留存收益总额不变
盈余公积补亏*	借：盈余公积 　贷：利润分配——盈余公积补亏	本业务发生，属于所有者权益内部一增一减，所有者权益总额不变，留存收益总额不变
盈余公积转增资本	借：盈余公积 　贷：实收资本（或股本）	本业务发生，属于所有者权益内部一增一减，所有者权益总额不变，留存收益总额不变

注：*公积金弥补公司亏损，应当先使用任意公积金和法定公积金；仍不能弥补的，可以按照规定使用资本公积金。

（二）未分配利润的账务处理

年度终了，企业应将全年实现的净利润或发生的净亏损，自"本年利润"科目转入"利润分配——未分配利润"科目，并将"利润分配"科目所属其他明细科目的余额，转入"未分配利润"明细科目。结转后，"利润分配——未分配利润"科目如为贷方余额，表示累积未分配的利润数额；如为借方余额，则表示累积未弥补的亏损数额。账务处理见表6-10。

表6-10

情形	账务处理	对所有者权益的影响
结转全年实现的净利润或发生的净亏损	借：本年利润 　　贷：利润分配——未分配利润 如为净亏损则作相反分录	本业务发生，属于所有者权益内部一增一减，所有者权益总额不变，留存收益总额不变
提取法定盈余公积、任意盈余公积时	借：利润分配——提取法定盈余公积 　　　　　　——提取任意盈余公积 　　贷：盈余公积——法定盈余公积 　　　　　　——任意盈余公积	本业务发生，属于所有者权益内部一增一减，所有者权益总额不变，留存收益总额不变
企业经股东会或类似机构决议，向股东（或投资者）发放现金股利（或利润）时	借：利润分配——应付现金股利或利润 　　贷：应付股利	本业务发生，导致所有者权益总额减少，留存收益总额减少
实际支付现金股利（或应付利润）时	借：应付股利 　　贷：银行存款	
未分配利润的结转	借：利润分配——未分配利润 　　贷：利润分配——提取法定盈余公积 　　　　　　——提取任意盈余公积 　　　　　　——应付现金股利或利润 如当年存在盈余公积补亏，还应结转"盈余公积补亏"科目： 借：利润分配——盈余公积补亏 　　贷：利润分配——未分配利润	本业务发生，属于所有者权益内部一增一减，所有者权益总额不变，留存收益总额不变

二、例题点津

【例题1·单选题】下列各项中，关于盈余公积账务处理的表述正确的是（　　）。

A. 用盈余公积转增资本时，应借记"盈余公积"科目，贷记"资本公积"科目

B. 用盈余公积弥补亏损时，应借记"盈余公积"科目，贷记"利润分配——盈余公积补亏"科目

C. 提取盈余公积时，应借记"本年利润"科目，贷记"盈余公积"科目

D. 用盈余公积发放现金股利时，应借记"盈余公积"科目，贷记"利润分配——应付现金股利和利润"科目

【答案】B

【解析】选项A，用盈余公积转增资本时，应借记"盈余公积"科目，贷记"实收资本"或"股本"科目；选项C，提取盈余公积时，应借记"利润分配——未分配利润"科目，贷记"盈余公积"科目；选项D，用盈余公积发放现金股利时，应借记"盈余公积"科目，贷记"应付股利"科目。

【例题2·判断题】期初未分配利润有贷方余额，在期末获利的情况下，按可供分配利润计

提盈余公积。（　　）

【答案】×

【解析】如果以前年度未分配利润有盈余（即年初未分配利润余额为正数），在计算提取法定盈余公积的基数时，按当年净利润计提，不应包括企业年初未分配利润。

【例题3·判断题】年末"利润分配"科目除"未分配利润"明细科目外，其他明细科目均有余额。（　　）

【答案】×

【解析】结转后，"利润分配"科目除"未分配利润"明细科目外，其他明细科目应无余额。

第七章　收入、费用和利润

教材变化

　　2025 年教材本章内容变化不大。主要变化是增加了发出商品业务中委托方和受托方收入确认的举例，删除了售后回购业务的会计处理。

考情分析

　　本章是全书的重点章节之一，也是历年初级考试中的难点。收入经常与资产、费用和利润结合在一起出题，各种考试题型都可能涉及，从历年的考试来看，本章所占分值较大，一般在 15 分左右。

本章考点框架

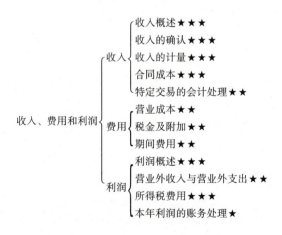

考点解读

第一单元　收　入

考点1　收入概述★★★

一、考点解读

（一）收入的定义与分类

收入是指企业在日常活动中形成的、会导致所有者权益增加的、与所有者投入资本无关的经济利益的总流入。

提示 日常活动是企业为完成经营目标所从事的经常性活动及与之相关的其他活动，与日常活动对应的概念是非日常活动（多为偶发或边缘业务），非日常活动产生的经济利益流入确认为利得。

收入分为主营业务收入和其他业务收入。

（二）收入确认与计量的步骤

第一步，识别与客户订立的合同；

第二步，识别合同中的单项履约义务；

第三步，确定交易价格；

第四步，将交易价格分摊至各单项履约义务；

第五步，履行各单项履约义务时确认收入。

其中，第一步、第二步和第五步主要与收入的确认有关，第三步和第四步主要与收入的计量有关。

（三）会计科目设置

1. “主营业务收入”科目

“主营业务收入”科目核算企业确认的销售商品、提供服务等主营业务的收入（见图7-1）。

借方　　主营业务收入	贷方
期末转入“本年利润”科目的金额	主营业务活动实现的收入

图7-1

企业在履行了合同中的单项履约义务时，应按照已收或应收的合同价款，加上应收取的增值税税额，编制如下会计分录：

借：银行存款/应收账款/合同资产

　贷：主营业务收入

　　应交税费——应交增值税（销项税额）

　　　——待转销项税额

2. “其他业务收入”科目

“其他业务收入”科目核算企业确认的除主营业务活动以外的其他经营活动实现的收入，包括出租固定资产、出租无形资产、出租包装物和商品、销售材料等实现的收入（见图7-2）。

借方　　其他业务收入	贷方
期末转入“本年利润”科目的金额	其他业务活动实现的收入

图7-2

3. “合同资产”科目

“合同资产”科目核算企业已向客户转让商品而有权收取对价的权利，且该权利取决于时间流逝之外的其他因素（见图7-3）。

借方　　合同资产	贷方
因已转让商品而有权收取的对价金额	取得无条件收款权的金额
余额：已向客户转让商品而有权收取的对价金额	

图7-3

企业在客户实际支付合同对价或在该对价到期应付前，已经向客户转让了商品，但收款还取决于时间流逝之外的其他因素时，应当按因转让商品而有权收取的对价金额，编制如下会计分录：

借：合同资产

贷：主营业务收入/其他业务收入等

待企业取得无条件收款权时，应编制如下会计分录：

借：银行存款/应收账款

贷：合同资产

提示 应收款项代表的是无条件收取合同对价的权利，即企业仅仅随着时间的流逝即可收款，而合同资产并不是一项无条件收款权，该权利除了时间流逝之外，还取决于其他条件，例如，合同中同时规定有两项履约义务，其中一项义务已经履行完毕，但合同约定必须履行完合同中的全部履约义务才能收取相应的合同对价，所以只能待另一项义务履行完毕才有权收取对价。因此，与合同资产和应收款项相关的风险是不同的，应收款项仅承担信用风险，而合同资产除信用风险之外，还可能承担其他风险，如履约风险等。

二、例题点津

【例题1·单选题】下列各项中，属于制造业企业主营业务收入的是（　　）。

A. 销售原材料收入

B. 出租包装物押金收入

C. 出售生产设备净收益

D. 销售产品收入

【答案】D

【解析】销售原材料收入属于其他业务收入，选项A错误；出租包装物押金收入属于其他应付款，选项B错误；出售生产设备净收益属于资产处置收益，选项C错误。

【例题2·多选题】下列各项中，与收入确认相关的有（　　）。

A. 识别合同中的单项履约义务

B. 确定交易价格

C. 将交易价格分摊至各单项履约义务

D. 识别与客户订立的合同

【答案】AD

【解析】识别与客户订立的合同、识别合同

中的单项履约义务、履行各单项履约义务时确认收入与收入的确认相关；确定交易价格、将交易价格分摊至各单项履约义务与收入的计量相关。

✳ 考点2　收入的确认★★★

一、考点解读

（一）识别与客户订立的合同

合同的存在是企业确认客户合同收入的前提。

企业与客户之间的合同同时满足下列五项条件时，企业应当在客户取得相关商品控制权时确认收入：

（1）合同各方已批准该合同并承诺将履行各自的义务；

（2）该合同明确了合同各方与所转让商品相关的权利和义务；

（3）该合同有明确的与所转让商品相关的支付条款；

（4）该合同具有商业实质，即履行该合同将改变企业未来现金流量的风险、时间分布或金额；

（5）企业因向客户转让商品而有权取得的对价很可能收回。

（二）识别合同中的单项履约义务

履约义务，是指合同中企业向客户转让可明确区分商品或服务的承诺。合同开始日，企业应当对合同进行评估，识别该合同所包含的各单项履约义务。

例如，A公司与B公司签订五年期的合同，约定在合同期内向B公司提供酒店管理服务，包括聘用及管理雇员、采购商品和服务以及酒店业务的营销，还将不定期提供客房清洁服务等。

该合同的性质是在合同期内提供酒店管理服务，并未指定服务的价格数量。虽然每天提供的酒店管理服务可能存在差异，但每天的服务均属于为履行A公司提供管理服务所必需的活动。因此，A公司每天向B公司提供的服务实质上相同，此项服务应作为单项履约义务。

满足下列条件之一的，属于在某一时段内履行的履约义务：

（1）客户在企业履约的同时即取得并消耗企业履约所带来的经济利益。

例如，A公司与B公司签订合同，将一批商

品从甲地运输至丙地，假定该批商品在途经乙地时，由 C 公司接替 A 公司继续提供该运输服务，由于甲地到乙地的运输服务已经执行完毕，不需要重新执行，这表明 B 公司在 A 公司履约的同时取得并消耗了 A 公司履约带来的经济利益，因此，A 公司提供的运输服务属于在某一时段内履行的履约义务。

（2）客户能够控制企业履约过程中在建的商品。

例如，施工企业在客户的场地上为客户建造厂房，施工企业可以控制在建造过程中的厂房，应在建造期间确认收入。

（3）企业履约过程中所产出的商品具有不可替代用途，且该企业在整个合同期间内有权就累计至今已完成的履约部分收取款项。

例如，A 企业与 B 企业签订合同，为 B 企业专门制造一台专用设备，该专用设备只能供 B 企业使用，具有不可替代用途，建造期限为一年。如果在一年中任意时点，A 企业均有权收取累计至今的已完成建造部分的成本和合理利润，那么 A 企业应在一段期间内确认收入，否则只能在 B 企业拥有该专用设备控制权的时点确认收入。

（三）履行每一单项履约义务时确认收入

当企业将商品转移给客户，客户取得了相关商品的控制权，意味着企业履行了合同履约义务，此时，企业应确认收入。企业将商品控制权转移给客户，可能是在某一时段内发生，也可能是在某一时点发生，企业应当判断履约义务是否满足在某一时段内履行的条件，如不满足，则该履约义务属于在某一时点履行的履约义务，即优先按时期确认，否则按时点确认收入。

1. 在某一时点履行的履约义务

对于在某一时点履行的履约义务，判断客户是否取得控制权应考虑六个迹象：

（1）企业就该商品享有现时收款权利。

（2）企业已将该商品的法定所有权转移给客户。

（3）企业已将该商品实物转移给客户。

客户占有了某项商品实物并不意味着其就一定取得了该商品的控制权。例如，委托代销，企业通常应当在受托方售出商品后，按合同或协议

约定的方法计算确定的手续费确认收入。如果受托方获得对受托代销商品的控制权的，委托方应该按照销售商品进行会计处理，不属于委托代销。

（4）企业已将该商品所有权上的主要风险和报酬转移给客户。

（5）客户已接受该商品。

（6）其他表明客户已取得商品控制权的迹象。

如果企业向客户转让商品的对价未达到"很可能收回"收入确认条件，在发出商品时，企业不应确认收入，将发出商品的成本记入"发出商品"科目。

以委托代销业务为例，委托方将商品交给受托方代销，在受托方将商品售出前，商品的控制权仍在委托方，委托方不应确认收入。具体会计处理如下：

委托方在发出商品时：

借：发出商品

　　贷：库存商品

委托方收到受托方的代销清单时确认收入：

借：应收账款

　　贷：主营业务收入

　　　　应交税费——应交增值税（销项税额）

借：主营业务成本

　　贷：发出商品

计算应向受托方支付的代销手续费：

借：销售费用

　　应交税费——应交增值税（进项税额）

　　贷：应收账款

收到受托方代销商品款：

借：银行存款

　　贷：应收账款

受托方收到受托代销商品时，并未取得商品的控制权，因为不能作购进处理，相应受托方销售出去的商品不能确认收入，只能就从委托方收取的代销手续费确认收入。具体会计处理如下：

收到受托代销商品时：

借：受托代销商品

　　贷：受托代销商品款

对外销售受托代销商品时：

借：银行存款

　　贷：受托代销商品

应交税费——应交增值税（销项税额）

收到委托方开具的增值税专用发票时：

借：受托代销商品款

应交税费——应交增值税（进项税额）

贷：应付账款

向委托方支付货款并收取代销手续费时：

借：应付账款

贷：其他业务收入

应交税费——应交增值税（销项税额）

2. 在某一时段内履行的履约义务

在某一时段内履行的履约义务应根据履约进度确认收入。

履约进度的确定方法包括采用实际测量的完工进度、评估已实现的结果、时间进度、已完工或交付的产品等产出指标，或采用投入的材料数量，花费的人工工时、机器工时，发生的成本和时间进度等投入指标。

提示 对于每一项履约义务，企业只能采用一种方法来确定其履约进度，并加以一贯运用。

根据履约进度确认收入的计算公式：

当期收入＝合同的交易价格总额×履约进度－以前会计期间累计已确认的收入

提示 确认收入时应同时结转成本，应按相同的履约进度扣除以前会计期间累计已结转的成本确定本期应结转的成本。

当履约进度不能合理确定时，企业已经发生的成本预计能够得到补偿，应当按照已经发生的成本金额确认收入，直到履约进度能够合理确定为止。

二、例题点津

【例题1·判断题】企业应将向客户转让一系列实质相同且转让模式相同的、可明确区分商品的承诺分拆后，分别作为单项履约义务。（　）

【答案】×

【解析】企业应将向客户转让一系列实质相同且转让模式相同的、可明确区分商品的承诺作为单项履约义务。

【例题2·单选题】下列各项中，企业已经发出但不符合收入确认条件的商品成本借记的会计科目是（　）。

A. 主营业务成本　　B. 发出商品

C. 销售费用　　　　D. 其他业务成本

【答案】B

【解析】企业对于发出的商品，不符合收入确认条件的，应按其实际成本由"库存商品"科目转入"发出商品"科目。所以应借记"发出商品"科目，贷记"库存商品"科目。

【例题3·单选题】下列各项中，属于在某一时点履行履约义务的是（　）。

A. 企业按合同约定为客户专门生产订制的电梯，该电梯具有不可替代用途，且该企业有权就已完成的70%履约部分收取款项

B. 客户能够控制企业按合同约定在建造过程中的办公楼

C. 客户以商业承兑汇票购买一批商品

D. 企业按合同约定为客户修建一条道路，已完成50%，剩余50%由另一家企业继续修建

【答案】C

【解析】选项C，应在客户取得商品控制权时确认收入，选项A、B、D均属于在某一时段内履行的履约义务。

【例题4·多选题】下列关于采用支付手续费方式委托代销商品会计处理的说法中，错误的有（　）。

A. 委托方应在发出商品时确认收入

B. 委托方将商品交给受托方时，受托方即取得了商品的控制权

C. 委托方在受托方将商品销售给最终客户时确认销售商品收入，同时需向受托方开具增值税发票

D. 受托方对商品没有取得控制权

【答案】AB

【解析】委托方将商品交给受托方后，受托方虽然已经承担商品的实物保管责任，但仅为接受委托销售商品，并根据实际销售的数量赚取一定比例的手续费。委托方有权要求收回商品或将其销售给其他的客户，受托方并不能主导这些商品的销售，这些商品对外销售与否、是否获利以及获利多少等不由受托方控制，受托方没有取得这些商品的控制权。因此，委托方将商品发送至

受托方时，不应确认收入，而应当在受托方将商品销售给最终客户时确认收入。

【例题 5 · 单选题】 甲公司为增值税一般纳税人，2×24 年 10 月 18 日对外承揽一项大型设备安装业务，安装调试期为半年，合同约定安装费收入总额为 60 000 元，安装业务适用的增值税税率为 9%。达成合同时预先收取 20 000 元的预付款，其余款项和增值税安装结束验收合格后一次付清。截至 2×24 年末，经专业测量师测量后，确定该项劳务的完工程度为 37.5%。假定该业务属于甲公司的主营业务，全部由其自行完成；该装修服务构成单项履约义务，并属于在某一时段内履行的履约义务；甲公司按照实际测量的完工进度确定履约进度。甲公司 2×24 年应确认的该项业务收入为（　　）元。

A. 20 000　　　　　B. 22 500

C. 15 000　　　　　D. 60 000

【答案】 B

【解析】 甲公司 2×24 年应确认的收入 = 60 000×37.5% = 22 500（元）。

【例题 6 · 多选题】 对于在某一时段内履行的履约义务，企业应当在该段时间内按照履约进度确认收入。下列各项中，关于履约进度的表述正确的有（　　）。

A. 企业可以采用实际测量的完工进度确定履约进度

B. 对于类似情况下的履约义务，企业应当采用相同的方法确定履约进度

C. 对于某一项履约义务，企业可以采用多种方法来确定其履约进度

D. 企业可以按累计实际发生的成本占预计总成本的比例确定履约进度

【答案】 ABD

【解析】 对于每一项履约义务，企业只能采用一种方法来确定其履约进度，并加以一贯运用，选项 C 错误。

【例题 7 · 多选题】 A 公司为一家咨询公司，2×24 年 12 月 1 日，A 公司与 B 公司签订一项咨询合同，期限为 6 个月，截至 12 月 31 日，已实际发生成本 20 万元，均以银行存款支付，该合同的履约进度不能合理确定，已经发生的成本预计能够得到补偿。假定不考虑增值税等因素，

下列处理中正确的有（　　）。

A. 实际发生成本时，贷记"银行存款"20 万元

B. 确认收入时，贷记"主营业务收入"科目 20 万元

C. 结转成本时，借记"主营业务成本"科目 20 万元

D. 结转成本时，贷记"合同履约成本"科目 20 万元

【答案】 ABCD

【解析】 当履约进度不能合理确定时，企业已经发生的成本预计能够得到补偿的，应当按照已经发生的成本金额确认收入，直到履约进度能够合理确定为止。会计分录为：

实际发生成本时：

借：合同履约成本　　　　200 000

　　贷：银行存款　　　　　　200 000

确认收入并结转成本时：

借：应收账款　　　　　　200 000

　　贷：主营业务收入　　　　200 000

借：主营业务成本　　　　200 000

　　贷：合同履约成本　　　　200 000

【例题 8 · 单选题】 某咨询服务公司本月与客户签订为期半年的咨询服务合同，并已预收全部咨询服务费，该合同于下月开始执行。下列各项中，该公司预收咨询服务费应记入的会计科目是（　　）。

A. 合同取得成本　　　B. 合同负债

C. 主营业务成本　　　D. 主营业务收入

【答案】 B

【解析】 签订咨询服务合同属于在某一时段内履行的履约义务，虽然预收咨询服务费，但尚未履行履约义务，预收的款项不能确认为收入，应计入合同负债。相关账务处理为：借记"银行存款"科目，贷记"合同负债"等科目。

�֍ 考点 3　收入的计量★★★

一、考点解读

（一）确定交易价格

交易价格，是指企业因向客户转让商品而预期有权收取的对价金额。企业代第三方收取的款

项（例如增值税）以及企业预期将退还给客户的款项，应当作为负债进行会计处理，不作为交易价格。

提示 合同标价不一定代表交易价格。交易价格可能是固定的，也可能是可变的。

例如，企业销售附有销售退回条件的商品，合同约定的对价金额为100万元，企业估计退货率为10%，那么企业在销售时只能确认收入90万元。

可变对价是指企业与客户之间因折扣、价格折让、返利、退款、奖励积分、激励措施、业绩奖金、索赔等因素导致的对价金额不固定。根据一项或多项或有事项的发生而收取不同对价金额，也属于可变对价。

例如，A杯具公司为客户生产M杯具1 000套，合同中约定，价款10万元，30天交货，如A杯具公司不能按时交付M杯具，需要承担违反合同价款10%的违约金，直接从价款中扣除。A杯具公司与客户的M杯具合同包含10万元的固定价格和1万元的可变对价。

合同中存在可变对价的，企业应当按照期望值或最可能发生金额确定可变对价的最佳估计数。

（1）期望值。期望值是通过各种可能发生的对价金额与其发生概率计算确定的金额。

例如，甲公司向乙公司以100元的单价销售A商品100件，甲公司与乙公司在合同中约定，如果一年以内A商品降价，甲公司需要将差价退回乙公司。甲公司预计一年内A商品的单价变动情况为：上涨10元的概率为30%，不变的概率为40%，下降10元的概率为20%，下降20元的概率为10%。则甲公司根据期望值预测有权收取的对价金额为9 600元 $\{100 \times [100 \times (30\% + 40\%) + (100 - 10) \times 20\% + (100 - 20) \times 10\%]\}$。

（2）最可能发生金额。最可能发生金额是一系列可能发生的对价金额中最可能发生的单一金额。

例如，甲公司向乙公司销售A商品，合同约定：如果2×23采购量小于100件，单价为100元，如果采购量大于100件，则单价为90元。假设2×23年6月，乙公司采购A商品30

件，甲公司预计年内采购量不会超过100件，甲公司应确认的销售A商品收入为3 000元（30×100）。2×23年9月，乙公司又采购A商品50件，此时甲公司预计年内采购量将超过100件，此时甲公司应确认的销售A商品收入为4 200元 $[(30 + 50) \times 90 - 3 000]$。

提示 企业不能在期望值和最可能发生金额这两种方法中随意选择。

（二）将交易价格分摊至各单项履约义务

如果合同中只涉及一项履约义务，不存在分摊交易价格的问题。当合同中包含的履约义务不止一项时，为了使企业分摊至每一单项履约义务的交易价格能够反映其因向客户转让已承诺的相关商品而预期有权收取的对价金额，企业应当在合同开始日，按照各单项履约义务所承诺商品的单独售价的相对比例，将交易价格分摊至各单项履约义务。

例如，甲公司与客户签订合同，向其销售A、B两项商品，A商品的单独售价为6 000元，B商品的单独售价为24 000元。该合同价款为25 000元。

假定A商品和B商品分别构成单项履约义务，其控制权在交付时转移给客户。上述价格均不包含增值税，且假定不考虑相关税费影响。分摊至A商品的合同价款 = 6 000 ÷ (6 000 + 24 000) × 25 000 = 5 000（元）；分摊至B商品的合同价款 = 24 000 ÷ (6 000 + 24 000) × 25 000 = 20 000（元）。

二、例题点津

【例题1·多选题】下列关于收入的计量，表述正确的有（　　）。

A. 交易价格是指企业因向客户转让商品已收取的对价

B. 企业代第三方收取的款项，应当作为负债进行会计处理

C. 企业应当按照分摊至单项履约义务的交易价格计量收入

D. 企业预期将退还给客户的款项，应当先作为收入进行会计处理

【答案】BC

【解析】交易价格，是指企业因向客户转让

商品而有权收取的对价；企业预期将退还给客户的款项，应当作为负债进行会计处理。

【例题2·单选题】 甲公司与乙公司签订合同，向乙公司销售A、B两种商品，不含增值税的合同总价款为3万元。A、B商品不含增值税的单独售价分别为2.2万元和1.1万元。该合同包含两项可明确区分的履约义务。不考虑其他因素，按照交易价格分摊原则，A商品和B商品分别应分摊的交易价格为（　　）。

A. 2万元和1万元

B. 1万元和2万元

C. 2.2万元和1.1万元

D. 1.1万元和2.2万元

【答案】 A

【解析】 A商品应分摊的交易价格=2.2×3÷（2.2+1.1）=2（万元），B商品应分摊的交易价格=1.1×3÷（2.2+1.1）=1（万元）。

✖ 考点4　合同成本★★★

一、考点解读

（一）合同履约成本

为了履行合同义务，必然有投入，这就产生了合同履约成本。合同履约成本在会计处理时有三种办法：确认为存货等的履约成本；确认为资产的合同履约成本；计入当期损益的合同履约成本。

（1）确认为存货等的履约成本。属于存货、固定资产、无形资产等规范范围的，应当按照相关规定进行会计处理。

（2）确认为资产的合同履约成本。不属于其他章节规范范围且同时满足下列条件的，应当作为合同履约成本确认为一项资产：

①该成本与一份当前或预期取得的合同直接相关；

②该成本增加了企业未来用于履行（或持续履行）履约义务的资源；

③该成本预期能够收回。

（3）计入当期损益的合同履约成本。

①管理费用，除非这些费用明确由客户承担；

②非正常消耗的直接材料、直接人工和制造费用，这些支出为履行合同发生，但未反映在合同价格中；

③与履约义务中已履行部分相关的支出，即该支出与企业过去的履约活动相关；

④无法在尚未履行的与已履行的履约义务之间区分的相关支出。

"合同履约成本"科目核算企业履行当前或预期取得的合同所发生的、不属于其他企业会计准则规范范围且按照收入准则应当确认为一项资产的成本，包括"服务成本""工程施工"等明细科目（见图7-4）。

借方	合同履约成本	贷方
发生的合同履约成本	摊销的合同履约成本	
余额：企业尚未结转的合同履约成本		

图7-4

提示 合同履约成本属于企业的资产。

企业在发生合同履约成本时：

借：合同履约成本

贷：银行存款/应付职工薪酬/原材料等

摊销履约成本时：

借：主营业务成本/其他业务成本

贷：合同履约成本

（二）合同取得成本

为了取得合同，可能会发生销售佣金、差旅费、投标费等，在会计处理时有两个去向：资本化和费用化。

（1）资本化。企业为取得合同发生的增量成本预期能够收回的，应当作为合同取得成本确认为一项资产。增量成本，是指企业不取得合同就不会发生的成本，例如销售佣金等。

提示 确认为合同取得成本应符合两个条件：一是属于增量成本；二是预期能够收回。

（2）费用化。①合同取得成本确认为资产摊销期限不超过1年的，为简化处理，可以在发生时计入当期损益。②企业为取得合同发生的、除预期能够收回的增量成本之外的其他支出，计入当期损益。例如，无论是否取得合同均会发生的差旅费、投标费、为准备投标资料发生的相关费用等，应当在发生时计入当期损益。

"合同取得成本"科目核算企业取得合同发生的、预计能够收回的增量成本（见图7-5）。

借方	合同取得成本	贷方
发生的合同取得成本	摊销的合同取得成本	
余额：企业尚未结转的合同取得成本		

图7-5

企业发生合同取得成本时：

借：合同取得成本

　　贷：银行存款/应付职工薪酬等

对合同取得成本进行摊销时：

借：销售费用等

　　贷：合同取得成本

二、例题点津

【例题1·单选题】甲公司是一家咨询公司，其通过竞标赢得一个新客户，为取得该客户的合同，甲公司发生下列支出：（1）聘请外部律师进行尽职调查的支出为15 000元；（2）因投标发生的差旅费为10 000元；（3）销售人员佣金为5 000元。甲公司预期这些支出未来能够收回。此外，甲公司根据其年度销售目标、整体盈利情况及个人业绩等，向销售部门经理支付年度奖金1 000元。甲公司应当将其作为合同取得成本确认为一项资产的金额是（　　）元。

A. 30 000　　　　　B. 40 000

C. 15 000　　　　　D. 5 000

【答案】D

【解析】甲公司向销售人员支付的佣金5 000元属于为取得合同发生的增量成本，并且预计未来能够收回，因此应当将其作为合同取得成本确认为一项资产。甲公司聘请外部律师进行尽职调查的支出、为投标发生的差旅费无论是否取得合同都会发生，不属于增量成本，因此应当于发生时直接计入当期损益。甲公司向销售部门经理支付的年度奖金也不是为取得合同发生的增量成本，这是因为该奖金发放与否以及发放金额还取决于其他因素（包括公司的盈利情况和个人业绩），其并不能直接归属于合同增量成本。

【例题2·多选题】下列各项中，属于与合同直接相关的成本有（　　）。

A. 为履行合同耗用的原材料

B. 支付给直接为客户提供所承诺服务的人员的奖金

C. 为履行合同的场地清理费

D. 为履行合同组织生产的管理人员的工资

【答案】ABCD

【解析】与合同直接相关的成本包括直接人工、直接材料、制造费用或类似费用、明确由客户承担的成本以及仅因该合同而发生的其他成本。

【例题3·多选题】下列各项中，不应作为合同履约成本确认为企业资产的有（　　）。

A. 为取得合同发生但预期能够收回的增量成本

B. 为组织和管理企业生产经营发生的但非由客户承担的管理费用

C. 无法在尚未履行的与已履行（或已部分履行）的履约义务之间区分的支出

D. 为履行合同发生的非正常消耗的直接材料、直接人工和制造费用

【答案】ABCD

【解析】为取得合同发生但预期能够收回的增量成本应作为合同取得成本确认为一项资产；为组织和管理企业生产经营发生的但非由客户承担的管理费用，非正常消耗的直接材料、直接人工和制造费用，无法在尚未履行的与已履行（或已部分履行）的履约义务之间区分的支出，应计入当期损益。

✹ 考点5　特定交易的会计处理★★

一、考点解读

（一）附有销售退回条款的销售

对于附有销售退回条款的销售，对于预计可能退回的部分，不符合收入的确认条件，所以即使收到了全部款项，企业在客户取得相关商品控制权时，也只能按照因向客户转让商品而预期有权收取的对价金额（即不包含预期因销售退回将退还的金额）确认收入，对预期因销售退回将退还的金额应确认为负债；同时结转成本，按照预期将退回商品转让时的账面价值，扣除收回

该商品预计发生的成本（包括退回商品的价值减损）后的余额确认一项资产，按照所转让商品转让时的账面价值，扣除上述资产成本的净额结转成本。

每一资产负债表日，企业应当重新估计未来销售退回情况，如有变化，应当作为会计估计变更进行会计处理。

（二）附有质量保证条款的销售

企业在向客户销售商品时，可能提供的质量保证有两类。

一类是根据合同约定、法律规定或本企业以往的习惯做法等，可能会为所销售的商品提供质量保证。例如，企业销售空调，假定按照法律规定，应提供一年期的质保服务，这类质量保证与销售商品构成一项单项履约义务，企业应该根据经验估计可能提供的质保服务，并将其作为负债处理。

另一类是客户能够选择单独购买的质量保证，这类质量保证构成单项履约义务；对于客户虽然不能选择单独购买质量保证，但如果该质量保证在向客户保证所销售的商品符合既定标准之外提供了一项单独服务的，也应当作为单项履约义务。对于这一类质量保证，因为单独构成履约义务，因此要将交易价格分摊至该项履约义务，并单独确认提供质量保证服务的收入。

（三）附有额外购买选择权的销售

企业在销售商品的同时，如果向客户授予选择权、允许客户据此免费或者以折扣价格购买额外的商品，此种情况称为附有客户额外购买选择权的销售。

企业向客户授予的额外购买选择权的形式包括销售激励、客户奖励积分、未来购买商品的折扣券以及合同续约选择权等。

对于附有客户额外购买选择权的销售，企业应当评估该选择权是否向客户提供了一项重大权利。如果客户只有在订立了一项合同的前提下才取得了额外购买选择权，并且客户行使该选择权购买额外商品时，能够享受到超过该地区或该市场中其他同类客户所能够享有的折扣，则通常认为该选择权向客户提供了一项重大权利。

例如，企业向客户销售一批商品，并向客户提供一张六折的折扣券，客户在向企业购买商品时可享受六折优惠，假定企业向其他客户也提供购买商品的六折优惠，则认为该选择权没有向客户提供一项重大权利。

对于该项重大权利，企业应当将其作为单项履约义务。将交易价格按照各单项履约义务的单独售价的相对比例，分摊至销售的商品和重大选择权中。分摊到销售商品的交易价格，因客户已取得商品控制权，因此应确认收入；而分摊至重大选择权的交易价格，因其与未来的商品相关，因此不能将分摊的交易价格确认为收入，而应计入合同负债，待客户未来行使该选择权取得相关商品的控制权时，或者在该选择权失效时才能确认为收入。

例如，企业向客户销售商品取得 100 万元，并向客户提供 1 万元积分，企业应将 100 万元的交易价格在销售商品和积分之间进行分摊，其中销售商品的部分，在客户取得商品控制权时确认收入，而积分的部分，应等到客户消费积分或者积分失效时再确认收入。

二、例题点津

【例题 1·单选题】下列关于附有销售退回条款的销售的会计处理中，不正确的是（　　）。

A. 企业应当在客户取得相关商品控制权时按照因向客户转让商品而预期有权收取的对价金额确认收入

B. 按照预期因销售退回将退还的金额确认负债

C. 按照预期将退回商品转让时的账面价值，扣除收回该商品预计发生的成本后的余额，确认为一项负债

D. 按照所转让商品转让时的账面价值，扣除相关资产成本的净额结转成本

【答案】C

【解析】按照预期将退回商品转让时的账面价值，扣除收回该商品预计发生的成本（包括退回商品的价值减损）后的余额，确认为一项资产，选项 C 不正确。

【例题 2·单选题】甲公司 2×23 年 12 月 3 日与乙公司签订产品销售合同。合同约定，甲公司向乙公司销售 A 产品 400 件，单位售价 500 元。乙公司应在甲公司发出产品后 1 个月内支付

款项，乙公司收到 A 产品后 3 个月内如发现质量问题有权退货。A 产品单位成本为 400 元。甲公司于 2×23 年 12 月 10 日发出 A 产品。根据历史经验，甲公司估计 A 产品的退货率为 30%。甲公司于 2×23 年度财务报告批准对外报出前，A 产品尚未发生退回，假定不考虑增值税等其他因素，甲公司因销售 A 产品对 2×23 年度利润总额的影响是（　　）元。

A. 0　　　　　　　　B. 28 000

C. 140 000　　　　　D. 40 000

【答案】B

【解析】甲公司因销售 A 产品应确认的主营业务收入 = 400 × 500 × （1 − 30%） = 140 000（元），应结转的主营业务成本 = 400 × 400 × （1 − 30%） = 112 000 （元），因此对 2×23 年度利润总额的影响 = 140 000 − 112 000 = 28 000 （元）。

【例题 3·判断题】如果选择权向客户提供了重大权利，企业应当在客户取得这些商品或服务前确认收入。（　　）

【答案】×

【解析】如果选择权向客户提供了重大权利，企业应当在未来转让这些商品或服务时或选择权失效时确认收入。

第二单元　费　　用

✹ 考点 1　营业成本 ★★

一、考点解读

营业成本包括主营业务成本和其他业务成本。

（一）主营业务成本及其账务处理

主营业务成本是指企业销售商品、提供服务等经常性活动所发生的成本。企业一般在确认销售商品、提供服务等主营业务收入时，或在月末，将已销售商品、已提供服务的成本转入主营业务成本。

企业结转已销售商品或提供服务成本时，借记"主营业务成本"科目，贷记"库存商品""合同履约成本"等科目。期末，将主营业务成本的余额转入"本年利润"科目，借记"本年利润"科目，贷记"主营业务成本"科目，结转后，"主营业务成本"科目无余额。

（二）其他业务成本及其账务处理

其他业务成本是指企业确认的除主营业务活动以外的其他日常经营活动所发生的支出。

其他业务成本包括销售材料的成本、出租固定资产的折旧额、出租无形资产的摊销额、出租包装物的成本或摊销额等。采用成本模式计量投资性房地产的，其投资性房地产计提的折旧额或摊销额，也构成其他业务成本。

企业发生的其他业务成本，借记"其他业务成本"科目，贷记"原材料""周转材料""累计折旧""累计摊销""应付职工薪酬""银行存款"等科目。期末，"其他业务成本"科目余额转入"本年利润"科目，结转后，"其他业务成本"科目无余额。

二、例题点津

【例题 1·多选题】下列各项中，属于营业成本的有（　　）。

A. 提供劳务的成本

B. 销售原材料的成本

C. 出租无形资产的摊销额

D. 存货盘亏净损失

【答案】ABC

【解析】选项 A 计入主营业务成本，属于营业成本；选项 B、C 计入其他业务成本，属于营业成本；存货盘亏净损失计入管理费用，不属于营业成本。

✹ 考点 2　税金及附加 ★★

一、考点解读

税金及附加是指企业经营活动应负担的相关税费，包括消费税、城市维护建设税、教育费附加、资源税、土地增值税、房产税、环境保护税、城镇土地使用税、车船税、印花税等。

提示 税金及附加的内容为高频考点。

企业按规定计算确定的与经营活动相关的消费税、城市维护建设税、资源税、教育费附加、房产税、城镇土地使用税、车船税等税费时，借记"税金及附加"科目，贷记"应交税费"科目；期末，"税金及附加"科目余额转入"本年利润"科目，结转后，"税金及附加"科目无余额。

提示 "税金及附加"科目核算的内容可能包括这些税种，但并不是发生这些税收业务就一定记入"税金及附加"科目，也有可能记入其他科目，例如，委托加工物资收回后直接用于销售的，支付给受托方的消费税就计入委托加工物资成本。

提示 印花税因不需要预计，所以不通过"应交税费"科目核算，购买印花税票时，直接借记"税金及附加"科目，贷记"银行存款"科目。

二、例题点津

【例题1·单选题】 甲公司为增值税一般纳税人，某年度从事商品销售实际交纳的增值税1 200万元、消费税900万元，应交城市维护建设税税率为7%、教育费附加为3%，不考虑其他特殊情况，则甲公司当年记入"税金及附加"科目的金额为（　　）万元。

A. 2 310　　　　　　B. 1 110

C. 1 020　　　　　　D. 990

【答案】 B

【解析】 甲公司当年应记入"税金及附加"的金额 = 900 + （1 200 + 900）× （7% + 3%）= 1 110（万元）。

【例题2·多选题】 某企业在正常经营活动中形成的如下税收负担，一般在纳税义务发生时通过"税金及附加"科目核算的有（　　）。

A. 销售自产产品应交纳的增值税

B. 销售自产产品应交纳的消费税

C. 应交纳的城镇土地使用税

D. 根据实际交纳的增值税和消费税计算的城市维护建设税

【答案】 BCD

【解析】 增值税属于价外税，相应税收不构成企业损益，所以选项A错误。

【例题3·单选题】 下列经济业务产生应交消费税中，应记入"税金及附加"科目的是（　　）。

A. 企业将生产的应税消费品用于在建工程等非生产机构时，按规定应交纳的消费税

B. 企业销售应税消费品应交纳的消费税

C. 企业进口应税物资交纳的消费税

D. 委托加工物资收回后，直接用于销售的，受托方代扣代缴的消费税

【答案】 B

【解析】 选项A，用于在建工程的应税消费品应交纳的消费税计入在建工程。选项C，企业进口应税物资在进口环节应交纳的消费税，应计入该项物资的成本。选项D，委托加工物资收回后，直接用于销售的计入委托加工物资成本。

✳ 考点3　期间费用 ★★

一、考点解读

（一）期间费用概述

期间费用是指企业日常活动发生的不可以计入特定核算对象的成本，而应计入发生当期损益的费用，它包括销售费用、管理费用和财务费用。

（二）期间费用的账务处理

1. 销售费用

销售费用是指企业销售商品和材料、提供服务的过程中发生的各种费用。

销售费用包括保险费、包装费、展览费和广告费、商品维修费、预计产品质量保证损失、运输费、装卸费等，以及为销售本企业商品而专设的销售机构（含销售网点、售后服务网点等）的职工薪酬、业务费、折旧费等经营费用。企业发生的与专设销售机构相关的固定资产修理费用等后续支出也属于销售费用。

提示 销售费用的内容为高频考点。

销售费用是与企业销售商品活动有关的费用，但不包括销售商品本身的成本和服务成本，这两类成本属于主营业务成本。

发生销售费用时：

借：销售费用

　　贷：银行存款、应付职工薪酬、累计折旧等

期末，结转"销售费用"科目余额，结转后，"销售费用"科目无余额。

借：本年利润
　　贷：销售费用

2. 管理费用

管理费用是指企业为组织和管理生产经营发生的各种费用。

管理费用包括企业在筹建期间内发生的开办费、董事会和行政管理部门在企业的经营管理中发生的以及应由企业统一负担的公司经费（包括行政管理部门职工薪酬、物料消耗、低值易耗品摊销、办公费和差旅费等）、行政管理部门负担的工会经费、董事会费（包括董事会成员津贴、会议费和差旅费等）、聘请中介机构费、咨询费（含顾问费）、诉讼费、业务招待费、技术转让费、研究费用等。企业行政管理部门发生的固定资产修理费用等后续支出，也作为管理费用核算。

提示　管理费用的内容为高频考点。

企业发生管理费用时：

借：管理费用
　　贷：银行存款、应付职工薪酬、累计折
　　　　旧等

期末，结转"管理费用"科目余额，结转后，"管理费用"科目无余额。

借：本年利润
　　贷：管理费用

3. 财务费用

财务费用是指企业为筹集生产经营所需资金等而发生的筹资费用。

财务费用包括利息支出（减利息收入）、汇兑损益以及相关的手续费等。

提示　财务费用的内容为高频考点。

提示　企业财务部门人员的工资属于管理费用，不属于财务费用。

企业发生财务费用时：

借：财务费用
　　贷：银行存款等

期末，结转"财务费用"科目余额，结转后，"财务费用"科目无余额。

借：本年利润
　　贷：财务费用

二、例题点津

【例题1·多选题】下列关于期间费用的说法，正确的有（　　）。

A. 期间费用于发生的当期全部计入当期损益

B. 期间费用越多，营业利润就越少

C. 期间费用不一定减少营业利润，但会减少利润总额

D. 期间费用与产品生产具有较为直接的关系

【答案】AB

【解析】期间费用直接减少营业利润，所以选项C错误；期间费用一般与产品生产没有直接关系，不能计入产品成本，而在发生期间计入当期损益，所以选项D错误。

【例题2·多选题】下列各项中，应通过"销售费用"科目核算的有（　　）。

A. 销售商品的成本

B. 销售商品过程中负担的装卸费

C. 销售商品过程中发生的广告费

D. 确认专设销售机构人员的薪酬

【答案】BCD

【解析】销售商品的成本属于主营业务成本。

【例题3·单选题】2×23年12月某企业计提固定资产折旧共计55万元，其中：车间管理部门30万元，行政管理部门15万元，专设销售机构10万元，不考虑其他因素，应计入管理费用的折旧金额为（　　）万元。

A. 15　　　　　　　B. 45

C. 55　　　　　　　D. 40

【答案】A

【解析】车间管理部门固定资产折旧计入制造费用；专设销售机构固定资产折旧计入销售费用。

【例题4·多选题】下列各项中，不应计入财务费用的有（　　）。

A. 银行承兑汇票的手续费

B. 发行股票的手续费

C. 外币应收账款的汇兑损失

D. 销售商品的现金折扣

【答案】BD

【解析】选项B，发行股票时的手续费冲减股票发行的溢价收入，没有溢价收入的，冲减已

有的资本公积。选项 D，销售商品的现金折扣在确认收入时根据最佳估计数影响收入确认金额，不计入财务费用。

第三单元 利 润

✻ 考点 1 利润概述 ★★★

一、考点解读

利润是指企业在一定会计期间的经营成果。

利润包括收入减去费用后的净额、直接计入当期利润的利得和损失等。

利得是指由企业非日常活动所形成的、会导致所有者权益增加的、与所有者投入资本无关的经济利益的流入。损失是指由企业非日常活动所发生的、会导致所有者权益减少的、与向所有者分配利润无关的经济利益的流出。

1. 营业利润

营业利润 = 营业收入 - 营业成本 - 税金及附加 - 销售费用 - 管理费用 - 研发费用 - 财务费用 + 其他收益 + 投资收益（- 投资损失）+ 净敞口套期收益（- 净敞口套期损失）+ 公允价值变动收益（- 公允价值变动损失）- 信用减值损失 - 资产减值损失 + 资产处置收益（- 资产处置损失）

2. 利润总额

利润总额 = 营业利润 + 营业外收入 - 营业外支出

其中，营业外收入是指企业发生的与其日常活动无直接关系的各项利得。

营业外支出是指企业发生的与其日常活动无直接关系的各项损失。

3. 净利润

净利润 = 利润总额 - 所得税费用

其中，所得税费用是指企业确认的应从当期利润总额中扣除的所得税费用。

二、例题点津

【例题 1·单选题】下列各项中，会导致"营业成本"本期金额增加的是（ ）。

A. 结转销售原材料的成本
B. 处置固定资产的净损失
C. 广告费
D. 库存商品盘亏净损失

【答案】A

【解析】结转原材料的成本应计入其他业务成本，其他业务成本增加会导致营业成本增加；处置固定资产净损失计入资产处置损益，资产处置损益不属于营业成本；广告费应计入销售费用，销售费用不属于营业成本；库存商品盘亏净损失属于一般经营损失的，计入管理费用，属于非常损失的，应计入营业外支出，管理费用和营业外支出都不属于营业成本。

【例题 2·多选题】下列各项中，不影响企业当期营业利润的有（ ）。

A. 无法查明原因的现金短缺
B. 公益性捐赠支出
C. 固定资产处置净损失
D. 支付的合同违约金

【答案】BD

【解析】选项 A 计入管理费用，影响营业利润；选项 C，计入资产处置损益；选项 B、D 计入营业外支出，不影响营业利润，只影响利润总额。

【例题 3·多选题】下列各项中，一定会影响利润总额计算的有（ ）。

A. 收入 B. 费用
C. 利得 D. 损失

【答案】AB

【解析】利得与损失包括两类：一是直接计入当期损益的利得与损失；二是直接计入所有者权益的利得与损失。其中，直接计入所有者权益的利得与损失不影响利润总额，选项 C、D 错误。

✳ 考点2　营业外收入与营业外支出★★

一、考点解读

（一）营业外收入

1. 营业外收入核算的内容

营业外收入是指企业确认的与其日常活动无直接关系的各项利得。

提示 营业外收入是经济利益的净流入，不需要与有关的费用进行配比。

营业外收入主要包括非流动资产毁损报废收益、与企业日常活动无关的政府补助、盘盈利得、捐赠利得等。

其中，非流动资产毁损报废收益，指因自然灾害等发生毁损、已丧失使用功能而报废非流动资产所产生的清理收益。

与企业日常活动无关的政府补助指企业从政府无偿取得货币性资产或非货币性资产，且与企业日常活动无关的利得。

盘盈利得，指企业对现金等资产清查盘点时发生盘盈，报经批准后计入营业外收入的金额。

捐赠利得，指企业接受捐赠产生的利得。

2. 营业外收入的账务处理

发生营业外收入时：

借：固定资产清理/库存现金/待处理财产损溢等

　　贷：营业外收入

期末，结转"营业外收入"科目余额，结转后，"营业外收入"科目无余额。

借：营业外收入

　　贷：本年利润

（二）营业外支出

1. 营业外支出核算的内容

营业外支出是指企业发生的与其日常活动无直接关系的各项损失，主要包括非流动资产毁损报废损失、盘亏损失、捐赠支出、罚款支出、非常损失等。

其中，非流动资产毁损报废损失，指因自然灾害等发生毁损、已丧失使用功能而报废非流动资产所产生的清理损失。

盘亏损失，主要指对于财产清查盘点中盘亏的资产，查明原因并报经批准计入营业外支出的损失。

捐赠支出，指企业对外进行捐赠发生的支出。

罚款支出，指企业支付的行政罚款、税务罚款，以及其他违反法律法规、合同协议等而支付的罚款、违约金、赔偿金等支出。

非常损失，指企业对于因客观因素（如自然灾害等）造成的损失，扣除保险公司赔偿后应计入营业外支出的净损失。

2. 营业外支出的账务处理

发生营业外支出时：

借：营业外支出

　　贷：银行存款/固定资产清理/无形资产等

期末，结转"营业外支出"科目余额，结转后"营业外支出"科目无余额。

借：本年利润

　　贷：营业外支出

二、例题点津

【例题1·多选题】下列各项中，企业应通过"营业外收入"科目核算的有（　　）。

A. 结转固定资产报废净收益

B. 确认固定资产盘盈利得

C. 结转无法查明原因的现金盘盈利得

D. 出租固定资产的租金收入

【答案】AC

【解析】选项B通过"以前年度损益调整"科目核算；选项D通过"其他业务收入"科目核算。

【例题2·单选题】报经批准后计入营业外支出的是（　　）。

A. 结转售出材料的成本

B. 采购原材料运输途中合理损耗

C. 管理原因导致的原材料盘亏

D. 自然灾害导致的原材料损失

【答案】D

【解析】结转售出材料成本计入其他业务成本；采购原材料运输途中的合理损耗计入原材料成本；管理原因导致的原材料盘亏计入管理费用；自然灾害导致的原材料损失属于非正常损失，应计入营业外支出。

✤ 考点3 所得税费用 ★★★

一、考点解读

（一）暂时性差异及递延所得税

1. 暂时性差异

按照暂时性差异对未来期间应纳税所得额的不同影响，分为应纳税暂时性差异和可抵扣暂时性差异（见表7-1）。

表7-1

分类	形成原因	结果
应纳税暂时性差异	资产的账面价值＞计税基础 负债的账面价值＜计税基础	递延所得税负债
可抵扣暂时性差异	资产的账面价值＜计税基础 负债的账面价值＞计税基础	递延所得税资产

2. 递延所得税

递延所得税包括递延所得税资产和递延所得税负债，计算公式为：

递延所得税 =（递延所得税负债的期末余额 – 递延所得税负债的期初余额）–（递延所得税资产的期末余额 – 递延所得税资产的期初余额）

（二）应纳税所得额及应交所得税的计算

应纳税所得额是在企业税前会计利润（即利润总额）的基础上调整确定的，计算公式为：

应纳税所得额 = 税前会计利润 + 纳税调整增加额 – 纳税调整减少额

（1）纳税调整增加额主要包括：

①企业所得税法规定允许扣除的项目中，企业已计入当期费用但超过税法规定扣除标准的金额。例如，超过企业所得税法规定标准的职工福利费、工会经费、职工教育经费、业务招待费、公益性捐赠支出、广告费和业务宣传费等。

②企业已计入当期损失但企业所得税法规定不允许扣除项目的金额。例如，税收滞纳金、罚金、罚款等。

（2）纳税调整减少额主要包括按企业所得税法规定允许弥补的亏损和准予免税的项目。例如：

①前五年内未弥补亏损；

②国债利息收入；

③符合条件的居民企业之间的股息、红利等权益性投资收益等。

应交所得税是指企业按照企业所得税法规定计算确定的针对当期发生的交易和事项，应交纳给税务部门的所得税金额，即当期应交所得税。

企业当期应交所得税的计算公式为：

应交所得税 = 应纳税所得额 × 所得税税率

（三）所得税费用的账务处理

企业根据会计准则的规定，计算确定的当期所得税和递延所得税之和，即为应从当期利润总额中扣除的所得税费用。即：

所得税费用 = 当期所得税 + 递延所得税

确认所得税费用时：

借：所得税费用
　　贷：应交税费——应交所得税
　　　　递延所得税负债（或借记）
　　　　递延所得税资产（或借记）

提示 递延所得税负债 = 递延所得税负债期末余额 – 递延所得税期初余额，如为正数，在"递延所得税负债"科目贷方反映，如为负数，在"递延所得税负债"科目借方反映。

递延所得税资产 = 递延所得税资产期末余额 – 递延所得税资产期初余额，如为正数，在"递延所得税资产"科目借方反映，如为负数，在"递延所得税资产"科目贷方反映。

期末，结转"所得税费用"科目余额，结转后"所得税费用"科目无余额。

借：本年利润
　　贷：所得税费用

二、例题点津

【例题1·判断题】 可抵扣暂时性差异在未来期间转回时，会增加转回期间的应纳税所得额和相应的应交所得税。（　　）

【答案】 ×

【解析】 应纳税暂时性差异在未来期间转回时，会增加转回期间的应纳税所得额和相应的应交所得税。

【例题2·多选题】 下列各项中，计算应纳税所得额需要进行纳税调整的项目有（　　）。

A. 违约金

B. 超过税法规定标准的业务招待费

C. 企业债券利息收入

D. 超过税法规定标准的职工福利费

【答案】BD

【解析】超过税法规定标准的业务招待费和职工福利费在计算应纳税所得额时应做纳税调增；企业债券利息收入应当计入应纳税所得额，违约金允许按实际发生额据实扣除。

【例题3·单选题】某企业2×24年度利润总额为500万元，应纳税所得额为480万元；递延所得税资产年初数为18万元，年末数为10万元；所得税税率为25%。不考虑其他因素，该企业2×24年末确认的所得税费用为（　　）万元。

A. 125　　　　　　　　B. 112

C. 120　　　　　　　　D. 128

【答案】D

【解析】递延所得税=（递延所得税负债的期末余额－递延所得税负债的期初余额）－（递延所得税资产的期末余额－递延所得税资产的期初余额）=0－（10－18）=8（万元）；所得税费用=当期所得税+递延所得税=480×25%+8=128（万元）。

【例题4·单选题】2×24年某企业取得债券投资利息收入15万元，其中国债利息收入5万元，全年税前利润总额为150万元，所得税税率为25%，不考虑其他因素，2×24年该企业的净利润为（　　）万元。

A. 112.5　　　　　　　B. 113.75

C. 116.75　　　　　　D. 111.25

【答案】B

【解析】2×24年该企业的净利润=利润总额－所得税费用=150－（150－5）×25%=113.75（万元）。

【例题5·多选题】下列关于企业所得税费用的表述，不正确的有（　　）。

A. 期末应将所得税费用余额结转记入"本年利润"科目

B. 所得税费用通过"税金及附加"科目核算

C. 应纳税所得额减去所得税费用为净利润

D. 所得税费用即当期应交所得税

【答案】BCD

【解析】所得税费用应通过"所得税费用"科目核算，选项B错误；利润总额减去所得税费用为净利润，选项C错误；所得税费用包括当期应交所得税和递延所得税，选项D错误。

✳ 考点4　本年利润的账务处理★

一、考点解读

（一）本年利润的结转方法

会计期末结转本年利润的方法有表结法和账结法两种。

1. 表结法

表结法下，各损益类科目每月月末只需结计出本月发生额和月末累计余额，不结转到"本年利润"科目，只有在年末时才将全年累计余额结转入"本年利润"科目，年中损益类科目无须结转入"本年利润"科目，从而减少了转账环节和工作量，同时并不影响利润表的编制及有关损益指标的利用。

2. 账结法

账结法下，每月月末均需编制转账凭证，将在账上结计出的各损益类科目的余额结转入"本年利润"科目。结转后"本年利润"科目的本月余额反映当月实现的利润或发生的亏损，"本年利润"科目的本年余额反映本年累计实现的利润或发生的亏损。账结法在各月均可通过"本年利润"科目提供当月及本年累计的利润（或亏损）额，但增加了转账环节和工作量。

（二）结转本年利润的会计处理

企业应设置"本年利润"科目，核算企业本年度实现的净利润（或发生的净亏损）。会计期末，企业应将所有损益类科目的余额转入"本年利润"科目。结转后"本年利润"科目如为贷方余额，表示当年实现的净利润；如为借方余额，表示当年发生的净亏损。账务处理如下：

（1）结转收入、利得类科目的发生额：

借：主营业务收入

　　其他业务收入

　　其他收益

　　公允价值变动损益（如为净收益）

　　投资收益（如为净收益）

　　资产处置损益（如为净收益）

营业外收入等

　　贷：本年利润

（2）结转费用、损失类科目的发生额：

借：本年利润

　　贷：主营业务成本

　　　　其他业务成本

　　　　税金及附加

　　　　资产减值损失

　　　　销售费用

　　　　管理费用

　　　　财务费用

　　　　投资收益（如为净损失）

　　　　公允价值变动损益（如为净损失）

　　　　资产处置损益（如为净损失）

　　　　营业外支出

　　　　所得税费用

（3）年度终了，结转"本年利润"科目的本年累计余额：

借：本年利润（或贷记）

　　贷：利润分配——未分配利润（或借记）

结转后"本年利润"科目应无余额。

二、例题点津

【例题1·判断题】 在表结法下，每月月末均需编制转账凭证，将在账上结算出的各损益类科目的余额转入"本年利润"科目。（　　）

【答案】 ×

【解析】 账结法下，每月月末均需编制转账凭证，将在账上结算出的各损益类科目的余额结转入"本年利润"科目。

【例题2·多选题】 下列关于结转本年利润账结法的表述中，正确的有（　　）。

　　A. 年末时需将各损益类科目的全年累计余额结转入"本年利润"科目

　　B. 每月月末各损益类科目需将本月的余额结转入"本年利润"科目

　　C. 各月均可通过"本年利润"科目提供当月及本年累计的利润（或亏损）额

　　D. "本年利润"科目本年余额反映本年累计实现的净利润或发生的亏损

【答案】 BCD

【解析】 账结法下，年末时不需将各损益类科目的全年累计余额结转入"本年利润"科目，选项A错误。

【例题3·单选题】 某企业2×24年度实现主营业务收入200万元，主营业务成本160万元，其他业务收入120万元，其他业务成本80万元，计提的资产减值损失48万元，税金及附加15万元，销售费用6万元，管理费用12万元，投资收益24万元，行政罚款8万元，假定不考虑其他因素，则该企业2×24年12月31日结转后"本年利润"科目余额为（　　）万元。

　　A. 23　　　　　　　　B. 15

　　C. 0　　　　　　　　D. −1

【答案】 B

【解析】 该企业2×24年12月31日结转后"本年利润"科目余额 $= 200 - 160 + 120 - 80 - 48 - 15 - 6 - 12 + 24 - 8 = 15$（万元）。

本章综合题型精讲

【例题1】 甲公司为增值税一般纳税人，适用的增值税税率为13%。2×24年4月甲公司发生以下经济业务：

（1）1日，甲公司与丙公司签订合同，委托丙公司销售W商品200件，W商品已经发出，每件成本为60元。合同约定丙公司应按每件100元对外销售，甲公司按不含增值税的销售价格的10%向丙公司支付手续费，未销售出去的

W商品丙公司有权退回，甲公司也可将W商品销售给其他客户。2×24年4月，丙公司对外销售该商品100件，开出的增值税专用发票上注明的销售价款为10 000元，增值税税额为1 300元，款项已收到。2×22年4月30日，甲公司收到丙公司的代销清单时，向丙公司开具了一张相同金额的增值税专用发票。

（2）15日，甲公司与零售商B公司签订销

售合同，向其销售 10 000 台 M 商品，每台合同价 100 元，单位成本为 80 元。当日开具增值税专用发票，货款尚未收到。16 日，甲公司收到 B 公司支付的全部款项。商品尚未发出。

（3）20 日，甲公司通过竞标赢得一个新客户，为取得该客户合同，甲公司发生以下支出：聘请外部律师进行尽职调查支出 15 000 元；因投标发生差旅费 10 000 元；支付销售人员佣金 5 000 元。甲公司预期这些支出未来能够收回。此外，甲公司根据其年度销售目标、整体盈利情况及个人业绩等，向销售部门经理支付年度奖金 10 000 元。

要求：根据上述资料回答下列问题。

（1）根据资料（1），甲公司 2×24 年 4 月 1 日应作的会计处理是（　　）。

A. 库存商品减少 12 000 元

B. 发出商品增加 12 000 元

C. 合同资产增加 20 000 元

D. 库存商品减少 20 000 元

【答案】AB

【解析】甲公司委托丙公司销售 W 商品，丙公司并未取得 W 商品的控制权，所以甲公司不应确认收入，在将 W 商品交给丙公司时应按成本价反映库存商品的减少，编制如下会计分录：

借：发出商品　　　　　12 000

　　贷：库存商品　　　　　　12 000

（2）根据资料（1），甲公司 2×24 年 4 月 30 日收到代销清单时应作的会计处理是（　　）。

A. 主营业务收入增加 10 000 元

B. 应收账款增加 10 240 元

C. 销售费用增加 1 000 元

D. 主营业务成本增加 6 000 元

【答案】ABCD

【解析】甲公司收到代销清单应编制的会计分录如下：

借：应收账款　　　　　11 300

　　贷：主营业务收入　　　　10 000

　　　　应交税费——应交增值税（销项税额）　　　　　　　　1 300

借：主营业务成本　　　　6 000

　　贷：发出商品　　　　　　6 000

借：销售费用　　　　　1 000

应交税费——应交增值税（进项税额）　　　　　　　　　　60

　　贷：应收账款　　　　　　1 060

（3）根据资料（1），丙公司实现对外销售时应作的会计处理是（　　）。

A. 委托代销商品款减少 10 000 元

B. 受托代销商品减少 10 000 元

C. 主营业务收入增加 10 000 元

D. 主营业务成本增加 6 000 元

【答案】B

【解析】丙公司实现对外销售时应编制的会计分录如下：

借：银行存款　　　　　11 300

　　贷：受托代销商品　　　　10 000

　　　　应交税费——应交增值税（销项税额）　　　　　　　　1 300

借：应交税费——应交增值税（进项税额）　　　　　　　　　　1 300

　　贷：应付账款　　　　　　1 300

借：受托代销商品款　　10 000

　　贷：应付账款　　　　　　10 000

借：应付账款　　　　　113 000

　　贷：银行存款　　　　　111 940

　　　　其他业务收入　　　　　1 000

　　　　应交税费——应交增值税（销项税额）　　　　　　　　60

（4）根据资料（2），甲公司应作的会计处理是（　　）。

A. 主营业务收入增加 1 000 000 元

B. 库存商品减少 800 000 元

C. 银行存款增加 1 130 000 元

D. 合同负债增加 1 000 000 元

【答案】CD

【解析】甲公司虽然收到货款，但是尚未履行履约义务，B 公司尚未取得商品控制权，所以甲公司不应确认收入，对于收到的款项应作为合同负债处理，应编制的会计分录如下：

借：银行存款　　　　　1 130 000

　　贷：合同负债　　　　　1 000 000

　　　　应交税费——应交增值税（销项税额）　　　　　　　　130 000

（5）根据资料（3），下列说法中正确的是

（　　）。

　　A. 合同取得成本为 5 000 元

　　B. 合同取得成本为 15 000 元

　　C. 合同取得成本为 25 000 元

　　D. 合同取得成本为 40 000 元

【答案】A

【解析】甲公司因签订该客户合同而向销售人员支付的佣金属于取得合同发生的增量成本，应当将其作为合同取得成本确认为一项资产。律师尽职调查支出、投标发生的差旅费无论是否取得合同均会发生，不属于合同取得成本，应当在发生时计入当期损益。向销售部门经理支付的年度奖金不能直接归属于该新取得的合同，也不能作为合同取得成本，应计入当期损益。

【例题2】甲公司为增值税一般纳税人，适用的所得税税率为25%，2×23 年和 2×24 年的有关资料如下：

（1）2×23 年初未分配利润为贷方余额 300 万元，递延所得税负债年初数为 32.5 万元，递延所得税资产年初数为 45 万元，2×23 年利润总额为 1 000 万元，经纳税调整后应纳税所得额为 800 万元，递延所得税负债年末数为 60 万元，递延所得税资产年末数为 25 万元。

（2）2×24 年 2 月 12 日董事会提请股东大会 2×23 年利润分配议案：按 2×23 年税后利润的 10% 提取法定盈余公积；向投资者宣告分配现金股利 90 万元。

（3）2×24 年 3 月 15 日股东大会批准董事会提请股东大会 2×23 年利润分配方案：按 2×23 年税后利润的 10% 提取法定盈余公积，按 2×23 年税后利润的 5% 提取任意盈余公积；向投资者宣告分配现金股利 80 万元。

（4）2×24 年实现利润总额 800 万元，当年支付税收滞纳金 40 万元，实际发生业务招待费 200 万元，但税法规定可于 2×24 年税前扣除的业务招待费为 180 万元，除此之外无其他纳税调整事项。2×24 年的利润尚未进行分配。

　　要求：根据上述资料，回答下列问题。

（1）根据资料（1），下列关于甲公司 2×23 年的表述正确的是（　　）。

　　A. 甲公司应交所得税为 200 万元

　　B. 递延所得税费用为 47.5 万元

　　C. 递延所得税费用为 7.5 万元

　　D. 所得税费用为 247.5 万元

【答案】ABD

【解析】甲公司应交所得税 = 应纳税所得额 × 所得税税率 = 800 × 25% = 200（万元）；

　　递延所得税费用 =（60 - 32.5）-（25 - 45）= 47.5（万元）；

　　所得税费用 = 当期所得税 + 递延所得税 = 200 + 47.5 = 247.5（万元）。

　　借：所得税费用　　　　　　2 475 000

　　　　贷：应交税费——应交所得税

　　　　　　　　　　　　　　　　2 000 000

　　　　　　递延所得税资产　　　200 000

　　　　　　递延所得税负债　　　275 000

　　借：本年利润　　　　　　　2 475 000

　　　　贷：所得税费用　　　　　2 475 000

（2）根据资料（1），"本年利润"科目结转到"利润分配——未分配利润"科目的金额为（　　）万元。

　　A. 752. 5　　　　　　　B. 722. 5

　　C. 247. 5　　　　　　　D. 237. 5

【答案】A

【解析】"本年利润"科目结转到"利润分配——未分配利润"科目的金额 = 1 000 - 247.5 = 752.5（万元）。

　　借：本年利润　　　　　　　7 525 000

　　　　贷：利润分配——未分配利润

　　　　　　　　　　　　　　　　7 525 000

（3）根据资料（2）~（3），下列表述正确的是（　　）。

　　A. 2×23 年 2 月 12 日，应作盈余公积和分配现金股利的账务处理

　　B. 2×23 年 3 月 15 日，对于已经作的账务处理进行调整

　　C. 对于董事会提请的分配方案，不必作账务处理

　　D. 当股东大会批准分配方案之后再作账务处理

【答案】CD

【解析】董事会提出的分配方案不能作为账务处理的依据，只有当股东大会批准之后才能作相应处理。

（4）根据资料（4），下列表述正确的是（　　）。

A. 税收滞纳金不能税前扣除

B. 计算所得税时，业务招待费应按照 200 万元扣除

C. 计算所得税时，业务招待费应按照 180 万元扣除

D. 支付的税收滞纳金不影响利润总额

【答案】AC

【解析】计算所得税时，业务招待费的扣除按照税法的规定进行扣除；税收滞纳金不允许税前扣除，属于营业外支出，影响利润总额。

（5）根据资料（1）~（4），甲公司 2×24 年末利润表中所得税费用为（　　）万元。

A. 215　　　　　　　　B. 195

C. 185　　　　　　　　D. 205

【答案】A

【解析】2×24 年末所得税费用 =（800 + 40 + 20）×25% = 215（万元）。

第八章　财 务 报 告

教材变化

2025 年教材较 2024 年基本无变化。

考情分析

财务报告是企业财务会计的重要组成部分，是财务会计工作的主要成果。本章重点介绍财务报告的基本概念、编制要求、主要财务会计报表的作用和编制。对于资产负债表、利润表和现金流量表，要求掌握报表各项目的内容及特点，特别是资产负债表中各项目数据的计算填列，对于所有者权益变动表、附注和财务报告的概念做熟悉了解。

从历年试题情况来看，单项选择题与多项选择题涉及本章的内容较多，不定项选择题通常是在对企业经济业务进行核算的基础上要求计算报表某一项目的金额。

本章考点框架

财务报告
- 财务报告概述→财务报告的目标及组成★
- 资产负债表
  - 资产负债表概述★★
  - 资产负债表项目的填列方法★★★
  - 资产负债表资产项目的填列说明★★★
  - 资产负债表负债项目的填列说明★★★
  - 资产负债表所有者权益项目的填列说明★★★
- 利润表→利润表的编制★★★
- 现金流量表→现金流量表的编制★★
- 所有者权益变动表→所有者权益变动表的结构及编制★
- 财务报表附注→附注概述★

考点解读

第一单元　财务报告概述

✳ 考点1　财务报告的目标及组成 ★

一、考点解读

（一）财务报告概念及目标

财务报告是指企业对外提供的反映企业某一特定日期的财务状况和某一会计期间的经营成果、现金流量等会计信息的文件。财务报告包括财务报表和其他应当在财务报告中披露的相关信息和资料。

财务报告的目标，是向财务报告使用者提供与企业财务状况、经营成果和现金流量等有关的会计信息，反映企业管理层受托责任履行情况，有助于财务报告使用者作出经济决策。

财务报告使用者通常包括投资者、债权人、政府及其有关部门和社会公众等。

（二）财务报表的组成

财务报表是对企业财务状况、经营成果和现金流量的结构性表述。

一套完整的财务报表至少应当包括资产负债表、利润表、现金流量表、所有者权益（或股东权益）变动表以及附注。（四表一注）

二、例题点津

【例题1·单选题】下列关于财务报告的表述中不正确的是（　　）。

A. 财务报告是指企业对外提供的反映企业某一特定日期的财务状况和某一会计期间的经营成果、现金流量等会计信息的文件

B. 企业应当单独编制利润分配表

C. 财务报告包括财务报表和其他应当在财务报告中披露的相关信息和资料

D. 财务报告按编报时间，分为年度财务报告和中期财务报告

【答案】B

【解析】企业的净利润及其分配情况是所有者权益变动表的组成部分，相关信息已在所有者权益变动表及其附注中反映，所以不需要单独编制利润分配表。

【例题2·多选题】财务报告使用者通常包括（　　）。

A. 债权人　　　　　B. 投资者

C. 社会公众　　　　D. 政府

【答案】ABCD

【解析】以上选项都属于财务报告使用者。

第二单元　资产负债表

✳ 考点1　资产负债表概述 ★★

一、考点解读

资产负债表是反映企业在某一特定日期的财务状况的报表，是对企业特定日期的资产、负债和所有者权益的结构性表述。它反映企业在某一特定日期所拥有或控制的经济资源、所承担的现时义务和所有者对净资产的要求权。

资产负债表主要由表首、表体两部分组成。表首部分应列明报表名称、编制单位名称、资产负债表日、报表编号和计量单位；表体部分是资

产负债表的主体，列示了用以说明企业财务状况的各个项目。资产负债表的表体格式一般有两种：报告式资产负债表和账户式资产负债表。报告式资产负债表是上下结构，上半部分列示资产各项目，下半部分列示负债和所有者权益各项目。账户式资产负债表是左右结构，左边列示资产各项目，反映全部资产的分布及存在状态；右边列示负债和所有者权益各项目，反映全部负债和所有者权益的内容及构成情况。资产各项目的合计金额等于负债和所有者权益各项目的合计。

提示　这是财务报表列报基本要求中的表首要求。

我国企业的资产负债表采用账户式结构，分为左右两方，左方为资产项目，大体按资产的流动性强弱排列，流动性强的资产如"货币资金""交易性金融资产"等排在前面，流动性弱的资产如"长期股权投资""固定资产"等排在后面。右方为负债及所有者权益项目，一般按要求清偿期限的先后顺序排列，"短期借款""应付票据""应付账款"等需要在 1 年内或者长于 1 年的一个正常营业周期内偿还的流动负债排在前面，"长期借款"等在 1 年以上才需偿还的非流动负债排在中间，在企业清算之前不需要偿还的所有者权益项目排在后面。这表明负债具有优先偿还的要求权，所有者权益对负债具有担保责任。

1. 流动资产和非流动资产的划分。

资产满足下列条件之一的，应当归类为流动资产。流动资产以外的资产，应当归类为非流动资产。

（1）预计在一个正常营业周期中变现、出售或耗用。变现一般针对应收账款等而言，指将资产变为现金；出售一般针对产品等存货而言；耗用一般指将存货（如原材料）转变成另一种形态（如产成品）。

（2）主要为交易目的而持有。比如根据金融工具确认和计量划分的交易性金融资产。

（3）预计在资产负债表日起一年内（含一年，下同）变现。

（4）自资产负债表日起一年内，交换其他资产或清偿负债的能力不受限制的现金或现金等价物。

2. 流动负债与非流动负债的划分。

流动负债的判断标准与流动资产的判断标准相类似，负债满足下列条件之一的，应当归类为流动负债。流动负债以外的负债，应当归类为非流动负债。

（1）预计在一个正常营业周期中清偿。

（2）主要为交易目的而持有。

（3）自资产负债表日起一年内到期应予以清偿。

（4）企业在资产负债表日没有将负债清偿推迟至资产负债表日后一年以上的实质性权利。企业是否有行使上述实质性权利的主观可能性，并不影响负债的流动性划分。对于符合本章非流动负债划分条件的负债，即使企业有意图或者计划在资产负债表日后一年内提前清偿该负债，或者在资产负债表日至财务报告批准报出日之间已提前清偿该负债，该负债仍应归类为非流动负债。

账户式资产负债表中的资产各项目的合计等于负债和所有者权益各项目的合计，即资产负债表左方和右方平衡。通过资产负债表，可以反映企业在某一特定日期所拥有或控制的经济资源、所承担的现时义务和所有者对净资产的要求权，帮助财务报表使用者全面了解企业的财务状况、分析企业的偿债能力等情况，从而为其作出经济决策提供依据。即"资产 = 负债 + 所有者权益"。

二、例题点津

【例题 1·多选题】下列关于我国企业资产负债表的表述中正确的有（　　）。

A. 资产项目按照重要性排列

B. 资产项目按照流动性大小排列

C. 负债项目按照清偿期限长短的先后顺序排列

D. 资产负债表的编制依据是"资产 = 负债 + 所有者权益"

【答案】BCD

【解析】资产负债表中资产项目按照流动性强弱排列，流动性强的排在前面，流动性弱的排在后面。

✳ 考点 2 资产负债表项目的填列方法 ★★★

一、考点解读

资产负债表各项目均需填列"上年年末余额"和"期末余额"两栏。

提示 "上年年末余额"和"期末余额"两栏是为了增强可比性。

"上年年末余额"栏内各项数字，应根据上年年末资产负债表的"期末余额"栏内所列数字填列。如果上年度资产负债表规定的各个项目的名称和内容与本年度不相一致，应按照本年度的规定对上年年末资产负债表各项目的名称和数字进行调整，填入本表"上年年末余额"栏内。

提示 为了保证报表的连续性，所以"上年年末余额"的填列需要照抄上年年末资产负债表的"期末余额"栏。除非本年度报表格式、列报项目等发生改变。

"期末余额"栏主要填列方法见表 8-1。

表 8-1　　资产负债表"期末余额"栏填列方法

方法		具体内容
根据总账科目余额填列	根据总账科目的余额直接填列	如"短期借款""应付票据""实收资本（或股本）""资本公积""盈余公积""其他综合收益"等项目
	根据几个总账科目期末余额计算填列	如"货币资金""其他应付款"等项目
根据明细账科目余额计算填列		如"交易性金融资产"项目，应根据"交易性金融资产"科目的相关明细科目以期末余额分析填列；"应付账款""预付款项""预收款项""交易性金融资产""开发支出""应付职工薪酬""一年内到期的非流动资产""一年内到期的非流动负债"等项目，已计提减值准备的，还应扣减相应的减值准备
根据总账科目和明细账科目余额分析计算填列		如"长期借款""其他非流动资产""其他非流动负债"等项目
根据有关科目余额减去其备抵科目余额后的净额填列		如"应收票据"、"应收账款"、"长期股权投资"、"在建工程"、"投资性房地产"（采用成本模式计量）、"固定资产"、"无形资产"等项目
综合运用上述填列方法分析填列		如资产负债表中的"存货"项目，需要根据"原材料""库存商品""委托加工物资""周转材料""材料采购""在途物资""发出商品""材料成本差异"等总账科目期末余额的分析汇总数，再减去"存货跌价准备"科目余额后的净额填列

二、例题点津

【例题 1·单选题】下列资产负债表项目中，应根据多个总账科目期末余额合计填列的是（　　）。

A. 短期借款　　　　B. 应付账款
C. 货币资金　　　　D. 资本公积

【答案】C

【解析】选项 A、D，根据总账科目余额直接填列。选项 B，根据明细账科目余额计算填列。

✳ 考点 3 资产负债表资产项目的填列说明 ★★★

一、考点解读

（1）"货币资金"项目，反映企业库存现

金、银行结算户存款、外埠存款、银行汇票存款、银行本票存款、信用卡存款、信用证保证金存款等的合计数。**本项目应根据"库存现金""银行存款""其他货币资金"科目期末余额的合计数填列。**

（2）"交易性金融资产"项目，反映资产负债表日企业分类为以公允价值计量且其变动计入当期损益的金融资产，以及企业持有的指定为以公允价值计量且其变动计入当期损益的金融资产的期末账面价值。**该项目应根据"交易性金融资产"科目的相关明细科目期末余额分析填列。**

提示　自资产负债表日起超过一年到期且预期持有超过一年的以公允价值计量且其变动计入当期损益的非流动金融资产的期末账面价值，在"其他非流动金融资产"项目内反映。

（3）"应收票据"项目，反映资产负债表日以摊余成本计量的，企业因销售商品、提供服务等收到的商业汇票，包括银行承兑汇票和商业承兑汇票。**该项目应根据"应收票据"科目的期末余额，减去"坏账准备"科目中相关坏账准备期末余额后的金额分析填列。**

（4）"应收账款"项目，反映资产负债表日以摊余成本计量的，企业因销售商品、提供服务等经营活动应收取的款项。**该项目应根据"应收账款"科目的期末余额，减去"坏账准备"科目中相关坏账准备期末余额后的金额分析填列。**

（5）"应收款项融资"项目，反映资产负债表日以公允价值计量且其变动计入其他综合收益的应收票据和应收账款等。

（6）"预付款项"项目，反映企业按照购货合同规定预付给供应单位的款项等。**本项目应根据"预付账款"和"应付账款"科目所属各明细科目的期末借方余额合计数，减去"坏账准备"科目中有关预付账款计提的坏账准备期末余额后的净额填列。**如"预付账款"科目所属明细科目期末为**贷方**余额的，应在资产负债表"应付账款"项目内填列。

（7）"其他应收款"项目，反映企业除应收票据及应收账款、预付账款等经营活动以外的其他各种应收、暂付的款项。**本项目应根据"应**收利息""应收股利""其他应收款"科目的期末余额合计数，减去"坏账准备"科目中相关坏账准备期末余额后的金额填列。**其中的"应收利息"仅反映相关金融工具已到期可收取但于资产负债表日尚未收到的利息。基于实际利率法计提的金融工具的利息应包含在相应金融工具的账面余额中。

（8）"存货"项目，反映企业期末在库、在途和在加工中的各种存货的可变现净值或成本（成本与可变现净值孰低）。存货包括各种材料、商品、在产品、半成品、包装物、低值易耗品、发出商品等。**本项目应根据"材料采购""原材料""低值易耗品""库存商品""周转材料""委托加工物资""发出商品""生产成本""受托代销商品""合同履约成本"等科目的期末余额合计数，减去"受托代销商品款""存货跌价准备""合同履约成本减值准备"科目期末余额后的净额填列。**材料采用计划成本核算，以及库存商品采用计划成本核算或售价核算的企业，还应按加或减材料成本差异、商品进销差价后的金额填列。

（9）"合同资产"项目，反映企业按照《企业会计准则第 14 号——收入》（2017）的相关规定，根据本企业履行履约义务与客户付款之间的关系在资产负债表中列示的合同资产。"合同资产"项目应**根据"合同资产"科目的相关明细科目期末余额分析填列。**

同一合同下的合同资产和合同负债应当以净额列示，其中净额为借方余额的，应当**根据其流动性在"合同资产"或"其他非流动资产"项目中填列**，已计提减值准备的，还应减去"合同资产减值准备"科目中相关的期末余额后的金额填列；其中净额为贷方余额的，应当根据其流动性在"合同负债"或"其他非流动负债"项目中填列。

（10）"持有待售资产"项目，反映资产负债表日划分为持有待售类别的非流动资产及划分为持有待售类别的处置组中的流动资产和非流动资产的期末账面价值。**该项目应根据"持有待售资产"科目的期末余额，减去"持有待售资产减值准备"科目的期末余额后的金额填列。**

（11）"一年内到期的非流动资产"项目，反映企业预计自资产负债表日起一年内变现的非流动资产。**本项目应根据有关科目的期末余额分析填列。**

（12）"债权投资"项目，反映资产负债表日企业以摊余成本计量的长期债权投资的期末账面价值。**该项目应根据"债权投资"科目的相关明细科目期末余额，减去"债权投资减值准备"科目中相关减值准备的期末余额后的金额分析填列。**自资产负债表日起一年内到期的长期债权投资的期末账面价值，在"一年内到期的非流动资产"项目内反映。

提示 企业购入的以摊余成本计量的一年内到期的债权投资的期末账面价值，在"其他流动资产"项目内反映。

（13）"其他债权投资"项目，反映资产负债表日企业分类为以公允价值计量且其变动计入其他综合收益的长期债权投资的期末账面价值。**该项目应根据"其他债权投资"科目的相关明细科目期末余额分析填列。**自资产负债表日起一年内到期的长期债权投资的期末账面价值，在"一年内到期的非流动资产"项目反映。企业购入的以公允价值计量且其变动计入其他综合收益的一年内到期的债权投资的期末账面价值，在"其他流动资产"项目内反映。

（14）"长期应收款"项目，反映企业租赁产生的应收款项和采用递延方式分期收款、实质上具有融资性质的销售商品和提供劳务等经营活动产生的应收款项。**本项目应根据"长期应收款"科目的期末余额，减去相应的"未实现融资收益"科目和"坏账准备"科目所属相关明细科目期末余额后的金额填列。**

（15）"长期股权投资"项目，反映投资方对被投资单位实施控制、重大影响的权益性投资，以及对其合营企业的权益性投资。**本项目应根据"长期股权投资"科目的期末余额，减去"长期股权投资减值准备"科目的期末余额后的净额填列。**

（16）"其他权益工具投资"项目，反映资产负债表日企业指定为以公允价值计量且其变动计入其他综合收益的非交易性权益工具投资的期末账面价值。**本项目应根据"其他权益工具投资"科目的期末余额填列。**

（17）"固定资产"项目，反映资产负债表日企业固定资产的期末账面价值和企业尚未清理完毕的固定资产清理净损益。**本项目应根据"固定资产"科目的期末余额，减去"累计折旧"和"固定资产减值准备"科目的期末余额后的金额，以及"固定资产清理"科目的期末余额填列。**

（18）"在建工程"项目，反映资产负债表日企业尚未达到预定可使用状态的在建工程的期末账面价值和企业为在建工程准备的各种物资的期末账面价值。本项目应根据**"在建工程"科目的期末余额，减去"在建工程减值准备"科目的期末余额后的金额，以及"工程物资"科目的期末余额，减去"工程物资减值准备"科目的期末余额后的金额填列。**

（19）"使用权资产"项目，反映资产负债表日承租人企业持有的使用权资产的期末账面价值。本项目**应根据"使用权资产"科目的期末余额，减去"使用权资产累计折旧"和"使用权资产减值准备"科目的期末余额后的金额填列。**

（20）"无形资产"项目，反映企业持有的专利权、非专利技术、商标权、著作权、土地使用权等无形资产的成本减去累计摊销和减值准备后的净值。本项目**应根据"无形资产"科目的期末余额，减去"累计摊销"和"无形资产减值准备"科目期末余额后的净额填列。**

（21）"开发支出"项目，反映企业开发无形资产过程中能够资本化形成无形资产成本的支出部分。本项目**应当根据"研发支出"科目所属的"资本化支出"明细科目期末余额填列。**

（22）"长期待摊费用"项目，反映企业已经发生但应由本期和以后各期负担的分摊期限在一年以上的各项费用。本项目应根据**"长期待摊费用"科目的期末余额，减去将于一年内（含一年）摊销的数额后的金额分析填列。**但长期待摊费用的摊销年限只剩一年或不足一年的，或预计在一年内（含一年）进行摊销的部分，**不得归类为流动资产，**仍在各该非流动资产项目中填列，不转入"一年内到期的非流动资产"项目。

（23）"递延所得税资产"项目，反映企业根据所得税准则确认的可抵扣暂时性差异产生的所得税资产。本项目**应根据"递延所得税资产"科目的期末余额填列。**

（24）"其他非流动资产"项目，反映企业除上述非流动资产以外的其他非流动资产。本项目**应根据有关科目的期末余额填列。**

二、例题点津

【例题1·单选题】以下属于资产负债表中货币资金项目包含的内容的是（　　）。

A. 应收利息

B. 银行承兑汇票

C. 商业承兑汇票

D. 信用证保证金存款

【答案】D

【解析】货币资金项目包括现金、银行存款和其他货币资金三项内容。选项D，信用证保证金存款属于其他货币资金。其他选项都不属于。

【例题2·多选题】下列会计科目中，其余额应在资产负债表"无形资产"项目填列的有（　　）。

A. 无形资产减值准备

B. 累计摊销

C. 无形资产

D. 研发支出

【答案】ABC

【解析】"无形资产"项目，应当根据"无形资产"科目的期末余额，减去"累计摊销""无形资产减值准备"科目期末余额后的净额填列。

【例题3·单选题】企业期末"工程物资"科目余额，应列在资产负债表（　　）项目中。

A. 工程物资　　　B. 固定资产

C. 在建工程　　　D. 存货

【答案】C

【解析】企业资产负债表中，将在建工程和工程物资项目合并在"在建工程"项目列示。

【例题4·单选题】某企业2×24年12月31日"固定资产"科目借方余额为1 000万元，"累计折旧"科目贷方余额为100万元，"固定资产减值准备"科目贷方余额为80万元，"在建工程"科目借方余额为100万元。不考虑其他因素，该企业2×24年12月31日资产负债表中"固定资产"项目期末余额应列示的金额为（　　）万元。

A. 1 000　　　　B. 900

C. 820　　　　D. 670

【答案】C

【解析】资产负债表中"固定资产"项目期末余额＝"固定资产"科目期末借方余额－"累计折旧"科目贷方余额－"固定资产减值准备"科目贷方余额＋"固定资产清理"科目借方余额（或－"固定资产清理"科目贷方余额）＝1 000－100－80＝820（万元）。注意"在建工程"科目金额计入资产负债表"在建工程"项目。

✦ 考点4　资产负债表负债项目的填列说明★★★

一、考点解读

（1）"短期借款"项目，反映企业向银行或其他金融机构等借入的期限在一年以下（含一年）的各种借款。**本项目应根据"短期借款"科目的期末余额填列。**

（2）"交易性金融负债"项目，反映企业资产负债表日承担的交易性金融负债，以及企业持有的直接指定为以公允价值计量且其变动计入当期损益的金融负债的期末账面价值。**本项目应根据"交易性金融负债"科目的相关明细科目期末余额填列。**

（3）"应付票据"项目，反映资产负债表日以摊余成本计量的，企业因购买材料、商品和接受服务等开出、承兑的商业汇票，包括银行承兑汇票和商业承兑汇票。**本项目应根据"应付票据"科目的期末余额填列。**

（4）"应付账款"项目，反映资产负债表日以摊余成本计量的，企业因购买材料、商品和接受服务等经营活动应支付的款项。**本项目应根据"应付账款"和"预付账款"科目所属的相关明细科目的期末贷方余额合计数填列。**

（5）"预收款项"项目，反映企业按照合同规定预收的款项。**本项目应根据"预收账款"科目所属各明细科目的期末贷方余额合计数填**

列。如"预收账款"科目所属明细科目期末为借方余额的，应在资产负债表"应收账款"项目内填列。

（6）"合同负债"项目，反映企业已收或应收客户对价而应向客户转让商品的义务。根据本企业履行履约义务与客户付款之间的关系在资产负债表中列示的合同负债，应根据合同负债的期末余额填列。

（7）"应付职工薪酬"项目，反映企业为获得职工提供的服务或解除劳动关系而给予的各种形式的报酬或补偿。本项目应根据"应付职工薪酬"科目所属各明细科目的期末贷方余额分析填列。

（8）"应交税费"项目，反映企业按照税法规定计算应交纳的各种税费，包括增值税、消费税、城市维护建设税、教育费附加、企业所得税、资源税、土地增值税、房产税、城镇土地使用税、车船税、环境保护税等。企业代扣代缴的个人所得税，也通过本项目列示。企业所交纳的税金不需要预计应交数的，如印花税、耕地占用税等，不在本项目列示。本项目应根据"应交税费"科目的期末贷方余额填列。

（9）"其他应付款"项目，反映企业除应付票据、应付账款、预收账款、应付职工薪酬、应交税费等经营活动以外的其他各项应付、暂收的款项。本项目应根据"应付利息""应付股利""其他应付款"科目的期末余额合计数填列。

提示 "应付利息"仅反映相关金融工具已到期应支付但于资产负债表日尚未支付的利息。基于实际利率法计提的金融工具的利息应包含在相应金融工具的账面余额中。

（10）"持有待售负债"项目，反映资产负债表日处置组中与划分为持有待售类别的资产直接相关的负债的期末账面价值。本项目应根据"持有待售负债"科目的期末余额填列。

（11）"一年内到期的非流动负债"项目，反映企业非流动负债中将于资产负债表日后一年内到期部分的金额，如将于一年内偿还的长期借款。本项目应根据有关科目的期末余额分析填列。

（12）"长期借款"项目，反映企业向银行或其他金融机构借入的期限在一年以上（不含一年）的各项借款。本项目应根据"长期借款"科目的期末余额，扣除"长期借款"科目所属的明细科目中将在资产负债表日起一年内到期且企业不能自主地将清偿义务展期的长期借款后的金额计算填列。

（13）"应付债券"项目，反映企业为筹集长期资金而发行的债券本金及应付的利息。本项目应根据"应付债券"科目的期末余额分析填列。

提示 对于资产负债表日企业发行的金融工具，分类为金融负债的，应在本项目填列，对于优先股和永续债还应在本项目下的"优先股"项目和"永续债"项目分别填列。

（14）"租赁负债"项目，反映资产负债表日承租人企业尚未支付的租赁付款额的期末账面价值。该项目应根据"租赁负债"科目的期末余额填列。自资产负债表日起一年内到期应予以清偿的租赁负债的期末账面价值，在"一年内到期的非流动负债"项目反映。

（15）"长期应付款"项目，应根据"长期应付款"科目的期末余额，减去相关的"未确认融资费用"科目的期末余额后的金额，以及"专项应付款"科目的期末余额填列。

（16）"预计负债"项目，反映企业根据或有事项等相关准则确认的各项预计负债，包括对外提供担保、未决诉讼、产品质量保证、重组义务以及固定资产和矿区权益弃置义务等产生的预计负债。本项目应根据"预计负债"科目的期末余额填列。企业按照《企业会计准则第22号——金融工具确认和计量》（2018）的相关规定，对贷款承诺、财务担保合同等项目计提的损失准备，应当在本项目中反映。

（17）"递延收益"项目，反映尚待确认的收入或收益。本项目核算包括企业根据政府补助准则确认的应在以后期间计入当期损益的政府补助金额、售后租回形成融资租赁的售价与资产账面价值差额等其他递延性收入。本项目应根据"递延收益"科目的期末余额填列。

提示 本项目中摊销期限只剩一年或不足一年的，或预计在一年内（含一年）进行摊销的部分，不得归类为流动负债，仍在该项目中填列，不转入"一年内到期的非流动负债"项目。

(18) "递延所得税负债"项目，反映企业根据所得税准则确认的应纳税暂时性差异产生的所得税负债。**本项目应根据"递延所得税负债"科目的期末余额填列。**

(19) "其他非流动负债"项目，反映企业除以上非流动负债以外的其他非流动负债。**本项目应根据有关科目期末余额，减去将于一年内（含一年）到期偿还数后的余额分析填列。**非流动负债各项目中将于一年内（含一年）到期的非流动负债，应在"一年内到期的非流动负债"项目内反映。

二、例题点津

【例题1·多选题】下列各项中，应列入资产负债表"其他应付款"项目的有（　　）。

A. 应付账款　　　　B. 应付利息

C. 应付股利　　　　D. 应付职工薪酬

【答案】BC

【解析】"其他应付款"项目应根据"应付利息""应付股利""其他应付款"科目的期末余额合计数填列。

【例题2·单选题】2×24年12月31日，甲企业"预收账款"总账科目贷方余额为30万元，其明细科目余额如下："预收账款——乙企业"科目贷方余额为50万元，"预收账款——丙企业"科目借方余额为20万元。不考虑其他因素，甲企业年末资产负债表中"预收款项"项目的期末余额为（　　）万元。

A. 20　　　　　　　B. 30

C. 40　　　　　　　D. 50

【答案】D

【解析】"预收款项"项目应当根据"预收账款"科目所属各明细科目的期末贷方余额合计数填列。本题中"预收账款——丙企业"是借方余额，所以不需要考虑，即预收款项期末应当填列的金额为50万元。

【例题3·单选题】下列关于资产负债表"预收款项"项目填列方法的表述中，正确的是（　　）。

A. 根据"预收账款"科目的期末余额直接

填列

B. 根据"预收账款"科目所属明细各科目期末贷方余额合计数填列

C. 根据"预收账款"和"预付账款"科目所属各明细科目期末借方余额合计数填列

D. 根据"预收账款"和"应付账款"科目所属各明细科目期末贷方余额合计数填列

【答案】B

【解析】预收账款属于负债，应根据相关账户所属明细各科目的期末贷方余额合计数填列。

✳ 考点5 资产负债表所有者权益项目的填列说明★★★

一、考点解读

(1) "实收资本（或股本）"项目，反映企业各投资者实际投入的资本（或股本）总额。**本项目应根据"实收资本（或股本）"科目的期末余额填列。**

(2) "其他权益工具"项目，反映资产负债表日企业发行在外的除普通股以外分类为权益工具的金融工具的期末账面价值，并下设"优先股"和"永续债"两个项目，分别反映账面价值。

(3) "资本公积"项目，反映企业资本公积的期末余额。**本项目应根据"资本公积"科目的期末余额填列。**

(4) "其他综合收益"项目，反映企业其他综合收益的期末余额。**本项目应根据"其他综合收益"科目的期末余额填列。**

(5) "专项储备"项目，反映高危行业企业按国家规定提取的安全生产费的期末账面价值。**本项目应根据"专项储备"科目的期末余额填列。**

(6) "盈余公积"项目，反映企业盈余公积的期末余额。**本项目应根据"盈余公积"科目的期末余额填列。**

(7) "未分配利润"项目，反映企业尚未分配的利润。未分配利润是指企业实现的净利润经过弥补亏损、提取盈余公积和向投资者分配利润后留存在企业的、历年结存的利润。**本项目应根**

据"本年利润"科目和"利润分配"科目的余额计算填列。未弥补的亏损在本项目内以"－"号填列。

二、例题点津

【例题1·多选题】下列各会计科目的期末余额中，应在资产负债表"未分配利润"项目列示的有（　　）。

A. 盈余公积　　　　B. 利润分配

C. 本年利润　　　　D. 其他综合收益

【答案】BC

【解析】未分配利润项目应根据"本年利润"科目和"利润分配"科目的余额计算填列。选项A，应在盈余公积项目列示；选项D，应在

其他综合收益项目列示。

【例题2·单选题】2×24年12月31日，某企业有关科目期末贷方余额如下：实收资本100万元，资本公积30万元，盈余公积60万元，利润分配——未分配利润10万元。不考虑其他因素，2×24年12月31日，该企业资产负债表中"所有者权益合计"项目期末余额应填列的金额是（　　）万元。

A. 190　　　　　　B. 140

C. 130　　　　　　D. 200

【答案】D

【解析】所有者权益合计金额＝实收资本＋资本公积＋盈余公积＋未分配利润＝100＋30＋60＋10＝200（万元）。

第三单元　利　润　表

✳ 考点1　利润表的编制 ★★★

一、考点解读

（一）利润表概述

利润表又称损益表，是反映企业在一定会计期间的经营成果的报表。它是在会计凭证、会计账簿等会计资料的基础上进一步确认企业一定会计期间经营成果的结构性表述，综合反映企业利润的实现过程和利润的来源及构成情况，是对企业一定会计期间经营业绩的系统总结。

（二）利润表的结构

利润表的结构有单步式和多步式两种。单步式利润表是将当期所有的收入列在一起，所有的费用列在一起，然后将两者相减得出当期净损益。我国企业的利润表采用多步式格式，即通过对当期的收入、费用、支出项目按性质加以归类，按利润形成的性质列示一些中间性利润指标，分步计算当期净损益，以便财务报表使用者理解企业经营成果的不同来源。

为了使财务报表使用者通过比较不同期间利润的实现情况，判断企业经营成果的未来发展趋

势，企业需要提供比较利润表。为此，利润表金额栏分为"本期金额"和"上期金额"两栏分别填列。

（三）利润表的作用

利润表的主要作用是有助于使用者分析判断企业净利润的质量及其风险，评价企业经营管理效率，有助于使用者预测企业净利润的持续性，从而作出正确的决策。通过利润表，可以反映企业在一定会计期间的收入实现情况，可以反映企业一定会计期间的费用耗费情况，可以反映企业一定会计期间的净利润实现情况，分析判断企业受托责任的履行情况，进而还可以反映企业资本的保值增值情况，为企业管理者解脱受托责任提供依据。

（四）利润表的编制

1. 利润表的编制要求

利润表中一般应单独列报的项目主要有营业利润、利润总额、净利润、其他综合收益的税后净额、综合收益总额和每股收益等。其中：

（1）营业利润单独列报的项目包括营业收入、营业成本、税金及附加、销售费用、管理费用、研发费用、财务费用、信用减值损失、资产减值损失、其他收益、投资收益、公允价值变动收益、资产处置收益等；

（2）利润总额项目为营业利润加上营业外收入减去营业外支出；

（3）净利润项目为利润总额减去所得税费用，包括持续经营净利润和终止经营净利润等项目；

（4）其他综合收益的税后净额包括不能重分类进损益的其他综合收益和将重分类进损益的其他综合收益等项目；

（5）综合收益总额为净利润加上其他综合收益的税后净额；

（6）每股收益包括基本每股收益和稀释后每股收益两个项目。

利润表各项目需填列"本期金额"和"上期金额"两栏。

提示 为了使财务报表使用者通过比较不同期间利润的实现情况，判断企业经营成果的未来发展趋势，企业需要提供比较利润表。为此，利润表还需就各项目再分为"本期金额"和"上期金额"两栏分别填列。

其中，"上期金额"栏内各项数字，应根据上年该期利润表的"本期金额"栏内所列数字填列。"本期金额"栏内各期数字，除"基本每股收益"和"稀释每股收益"项目外，应当按照相关科目的发生额分析填列。

2. 利润表的填列方法

（1）"营业收入"项目，反映企业经营主要业务和其他业务所确认的收入总额。本项目应根据"主营业务收入"和"其他业务收入"科目的发生额分析填列。

（2）"营业成本"项目，反映企业经营主要业务和其他业务所发生的成本总额。本项目应根据"主营业务成本"和"其他业务成本"科目的发生额分析填列。

（3）"税金及附加"项目，反映企业经营业务应负担的消费税、城市维护建设税、教育费附加、资源税、土地增值税及房产税、车船税、城镇土地使用税、印花税、环境保护税等相关税费。本项目应根据"税金及附加"科目的发生额分析填列。

（4）"销售费用"项目，反映企业在销售商品过程中发生的包装费、广告费等费用和为销售本企业商品而专设的销售机构的职工薪酬、业务费等经营费用。本项目根据"销售费用"科目的发生额分析填列。

（5）"管理费用"项目，反映企业为组织和管理生产经营发生的管理费用。本项目根据"管理费用"科目的发生额分析填列。

（6）"研发费用"项目，反映企业进行研究与开发过程中发生的费用化支出以及计入管理费用的自行开发无形资产的摊销。该项目应根据"管理费用"科目下的"研发费用"明细科目的发生额以及"管理费用"科目下"无形资产摊销"明细科目的发生额分析填列。

（7）"财务费用"项目，反映企业为筹集生产经营所需资金等而发生的应予费用化的利息支出。本项目根据"财务费用"科目的相关明细科目发生额分析填列。其中，"利息费用"项目，反映企业为筹集生产经营所需资金等而发生的应予费用化的利息支出，该项目应根据"财务费用"科目的相关明细科目的发生额分析填列。"利息收入"项目，反映企业应冲减财务费用的利息收入，该项目应根据"财务费用"科目的相关明细科目的发生额分析填列。

（8）"其他收益"项目，反映收到的与企业日常活动相关的计入当期收益的政府补助，以及其他与日常活动相关且计入其他收益的项目。本项目应根据"其他收益"科目的发生额分析填列。

提示 企业作为个人所得税的扣缴义务人，根据《中华人民共和国个人所得税法》收到的扣缴税款手续费，应作为其他与日常活动相关的收益在本项目填列。

（9）"投资收益"项目，反映企业以各种方式对外投资所取得的收益。本项目应根据"投资收益"科目的发生额分析填列。如为投资损失，本项目以"－"号填列。

（10）"净敞口套期收益"项目，反映净敞口套期下被套期项目累计公允价值变动转入当期损益的金额或现金流量套期储备转入当期损益的金额。该项目应根据"净敞口套期损益"科目的发生额分析填列。如为套期损失，以"－"号填列。

（11）"公允价值变动收益"项目，反映企业应当计入当期损益的资产或负债公允价值变动收益。本项目应根据"公允价值变动损益"科目的发生额分析填列。如为净损失，本项目以"－"号填列。

（12）"信用减值损失"项目，反映企业按照《企业会计准则第22号——金融工具确认和计量》（2018）的要求计提的各项金融工具减值准备所确认的预期信用损失。本项目应根据"信用减值损失"科目的发生额分析填列。

（13）"资产减值损失"项目，反映企业各项资产发生的减值损失。本项目应根据"资产减值损失"科目的发生额分析填列。

（14）"资产处置收益"项目，反映企业出售划分为持有待售的非流动资产（金融工具、长期股权投资和投资性房地产除外）或处置组（子公司和业务除外）时确认的处置利得或损失，以及处置未划分为持有待售的固定资产、在建工程、生产性生物资产及无形资产而产生的处置利得或损失。债务重组中因处置非流动资产（金融工具、长期股权投资和投资性房地产除外）产生的利得或损失、非货币性资产交换中换出非流动资产（金融工具、长期股权投资和投资性房地产除外）产生的利得或损失也包括在本项目内。本项目应根据"资产处置损益"科目的发生额分析填列。如为处置损失，以"－"号填列。

（15）"营业利润"项目，反映企业实现的营业利润。如为亏损，本项目以"－"号填列。

（16）"营业外收入"项目，除营业利润以外的收益，主要包括非流动资产毁损报废收益、与企业日常活动无关的政府补助、盘盈利得、捐赠利得（企业接受股东或股东的子公司直接或间接的捐赠，经济实质属于股东对企业的资本性投入的除外）等。本项目应根据"营业外收入"科目的发生额分析填列。

（17）"营业外支出"项目，主要包括公益性捐赠支出、非常损失、盘亏损失、非流动资产毁损报废损失等。本项目应根据"营业外支出"科目的发生额分析填列。

（18）"利润总额"项目，反映企业实现的利润。如为亏损，本项目以"－"号填列。

（19）"所得税费用"项目，反映企业应从当期利润总额中扣除的所得税费用。本项目应根据"所得税费用"科目的发生额分析填列。

（20）"净利润"项目，反映企业实现的净利润。如为亏损，本项目以"－"号填列。

（21）"其他综合收益的税后净额"项目，反映企业根据企业会计准则规定未在损益中确认的各项得和损失扣除所得税影响后的净额。

（22）"综合收益总额"项目，反映企业净利润与其他综合收益的合计金额。

（23）"每股收益"项目，包括基本每股收益和稀释每股收益两项指标，反映普通股或潜在普通股已公开交易的企业，以及正处在公开发行普通股或潜在普通股过程中的企业的每股收益信息。

二、例题点津

【例题1·单选题】下列各项中，会影响企业当期营业利润的是（　　）。

A. 支付的合同违约金

B. 公益性捐赠支出

C. 固定资产报废清理净损失

D. 无法查明原因的现金短缺

【答案】D

【解析】选项A、B、C都计入营业外收入或营业外支出，影响利润总额，不影响营业利润。选项D，应计入管理费用，影响当期营业利润。

【例题2·多选题】下列各项中，应在制造业企业利润表"营业收入"项目列示的有（　　）。

A. 持有交易性金融资产期间取得的利息收入

B. 销售商品取得的收入

C. 出租无形资产的租金收入

D. 出售固定资产实现的净收益

【答案】BC

【解析】选项A，在"投资收益"项目列示。选项D，在"资产处置收益"项目列示。

【例题3·多选题】下列各项中，应列入利润表"营业成本"项目的有（　　）。

A. 营业外支出

B. 其他业务成本

C. 主营业务成本

D. 管理费用

【答案】BC

【解析】营业成本反映企业经营主要业务和其他业务所发生的成本总额。应根据"主营业务成本""其他业务成本"科目的发生额分析填列。

【例题4·多选题】下列各项中，关于利润表中项目本期金额填列方法表述正确的有（　　）。

A. "营业收入"项目应根据"主营业务收入"和"其他业务收入"科目的本期发生额计算填列

B. "财务费用"项目应根据"财务费用"科目的本期发生额分析填列

C. "税金及附加"项目应根据"应交税费"科目的本期发生额分析填列

D. "利润总额"项目应根据"本年利润"科目的本期发生额分析填列

【答案】AB

【解析】"税金及附加"项目应根据"税金及附加"科目的本期发生额分析填列；"利润总额"项目需根据计算结果填列。选项C、D错误。

【例题5·单选题】下列各项中，应列入企业利润表"销售费用"项目的是（　　）。

A. 企业支付的广告费

B. 企业处置无形资产的净损失

C. 企业计提的存货跌价准备

D. 企业出租无形资产的摊销额

【答案】A

【解析】选项B，应列入"资产处置收益"项目；选项C，应列入"资产减值损失"项目；选项D，应列入"营业成本"项目。

【例题6·单选题】下列各项中，影响企业利润表中"利润总额"项目的是（　　）。

A. 确认的所得税费用

B. 向灾区捐款发生的支出

C. 收取股东超过注册资本的出资

D. 向投资者发放现金股利

【答案】B

【解析】选项A，记入"所得税费用"科目，影响净利润；选项B，记入"营业外支出"科目，影响利润总额；选项C，记入"资本公积"科目，对利润总额无影响；选项D，记入"应付股利"科目，对利润总额无影响。

第四单元　现金流量表

✦ 考点1　现金流量表的编制 ★★

一、考点解读

（一）现金流量表概述

现金流量表是反映企业在一定会计期间现金和现金等价物流入和流出的报表。通过现金流量表，可以为报表使用者提供企业一定会计期间内现金和现金等价物流入和流出的信息，便于使用者了解和评价企业获取现金和现金等价物的能力，据以预测企业未来现金流量。（收付实现制）

现金流量是指一定会计期间内企业现金和现金等价物的流入和流出。

提示 现金是指企业库存现金以及可以随时用于支付的存款，包括库存现金、银行存款和其他货币资金（如外埠存款、银行汇票存款、银行本票存款）等。

现金等价物是指企业持有的期限短、流动性强、易于转换为已知金额现金、价值变动风险很小的投资。期限短，一般是指从购买日起三个月内到期。

（二）现金流量表的结构内容及主要项目说明

现金流量表的基本结构根据"现金流入量 − 现金流出量 = 现金净流量"公式设计，我国企业现金流量表采用报告式结构。

根据企业业务活动的性质和现金流量的功能，企业产生的现金流量分为三类：

1. 经营活动产生的现金流量

经营活动是指企业投资活动和筹资活动以外的所有交易和事项。具体项目如下：

（1）"销售商品、提供劳务收到的现金"项目，反映企业本期销售商品、提供劳务收到的现金，以及前期销售商品、提供劳务本期收到的现金（包括应向购买者收取的增值税销项税额）和本期预收的款项，减去本期销售本期退回商品和前期销售本期退回商品支付的现金。企业销售材料和代购代销业务收到的现金，也在本项目反映。

（2）"收到的税费返还"项目，反映企业收到返还的所得税、增值税、消费税、关税和教育费附加等各种税费返还款。

（3）"收到其他与经营活动有关的现金"项目，反映企业经营租赁收到的租金等其他与经营活动有关的现金流入，金额较大的应当单独列示。

（4）"购买商品、接受劳务支付的现金"项目，反映企业本期购买商品、接受劳务实际支付的现金（包括增值税进项税额），以及本期支付前期购买商品、接受劳务的未付款项和本期预付款项，减去本期发生的购货退回收到的现金。企业购买材料和代购代销业务支付的现金，也在本项目反映。

（5）"支付给职工以及为职工支付的现金"项目，反映企业实际支付给职工的工资、奖金、各种津贴和补贴等职工薪酬（包括代扣代缴的职工个人所得税）。

（6）"支付的各项税费"项目，反映企业发生并支付、前期发生本期支付以及预交的各项税费，包括所得税、增值税、消费税、印花税、房产税、土地增值税、车船税、教育费附加等。

（7）"支付其他与经营活动有关的现金"项目，反映企业支付的按租赁准则简化处理的短期租赁付款额和低价值资产租赁付款额以及未纳入租赁负债的可变租赁付款额、支付的按租赁准则简化处理的短期租赁和低价值资产租赁相关的预付租金和租赁保证金，支付的差旅费、业务招待费、保险费、罚款支出等其他与经营活动有关的现金流出，金额较大的应当单独列示。

2. 投资活动产生的现金流量

投资活动是指企业长期资产的购建和不包括在现金等价物范围内的投资及其处置活动。具体项目如下：

（1）"收回投资收到的现金"项目，反映企业出售、转让或到期收回除现金等价物以外的对其他企业长期股权投资等收到的现金，但处置子公司及其他营业单位收到的现金净额除外。

（2）"取得投资收益收到的现金"项目，反映企业除现金等价物以外的对其他企业的长期股权投资等分回的现金股利和利息等。

（3）"处置固定资产、无形资产和其他长期资产收回的现金净额"项目，反映企业出售、报废固定资产、无形资产和其他长期资产所取得的现金（包括因资产毁损而收到的保险赔偿收入），减去为处置这些资产而支付的有关费用后的净额。

（4）"处置子公司及其他营业单位收到的现金净额"项目，反映企业处置子公司及其他营业单位所取得的现金，减去相关处置费用以及子公司及其他营业单位持有的现金和现金等价物后的净额。

（5）"购建固定资产、无形资产和其他长期资产支付的现金"项目，反映企业购买、建造固定资产、取得无形资产和其他长期资产所支付的现金（含增值税款等），以及用现金支付的应由在建工程和无形资产负担的职工薪酬。

（6）"投资支付的现金"项目，反映企业取得除现金等价物以外的对其他企业的长期股权投资等所支付的现金以及支付的佣金、手续费等附加费用，但取得子公司及其他营业单位支付的现金净额除外。

（7）"取得子公司及其他营业单位支付的现金净额"项目，反映企业购买子公司及其他营业单位购买出价中以现金支付的部分，减去子公司及其他营业单位持有的现金和现金等价物后的净额。

（8）"收到其他与投资活动有关的现金""支付其他与投资活动有关的现金"项目，反映企业除上述（1）至（7）项目外收到或支付的其他与投资活动有关的现金，金额较大的应当单独列示。

3. 筹资活动产生的现金流量

筹资活动是指导致企业资本及债务规模和构成发生变化的活动。具体项目如下：

（1）"吸收投资收到的现金"项目，反映企业以发行股票、债券等方式筹集资金实际收到的款项（发行收入减去支付的佣金等发行费用后的净额）。

（2）"**取得借款收到的现金**"项目，反映企业举借各种短期、长期借款而收到的现金。

（3）"**偿还债务支付的现金**"项目，反映企业为偿还债务本金而支付的现金。

（4）"**分配股利、利润或偿付利息支付的现金**"项目，反映企业实际支付的现金股利、支付给其他投资单位的利润或用现金支付的借款利息、债券利息。

（5）"**收到其他与筹资活动有关的现金**""**支付其他与筹资活动有关的现金**"项目，反映企业除上述（1）至（4）项目外收到或支付的其他与筹资活动有关的现金，金额较大的应当单独列示。

现金流量表中的"**汇率变动对现金及现金等价物的影响**"项目，反映的是下列两个金额之间的差额：

（1）企业外币现金流量折算为记账本位币时，采用现金流量发生日的即期汇率或按照系统合理的方法确定的、与现金流量发生日即期汇率近似的汇率折算的金额（编制合并现金流量表时折算境外子公司的现金流量，应当比照处理）；

（2）企业外币现金及现金等价物净增加额按资产负债表日即期汇率折算的金额。

（三）现金流量表的编制

编制现金流量表的方法有两种：一是**直接法**；二是间接法。我国现行企业会计准则规定，企业应当采用直接法列示经营活动产生的现金流量。

在直接法下，一般是以**利润表中的营业收入**为起算点，调节与经营活动有关项目的增减变动，然后计算出经营活动产生的现金流量。在间接法下，则是以**净利润**为起算点，调整不涉及现金的收入、费用、营业外收支等有关项目，剔除投资活动、筹资活动对现金流量的影响，据此计算出经营活动产生的现金流量。

提示 采用直接法编制的现金流量表，便于分析企业经营活动产生的现金流量的来源和用途，预测企业现金流量的未来前景。

工作底稿法是以工作底稿为手段，以利润表

和资产负债表数据为基础，结合有关科目的记录，对现金流量表的每一项目进行分析并编制调整分录，从而编制出现金流量表（**属于直接法**）。步骤如下：

第一步，将资产负债表项目的年初余额和期末金额过入工作底稿中与之对应项目期初数栏和期末数栏。

第二步，对当期业务进行分析并编制调整分录。在调整分录中，有关现金及现金等价物的事项分别记入"经营活动产生的现金流量""投资活动产生的现金流量""筹资活动产生的现金流量"等项目，借记表明现金流入，贷记表明现金流出。

第三步，将调整分录过入工作底稿中的相应部分。

第四步，核对调整分录，借贷合计应当相等，资产负债表项目期初数加减调整分录中的借贷金额以后，应当等于期末数。

现金流量表中"上期金额"栏内各项数字，应根据上一期间现金流量表"本期金额"栏内所列数字填列。

二、例题点津

【例题1·单选题】 下列各项中，会引起现金流量净额发生变动的是（　　）。

A. 从银行提取现金

B. 生产领用原材料

C. 用设备抵偿债务

D. 用银行存款偿还应付账款

【答案】 D

【解析】 选项 A 是现金内部的增减变动，净额不变；选项 B、C 不涉及现金收支，不影响现金流量净额。

【例题2·多选题】 现金流量表中的现金包括（　　）。

A. 库存现金　　　　B. 银行存款

C. 现金等价物　　　D. 其他货币资金

【答案】 ABCD

【解析】 现金流量表中的现金包括库存现金、银行存款、其他货币资金和现金等价物。

【例题3·判断题】 现金流量表中的经营活动，是指企业投资活动和筹资活动以外的交易和

事项。销售商品或提供劳务、处置固定资产、分配利润等产生的现金流量均包括在经营活动产生的现金流量之中。(　　)

【答案】×

【解析】处置固定资产产生的现金流量属于投资活动产生的现金流量,分配利润产生的现金流量属于筹资活动产生的现金流量。

【例题4·判断题】企业用现金支付在建工程人员的薪酬属于经营活动产生的现金流量。(　　)

【答案】×

【解析】在建工程人员的薪酬是因购建固定资产等而发生,因此支付的在建工程人员薪酬也属于投资活动产生的现金流量。

【例题5·单选题】某公司2×24年购买商品支付银行存款100万元,增值税进项税额13万元,支付2×23年接受劳务的未付款项20万元,2×24年发生的购货退回收到现金10万元。假设不考虑其他条件,该公司2×24年现金流量表"购买商品、接受劳务支付的现金"项目中应填列(　　)万元。

A. 133　　　　　　　　B. 110

C. 123　　　　　　　　D. 130

【答案】C

【解析】"购买商品、接受劳务支付的现金"项目 = 100 + 13 + 20 − 10 = 123(万元)。

第五单元　所有者权益变动表

✱ 考点1　所有者权益变动表的结构及编制 ★

一、考点解读

（一）所有者权益变动表的概念

所有者权益变动表是指反映构成所有者权益各组成部分当期增减变动情况的报表。它是对资产负债表的补充及对所有者权益增减变动情况的进一步说明。

（二）所有者权益变动表的结构

在所有者权益变动表上,企业至少应当单独列示反映下列信息的项目:(1)综合收益总额;(2)会计政策变更和差错更正的累积影响金额;(3)所有者投入资本和向所有者分配利润等;(4)提取的盈余公积;(5)实收资本、其他权益工具、资本公积、其他综合收益、专项储备、盈余公积、未分配利润的期初和期末余额及其调节情况。

提示 所有者权益表中不反映净利润指标。

所有者权益变动表结构为纵横交叉的矩阵式结构。

1. 纵向结构

纵向结构按所有者权益增减变动时间及内容分"上年年末余额""本年年初余额""本年增减变动金额""本年年末余额"四栏,本年增减变动金额 = 综合收益总额 ± 所有者投入和减少资本 ± 利润分配 ± 所有者权益内部结转。

2. 横向结构

横向结构采用比较式结构,分为"本年金额"和"上年金额"两栏,每栏的具体结构按照所有者权益构成内容逐项列示,即:

实收资本（或股本）+ 其他权益工具 + 资本公积 − 库存股 + 其他综合收益 + 专项储备 + 盈余公积 + 未分配利润 = 所有者权益合计

以矩阵形式列示原因:一方面,列示导致所有者权益变动的交易或事项,即所有者权益变动的来源,对一定时期所有者权益的变动情况进行全面反映;另一方面,按照所有者权益各组成部分（即实收资本、其他权益工具、资本公积、其他综合收益、盈余公积、未分配利润和库存股）列示交易或事项对所有者权益各部分的影响。

（三）所有者权益变动表的编制

1. 所有者权益变动表项目的填列方法

所有者权益变动表各项目均需填列"本年金额"和"上年金额"两栏。

所有者权益变动表"上年金额"栏内各项数字,应根据上年度所有者权益变动表"本年金额"栏内所列数字填列。上年度所有者权益变动表规定的各个项目的名称和内容同本年度不一致的，应对上年度所有者权益变动表各项目的名称和数字按照本年度的规定进行调整，填入所有者权益变动表的"上年金额"栏内。

所有者权益变动表"本年金额"栏内各项数字一般应根据资产负债表所有者权益项目金额或"实收资本（或股本）""其他权益工具""资本公积""库存股""其他综合收益""专项储备""盈余公积""利润分配""以前年度损益调整"等科目及其明细科目的发生额分析填列。

【提示】采用逐项的本年金额和上年金额比较式结构，能清晰表明构成所有者权益的各组成部分当期的增减变动情况以及与上期的增减变动情况的对照和比较。

2. 所有者权益变动表主要项目说明

（1）"上年年末余额"项目，反映企业上年资产负债表中实收资本（或股本）、其他权益工具、资本公积、库存股、其他综合收益、专项储备、盈余公积、未分配利润的年末余额。

（2）"会计政策变更"和"前期差错更正"项目，分别反映企业采用追溯调整法处理的会计政策变更的累积影响金额和采用追溯重述法处理的会计差错更正的累积影响金额。

（3）"本年增减变动金额"项目：

①"综合收益总额"项目，反映净利润和其他综合收益扣除所得税影响后的净额相加后的合计金额。

②"所有者投入和减少资本"项目，反映企业当年所有者投入的资本和减少的资本，包括：

a. "所有者投入的普通股"项目，反映企业接受投资者投入形成的实收资本（或股本）和资本溢价或股本溢价。

b. "其他权益工具持有者投入资本"项目，反映企业发行的除普通股以外分类为权益工具的金融工具的持有者投入资本的金额。

c. "股份支付计入所有者权益的金额"项目，反映企业处于等待期中的权益结算的股份支付当年计入资本公积的金额。

③"利润分配"项目，反映企业当年的利润分配金额。

④"所有者权益内部结转"项目，反映企业构成所有者权益的组成部分之间当年的增减变

动情况，包括：

a. "资本公积转增资本（或股本）"项目，反映企业当年以资本公积转增资本或股本的金额。

b. "盈余公积转增资本（或股本）"项目，反映企业当年以盈余公积转增资本或股本的金额。

c. "盈余公积弥补亏损"项目，反映企业当年以盈余公积弥补亏损的金额。

d. "设定受益计划变动额结转留存收益"项目，反映企业因重新计量设定受益计划净负债或净资产所产生的变动计入其他综合收益，结转至留存收益的金额。

e. "其他综合收益结转留存收益"项目，主要反映：第一，企业指定为以公允价值计量且其变动计入其他综合收益的非交易性权益工具投资终止确认时，之前计入其他综合收益的累计利得或损失从其他综合收益中转入留存收益的金额；第二，企业指定为以公允价值计量且其变动计入当期损益的金融负债终止确认时，之前由企业自身信用风险变动引起而计入其他综合收益的累计利得或损失从其他综合收益中转入留存收益的金额等。

【提示】熟练掌握所有者权益内部结转的项目。

二、例题点津

【例题1·单选题】下列各项中，不在所有者权益变动表列示的项目是（　　）。

A. 综合收益总额

B. 所有者投入和减少资本

C. 利润分配

D. 每股收益

【答案】D

【解析】选项D是利润表中列示项目。

【例题2·多选题】下列各项中，属于所有者权益变动表"本年增减变动金额"项目的有（　　）。

A. 所有者投入和减少资本

B. 利润分配

C. 前期差错更正

D. 资本公积转增资本（或股本）

【答案】ABD

【解析】选项 C 不属于"本年增减变动金额"项目。

【例题 3·多选题】在所有者权益变动表上，企业至少应当单独列示反映下列信息的项目包括（　　）。

A. 综合收益总额

B. 会计政策变更和差错更正的累积影响金额

C. 提取的盈余公积

D. 净利润

【答案】ABC

【解析】在所有者权益变动表上，企业至少应当单独列示反映下列信息的项目：（1）综合收益总额；（2）会计政策变更和差错更正的累积影响金额；（3）所有者投入资本和向所有者分配利润等；（4）提取的盈余公积；（5）实收资本、其他权益工具、资本公积、其他综合收益、专项储备、盈余公积、未分配利润的期初和期末余额及其调节情况。

【例题 4·单选题】年报中利润表和所有者权益变动表中，有着勾稽关系的项目是（　　）。

A. 盈余公积　　　　B. 综合收益总额

C. 资本公积　　　　D. 未分配利润

【答案】B

【例题 5·单选题】下列各项中，反映企业净利润及其分配情况的财务报表是（　　）。

A. 现金流量表　　　B. 所有者权益变动表

C. 资产负债表　　　D. 利润表

【答案】B

【解析】企业的净利润及其分配情况作为所有者权益变动的组成部分，不需要单独编制利润分配表列示。

【例题 6·判断题】所有者权益变动表是反映构成所有者权益各组成部分当期增减变动情况的报表。（　　）

【答案】√

第六单元　财务报表附注

✳ 考点 1　附注概述 ★

一、考点解读

（一）附注的作用

附注的主要作用有三个方面：第一，附注的编制和披露，是对资产负债表、利润表、现金流量表和所有者权益变动表列示项目含义的补充说明，以帮助财务报表使用者更准确地把握其含义。第二，附注提供了对资产负债表、利润表、现金流量表和所有者权益变动表中未列示项目的详细或明细说明。第三，通过附注与资产负债表、利润表、现金流量表和所有者权益变动表列示项目的相互参照关系，以及对未能在财务报表中列示项目的说明，可以使财务报表使用者全面了解企业的财务状况、经营成果和现金流量以及所有者权益的情况。

（二）附注的主要内容

附注是财务报表的**重要组成部分**。根据企业会计准则的规定，企业应当按照如下顺序编制披露附注的主要内容。

1. 企业的简介和主要财务指标

主要包括：企业名称、注册地、组织形式和总部地址；企业的业务性质和主要经营活动；母公司以及集团最终母公司的名称；财务报告的批准报出者和财务报告批准报出日；营业期限有限的企业，还应当披露有关营业期限的信息；截至报告期末公司近 3 年的主要会计数据和财务指标。

2. 财务报表的编制基础

财务报表的编制基础是指财务报表是在持续经营基础上还是在非持续经营基础上编制的。企业一般是在持续经营基础上编制财务报表，清算、破产属于非持续经营基础。

3. 遵循企业会计准则的声明

企业应当声明编制的财务报表符合企业会计准则的要求，真实、完整地反映了企业的财务状况、经营成果和现金流量等有关信息，以及明确企业编制财务报表所依据的制度基础。

4. 重要会计政策和会计估计

企业应当披露采用的重要会计政策和会计估计，不重要的会计政策和会计估计可以不披露。

在披露重要会计政策和会计估计时，企业应当披露重要会计政策的确定依据和财务报表项目的计量基础，以及会计估计中所采用的关键假设和不确定因素。

5. 会计政策和会计估计变更以及差错更正的说明

企业应当按照会计政策、会计估计变更和差错更正会计准则的规定，披露会计政策和会计估计变更以及差错更正的有关情况。

6. 报表重要项目的说明

企业对报表重要项目的说明，应当按照资产负债表、利润表、现金流量表、所有者权益变动表及其项目列示的顺序，采用文字和数字描述相结合的方式进行披露。

7. 或有和承诺事项、资产负债表日后非调整事项、关联方关系及其交易等需要说明的事项

8. 有助于财务报表使用者评价企业管理资本的目标、政策及程序的信息

二、例题点津

【例题1·单选题】下列各项中，关于财务报表附注的表述不正确的是（　　）。

A. 附注中包括财务报表重要项目的说明

B. 对未能在财务报表中列示的项目在附注中说明

C. 如果没有需要披露的重大事项，企业不必编制附注

D. 附注中包括会计政策和会计估计变更以及差错更正的说明

【答案】C

【解析】财务报表至少应当包括资产负债表、利润表、现金流量表、所有者权益变动表以及附注，所以附注是必需的，选项C的说法不正确。

【例题2·单选题】下列各项中，关于财务报表附注的表述不正确的是（　　）。

A. 附注中包括财务报表重要项目的说明

B. 对未能在会计报表中说明的内容必须在附注中加以披露

C. 附注是企业财务报表的必要组成部分

D. 附注中包括会计政策和会计估计变更以及差错更正的说明

【答案】B

【解析】附注应当披露重要的和重大的经济事项，未在会计报表中说明的问题如果比较小则无须披露。

【例题3·判断题】附注是财务报表的重要组成部分，企业应当最先披露财务报表的编制基础。（　　）

【答案】×

【解析】企业应在附注中最先披露的是企业的基本情况。

第九章　产品成本核算

教材变化

2025 年本章无实质性变化。

考情分析

本章内容为产品成本核算的内容，涉及费用的归集和分配以及在产成品与在产品之间的分配，核算复杂，学习难度较大。主要包括成本核算对象的确定、产品成本各项要素费用的归集和分配、生产费用在完工产品和在产品之间的归集与分配、产品成本计算方法。考生需要对上述内容熟练掌握，特别需要注意的是，辅助生产费用分配的方法、生产成本在完工产品和在产品之间的分配方法可能会在不定项选择题中出现。

本章考点涉及考试题型较多，大多以客观题的形式出现，主观题、客观题的考核形式均可能出现，考生在复习过程中应侧重文字表述的理解以及理论知识的应用，熟悉出题方式，练习计算能力。本章预计分值在 8～12 分之间。

本章考点框架

产品成本核算
- 成本核算概述
  - 产品成本核算的要求 ★★
  - 产品成本核算的一般程序 ★
  - 产品成本核算对象 ★
  - 产品成本项目 ★
- 基本生产费用的归集和分配
  - 材料、燃料、动力费用的归集和分配 ★★
  - 职工薪酬的归集和分配 ★★
  - 辅助生产费用的归集和分配 ★★★
  - 制造费用的归集和分配 ★★★
- 生产费用在完工产品和在产品之间的归集和分配
  - 在产品数量的核算 ★
  - 生产费用在完工产品和在产品之间的分配 ★★★
  - 完工产品成本的结转 ★
- 产品成本计算方法
  - 产品成本计算的品种法 ★
  - 产品成本计算的分批法 ★
  - 产品成本计算的分步法 ★

考点解读

第一单元 成本核算概述

✳ 考点1 产品成本核算的要求 ★★

一、考点解读

（一）做好各项基础工作

企业应当建立健全各项原始记录，并做好各项材料物资的计量、收发、领退、转移、报废和盘点工作，并做好相应的管理工作以及定额的制定和修订工作等。同时，还需要制定或者修订材料、工时、费用的各项定额，使成本核算具有可靠的基础。

（二）正确划分各种费用支出的界限

为正确计算产品成本，必须正确划分以下五个方面的费用界限：一是正确划分收益性支出和资本性支出的界限；二是正确划分成本费用、期间费用和营业外支出的界限；三是正确划分本期成本费用与以后期间成本费用的界限；四是正确划分各种产品成本费用的界限；五是正确划分本期完工产品与期末在产品成本的界限。

成本费用的划分应当遵循受益原则，即谁受益谁负担、何时受益何时负担、负担费用应与受益程度成正比。

（三）根据生产特点和管理要求选择适当的成本计算方法

企业常用的产品成本计算方法有品种法、分批法、分步法、分类法、定额法、标准成本法等。

（四）遵守一致性原则

企业产品成本核算采用的会计政策和估计一经确定，不得随意变更。在成本核算中，各种会计处理方法要前后一致，使前后各项的成本资料相互可比。

（五）编制产品成本报表

企业一般应当按月编制产品成本报表，全面反映企业生产成本、成本计划执行情况、产品成本及其变动情况等。

二、例题点津

【例题1·多选题】 下列各项中，企业为正确计算产品成本必须划分的费用界限有（ ）。

A. 收益性支出和资本性支出的界限

B. 本期完工产品和期末在产品成本的界限

C. 各种产品成本费用界限

D. 本期成本费用与以后期间成本费用的界限

【答案】 ABCD

【解析】 为正确计算产品成本，必须正确划分以下五个方面的费用界限：一是正确划分收益性支出和资本性支出的界限；二是正确划分成本费用、期间费用和营业外支出的界限；三是正确划分本期成本费用与以后期间成本费用的界限；四是正确划分各种产品成本费用的界限；五是正确划分本期完工产品与期末在产品成本的界限。

【例题2·判断题】 企业应当遵循谁受益谁负担、何时受益何时负担、负担费用应与受益程度成正比的原则正确划分各种费用支出的界限。（ ）

【答案】 √

【解析】 成本费用的划分应当遵循受益原则，即谁受益谁负担、何时受益何时负担、负担费用应与受益程度成正比。

✳ 考点2 产品成本核算的一般程序 ★

一、考点解读

产品成本核算的一般程序，是指对企业在生产经营过程中发生的各项生产费用和期间费用，按照成本核算的要求，逐步进行归集和分配，最后计算出各种产品的生产成本和各项期间费用的过程。一般程序如下：

（1）根据生产特点和成本管理的要求，确定成本核算对象。

（2）确定成本项目。企业计算产品生产成本，一般应当设置"直接材料""燃料及动力""直接人工""制造费用"等成本项目。

（3）设置有关成本和费用明细账。如生产成本明细账、制造费用明细账、产成品和自制半成品明细账等。

（4）收集确定各种产品的生产量、入库量、在产品盘存量以及材料、工时、动力消耗等，并对所有已发生生产费用进行审核。

（5）归集所发生的全部生产费用，并按照确定的成本计算对象予以分配，按成本项目计算各种产品的在产品成本、产品成本和单位成本。

（6）结转产品销售成本。

为了进行产品成本和期间费用核算，企业一般应设置"生产成本""制造费用""主营业务成本""税金及附加""销售费用""管理费用""财务费用"等科目。

二、例题点津

【例题1·多选题】下列关于成本核算的一般程序说法，正确的有（　　）。

A. 根据生产特点和成本管理要求，确定成本核算对象

B. 确定成本项目

C. 设置有关成本和费用明细账

D. 收集确定各种产品的生产量、入库量、在产品盘存量以及材料、工时、动力消耗等，对所有已发生生产费用可以直接结转

【答案】ABC

【解析】本题考核产品成本核算的一般程序。选项D，收集确定各种产品的生产量、入库量、在产品盘存量以及材料、工时、动力消耗等，并对所有已发生生产费用进行审核，不能直接进行结转。

✿考点3　产品成本核算对象★

一、考点解读

产品成本核算对象，是指确定归集和分配生产费用的具体对象，即生产费用承担的客体。

由于产品工艺、生产方式、成本管理等要求不同，产品项目不等同于成本核算对象。

对制造企业而言，一般按照产品品种、批次订单或生产步骤等确定产品成本核算对象。其中：

（1）大量大批单步骤生产产品或管理上不要求提供有关生产步骤成本信息的，一般按照产品品种确定成本核算对象。

（2）小批单件生产产品的，一般按照每批或每件产品确定成本核算对象。

（3）多步骤连续加工产品且管理上要求提供有关生产步骤成本信息的，一般按照每种（批）产品及各生产步骤确定成本核算对象。

（4）产品规格繁多的，可以将产品结构、耗用原材料和工艺过程基本相同的产品，适当合并作为成本核算对象。

二、例题点津

【例题1·单选题】下列业务中，不属于信息传输企业产品成本核算对象的是（　　）。

A. 基础电信业务

B. 基础传输业务

C. 电信增值业务

D. 其他信息传输业务

【答案】B

【解析】信息传输企业一般按照基础电信业务、电信增值业务和其他信息传输业务等确定成本核算对象。

【例题2·多选题】下列关于建筑企业确定成本核算对象的说法，正确的有（　　）。

A. 单项合同包括建造多项资产的，按合同合并的原则确定建造合同的成本核算对象

B. 一般按照订立的单项合同确定成本核算对象

C. 为建造数项资产而签订一组合同的，按合同分立原则确定建造合同的成本核算对象

D. 为建造一项资产而签订一组合同的，按合同合并原则确定建造合同的成本核算对象

【答案】BD

【解析】建筑企业一般按照订立的单项合同确定成本核算对象，选项B正确；单项合同包括建造多项资产的，企业应当按照企业会计准则

规定的合同分立原则，确定建造合同的成本核算对象，选项 A 错误；为建造一项或数项资产而签订一组合同的，按合同合并的原则，确定建造合同的成本核算对象，选项 C 错误、选项 D 正确。

【例题3·判断题】产品项目就是企业成本核算对象。（ ）

【答案】×

【解析】由于产品工艺、生产方式、成本管理等要求不同，产品项目不等同于成本核算对象。

✿ 考点4　产品成本项目★

一、考点解读

企业应当根据生产经营特点和管理要求，按照成本的经济用途和生产要素内容相结合的原则或者成本性态等设置成本项目。对于制造企业而言，一般可设置"直接材料""燃料及动力""直接人工""制造费用"等项目。

（1）直接材料，是指构成产品实体的原材料以及有助于产品形成的主要材料和辅助材料。包括原材料、辅助材料、备品配件、外购半成品、包装物、低值易耗品等费用。

（2）燃料及动力，是指直接用于产品生产的外购和自制的燃料和动力。

（3）直接人工，是指直接从事产品生产的工人的职工薪酬。

（4）制造费用，是指企业为生产产品和提供劳务而发生的各项间接费用。

由于生产的特点、各种生产费用支出的比重及成本管理和核算的要求不同，企业可以根据具体情况，适当增加一些成本项目。

提示 企业不得以计划成本、标准成本、定额成本等代替实际成本。

二、例题点津

【例题1·多选题】下列项目中，应计入产品成本的有（ ）。

A. 生产工人工资

B. 燃料及动力费用

C. 生产车间管理人员工资

D. 材料成本

【答案】ABCD

【解析】产品成本是指企业在生产产品（或提供劳务）过程中所发生的材料费用、职工薪酬等，以及不能直接计入而按一定标准分配计入的各种间接费用。

【例题2·多选题】对制造业企业而言，下列项目中属于成本项目的有（ ）。

A. 直接材料

B. 直接人工

C. 制造费用

D. 燃料及动力

【答案】ABCD

【解析】对制造业企业而言，一般可设置"直接材料""燃料及动力""直接人工""制造费用"等项目。

第二单元　基本生产费用的归集和分配

✿ 考点1　材料、燃料、动力费用的归集和分配★★

一、考点解读

（一）材料、燃料和动力费用的归集和分配

材料、燃料和动力费用的归集和分配流程如图9-1所示。

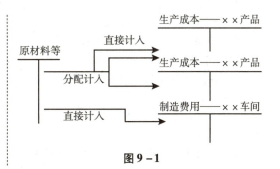

图9-1

（1）分产品领用的：直接计入产品成本的"直接材料"项目。

（2）不能分产品领用的：采用适当的分配方法，分配计入各相关产品成本的"直接材料"成本项目。

材料、燃料、动力费用分配率＝材料、燃料、动力消耗总额÷分配标准

某种产品应负担的材料、燃料、动力费用＝该产品的重量、耗用的原材料、生产工时等×材料、燃料、动力费用分配率

提示 分配标准可采用产品重量、耗用的原材料、生产工时等。

（3）在消耗定额比较准确的情况下，原材料、燃料也可按照产品的材料定额消耗量比例或材料定额费用比例进行分配。按材料定额消耗量比例分配材料费用的计算公式如下：

某种产品材料定额消耗量＝该种产品实际产量×单位产品材料消耗定额

材料消耗量分配率＝材料实际总消耗量÷各种产品材料定额消耗量之和

某种产品应分配的材料费用＝该种产品的材料定额消耗量×材料消耗量分配率×材料单价

（二）材料、燃料和动力费用分配的账务处理

借：生产成本——××产品
　　制造费用
　　贷：原材料

二、例题点津

【例题1·单选题】某企业本月投产A产品100件、B产品50件，A、B产品生产共消耗材料8 000千克，每千克30元，A、B产品单件材料消耗定额分别为40千克、20千克，按照材料消耗量比例分配材料费用，则B产品分配的材料费用为（　　）元。

A. 48 000　　　　　B. 12 000

C. 240 000　　　　D. 192 000

【答案】A

【解析】材料费用分配率＝8 000×30÷（100×40＋50×20）＝48；

A产品应分配的材料费用＝100×40×48＝192 000（元）；

B产品应分配的材料费用＝50×20×48＝

48 000（元）。

✱ 考点2　职工薪酬的归集和分配 ★★

一、考点解读

职工薪酬是企业在生产产品或提供劳务活动过程中所发生的各种直接和间接人工费用的总和。职工薪酬的归集和分配流程如图9-2所示。

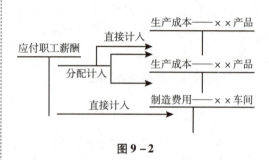

图 9 - 2

（一）职工薪酬的分配处理方法（见表9-1）

表 9 - 1

分配方法	适用
按本月应付金额分配本月职工薪酬费用	适用于月份之间职工薪酬差别较大的情况
按本月支付职工薪酬金额分配本月职工薪酬费用	适用于月份之间职工薪酬差别不大的情况

（二）职工薪酬的归集和分配

（1）直接进行产品生产的：直接计入产品成本的"直接人工"项目。

（2）不能直接计入产品成本的：按工时、产品产量、产值比例等方式进行合理分配，计入各有关产品成本的"直接人工"项目。

生产职工薪酬费用分配率＝各种产品生产职工薪酬总额÷各种产品生产工时之和

某种产品应分配的生产职工薪酬＝该种产品生产工时×生产职工薪酬费用分配率

（3）如果取得各种产品的实际生产工时数据比较困难，而各种产品的单件工时定额比较准确，也可按产品的定额工时比例分配职工薪酬，相应的计算公式如下：

某种产品耗用的定额工时＝该种产品投产量×单位产品工时定额

生产职工薪酬费用分配率＝各种产品生产职工薪酬总额÷各种产品定额工时之和

某种产品应分配的生产职工薪酬＝该种产品定额工时×生产职工薪酬费用分配率

（三）职工薪酬的账务处理

借：生产成本——××产品
　　制造费用
　　管理费用
　　销售费用
　　贷：应付职工薪酬

二、例题点津

【例题1·多选题】某企业2×24年10月份应付职工薪酬如下：基本生产车间生产工人薪酬150 000元，车间管理人员薪酬30 000元，供电车间工人薪酬40 000元，企业行政管理人员薪酬28 000元，生产工人薪酬按生产工时比例在甲、乙产品间进行分配，本月甲产品生产工时4 000小时，乙产品生产工时16 000小时。下列关于10月甲、乙产品应分配的职工薪酬的说法，正确的有（　　）。

A. 甲产品36 000元

B. 甲产品30 000元

C. 乙产品144 000元

D. 乙产品120 000元

【答案】BD

【解析】甲产品应分配的职工薪酬：150 000÷（4 000＋16 000）×4 000＝30 000（元）；乙产品应分配的职工薪酬＝150 000÷（4 000＋16 000）×16 000＝120 000（元）。

✨ 考点3　辅助生产费用的归集和分配 ★★★

一、考点解读

（一）辅助生产费用的归集

辅助生产费用的归集是通过辅助生产成本总账及明细账进行。一般情况下，辅助生产的制造费用，先通过"制造费用"科目进行单独归集，然后再转入"辅助生产成本"科目。

提示 对于辅助生产车间规模很小、制造费用很少且辅助生产不对外提供产品和劳务的，为简化核算工作，辅助生产的制造费用也可以不通过"制造费用"科目，而直接记入"生产成本——辅助生产成本"科目。

（二）辅助生产费用的分配及账务处理

辅助生产费用的分配应通过辅助生产费用分配表进行。辅助生产费用的分配方法很多，如直接分配法、交互分配法、计划成本分配法、顺序分配法和代数分配法等。

1. 直接分配法

（1）特点：不考虑各辅助生产车间之间相互提供劳务或产品的情况（供应劳务的数量减去其他辅助生产车间耗用量），而是将各种辅助生产费用直接分配给辅助生产以外的各受益单位。

（2）适用：辅助生产内部相互提供产品和劳务不多、不进行费用的交互分配、对辅助生产成本和企业产品成本影响不大的情况。

提示 采用此方法，各辅助生产费用只进行对外分配，分配一次，计算简单，但分配结果不够准确。

【简便记忆】只对外不对内。

账务处理：

借：制造费用——××车间
　　管理费用
　　销售费用
　　贷：生产成本——辅助生产成本

2. 交互分配法

特点：辅助生产费用通过两次分配完成。首先将辅助生产明细账上的合计数根据各辅助生产车间、部门相互提供的劳务或产品数量计算分配率，在辅助生产车间进行交互分配；然后将各辅助生产车间交互分配后的实际费用（即交互前的费用加上交互分配转入的费用，减去交互分配转出的费用），再按提供的劳务量在辅助生产车间以外的各受益单位之间进行分配。

提示 这种分配方法的优点是提高了分配的正确性，但同时加大了分配的工作量。

【简便记忆】先对内后对外。

3. 计划成本分配法

（1）特点：辅助生产为各受益单位提供的劳务，都按劳务的计划单位成本进行分配，辅助生产车间实际发生的费用（包括辅助生产内部交互分配转入的费用）与按计划单位成本分配转出的费用之间的差额采用简化计算方法全部计入管理费用。

（2）适用：辅助生产劳务或产品计划单位成本比较准确的企业。

【提示】该方法便于考核和分析各受益单位的成本，有利于分清各单位的经济责任，但成本分配不够准确。

【简便记忆】既对内，又对外。

二、例题点津

【例题1·单选题】甲公司有供电和供水两个辅助生产车间，2×24年1月供电车间供电80 000度，费用120 000元，供水车间供水5 000吨，费用36 000元，供电车间耗用水200吨，供水车间耗用电600度，甲公司采用直接分配法进行核算，2×24年1月供水车间分配率是（　）。

A. 7.375　　　　　B. 7.625

C. 7.2　　　　　　D. 7.5

【答案】D

【解析】直接分配法下某辅助生产车间费用分配率＝该辅助生产车间待分配费用÷各辅助车间以外的受益对象接受该辅助车间提供的劳务总量，因此供水车间的分配率＝36 000÷（5 000－200）＝7.5。

【例题2·单选题】某工业企业下设供水、供电两个辅助生产车间，采用交互分配法进行辅助生产费用的分配。2×24年4月，供电车间交互分配前实际发生的生产费用为90 000元，应负担供水车间的水费为27 000元；供电总量为500 000度（其中：供水车间耗用100 000度，基本生产车间耗用300 000度，行政管理部门耗用100 000度）。供电车间2×24年4月对辅助生产车间以外的受益单位分配电费的总成本为（　）元。

A. 81 000　　　　B. 105 300

C. 99 000　　　　D. 117 000

【答案】C

【解析】交互分配前供电车间实际发生的费用为90 000元；供电车间应负担供水车间的水费为27 000元；供水车间耗用电100 000度，供水车间应负担的电费为：90 000÷500 000×

100 000＝18 000（元），所以，供电车间对辅助生产车间以外的受益单位分配电费的总成本为：供电车间实际发生的费用＋供电车间使用的水费－被供水车间使用的电费＝90 000＋27 000－18 000＝99 000（元）。

【例题3·多选题】下列关于辅助生产费用分配方法的表述中，正确的有（　）。

A. 采用计划成本分配法，辅助生产车间实际发生的费用与按计划单位成本分配转出的费用之间的差额计入管理费用

B. 采用交互分配法，辅助生产费用需进行对内和对外的分配

C. 采用交互分配法，辅助生产费用需要经过两次分配完成

D. 采用直接分配法，各辅助生产车间的费用只对外分配一次

【答案】ABCD

【解析】计划成本分配法，辅助生产车间实际发生的费用与按计划单位成本分配转出的费用之间的差额计入管理费用，选项A正确；交互分配法，辅助生产费用通过两次分配完成。首先在辅助生产车间进行交互分配，然后将各辅助生产车间交互分配后的实际费用，再按提供的劳务量在辅助生产车间以外的各受益单位之间进行分配，选项B、C正确；直接分配法，各辅助生产费用只进行对外分配，分配一次，选项D正确。

✴ 考点4　制造费用的归集和分配 ★★★

一、考点解读

（一）制造费用的归集

制造费用的内容比较复杂，包括物料消耗，车间管理人员的薪酬，车间管理用房屋和设备的折旧费、租赁费和保险费，车间管理用具摊销，车间管理用的照明费、水费、取暖费、劳动保护费、设计制图费、试验检验费、差旅费、办公费以及季节性及修理期间停工损失等。

归集制造费用：

借：制造费用

　　贷：原材料

　　　　应付职工薪酬等

月末结转：

借：生产成本——××产品

贷：制造费用

提示 为了使各期成本、费用资料可比，制造费用项目一经确定，不得任意变更。

（二）制造费用的分配

（1）只生产一种产品的：月末制造费用直接转入该产品生产成本。

（2）生产多种产品的：应选择合理标准在车间各种产品之间分配计入各种产品生产成本。

（3）分配方法。企业应当根据制造费用的性质，合理选择制造费用分配方法。制造费用分配通常采用生产工人工时比例法（或生产工时比例法）、生产工人工资比例法（或生产工资比例法）、机器工时比例法和按年度计划分配率分配法等，见表9－2。

表9－2

分配方法	适用
生产工人工时比例法	较为常用
生产工人工资比例法	适用于各种产品生产机械化程度相差不多的企业。 提示 如果生产工人工资是按生产工时比例分配，该方法等同于生产工人工时比例法
机器工时比例法	适用于产品生产的机械化程度较高的车间
按年度计划分配率分配法	特别适用于季节性生产企业

提示 分配方法的选用由企业自行决定。分配方法一经确定，不得随意变更。如需变更，应当在附注中予以说明。

（4）制造费用的计算公式。

制造费用分配率＝制造费用总额÷各产品分配标准之和

某种产品应分配的制造费用＝该种产品分配标准×制造费用分配率

提示 分配标准包括产品生产工时总数或生产工人定额工时总数、生产工人工资总和、机器工时总数、产品计划产量的定额工时。

二、例题点津

【例题1·多选题】下列属于制造费用的有（　　）。

A. 季节性停工损失

B. 生产车间机器的日常修理费

C. 车间管理用具摊销

D. 生产车间机器的折旧费

【答案】ACD

【解析】生产车间机器的日常修理费计入管理费用。

【例题2·判断题】制造费用属于直接生产成本，所以成品成本中的制造费用要根据生产工时等分配标准分配计入。（　　）

【答案】×

【解析】制造费用属于间接生产成本。

第三单元　生产费用在完工产品和在产品之间的归集和分配

✿ 考点1　在产品数量的核算 ★

一、考点解读

（一）在产品的范围

在产品是指没有完成全部生产过程的产品，包括：

（1）正在车间加工中的在产品（包括正在返修的废品）；

（2）已经完成一个或几个生产步骤但还需要继续加工的半成品（包括未经验收入库的产品和等待返修的废品）。

在产品不包括对外销售的自制半成品。

（二）在产品核算

（1）收发存日常核算：通常通过在产品收

发结存账进行。

（2）应当于每月月末清查一次在产品，如果账实不符，不论盘盈还是盘亏，经批准后均应转入制造费用。

二、例题点津

【例题1·多选题】下列各项中，属于在产品的有（　　）。

A. 正在车间加工中的在产品

B. 已经完成一个但还需要继续加工的半成品

C. 对外销售的自制半成品

D. 等待返修的废品

【答案】ABD

【解析】在产品是指没有完成全部生产过程的产品，包括：（1）正在车间加工中的在产品（包括正在返修的废品），选项A正确；（2）已经完成一个或几个生产步骤但还需要继续加工的半成品（包括未经验收入库的产品和等待返修的废品），选项B、D正确；在产品不包括对外销售的自制半成品，选项C错误。

✦考点2　生产费用在完工产品和在产品之间的分配★★★

一、考点解读

完工产品与在产品成本之间的关系是：

本月完工产品成本＝本月发生成本＋月初在产品成本－月末在产品成本

月末如果既有完工产品又有在产品，则应当在完工产品与月末在产品之间，采用适当的分配方法，进行分配和归集，以计算完工产品和月末在产品的成本。

生产成本在完工产品和在产品之间进行分配的常用方法有：不计算在产品成本法、在产品按固定成本计价法、在产品按所耗直接材料成本计价法、约当产量比例法、在产品按定额成本计价法、定额比例法、在产品按完工产品计价法等。重点介绍的分配方法见表9－3。

表9－3

分配方法	适用
约当产量比例法	产品数量较多，各月在产品数量变化也较大，且生产成本中直接材料成本和直接人工等加工成本的比重相差不大的产品
在产品按定额成本计价法	各项消耗定额或成本定额比较准确、稳定，而且各月末在产品数量变化不是很大的产品
定额比例法	各项消耗定额或成本定额比较准确、稳定，但各月末在产品数量变动较大的产品

1. 约当产量比例法

约当产量是指月末在产品数量按照完工程度折算为相当于完工产品的产量。约当产量比例法是指按照完工产品产量与月末在产品约当产量的比例分配计算完工产品成本和月末在产品成本的方法。计算公式如下：

在产品约当产量＝在产品数量×完工程度

单位成本＝（月初在产品成本＋本月发生生产成本）÷（完工产品产量＋在产品约当产量）

完工产品成本＝完工产品产量×单位成本

在产品成本＝在产品约当产量×单位成本

2. 在产品按定额成本计价法

月末在产品成本按定额成本计算，完工产品成本为该种产品的全部成本（包括月初在产品成本）减去月末在产品成本的余额。计算公式如下：

月末在产品成本＝月末在产品数量×在产品单位定额成本

完工产品总成本＝（月初在产品成本＋本月发生生产成本）－月末在产品成本

提示 每月生产成本脱离定额的节约差异或超支差异全部计入当月完工产品成本。

3. 定额比例法

定额比例法是指产品的生产成本在完工产品与月末在产品之间按照两者的定额消耗量或定额成本比例分配。计算公式如下：

直接材料成本分配率＝（月初在产品实际材料成本＋本月投入的实际材料成本）÷（完工产品定额材料成本＋月末在产品定额材料成本）

完工产品应负担的直接材料成本＝完工产品定额材料成本×直接材料成本分配率

月末在产品应负担的直接材料成本＝月末在产品定额材料成本×直接材料成本分配率

直接人工成本分配率＝（月初在产品实际人工成本＋本月投入的实际人工成本）÷（完工产品定额工时＋月末在产品定额工时）

完工产品应负担的直接人工成本＝完工产品定额工时×直接人工成本分配率

月末在产品应负担的直接人工成本＝月末在产品定额工时×直接人工成本分配率

制造费用分配率＝（月初在产品制造费用＋本月实际发生制造费用）÷（完工产品定额工时＋月末在产品定额工时）

完工产品应负担的制造费用＝完工产品定额工时×制造费用分配率

月末在产品应负担的制造费用＝月末在产品定额工时×制造费用分配率

二、例题点津

【例题1·单选题】某企业"生产成本"科目的期初余额为50万元，本期为生产产品发生直接材料费用100万元，直接人工30万元，制造费用50万元，行政管理费用10万元，"生产成本"科目的期末余额为32万元，如果该企业只生产一种产品，则本期完工产品的成本为（　　）万元。

A. 148　　B. 130

C. 198　　D. 176

【答案】C

【解析】本期完工产品成本＝月初在产品成本＋本月发生成本－月末在产品成本＝50＋100＋30＋50－32＝198（万元）。

【例题2·单选题】已知某企业甲产品单位工时定额40小时，经过三道工序制成。第一道工序工时定额为8小时，第二道工序工时定额为16小时，第三道工序工时定额为16小时。各道工序内各件在产品加工程度均按50%计算。第一道工序在产品20件，第二道工序在产品40件，第三道工序在产品60件，第三道工序的约当产量应为（　　）件。

A. 2　　B. 16

C. 32　　D. 48

【答案】D

【解析】第三道工序在产品完工程度（8＋16＋16×50%）÷40＝0.8，即完工程度为80%，那么第三道工序在产品约当产量＝在产品数量×完工程度＝60×80%＝48（件）。

【例题3·单选题】某产品经过两道工序加工制成，各工序的单位工时定额分别为40小时和20小时，各工序内在产品完工程度平均为50%。采用约当产量比例法确定的第二道工序在产品完工程度是（　　）。

A. 60%　　B. 66.67%

C. 83.33%　　D. 90%

【答案】C

【解析】第一道工序在产品完工程度＝（40×50%）÷（40＋20）×100%＝33.33%；第二道工序在产品完工程度＝（40＋20×50%）÷（40＋20）×100%＝83.33%，选项C正确。

考点3　完工产品成本的结转★

一、考点解读

企业完工产品经产成品仓库验收入库后，其成本应从"生产成本——基本生产成本"科目的贷方转出，转入"库存商品"科目的借方。

借：库存商品

　　贷：生产成本——基本生产成本

二、例题点津

【例题1·单选题】某企业本月生产甲产品，2×24年10月，期初在产品成本20 000元。10月份发生以下费用：生产领用材料80 000元，生产工人工资50 000元，制造费用20 000元，管理费用10 000元，广告宣传费8 000元；月末在产品成本30 000元。产品已验收入库。该企业正确的10月份完工产品成本结转的会计分录为（　　）。

A. 借：库存商品　　150 000

　　贷：生产成本——基本生产成本

　　　　150 000

B. 借：库存商品　　　　140 000

　　贷：生产成本——基本生产成本

　　　　　　　　　　　　140 000

C. 借：产成品　　　　　158 000

　　贷：生产成本——基本生产成本

　　　　　　　　　　　　158 000

D. 借：产成品　　　　　168 000

　　贷：生产成本——基本生产成本

　　　　　　　　　　　　168 000

【答案】B

第四单元　产品成本计算方法

✳ 考点1　产品成本计算的品种法★

一、考点解读

（一）概念

品种法是指以产品品种作为成本核算对象，归集和分配生产成本，计算产品成本的一种方法。

（二）适用范围

品种法适用于单步骤、大量生产的企业，如发电、供水、采掘等企业。

（三）品种法的主要特点

（1）成本核算对象是产品品种。

对于只生产一种产品的，全部生产成本都是直接成本，可直接计入该产品生产成本明细账的有关成本项目中，不存在在各种成本核算对象之间分配成本的问题。

对于生产多种产品的，间接生产成本则要采用适当的方法，在各成本核算对象之间进行分配。

（2）品种法下一般定期（每月月末）计算产品成本。

（3）月末一般不存在在产品，一般不需要将生产费用在完工产品与在产品之间进行划分，当期发生的生产费用总和就是该种完工产品的总成本；如果企业月末有在产品，要将生产成本在完工产品和在产品之间进行分配。

二、例题点津

【例题1·单选题】下列各种产品成本核算方法，适用于单步骤、大量生产的是（　　）。

A. 品种法　　　　　B. 分批法

C. 逐步结转分步法　D. 平行结转分步法

【答案】A

【解析】品种法适用于单步骤、大量生产的企业；分批法适用于单件、小批生产的企业；分步法适用于大量大批的多步骤生产的企业。

【例题2·多选题】下列关于成本计算品种法的表述中，正确的有（　　）。

A. 以产品品种作为成本计算对象，归集和分配生产费用，计算产品成本

B. 适用于多步骤生产，但管理上不要求分步计算成本的企业

C. 如果月末有在产品，要将生产成本在完工产品和在产品之间进行分配

D. 一般定期（每月月末）计算产品成本

【答案】ABCD

【解析】品种法适用于大量大批单步骤或多步骤但在成本管理上不要求分步计算成本的企业。品种法计算成本的主要特点：一是成本核算对象是产品品种；二是品种法下一般定期（每月月末）计算产品成本；三是如果企业月末有在产品，要将生产成本在完工产品和在产品之间进行分配。

【例题3·判断题】品种法下计算产品成本一般是不定期的，既可以是月末，也可以是年末。（　　）

【答案】×

【解析】本期发生的产品成本＝80 000＋50 000＋20 000＝150 000（元）；

10月完工产品成本＝月初在产品成本＋本月发生成本－月末在产品成本＝20 000＋150 000－30 000＝140 000（元）。

企业完工产品经产成品仓库验收入库后，其成本应从"生产成本——基本生产成本"科目及所属产品成本明细账的贷方转出，转入"库存商品"科目的借方。

【解析】在品种法下，一般定期（通常在每月月末）计算产品成本。

考点2　产品成本计算的分批法★

一、考点解读

（一）概念

分批法是指以产品的批别作为产品成本核算对象，归集和分配生产成本，计算产品成本的一种方法。

（二）适用范围

分批法主要适用于单件、小批生产的企业，如造船、重型机器制造、精密仪器制造等，也可用于一般企业中的新产品试制或试验的生产、在建工程以及设备修理作业等。

（三）分批法的主要特点

（1）成本核算对象是产品的批别，是购买者事先订货或企业规定的产品批别。

（2）产品成本计算是不定期的。成本计算期与产品生产周期基本一致，但与财务报告期不一致。

（3）在计算月末在产品成本时，一般不存在在完工产品和在产品之间分配成本的问题。

二、例题点津

【例题1·多选题】下列各项中，应采用分批法的有（　　）。

A. 精密仪器制造　　B. 新产品试制

C. 设备修理作业　　D. 机械制造

【答案】ABC

【解析】分批法适用于单件、小批生产的企业，如造船、重型机器制造、精密仪器制造等，也可用于一般企业中的新产品试制或试验的生产、在建工程以及设备修理作业等。选项D采用分步法。

【例题2·判断题】无论采用哪种成本计算方法计算产品成本，各月月末都要在完工产品与月末在产品之间分配费用。（　　）

【答案】×

【解析】分批法下，由于成本计算期与产品的生产周期基本一致，因而在计算月末在产品成本时，一般不存在在完工产品与月末在产品之间分配费用的问题。

【例题3·判断题】在分批法下成本计算期与产品生产周期基本一致，与会计报告期也一致。（　　）

【答案】×

【解析】在分批法下成本计算期与产品生产周期基本一致，但与会计报告期不一致。

考点3　产品成本计算的分步法★

一、考点解读

（一）概念

分步法是指按照生产过程中各个加工步骤（分品种）为成本核算对象，归集和分配生产成本，计算各步骤半成品和最后产成品成本的一种方法。

（二）适用范围

分步法适用于大量大批的多步骤生产，如冶金、纺织、机械制造等。

（三）分步法的主要特点

（1）成本核算对象是各种产品的生产步骤。

（2）月末为计算完工产品成本，还需要将归集在生产成本明细账中的生产成本在完工产品和在产品之间进行分配。

（3）除了按品种计算和结转产品成本外，还需要计算和结转产品的各步骤成本。如果企业只生产一种产品，则成本核算对象就是该种产品及其所经过的各个生产步骤。其成本计算期是固定的，与产品的生产周期不一致。

（4）各生产步骤成本计算和结转采用的方式。

各生产步骤成本的计算和结转，一般采用逐步结转分步法和平行结转分步法两种方式。

①逐步结转分步法主要用于分步计算半成品成本的情形，是按照产品加工的顺序，逐步计算并结转半成品成本，直到最后加工步骤完成才能计算产品成本的一种方法。该方法需要将生产成本在各步骤完工产品和在产品之间进行分配。

②平行结转分步法主要用于不需分步计算半成品成本的情形，是指在计算各步骤成本时，不

计算各步骤所产半成品的成本，也不计算各步骤所耗上一步骤的半成品成本，而只计算本步骤发生的各项其他成本，以及这些成本中应计入产成品的份额，将相同产品的各步骤成本明细账中的这些份额平行结转、汇总，即可计算出该种产品的产成品成本。

二、例题点津

【例题1·单选题】采用平行结转分步法时，完工产品与在产品之间的费用分配是（　　）。

A. 各生产步骤完工半成品与月末加工中在产品之间费用的分配

B. 各步骤产成品与各步骤在产品之间的费用分配

C. 产成品与月末各步骤尚未加工完成的在产品和各步骤已完工但尚未最终完成的产品

D. 产成品与月末加工中在产品之间的费用分配

【答案】C

【解析】在平行结转分步法下，其完工产品与在产品之间的费用分配，是指产成品与月末广义在产品之间费用的分配。

【例题2·多选题】下列关于成本计算平行结转分步法的表述中，正确的有（　　）。

A. 不必逐步结转半成品成本

B. 各步骤可以同时计算产品成本

C. 能提供各个步骤半成品的成本资料

D. 能直接提供按原始成本项目反映的产成品成本资料

【答案】ABD

【解析】平行结转分步法的缺点是：（1）不能提供各个步骤的半成品成本资料；（2）不能为各个生产步骤在产品的实物和资金管理提供资料；（3）不能全面地反映各该步骤产品的生产耗费水平（第一步骤除外）。

【例题3·多选题】下列关于成本计算分步法的表述中，正确的有（　　）。

A. 逐步结转分步法有利于各步骤在产品的实物管理和成本管理

B. 当企业经常对外销售半成品时，不宜采用平行结转分步法

C. 采用逐步分项结转分步法时，不必计算每步骤产品成本

D. 采用平行结转分步法时，不必将产品生产费用在完工产品和在产品之间进行分配

【答案】AB

【解析】本题的主要考核点是成本计算分步法的特点。逐步结转分步法有利于各步骤在产品的实物管理和成本管理，同时也计算各步骤的半成品成本；当企业经常对外销售半成品时，适宜采用逐步结转分步法，而不宜采用平行结转分步法（不计算各步骤的半成品成本法）；采用逐步分项结转分步法时，需计算每步骤产品成本；采用平行结转分步法时，各步骤生产费用需要在完工产品和月末在产品之间进行分配。

第十章　政府会计基础

教材变化

2025 年教材本章内容变化不大，具体内容变化如下：

1. 第二节"非财政拨款结余的核算"中增加了"专用结余的核算""经营结余的核算""其他结余的核算""非财政拨款结余分配的核算"的内容。

2. 第二节"资产业务"中新增了"同类或类似资产的市场价格"和"固定资产"的定义。

考情分析

本章内容为政府会计基础知识，这部分内容难度不大，但一些概念和知识点需要记忆，注意政府会计核算模式具备财务会计和预算会计双重功能，与企业会计核算模式有所不同。考生需要熟练掌握政府单位特定业务的财务会计和预算会计的平行记账等内容，关注国库集中支付（直接支付和授权支付）、预算结转结余及分配以及资产的账务处理。本章考点涉及考试题型通常以单项选择题、多项选择题和判断题等客观题的形式考核，出不定项选择题的可能性不大。本章预计分值 2 分左右。

本章考点框架

政府会计基础
- 政府会计要素与核算模式
  - 政府会计要素及其确认和计量 ★★★
  - 政府会计核算模式 ★★
- 行政事业单位常见业务的会计核算
  - 国库集中支付业务 ★★★
  - 非财政拨款收支业务 ★★★
  - 预算结转结余及分配 ★★★
  - 净资产业务 ★★
  - 资产业务 ★★★
  - 负债业务 ★★
- 政府决算报告和财务报告
  - 政府决算报告 ★★
  - 政府财务报告 ★★

考点解读

第一单元　政府会计要素与核算模式

✤ 考点 1　政府会计要素及其确认和计量★★★

一、考点解读

（一）政府预算会计要素

1. 预算收入

（1）概念：是指政府会计主体在预算年度内依法取得的并纳入预算管理的现金流入。

（2）确认：一般在实际收到时确认。

（3）计量：以实际收到的金额计量。

2. 预算支出

（1）概念：是指政府会计主体在预算年度内依法发生并纳入预算管理的现金流出。

（2）确认：一般在实际支付时予以确认。

（3）计量：以实际支付的金额计量。

3. 预算结余

预算结余是指政府会计主体预算年度内预算收入扣除预算支出后的资金余额，以及历年滚存的资金余额。预算结余包括结余资金和结转资金。

（1）结余资金：是指年度预算执行终了，预算收入实际完成数扣除预算支出和结转资金后剩余的资金。

（2）结转资金：是指预算安排项目的支出年终尚未执行完毕或者因故未执行，且下年需要按原用途继续使用的资金。

（二）政府财务会计要素

1. 资产

（1）概念：是指政府会计主体过去的经济业务或者事项形成的，由政府会计主体控制的，预期能够产生服务潜力或者带来经济利益流入的经济资源。

（2）分类：政府会计主体的资产按照流动

性，分为流动资产和非流动资产。其中：

流动资产是指预计在 1 年内（含 1 年）耗用或者可以变现的资产，包括货币资金、短期投资、应收及预付款项、存货等。

非流动资产是指流动资产以外的资产，包括固定资产、在建工程、无形资产、长期投资、公共基础设施、政府储备资产、文物文化资产、保障性住房和自然资源资产等。

（3）确认：同时满足以下条件时，确认为资产。

一是与该经济资源相关的服务潜力很可能实现或者经济利益很可能流入政府会计主体；二是该经济资源的成本或者价值能够可靠地计量。

（4）计量：政府资产的计量属性主要有历史成本、重置成本、现值、公允价值和名义金额。

历史成本计量下，资产按照取得时支付的现金金额或者支付对价的公允价值计量。

重置成本计量下，资产按照现在购买相同或者相似资产所需支付的现金金额计量。

现值计量下，资产按照预计从其持续使用和最终处置中所产生的未来净现金流入量的折现金额计量。

公允价值计量下，资产按照市场参与者在计量日发生的有序交易中，出售资产所能收到的价格计量。

无法采用上述计量属性的，采用名义金额（即人民币 1 元）计量。

政府会计主体对资产进行计量，一般应当采用历史成本。

2. 负债

（1）概念：是指政府会计主体过去的经济业务或者事项形成的，预期会导致经济资源流出政府会计主体的现时义务。

未来发生的经济业务或者事项形成的义务不属于现时义务，不应当确认为负债。

（2）分类：政府会计主体的负债按照流动性，分为流动负债和非流动负债。其中：

流动负债是指预计在1年内（含1年）偿还的负债，包括短期借款、应付短期政府债券、应付及预收款项、应缴款项等。

非流动负债是指流动负债以外的负债，包括长期借款、长期应付款、应付长期政府债券等。

政府会计主体的负债分为偿还时间与金额基本确定负债和由或有事项形成的预计负债。偿还时间与金额基本确定的负债按政府会计主体的业务性质及风险程度，分为融资活动形成的举借债务及其应付利息、运营活动形成的应付及预收款项和暂收性负债。

（3）确认：同时满足以下条件时，确认为负债。

一是履行该义务很可能导致含有服务潜力或者经济利益的经济资源流出政府会计主体；二是该义务的金额能够可靠地计量。

（4）计量：政府负债的计量属性主要有历史成本、现值和公允价值。

历史成本计量下，负债按照因承担现时义务而实际收到的款项或者资产的金额，或者承担现时义务的合同金额，或者按照为偿还负债预期需要支付的现金计量。

现值计量下，负债按照预计期限内需要偿还的未来净现金流出量的折现金额计量。

公允价值计量下，负债按照市场参与者在计量日发生的有序交易中，转移负债所需支付的价格计量。

政府会计主体对负债进行计量，一般应当采用历史成本。

3. 净资产

净资产是指政府会计主体资产扣除负债后的净额，其金额取决于资产和负债的计量。

4. 收入

（1）概念：是指报告期内导致政府会计主体净资产增加的、含有服务潜力或者经济利益的经济资源的流入。

（2）确认：应当同时满足以下条件，确认为收入。

一是与收入相关的含有服务潜力或者经济利益的经济资源很可能流入政府会计主体；

二是含有服务潜力或者经济利益的经济资源流入会导致政府会计主体资产增加或者负债减少；

三是流入金额能够可靠地计量。

5. 费用

（1）概念：是指报告期内导致政府会计主体净资产减少的、含有服务潜力或者经济利益的经济资源的流出。

（2）确认：同时满足以下条件，确认为费用。

一是与费用相关的含有服务潜力或者经济利益的经济资源很可能流出政府会计主体；

二是含有服务潜力或者经济利益的经济资源流出会导致政府会计主体资产减少或者负债增加；

三是流出金额能够可靠地计量。

二、例题点津

【例题1·单选题】下列各项中，不属于预算会计要素的是（　　）。

A. 预算收入　　　　B. 预算支出

C. 预算费用　　　　D. 预算结余

【答案】C

【解析】政府预算会计要素包括预算收入、预算支出和预算结余。选项C符合题意。

【例题2·多选题】下列各项中，属于政府会计主体非流动资产的有（　　）。

A. 政府储备资产

B. 公共基础设施

C. 文物文化资产

D. 自然资源资产

【答案】ABCD

【解析】政府会计主体的非流动资产包括固定资产、在建工程、无形资产、长期投资、公共基础设施（选项B）、政府储备资产（选项A）、文物文化资产（选项C）、保障性住房和自然资源资产（选项D）等。

【例题3·多选题】政府负债的计量属性主要有（　　）。

A. 重置成本　　　　B. 名义金额

C. 历史成本　　　　D. 公允价值

【答案】CD

【解析】政府负债的计量属性主要有历史成

本、现值和公允价值。故选项 C 和选项 D 符合题意。

【例题 4·判断题】 预算支出是指报告期内导致政府会计主体净资产减少的、会有服务潜力或经济利益的经济资源的流出。（　　）

【答案】 ×

【解析】 费用是指报告期内导致政府会计主体净资产减少的、含有服务潜力或者经济利益的经济资源的流出。

✳ 考点 2　政府会计核算模式 ★★

一、考点解读

（一）预算会计与财务会计适度分离

1. "双功能"

政府会计应当实现预算会计和财务会计的双重功能。

预算会计对政府会计主体预算执行过程中发生的全部预算收入和全部预算支出进行会计核算，主要反映和监督预算收支执行情况。

财务会计对政府会计主体发生的各项经济业务或者事项进行会计核算，主要反映和监督政府会计主体财务状况、运行情况和现金流量等。

2. "双基础"

预算会计实行收付实现制，国务院另有规定的，从其规定；

财务会计实行权责发生制。

3. "双报告"

政府会计主体应当编制决算报告和财务报告。其中：

政府决算报告是综合反映政府会计主体年度预算收支执行结果的文件，主要以收付实现制为基础编制，以预算会计核算生成的数据为准；

政府财务报告是反映政府会计主体某一特定日期的财务状况和某一会计期间的运行情况和现金流量等信息的文件，主要以权责发生制为基础编制，以财务会计核算生成的数据为准。

（二）预算会计与财务会计相互衔接

政府预算会计和财务会计"适度分离"，并不是要求政府会计主体分别建立预算会计和财务会计两套账，对同一笔经济业务或事项进行会计核算，而是要求政府预算会计要素和财务会计要素相互协调，决算报告和财务报告相互补充，共同反映政府会计主体的预算执行信息和财务信息。

二、例题点津

【例题 1·单选题】 下列各项中，关于政府会计"双功能"特点表述正确的是（　　）。

A. 政府会计应当实现预算会计和财务会计的双重功能

B. 政府会计应当实现预算会计和管理会计的双重功能

C. 政府会计应当实现预算会计和成本会计的双重功能

D. 政府会计应当实现财务会计和管理会计的双重功能

【答案】 A

【解析】 政府会计应当实现预算会计和财务会计的双重功能，故选项 A 正确。

【例题 2·多选题】 下列各项中，关于政府会计的表述中正确的有（　　）。

A. 政府会计应当实现预算会计和财务会计双重功能

B. 政府会计主体应当编制决算报告和财务报告

C. 政府会计实行收付实现制

D. 政府会计主体分别建立预算会计和财务会计两套账

【答案】 AB

【解析】 预算会计实行收付实现制，国务院另有规定的，从其规定；财务会计实行权责发生制，选项 C 错误；政府预算会计和财务会计"适度分离"，并不是要求政府会计主体分别建立预算会计和财务会计两套账，对同一笔经济业务或事项进行会计核算，而是要求政府预算会计要素和财务会计要素相互协调，决算报告和财务报告相互补充，共同反映政府会计主体的预算执行信息和财务信息，选项 D 错误。

第二单元　行政事业单位常见业务的会计核算

✱ 考点1　国库集中支付业务★★★

一、考点解读

国库集中收付，是指以国库单一账户体系为基础，将所有财政性资金都纳入国库单一账户体系管理，收入直接缴入国库和财政专户，支出通过国库单一账户体系支付到商品和劳务供应者或用款单位的一项国库管理制度。实行国库集中支付的单位，财政资金的支付方式包括财政直接支付和财政授权支付。

（一）财政直接支付业务

在财政直接支付方式下，具体业务的会计核算见表10－1。

表10－1

业务和事项	核算模式	账务处理
收到"财政直接支付入账通知书"时	预算会计	借：行政支出/事业支出等 　　贷：财政拨款预算收入
	财务会计	借：库存物品/固定资产/应付职工薪酬/业务活动费用/单位管理费用等 　　贷：财政拨款收入

（二）财政授权支付业务

在财政授权支付方式下，具体业务的会计核算见表10－2。

表10－2

业务和事项	核算模式	账务处理
收到"授权支付到账通知书"时	预算会计	借：资金结存——零余额账户用款额度 　　贷：财政拨款预算收入
	财务会计	借：零余额账户用款额度 　　贷：财政拨款收入
按规定支用额度时，按照实际支用的额度	预算会计	借：行政支出/事业支出等 　　贷：资金结存——零余额账户用款额度
	财务会计	借：库存物品/固定资产/应付职工薪酬/业务活动费用/单位管理费用等 　　贷：零余额账户用款额度

（三）预算管理一体化的相关会计处理

在实行预算管理一体化的地区和部门，国库集中支付不再区分财政直接支付和财政授权支付，不再使用"零余额账户用款额度"科目，"财政应返还额度"科目和"资金结存——财政应返还额度"科目不再设置"财政直接支付""财政授权支付"明细科目。

实行预算管理一体化的地区和部门，其相关会计处理见表10－3。

表 10-3

业务和事项	核算模式	账务处理
收到国库集中支付凭证及相关原始凭证，按照入账金额	财务会计	借：库存物品/固定资产/业务活动费用/单位管理费用/应付职工薪酬等 贷：财政拨款收入（使用本年度预算指标）或财政应返还额度（使用以前年度预算指标）
	预算会计	借：行政支出/事业支出等 贷：财政拨款预算收入（使用本年度预算指标）或资金结存——财政应返还额度（使用以前年度预算指标）
年末，根据批准的预算与实际差额中允许结转使用的金额	财务会计	借：财政应返还额度 贷：财政拨款收入
	预算会计	借：资金结存——财政应返还额度 贷：财政拨款预算收入

二、例题点津

【例题1·单选题】下列各项中，在财政直接支付方式下，事业单位收到"财政直接支付入账通知书"时，财务会计核算应贷记的会计科目是（　　）。

A. 经营收入　　　　B. 其他收入

C. 事业收入　　　　D. 财政拨款收入

【答案】D

【解析】在财政直接支付方式下，单位在收到"财政直接支付入账通知书"时，按照通知书中直接支付的金额，在财务会计中借记"库存物品"等科目，贷记"财政拨款收入"科目，选项D正确。

【例题2·单选题】在财政授权支付方式下，单位收到代理银行盖章的"授权支付到账通知书"时，根据到账通知书所列数额，财务会计应编制的会计分录为（　　）。

A. 借：库存物品
　　　贷：零余额账户用款额度

B. 借：零余额账户用款额度
　　　贷：财政拨款收入

C. 借：资金结存
　　　贷：财政拨款预算收入

D. 借：零余额账户用款额度
　　　贷：财政拨款预算收入

【答案】B

【解析】在财政授权支付方式下，单位收到代理银行盖章的"授权支付到账通知书"时，根据到账通知书所列数额，在财务会计中借记"零余额账户用款额度"科目，贷记"财政拨款收入"科目。

【例题3·多选题】关于国库集中直接支付业务，下列事项中错误的有（　　）。

A. 收到代理银行盖章的"财政授权支付到账通知书"时，根据通知书所列数额进行会计处理

B. 应设置"零余额账户用款额度"账户

C. 对于直接支付的支出，预算会计处理时，应贷记"财政拨款收入"科目

D. 应当在进行预算会计核算的同时进行财务会计核算

【答案】ABC

【解析】财政直接支付业务，单位收到"财政直接支付入账通知书"时，按照通知书中标明的金额进行会计处理，选项A错误；财政授权支付业务下，设置"零余额账户用款额度"账户，选项B错误；在财政直接支付方式下，对直接支付的支出，预算会计处理时，应贷记"财政拨款预算收入"科目，选项C错误。

【例题4·判断题】甲事业单位按照规定，通过财政授权支付方式购买办公设备，只需要进行预算会计核算。（　　）

【答案】×

【解析】在财政授权支付方式下，按规定支用额度时，按照实际支用的额度，在预算会计中借记"行政支出""事业支出"等科目，贷记"资金结存——零余额账户用款额度"科目；同时在财务会计中借记"库存物品""固定资产""应付职工薪酬""业务活动费用""单位管理费用"等科目，贷记"零余额账户用款额度"科目。因此，通过财政授权支付方式购买办公设备，应在财务会计核算的同时进行预算会计核算。

【例题5·判断题】对于实行预算管理一体化的单位，国库集中支付不再区分财政直接支付和财政授权支付，但需要使用"零余额账户用款额度"科目进行会计处理。（　　）

【答案】×

【解析】在实行预算管理一体化的地区和部门，国库集中支付不再区分财政直接支付和财政

授权支付，单位的会计处理与财政直接支付方式下类似，不再使用"零余额账户用款额度"科目，"财政应返还额度"科目和"资金结存——财政应返还额度"科目，不再设置"财政直接支付""财政授权支付"明细科目。

✱ 考点2　非财政拨款收支业务★★★

一、考点解读

（一）事业（预算）收入

事业收入是指事业单位开展专业业务活动及其辅助活动实现的收入，具体业务账务处理见表10-4。

提示 事业收入不包括从同级政府财政部门取得的各类财政拨款。

表10-4

业务和事项		账务处理	
		财务会计	预算会计
采用财政专户返还方式	实现时，按照实际收到或应收的金额	借：银行存款/应收账款等 　贷：应缴财政款	—
	向财政专户上缴款项时	借：应缴财政款 　贷：银行存款等	—
	收到从财政专户返还的款项时	借：银行存款等 　贷：事业收入	借：资金结存——货币资金 　贷：事业预算收入
采用预收款方式	实际收到预收款项时	借：银行存款等 　贷：预收账款	借：资金结存——货币资金 　贷：事业预算收入
	按合同完成进度确认收入时	借：预收账款 　贷：事业收入	—
采用应收款方式	根据合同完成进度计算本期应收的款项	借：应收账款 　贷：事业收入	—
	实际收到款项时	借：银行存款等 　贷：应收账款	借：资金结存——货币资金 　贷：事业预算收入

（二）捐赠（预算）收入和支出

捐赠收入指单位接受其他单位或者个人捐赠取得的收入，包括现金捐赠收入和非现金捐赠收

入。捐赠预算收入指单位接受捐赠的现金资产。具体业务账务处理见表10-5。

表 10－5

业务和事项		账务处理	
		财务会计	预算会计
接受捐赠的货币资金，按照实际收到的金额		借：银行存款/库存现金等 　　贷：捐赠收入	借：资金结存——货币资金 　　贷：其他预算收入——捐赠预算收入
接受捐赠的存货、固定资产等非现金资产		借：库存物品/固定资产 　　贷：捐赠收入 　　　　银行存款等（关税费、运输费等）	借：其他支出 　　贷：资金结存——货币资金（相关税费、运输费等）
单位对外捐赠	现金资产	借：其他费用 　　贷：银行存款/库存现金等	借：其他支出 　　贷：资金结存——货币资金
	库存物品、固定资产等非现金资产	借：资产处置费用 　　贷：库存物品/固定资产	如未支付相关费用，不作账务处理

二、例题点津

【例题1·单选题】 关于事业（预算）收入的下列表述中，错误的是（　　）。

A. 事业收入是指事业单位开展专业业务活动及其辅助活动实现的收入

B. 单位在预算会计中应当设置"事业预算收入"科目，采用收付实现制核算

C. 在财务会计中应当设置"事业收入"科目，采用权责发生制核算

D. 采用预收款方式确认事业收入，只需进行财务会计处理

【答案】 D

【解析】 对采用预收款方式确认的事业（预算）收入，实际收到预收款项时，按照收到的金额，在财务会计中借记"银行存款"等科目，贷记"预收账款"科目；同时在预算会计中借记"资金结存——货币资金"科目，贷记"事业预算收入"科目。以合同完成进度确认事业收入时，按照基于合同完成进度计算的金额，财务会计中借记"预收账款"科目，贷记"事业收入"科目。

【例题2·单选题】 下列各项中，政府单位在财务会计处理时，应将对外捐赠非现金资产的账面价值转入的会计科目是（　　）。

A. 累计盈余　　　　B. 资产处置费用

C. 其他费用　　　　D. 其他支出

【答案】 B

【解析】 单位对外捐赠库存物品、固定资产等非现金资产的，在财务会计中应当将资产的账面价值转入"资产处置费用"科目。故选项 B 正确。

【例题3·判断题】 甲事业单位收到乙企业捐赠给本单位使用的现金，在财务会计下应计入捐赠收入。（　　）

【答案】 √

【解析】 捐赠收入指单位接受其他单位或者个人捐赠取得的收入，包括现金捐赠收入和非现金捐赠收入。单位接受捐赠的货币资金，应作会计处理如下：

财务会计核算：

借：银行存款、库存现金等

　　贷：捐赠收入

预算会计核算：

借：资金结存——货币资金

　　贷：其他预算收入——捐赠预算收入

✳ 考点3　预算结转结余及分配★★★

一、考点解读

单位在预算会计中应当严格区分财政拨款结转结余和非财政拨款结转结余。

（一）财政拨款结转结余的核算

财政拨款结转结余不参与事业单位的结余分配，单独设置"财政拨款结转"和"财政拨款结余"科目核算。"财政拨款结转"科目核算单位滚存的财政拨款结转资金；"财政拨款结余"科目核算单位滚存的财政拨款项目支出结余资金。

1. 财政拨款结转的账务处理（见表10-6）

表10-6

业务和事项	账务处理	
	财务会计	预算会计
年末，将财政拨款收入和对应的财政拨款支出结转入"财政拨款结转"科目	—	借：财政拨款预算收入（收入本年发生额） 　　贷：财政拨款结转——本年收支结转 借：财政拨款结转——本年收支结转（支出本年发生额） 　　贷：各项支出（财政拨款支出）
按照规定从其他单位调入财政拨款结转资金	借：财政应返还额度等 　　贷：累计盈余	借：资金结存 　　贷：财政拨款结转——归集调入
年末，冲销有关明细科目余额	—	将"财政拨款结转——本年收支结转、年初余额调整、归集调入、归集调出、归集上缴、单位内部调剂"科目余额转入"财政拨款结转——累计结转"科目
年末，将符合财政拨款结余性质的项目余额转入财政拨款结余	—	借：财政拨款结转——累计结转 　　贷：财政拨款结余——结转转入

2. 财政拨款结余的账务处理（见表10-7）

表10-7

业务和事项	账务处理	
	财务会计	预算会计
年末，按照有关规定将符合财政拨款结余性质的项目余额转入财政拨款结余	—	借：财政拨款结转——累计结转 　　贷：财政拨款结余——结转转入
财政拨款结余资金改变用途	—	借：财政拨款结余——单位内部调剂 　　贷：财政拨款结余——单位内部调剂
年末，冲销有关明细科目余额	—	将"财政拨款结余——年初余额调整、归集上缴、单位内部调剂、结转转入"科目余额转入"财政拨款结余——累计结余"科目

（二）非财政拨款结转结余的核算

非财政拨款结转结余通过设置"非财政拨款结转""非财政拨款结余""专用结余""经营结余""非财政拨款结余分配"等科目核算。

1. 非财政拨款结转的账务处理（见表10-8）

表 10 – 8

业务和事项	账务处理	
	财务会计	预算会计
年末结转	—	借：事业预算收入/其他预算收入 　　贷：非财政拨款结转 借：非财政拨款结转 　　贷：行政支出/事业支出/其他支出
按照规定从科研项目预算收入中提取项目管理费或间接费	借：业务活动费用 　　单位管理费用等 　　贷：预提费用——项目间接费用或管理费	借：非财政拨款结转——项目间接费用或管理费 　　贷：非财政拨款结余——项目间接费用或管理费
年末，冲销有关明细科目余额	—	将"非财政拨款结转——年初余额调整、项目间接费用或管理费、缴回资金、本年收支结转"科目余额转入"非财政拨款结转——累计结转"科目。 提示 结转后，"非财政拨款结转"科目除"累计结转"明细科目外，其他明细科目应无余额
年末，将留归本单位使用的非财政拨款专项（项目已完成）剩余资金转入非财政拨款结余	—	借：非财政拨款结转——累计结转 　　贷：非财政拨款结余——结转转入

2. 非财政拨款结余的账务处理（见表 10 – 9）

表 10 – 9

业务和事项	账务处理	
	财务会计	预算会计
年末，将留归本单位使用的非财政拨款专项（项目已完成）剩余资金转入非财政拨款结余	—	借：非财政拨款结转——累计结转 　　贷：非财政拨款结余——结转转入
实际缴纳企业所得税	借：其他应交税费——单位应交所得税 　　贷：银行存款等	借：非财政拨款结余——累计结余 　　贷：资金结存——货币资金
年末，冲销有关明细科目余额	—	将"非财政拨款结余——年初余额调整、项目间接费用或管理费、结转转入"科目余额结转入"非财政拨款结余——累计结余"科目。 提示 结转后，"非财政拨款结余"科目除"累计结余"明细科目外，其他明细科目应无余额

续表

业务和事项	账务处理	
	财务会计	预算会计
年末，事业单位将"非财政拨款结余分配"科目余额转入非财政拨款结余	—	为借方余额的： 借：非财政拨款结余——累计结余 　　贷：非财政拨款结余分配 为贷方余额的： 借：非财政拨款结余分配 　　贷：非财政拨款结余——累计结余
年末，行政单位将"其他结余"科目余额转入非财政拨款结余	—	为借方余额的： 借：非财政拨款结余——累计结余 　　贷：其他结余 为贷方余额的： 借：其他结余 　　贷：非财政拨款结余——累计结余

3. 专用结余的核算（见表 10 – 10）

表 10 – 10

业务和事项	预算会计账务处理
根据有关规定从本年度非财政拨款结余或经营结余中提取基金的，按照提取金额	借：非财政拨款结余分配 　　贷：专用结余
根据规定使用从非财政拨款结余或经营结余中提取的专用基金时，按照使用金额	借：事业支出 　　贷：资金结存——货币资金 提示 并在有关预算支出科目的明细核算或辅助核算中注明"使用专用结余"
在年末将有关预算支出中使用专用结余的本年发生额转入专用结余	借：专用结余 　　贷：事业支出 提示 "专用结余"科目年末贷方余额，反映事业单位从非同级财政拨款结余中提取的专用基金的累计滚存数额

4. 经营结余的核算（见表 10 – 11）

表 10 – 11

业务和事项	预算会计账务处理
期末，事业单位应当结转本期经营收支。根据经营预算收入本期发生额	借：经营预算收入 　　贷：经营结余
根据经营支出本期发生额	借：经营结余 　　贷：经营支出

续表

业务和事项	预算会计账务处理
年末，如"经营结余"科目为贷方余额，将余额结转入"非财政拨款结余分配"科目	为贷方余额的： 借：经营结余 　　贷：非财政拨款结余分配 **提示** 如为借方余额，为经营亏损，不予结转

5. 其他结余的核算（表10 – 12）

表10 – 12

业务和事项	预算会计账务处理
年末，行政单位将"其他结余"科目余额转入"非财政拨款结余——累计结余"科目	为借方余额的： 借：非财政拨款结余——累计结余 　　贷：其他结余 为贷方余额的： 借：其他结余 　　贷：非财政拨款结余——累计结余
年末，事业单位将"其他结余"科目余额转入"非财政拨款结余分配"科目	为借方余额的： 借：非财政拨款结余分配 　　贷：其他结余 为贷方余额的： 借：其他结余 　　贷：非财政拨款结余分配

6. 非财政拨款结余分配的核算（表10 – 13）

表10 – 13

业务和事项	财务会计账务处理	预算会计账务处理
年末，事业单位应将"其他结余"科目余额和"经营结余"科目贷方余额转入"非财政拨款结余分配"科目	—	借：其他结余 　　经营结余 　　贷：非财政拨款结余分配
根据有关规定提取专用基金的，按照提取的金额	借：本年盈余分配 　　贷：专用基金	借：非财政拨款结余分配 　　贷：专用结余
然后，将"非财政拨款结余分配"科目余额转入非财政拨款结余	—	为借方余额的： 借：非财政拨款结余 　　贷：非财政拨款结余分配 为贷方余额的： 借：非财政拨款结余分配 　　贷：非财政拨款结余

二、例题点津

【例题1·单选题】 2×24年末，某事业单位完成财政拨款收支结转后，对财政拨款结转各明细项目进行综合分析，根据有关规定将一项结余资金800 000元转入财政拨款结余。不考虑其他因素，该事业单位应编制的会计分录是（　　）。

A. 借：财政拨款结余　　800 000
　　　贷：财政拨款结转　　　800 000

B. 借：财政拨款结余　　800 000
　　　贷：累计盈余　　　　　800 000

C. 借：财政拨款结转　　800 000
　　　贷：财政拨款结余　　　800 000

D. 借：累计盈余　　　　800 000
　　　贷：财政拨款结余　　　800 000

【答案】 C

【解析】 年末，按照有关规定将符合财政拨款结余性质的项目余额转入财政拨款结余，相关会计处理如下：

借：财政拨款结转——累计结转
　　　　　　　　　　　　800 000
　　贷：财政拨款结余——结转转入
　　　　　　　　　　　　800 000

【例题2·单选题】 下列属于非财政拨款结转资金核算内容的是（　　）。

A. 财政拨款收支

B. 经营收支

C. 非同级财政拨款专项资金收支

D. 同级财政拨款专项资金收支

【答案】 C

【解析】 非财政拨款结转资金是指单位除财政拨款收支、经营收支以外的各非同级财政拨款专项资金收入与其相关支出相抵后剩余滚存的、须按规定用途使用的结转资金。

【例题3·单选题】 年末，完成非财政拨款专项资金结转后，留归本单位使用的非财政拨款专项剩余资金转入（　　）。

A. 非财政拨款结余——累计结余

B. 银行存款

C. 专用基金

D. 非财政拨款结余——结转转入

【答案】 D

【解析】 年末，完成非财政拨款专项资金结转后，留归本单位使用的非财政拨款专项剩余资金转入非财政拨款结余，借记"非财政拨款结转——累计结转"科目，贷记"非财政拨款结余——结转转入"科目。

【例题4·多选题】 下列各项中，属于"财政拨款结余"明细科目的有（　　）。

A. 结转转入

B. 基本支出结转

C. 归集上缴

D. 单位内部调剂

【答案】 ACD

【解析】 选项B属于"财政拨款结转"的明细科目。

【例题5·多选题】 下列会计科目中，政府单位预算会计年末结转后应无余额的有（　　）。

A. 专用结余

B. 其他结余

C. 财政拨款结余

D. 非财政拨款结余分配

【答案】 BD

【解析】 "专用结余"科目年末贷方余额，反映事业单位从非同级财政拨款结余中提取的专用基金的累计滚存数额。"财政拨款结余——累计结余"科目年末贷方余额，反映单位财政拨款滚存的结余资金数额。

【例题6·判断题】 年末行政单位将"其他结余"科目余额转入"非财政拨款结余分配"科目；事业单位将本科目余额转入"非财政拨款结余——累计结转"科目。（　　）

【答案】 ×

【解析】 年末行政单位将"其他结余"科目余额转入"非财政拨款结余——累计结转"科目；事业单位将本科目余额转入"非财政拨款结余分配"科目。

✿ 考点4　净资产业务★★

一、考点解读

单位财务会计净资产的来源主要包括累计实现的盈余和无偿调拨的净资产。日常核算中，单位应当在财务会计中设置"累计盈余""专用基金""无偿调拨净资产""权益法调整""本期盈余""本年盈余分配""以前年度盈余调整"等科目。

(一) 本期盈余及本年盈余分配

1. 本期盈余的核算

期末,单位应当将各类收入科目和各类费用科目本期发生额转入"本期盈余"科目。具体账务处理见表10-14。

表10-14

业务和事项	账务处理	
	财务会计	预算会计
结转收入	借:财政拨款收入/事业收入/经营收入等 　　贷:本期盈余	—
结转费用	借:本期盈余 　　贷:业务活动经费/单位管理费用/经营费用等	—
年末结转	借:本期盈余 　　贷:本年盈余分配 (或相反分录)	—

2. 本年盈余分配的核算

年末,单位应当将"本期盈余"科目余额转入"本年盈余分配"科目。

(二) 累计盈余

设置"累计盈余"科目进行会计核算。

年末,将"本年盈余分配"科目的余额转入"累计盈余"科目,借记或贷记"本年盈余分配"科目,贷记或借记"累计盈余"科目;将"无偿调拨净资产"科目的余额转入"累计盈余"科目,借记或贷记"无偿调拨净资产"科目,贷记或借记"累计盈余"科目。

提示 按照规定上缴、缴回、单位间调剂结转结余资金产生的净资产变动额,以及对以前年度盈余的调整金额,也通过"累计盈余"科目核算。

二、例题点津

【例题1·单选题】 下列各项中,年末单位"本年盈余分配"科目的余额应转入的会计科目是( )。

A. 本期盈余

B. 累计盈余

C. 以前年度盈余调整

D. 财政拨款结余

【答案】 B

【解析】 "本年盈余分配"科目核算单位本年度盈余分配的情况和结果。年末,将"本年盈余分配"科目余额转入"累计盈余"科目。选项B正确。

✱ 考点5　资产业务 ★★★

一、考点解读

(一) 资产业务的几个共性内容(见表10-15)

表 10 – 15

项目		具体内容
资产取得	外购的资产	成本通常包括购买价款、相关税费（不包括按规定可抵扣的增值税进项税额），以及使得资产达到目前场所和状态或交付使用前所发生的归属于该项资产的其他费用
	自行加工或自行建造的资产	其成本包括该项资产至验收入库或交付使用前所发生的全部必要支出
	接受捐赠的非现金资产	（1）有相关凭据：成本 = 凭据注明的金额 + 相关税费 （2）没有相关凭据，但经过资产评估： 成本 = 评估价值 + 相关税费 （3）没有相关凭据、也未经资产评估： 成本 = 同类或类似资产的市场价格 + 相关税费、 （4）没有相关凭据且未经资产评估、同类或类似资产的市场价格也无法可靠取得： 成本 = 按照名义金额（人民币 1 元） 提示1 对于投资和公共基础设施、政府储备物资、保障性住房、文物文化资产等经营资产而言，其初始成本不能采用名义金额计量。 提示2 这里的"同类或类似资产的市场价格"，一般指取得资产当日捐赠方自产物资的出厂价、所销售物资的销售价、非自产或销售物资在知名大型电商平台同类或类似商品价格等。如果存在政府指导价或政府定价的，应符合其规定。有确凿证据表明凭据上注明的金额高于受赠资产同类或类似资产的市场价格 30% 或达不到其 70% 的，则应当以同类或类似资产的市场价格确定其成本
	单位对于接受捐赠的资产	成本能够确定的：应当按照确定的成本减去相关税费后的净额计入捐赠收入。 资产成本不能确定的：单独设置备查簿进行登记，相关税费等计入当期费用
	无偿调入的资产	成本 = 调出方账面价值 + 相关税费
	置换取得的资产	成本 = 换出资产的评估价值 + 支付的补价或减去收到的补价 + 为换入资产发生的其他支出
资产处置	处置形式	包括无偿调拨、出售、出让、转让、置换、对外捐赠、报废、毁损以及货币性资产损失核销等
	核算要求	单位应当将被处置资产账面价值转销计入资产处置费用，并按照"收支两条线"将处置净收益上缴财政 对于资产盘盈、盘亏、报废或毁损的，应当在报经批准前将相关资产账面价值转入"待处理财产损溢"科目，待报经批准后再进行资产处置。 提示（1）对于无偿调出的资产，单位应当在转销被处置资产账面价值时冲减无偿调拨净资产。 （2）对于置换换出的资产，应当与换入资产一同进行相关会计处理

（二）固定资产

固定资产是指单位为满足自身开展业务活动或其他活动需要而控制的，使用年限超过 1 年（不含 1 年）、单位价值在规定标准以上，并在使用过程中基本保持原有物质形态的资产。

固定资产一般分为六类：房屋和构筑物、设备、文物和陈列品、图书和档案、家具和用具、特种动植物。

提示 单位价值虽未达到规定标准，但是使用年限超过1年（不含1年）的大批同类物资，如图书、家具、用具、装具等，应当确认为固定资产。

购入需要安装的固定资产，应当先通过"在建工程"科目核算，安装完毕交付使用时再转入"固定资产"科目。

固定资产折旧计提相关规定见表10-16。

表10-16

业务状态	具体要求
计提	固定资产应当按月计提折旧。 （1）当月增加的固定资产，当月开始计提折旧； （2）当月减少的固定资产，当月不再计提折旧
提足	（1）固定资产提足折旧后，无论能否继续使用，均不再计提折旧； （2）已提足折旧的固定资产，可以继续使用的，应当继续使用
报废	提前报废的固定资产，不再补提折旧

二、例题点津

【例题1·单选题】某事业单位为增值税小规模纳税人，2×24年10月9日，购入一台不需要安装的专用设备，用于本单位的专业业务活动，设备价款和增值税税额合计为565 000元，由财政直接支付，假定不考虑其他因素，该事业单位购入固定资产的账务处理为（　　）。

A. 借：固定资产　　　　565 000
　　贷：财政拨款预算收入 565 000

B. 借：事业支出　　　　565 000
　　贷：财政拨款收入　　565 000

C. 借：固定资产　　　　565 000
　　贷：财政拨款收入　　565 000
　　借：事业支出　　　　565 000
　　贷：财政拨款预算收入 565 000

D. 借：固定资产　　　　565 000
　　贷：事业收入　　　　565 000

【答案】C

【解析】事业单位购入固定资产时，财务会计分录：

借：固定资产　　　　　565 000
　　贷：财政拨款收入　　　565 000
同时，预算会计分录：
借：事业支出　　　　　565 000
　　贷：财政拨款预算收入　565 000

【例题2·多选题】下列关于事业单位固定资产计提折旧原则的说法中，正确的有（　　）。

A. 当月增加的固定资产，当月开始计提折旧

B. 当月增加的固定资产，下月开始计提折旧

C. 当月减少的固定资产，当月需要计提折旧

D. 当月减少的固定资产，当月不再计提折旧

【答案】AD

【解析】固定资产应当按月计提折旧，当月增加的固定资产，当月开始计提折旧；当月减少的固定资产，当月不再计提折旧，选项A、D正确。

【例题3·判断题】盘盈的文物资产如果找不到同类资产市场价格可参照，其初始成本可以采用名义金额进行计量。（　　）

【答案】×

【解析】对于投资和公共基础设施、政府储备物资、保障性住房、文物文化资产等经管资产而言，其初始成本只能按照规定的三个层次进行计量，不能采用名义金额计量。

✦考点6　负债业务★★

一、考点解读

（一）应缴财政款

应缴财政款是指单位取得或应收的按照规定应当上缴财政的款项，包括应缴国库的款项和应缴财政专户的款项。单位应当设置"应缴财政款"科目进行核算。

提示 单位按照国家税法等有关规定应当缴纳的各种税费，通过"应交增值税""其他应交税费"科目核算，不通过"应缴财政款"科目核算。

单位取得或应收按照规定应缴财政的款项时：

借：银行存款/应收账款等
　　贷：应缴财政款
单位上缴应缴财政的款项时：
借：应缴财政款
　　贷：银行存款

提示 应缴财政的款项不属于纳入部门预算管理的现金收支，因此不进行预算会计处理。

（二）应付职工薪酬

应付职工薪酬是指按照有关规定应付给职工（含长期聘用人员）及为职工支付的各种薪酬，包括基本工资、国家统一规定的津贴补贴、规范津贴补贴（绩效工资）、改革性补贴、社会保险费（如职工基本养老保险费、职业年金、基本医疗保险费等）、住房公积金等。单位应当设置"应付职工薪酬"科目进行核算。

二、例题点津

【例题1·单选题】某事业单位根据其职能要求，开出"非税收入缴款书"代收政府基金收费300 000元，此款项纳入财政预算管理，需要上缴国库。因此，该事业单位应将该笔收入计入（　　）。

A. 事业收入

B. 应缴财政款

C. 事业预算收入

D. 营业收入

【答案】B

【解析】应缴财政款是指单位取得或应收的按照规定应当上缴财政的款项，包括应缴国库的款项和应缴财政专户的款项。

【例题2·多选题】下列业务或事项中需要进行预算会计处理的有（　　）。

A. 购买固定资产

B. 应缴财政款

C. 支付职工工资

D. 提取专用基金

【答案】ACD

【解析】由于应缴财政的款项不属于纳入部门预算管理的现金收支，因此不进行预算会计处理。

【例题3·判断题】政府单位按照税法规定代扣个人所得税时，应借记"应付职工薪酬"科目，贷记"零余额账户用款额度"科目。（　　）

【答案】×

【解析】政府单位按照税法规定代扣个人所得税时，应借记"应付职工薪酬"科目，贷记"其他应交税费——应交个人所得税"科目；上缴代扣的个人所得税时，应借记"其他应交税费——应交个人所得税"科目，贷记"零余额账户用款额度"科目。

第三单元　政府决算报告和财务报告

✦考点1　政府决算报告★★

一、考点解读

政府决算报告是综合反映政府会计主体年度预算收支执行结果的文件。

政府决算报告应当包括决算报表和其他应当在决算报告中反映的相关信息和资料。

预算会计报表是单位通过预算会计核算直接形成的报表，是决算报表的主要信息来源。根据《政府会计制度》规定，预算会计报表至少包括预算收入支出表、预算结转结余变动表和财政拨款预算收入支出表。

二、例题点津

【例题1·单选题】下列各项中，关于政府决算报告的表述正确的是（　　）。

A. 以权责发生制为编制基础

B. 以财务会计核算生成的数据为准

C. 反映政府年度预算收支执行情况

D. 反映政府整体的财务状况

【答案】C

【解析】选项C为政府决算报告反映的对象；选项A、B、D为政府综合财务报告的内容。

✦考点2　政府财务报告★★

一、考点解读

（一）从内容和构成讲

政府财务报告是反映政府会计主体某一特定日期的财务状况和某一会计期间的运行情况和现金流量等信息的文件。

政府财务报告应当包括财务报表和其他应当在财务报告中披露的相关信息和资料。财务报表包括会计报表和附注。会计报表一般包括资产负债表、收入费用表和净资产变动表，单位可根据实际情况自行选择编制现金流量表。

（1）资产负债表是反映政府会计主体在某一特定日期的财务状况的报表。

（2）收入费用表是反映政府会计主体在一定会计期间运行情况的报表。

（3）净资产变动表是反映政府会计主体在某一年度内净资产项目变动情况的报表。

（4）现金流量表是反映政府会计主体在一定会计期间现金及现金等价物流入和流出情况的报表。

（5）附注是对在资产负债表、收入费用表、现金流量表等报表中列示项目所作的进一步说明，以及对未能在这些报表中列示项目的说明。

（二）从编制主体讲

政府财务报告主要包括政府部门财务报告和政府综合财务报告。政府部门编制部门财务报告，反映本部门的财务状况和运行情况；财政部门编制政府综合财务报告，反映政府整体的财务状况、运行情况和财政中长期可持续性。

（三）从编制程序讲

各单位应在政府会计标准体系和政府财务报告制度框架体系内，按时编制以资产负债表、收入费用表等财务报表为主要内容的财务报告。各部门应合并本部门所属单位的财务报表，编制部门财务报告。各级政府财政部门应合并各部门和其他纳入合并范围主体的财务报表，编制以资产负债表、收入费用表等财务报表为主要内容的本级政府综合财务报告。县级以上政府财政部门要合并汇总本级政府综合财务报告和下级政府综合财务报告，编制本行政区政府综合财务报告。

二、例题点津

【例题1·多选题】下列各项中，属于从编制主体讲的政府财务报告的有（　　）。

A. 政府部门财务报告

B. 政府综合财务报告

C. 附注

D. 预算收入支出表

【答案】AB

【解析】从编制主体讲，政府财务报告主要包括政府部门财务报告和政府综合财务报告，选项A、B正确；附注属于从内容和构成讲的政府财务报告中的一部分，选项C错误；预算收入支出表属于政府决算报告，选项D错误。

【例题2·判断题】政府综合财务报告由政府部门来编制。（　　）

【答案】×

【解析】政府财务报告主要包括政府部门财务报告和政府综合财务报告。政府部门编制部门财务报告，反映本部门的财务状况和运行情况；财政部门编制政府综合财务报告，反映政府整体的财务状况、运行情况和财政中长期可持续性。

第二部分　习题演练

第一章 概 述

本章习题

一、单项选择题

1. 下列各项中，属于会计基本职能的是（　　）。
   A. 评价经营业绩　　B. 实施会计监督
   C. 参与经济决策　　D. 预测经济前景

2. 下列各项中，关于单位内部的会计监督职能表述正确的是（　　）。
   A. 单位内部的会计监督是利用财务报告信息对经济决策备选方案进行的可行性分析
   B. 单位内部的会计监督是对经济业务和会计核算的真实性、完整性、合法性和合理性的审查
   C. 会计监督是会计核算的基础
   D. 会计监督是会计的拓展职能

3. 将一个企业持续经营的生产经营活动划分为一个个连续的、长短相同的期间，指的是（　　）。
   A. 会计时段　　　　B. 会计区间
   C. 会计分期　　　　D. 会计年度

4. 以实际发生的交易或者事项为依据进行确认、计量、记录和报告，是强调会计信息的（　　）。
   A. 相关性　　　　　B. 可靠性
   C. 及时性　　　　　D. 可理解性

5. 在会计核算的基本前提中，界定会计工作和会计信息的空间范围的是（　　）。
   A. 会计主体　　　　B. 持续经营

   C. 会计期间　　　　D. 货币计量

6. 下列各项中，体现实质重于形式质量要求的是（　　）。
   A. 应当采用一致的会计政策，不得随意变更
   B. 长期租入的一栋厂房，应当确认为企业的一项资产
   C. 购买的办公用品，金额较小，可以一次性计入当期损益
   D. 期末存货的可变现净值低于成本，应当计提存货跌价准备

7. 下列各项中，不属于会计信息质量要求的是（　　）。
   A. 会计核算方法一经确定不得随意变更
   B. 会计核算应当注重交易和事项的实质
   C. 会计核算应当以实际发生的交易或事项为依据
   D. 会计核算应当以权责发生制为基础

8. 某企业 2×24 年 3 月发生以下经济业务：
   （1）本月支付上年水电费 3 600 元；
   （2）本月购入办公用品 2 000 元，款项尚未支付；
   （3）支付本季度短期借款利息共 6 000 元，其中 1 月 2 000 元，2 月 2 000 元；
   （4）预付下月房租 30 000 元；
   （5）支付 2×23 年打印机租赁款 10 000 元。
   按照权责发生制，该企业 3 月应确认的费用为（　　）元。

A. 11 600　　　　　　B. 4 000

C. 8 000　　　　　　 D. 5 300

9. 企业对很可能承担的环保责任确认为预计负债，体现的会计信息质量要求是（　　）。

A. 谨慎性　　　　　　B. 可比性

C. 重要性　　　　　　D. 相关性

10. 会计职业是社会的一种分工，履行会计职能，体现的会计职业的特征是（　　）。

A. 社会属性　　　　　B. 规范性

C. 经济性　　　　　　D. 技术性

11. 下列各项中，会计职业道德和会计法律制度的区别主要是（　　）。

A. 违反会计制度可能受到法律制裁，违反会计职业道德只会受到道德谴责

B. 会计法律制度有成文规定，会计职业道德无具体的表现形式

C. 会计法律制度调整会计人员的外在行为，会计职业道德只调整会计人员内在的精神世界

D. 会计法律制度具有很强的他律性，会计职业道德具有很强的自律性

12. 会计职业道德的核心是（　　）。

A. 爱岗　　　　　　　B. 敬业

C. 诚信　　　　　　　D. 公正

13. 下列关于会计职业道德与会计法律制度之间的关系表述中，错误的是（　　）。

A. 会计法律制度是会计职业道德的重要补充

B. 会计法律制度是会计职业道德的最低要求

C. 二者相互补充、相互协调

D. 二者相互渗透、相互吸收

14. 下列各项中，不属于会计职业道德的相关管理规定的是（　　）。

A. 增强会计人员诚信意识

B. 建设会计人员信用档案

C. 会计职业道德管理的组织实施

D. 建立完善的法律制度

15. 下列各项中，属于对会计人员履职要求的是（　　）。

A. 坚持学习，守正创新

B. 严肃认真，一丝不苟

C. 忠于职守，尽职尽责

D. 坚持准则，守责敬业

16. 下列各项中，不属于新时代会计人员职业道德要求的是（　　）。

A. 坚持准则，守责敬业

B. 坚持严谨，守护传统

C. 坚持学习，守正创新

D. 坚持诚信，守法奉公

17. 对会计信息的性质和功能内容做了分项列式，这符合会计信息质量要求中的（　　）。

A. 可理解性　　　　　B. 实质重于形式

C. 可比性　　　　　　D. 及时性

18. 下列各项中，属于我国企业会计准则体系具体准则制定的依据的是（　　）。

A. 应用指南　　　　　B. 基本准则

C. 准则解释　　　　　D. 会计处理规定

19. 《律师事务所相关业务会计处理规定》属于（　　）。

A. 民间非营利组织会计制度

B. 政府会计制度

C. 企业会计准则

D. 小企业会计准则

20. 下列各项主体中，不适用于政府会计准则制度体系的是（　　）。

A. 某市政府　　　　　B. 某国家部委

C. 某上市公司　　　　D. 某县政府

二、多项选择题

1. 下列关于会计基本假设的表述中，正确的有（　　）。

A. 会计主体是企业时间上的合理假定

B. 会计中期仅指会计期间为半年的报告期间

C. 业务收支以外币为主的企业，财务会计报告应当折算为人民币

D. 会计基本假设包括会计主体、持续经营、会计分期、货币计量

2. 根据会计法律制度的规定，下列各项中，属于会计监督内容的有（　　）。

A. 对原始凭证进行审核和监督

B. 对财务收支进行监督

C. 对账外设账行为，应当制止和纠正

D. 对财经法律、法规、规章进行审核和监督

3. 持续经营是企业会计确认、计量、记录和报告的前提，下列关于持续经营的说法中正确

的有（　　）。

A. 会计分期是对持续经营基本假设的有效延续

B. 无形资产摊销可以按照其价值和使用情况确定采用合适的摊销方法，其依据的会计核算前提是持续经营

C. 在持续经营理念下，企业会计人员认为未来经济发展高速应根据未来的预测核算经济业务的发生

D. 持续经营的目的是将生产经营活动划分成连续相同的期间

4. 下列各项中，属于会计信息质量的可比性要求的有（　　）。

A. 同一企业不同时期可比

B. 不同企业相同会计期间可比

C. 不同企业不同会计期间可比

D. 不同企业相同经济业务可比

5. 下列单位中，必须采用权责发生制的有（　　）。

A. 民营企业　　B. 房地产企业

C. 政府预算单位　　D. 机械制造企业

6. 下列各项中，关于企业会计信息可靠性表述正确的有（　　）。

A. 企业应当保持应有的谨慎，不高估资产或者收益、低估负债或者费用

B. 企业提供的会计信息应当相互可比

C. 企业应当保证会计信息真实可靠、内容完整

D. 企业应当以实际发生的交易或事项为依据进行确认、计量、记录和报告

7. 下列各项企业的会计处理中，符合谨慎性质量要求的有（　　）。

A. 在存货的可变现净值低于成本时，计提存货跌价准备

B. 在应收款项实际发生坏账损失时，确认坏账损失

C. 对售出商品很可能发生的保修义务确认预计负债

D. 企业将属于研究阶段的研发支出确认为研发费用

8. 下列各项中，关于货币计量的说法正确的有（　　）。

A. 货币计量可以反映会计主体的生产经营活动过程及其结果

B. 货币计量是主要以货币作为计量单位

C. 货币是商品的一般等价物

D. 其他计量单位不能对货币计量单位进行必要的补充和说明

9. 下列各项中，关于会计信息作用的说法正确的有（　　）。

A. 会计信息可以提高公司治理的效率

B. 会计信息是企业和外部利益相关者进行交流的信息来源和载体

C. 会计信息可以有效约束公司管理层的行为

D. 会计信息可以提高经济的运行效率

10. 下列各项中，关于会计职业的说法正确的有（　　）。

A. 会计职业是会计和审计人员赖以谋生的劳动过程

B. 会计职业采用各种专门方法和程序履行其职能

C. 会计职业是社会的一种分工

D. 会计职业具有系统性的专业规范操作要求

11. 下列各项中，属于会计职业道德的组成部分的有（　　）。

A. 会计职业理想　　B. 会计工作作风

C. 会计职业责任　　D. 会计职业纪律

12. 下列各项中，属于会计职业道德与会计法律制度的区别的有（　　）。

A. 性质不同

B. 作用范围不同

C. 实施保障机制不同

D. 评价标准不同

13. 下列各项中，关于会计信息质量要求的表述正确的有（　　）。

A. 将租入的使用权资产作为自有资产核算体现的是实质重于形式

B. 提供的会计信息应当清晰明了，便于理解和使用体现的是可理解性

C. 同一企业不同时期发生的相同交易，应采用一致的会计政策，不得随意变更体现的是可比性

D. 及时将编制的财务报告传递给使用者体现的是及时性

14. 下列各项中，对企业会计准则体系表述正确

的有（　　）。

A. 我国企业会计准则体系由基本准则、具体准则、准则解释和会计处理规定构成

B. 准则解释是具体准则制定的依据

C. 基本准则在企业会计准则体系中起统驭作用

D. 具体准则用来规范企业各项具体业务事项的确认、计量和报告

15. 下列各项中，属于我国统一的会计核算制度的有（　　）。

A. 农村集体经济组织会计制度

B. 社会保险基金会计制度

C. 工会会计制度

D. 民间非营利组织会计制度

16. 国家统一的会计制度是（　　）等运用会计信息进行投资决策、宏观调控等的重要依据。

A. 投资人　　　　B. 债权人

C. 社会公众　　　D. 政府部门

三、判断题

1. 会计是以货币作为唯一计量单位。（　　）

2. 会计核算是会计监督的基础，没有会计核算，会计监督就失去了依据。（　　）

3. 根据权责发生制，企业在本月支付下个月办公室租金时应在本月确定为费用。（　　）

4. 会计监督可分为单位内部监督、国家监督和社会监督等三部分。（　　）

5. 不同企业同一会计期间发生的相同或者相似的交易或事项，不用采用相同的会计政策。（　　）

6. 会计主体是指会计工作服务的特定对象，是企业会计确认、计量、记录和报告的空间范围。（　　）

7. 及时性要求企业对于已经发生的交易或事项，应当及时进行确认、计量、记录和报告，不

得提前或延后。（　　）

8. 根据权责发生制的要求，应由企业当期负担的费用，即使其款项在当期尚未支付，也应当计入当期损益。（　　）

9. 会计职业道德通过国家权力强制执行，具有很强的他律性。（　　）

10. 会计期间通常分为会计年度、季度和月度。（　　）

11. 会计职业是会计人员赖以谋生的劳动过程，具有获取合理报酬的特性，体现了会计职业的社会属性。（　　）

12. 实质重于形式要求企业应当按照交易或者事项的经济实质进行会计确认、计量、记录和报告，而不仅仅以交易或者事项的法律形式为依据。（　　）

13. 对会计领域违法失信当事人，将其违法失信记录记入会计人员人事档案。（　　）

14. 会计人员应当广泛宣传财经法律、法规、规章和国家统一会计制度。（　　）

15. 会计人员职称评价标准应把职业道德放在评价首位。（　　）

16. "坚持准则，守责敬业"要求会计人员严格执行准则制度，保证会计信息真实完整。（　　）

17. 企业集团内的母公司和子公司适用小企业会计准则。（　　）

18. 国家统一的会计制度是投资者、债权人、社会公众、政府部门等运用会计信息进行投资决策、宏观调控等的重要依据。（　　）

19. 我国企业会计准则体系中的准则解释是针对基本准则所作出的解释。（　　）

20. 政府会计制度主要规定政府会计科目及账务处理、报表体系及编制说明等，与政府会计具体准则相互补充。（　　）

本章习题参考答案及解析

一、单项选择题

1.【答案】B

【解析】会计基本职能包括会计核算和会计监督（选项 B 正确）。选项 A、C、D，属于会计拓展职能。

2.【答案】B

【解析】单位内部的会计监督职能，是指会计机构、会计人员对其特定主体经济活动和相关会计核算的真实性、完整性、合法性和合理性进行审查（选项A错误，选项B正确），使之达到预期经济活动和会计核算目标的功能；会计核算是会计监督的基础（选项C错误）；会计监督是会计的基本职能（选项D错误）。

3.【答案】C

【解析】会计分期，是指将一个企业持续经营的生产经营活动划分为一个个连续的、长短相同的期间。故选项C正确。

4.【答案】B

【解析】可靠性要求企业应当以实际发生的交易或者事项为依据进行确认、计量、记录和报告，如实反映符合确认和计量要求的各项会计要素及其他相关信息，保证会计信息真实可靠、内容完整。故选项B正确。

5.【答案】A

【解析】会计主体界定了从事会计工作和提供信息的空间范围。故选项A正确。

6.【答案】B

【解析】选项A，体现可比性要求；选项C，体现重要性要求；选项D，体现谨慎性要求。故选项B正确。

7.【答案】D

【解析】选项A，体现的是可比性要求；选项B，体现的是实质重于形式要求；选项C，体现的是可靠性要求；选项D，是会计核算基础，不属于会计信息质量要求。

8.【答案】B

【解析】3月借款利息 = 6 000 - 2 000 - 2 000 = 2 000（元）。权责发生制下本月应确认费用 = 2 000 + 2 000 = 4 000（元）。故选项B正确。

9.【答案】A

【解析】谨慎性要求企业对交易或事项进行会计确认、计量、记录和报告应当保持应有的谨慎，不应高估资产或者收益、低估负债或者费用。企业对很可能承担的环保责任确认为预计负债体现的是会计信息质量的谨慎性要求。故选项A正确。

10.【答案】A

【解析】会计职业的社会属性的内涵是会计职业是社会的一种分工，履行会计职能，为社会提供会计服务，维护生产关系和经济社会秩序，正确处理企业利益相关者和社会公众的经济权益及其关系。故选项A正确。

11.【答案】D

【解析】选项A，受到会计职业道德谴责的，不一定受到会计法律的制裁；受到会计法律制裁的一般都会受到道德的谴责；选项B，会计职业道德既有明确成文的规定，也有不成文的意识和信念；选项C，会计法律制度侧重于调整会计人员的外在行为和结果的合法化，具有较强的客观性；会计职业道德不仅要求调整会计人员的外在行为，还要调整会计人员的精神世界。故选项D正确。

12.【答案】C

【解析】会计职业道德的核心是诚信。诚信是指诚实、守信、真实的总称，也就是实事求是、真实客观、不弄虚作假，它要求会计人员客观公正、遵守统一会计制度，言行一致，表里如一，不做假账，忠诚为人，以诚待人。故选项C正确。

13.【答案】A

【解析】会计职业道德与会计法律制度在内容上相互渗透、相互吸收；在作用上相互补充、相互协调。会计职业道德是会计法律制度的重要补充，会计法律制度是会计职业道德的最低要求，是会计职业道德的基本制度保障。故选项A符合题意。

14.【答案】D

【解析】会计职业道德的相关管理规定包括：（1）增强会计人员诚信意识（选项A）；（2）建设会计人员信用档案（选项B）；（3）会计职业道德管理的组织实施（选项C）；（4）建立健全会计职业联合惩戒机制。

15.【答案】D

【解析】"坚持诚信，守法奉公"是对会计人员的自律要求，"坚持准则，守责敬业"是对会计人员的履职要求，"坚持学习，守正创新"是对会计人员的发展要求。故选项D正确。

16.【答案】B

【解析】财政部研究制定了《会计人员职业道德规范》，提出"三坚三守"，具体内容为坚持诚信，守法奉公；坚持准则，守责敬业；坚持学习，守正创新。选项B符合题意。

17.【答案】A

【解析】可理解性要求企业提供的会计信息应当清晰明了，便于投资者等财务报告使用者理解和使用。因此对会计信息的性质和功能内容做分项列式，体现可理解性要求，故选项A正确。

18.【答案】B

【解析】我国企业会计准则体系形成了由基本准则、具体准则、准则解释和会计处理规定构成的基本制度安排。其中，基本准则在企业会计准则体系中起统驭作用，是具体准则制定的依据，主要规范财务报告目标、会计基本假设、会计基础、会计信息质量要求、会计要求、财务报告等内容；具体准则规范企业各项具体业务事项的确认、计量和报告；准则解释对企业实务中出现的、具体准则未作出明确规定的新事项、新问题进行规范；会计处理规定是对企业会计准则体系的补充，满足国家宏观经济管理、国内实务发展、加强准则实施等需要。故选项B正确。

19.【答案】D

【解析】目前，我国小企业会计准则主要包括《小企业会计准则》（财会〔2011〕17号）和针对某些特定行业某项或某类业务的会计处理规定，如《律师事务所相关业务会计处理规定》。故选项D正确。

20.【答案】C

【解析】政府会计准则制度体系适用于政府会计主体，主要包括各级政府、各部门、各单位。各级政府指各级政府财政部门负责的财政总会计。各部门、各单位是指与本级政府财政部门直接或者间接发生预算拨款关系的国家机关、军队、政党组织、社会团体、事业单位和其他单位。但是，军队、已纳入企业财务管理体系的单位和执行《民间非营利组织会计制度》的社会团体，其会计核算不适用政府会计准则制度体系。企业会计准则主要适用于上市公司、金融机构、国有企业等大中型企业。故选项C符合题意。

二、多项选择题

1.【答案】CD

【解析】会计主体是企业空间范围上的合理假定，选项A错误；中期，是指会计期间短于一个完整的会计年度的报告期间，如月度、季度、半年度等，选项B错误。故选项C、D符合题意。

2.【答案】ABC

【解析】选项D错误，财经法律、法规、规章属于会计监督的依据。会计监督的内容不包括对财经法律、法规、规章进行审核和监督。

3.【答案】AB

【解析】选项C，在持续经营假设下，会计确认、计量、记录和报告应当以企业持续、正常的生产经营活动为前提，不能按照未来的预测核算企业经济业务；选项D，会计分期的目的是将生产经营活动划分成连续相同的期间。

4.【答案】AB

【解析】可比性要求企业提供的会计信息应当相互可比，主要包括两层含义：（1）同一企业不同时期可比；（2）不同企业相同会计期间可比。故选项A、B正确。

5.【答案】ABD

【解析】企业应当以权责发生制为基础进行会计确认、计量、记录和报告，选项A、B、D正确；在我国，政府会计由预算会计和财务会计构成，其中预算会计采用收付实现制，财务会计采用权责发生制，选项C错误。

6.【答案】CD

【解析】可靠性要求企业应当以实际发生的交易或者事项为依据进行确认、计量、记录和报告（选项D正确），如实反映符合确认和计量要求的会计要素及其他相关信息，保证会计信息真实可靠、内容完整（选项C正确）；企业应当保持应有的谨慎，不高估资产或者收益、低估负债或者费用，属于谨慎性要求，而不是可靠性要求，选项 A 说法不正确；企业提供的会计信息应当相互可比，属于可比性要求，而不是可靠性要求，选项 B 说法不正确。

7.【答案】ACD
【解析】选项 A、C、D 符合企业会计准则的相关规定，会计处理的结果使得资产不多计、费用不少计，符合谨慎性质量要求。选项 B 不符合谨慎性质量要求。

8.【答案】ABC
【解析】采用货币计量单位进行会计核算和会计监督不排斥采用其他计量单位，其他计量单位可以对货币计量单位进行必要的补充和说明。选项 D 说法错误。

9.【答案】ABCD
【解析】会计信息的主要作用有：解脱企业及其管理者的受托责任，降低企业和外部利益相关者之间的信息不对称；有效约束公司管理层的行为，提高公司治理的效率；帮助投资者甄别其投资的优劣进而作出投资决策；有利于债权人作出授信决策；维护资本市场秩序，提高经济的运作效率等。故选项 A、B、C、D 正确。

10.【答案】BCD
【解析】会计职业是会计人员赖以谋生的劳动过程，具有获取合理报酬的特性。选项 A 说法错误。

11.【答案】ABCD
【解析】会计职业道德由会计职业理想、会计职业责任、会计职业技能、会计工作态度、会计工作作风和会计职业纪律等构成。故选项 A、B、C、D 正确。

12.【答案】ABCD
【解析】会计职业道德与会计法律制度的区别包括二者性质不同、作用范围不同、表现形式不同、实施保障机制不同、评价标准不同。故选项 A、B、C、D 正确。

13.【答案】ABCD
【解析】以上说法均正确。

14.【答案】ACD
【解析】企业会计准则体系中，基本准则在企业会计准则体系中起统驭作用，是具体准

则制定的依据，选项 B 错误。

15.【答案】ABCD
【解析】除企业会计准则体系和政府会计准则制度体系以外，我国还有适用于民间非营利组织的《民间非营利组织会计制度》，适用于各级工会的《工会会计制度》，适用于各类基金（资金）的会计制度（如《社会保险基金会计制度》），适用于农村集体经济组织的《农村集体经济组织会计制度》，适用于农民专业合作社的《农民专业合作社会计制度》等。故选项 A、B、C、D 均正确。

16.【答案】ABCD
【解析】国家统一的会计制度尤其是规范会计核算的准则制度，是生成和提供口径一致、相互可比会计信息的重要标准，是投资者、债权人、社会公众、政府部门等运用会计信息进行投资决策、宏观调控等的重要依据。故选项 A、B、C、D 均正确。

三、判断题

1.【答案】×
【解析】会计是以货币作为主要计量单位，并非唯一计量单位。

2.【答案】√
【解析】会计核算是会计监督的基础，没有核算提供的各种系统性会计资料，监督就失去了依据。

3.【答案】×
【解析】根据权责发生制，企业在本月支付的下个月办公室租金应确认为下个月的费用。

4.【答案】√
【解析】会计监督可分为单位内部监督、国家监督和社会监督等三部分，三者共同构成了"三位一体"的会计监督体系。

5.【答案】×
【解析】不同企业同一会计期间也要可比。

6.【答案】√
【解析】该说法正确。

7.【答案】√
【解析】及时性要求企业对于已经发生的交易或事项，应当及时进行确认、计量、记录和

报告,不得提前或延后。

8.【答案】√

【解析】该说法正确。

9.【答案】×

【解析】会计法律制度通过国家权力强制执行,具有很强的他律性;会计职业道德通过行业行政管理部门规范和会计从业人员自觉执行,具有内在的控制力。

10.【答案】×

【解析】会计期间通常分为会计年度和中期。

11.【答案】×

【解析】会计职业是会计人员赖以谋生的劳动过程,具有获取合理报酬的特性,体现了会计职业的经济性。

12.【答案】√

【解析】该说法正确。

13.【答案】×

【解析】对会计领域违法失信当事人,将其违法失信记录记入会计人员信用档案。

14.【答案】√

【解析】参与管理要求会计人员应当广泛宣传财经法律、法规、规章和国家统一会计制度。

15.【答案】√

【解析】该说法正确。

16.【答案】√

【解析】"坚持准则,守责敬业"要求会计人员严格执行准则制度,保证会计信息真实完整。勤勉尽责、爱岗敬业,忠于职守、敢于斗争,自觉抵制会计造假行为,维护国家财经纪律和经济秩序。

17.【答案】×

【解析】小企业会计准则主要适用于符合《中小企业划型标准规定》所规定的小型企业标准的企业,但以下三类小企业除外:(1)股票或债券在市场上公开交易的小企业;(2)金融机构或其他具有金融性质的小企业;(3)企业集团内的母公司和子公司。

18.【答案】√

【解析】国家统一的会计制度尤其是规范会计核算的准则制度,是生成和提供口径一致、相互可比会计信息的重要标准,是投资者、债权人、社会公众、政府部门等运用会计信息进行投资决策、宏观调控等的重要依据。

19.【答案】×

【解析】准则解释是对企业实务中出现的、具体准则未作出明确规定的新事项、新问题进行规范,而非针对基本准则作出的解释。

20.【答案】√

【解析】政府会计制度主要规定政府会计科目及账务处理、报表体系及编制说明等,与政府会计具体准则相互补充。

第二章 会计基础

本章习题

一、单项选择题

1. 下列各项中，不作为企业资产加以核算和反映的是（ ）。

   A. 准备出售的机器设备

   B. 委托加工物资

   C. 经营租出的设备

   D. 待处理财产损溢

2. 下列各项会计要素中，侧重反映企业财务状况的是（ ）。

   A. 利润　　　　　　B. 负债

   C. 收入　　　　　　D. 费用

3. 下列项目中，属于非流动资产的是（ ）。

   A. 应收账款　　　　B. 货币资金

   C. 开发支出　　　　D. 合同资产

4. 下列说法中，不正确的是（ ）。

   A. 负债是由过去的交易或事项形成的

   B. 负债将导致经济利益流出企业

   C. 负债是企业承担的现时义务

   D. 负债只能以货币偿还

5. 下列关于会计要素的表述中，正确的是（ ）。

   A. 负债是企业承担的潜在义务

   B. 资产预期能给企业带来经济利益

   C. 收入是所有导致所有者权益增加的经济利益的总流入

   D. 利润是企业一定期间内收入减去费用后的净额

6. 下列各项中，不属于费用确认条件的是（ ）。

   A. 与费用相关的经济利益应当很可能流出企业

   B. 经济利益流出企业的结果会导致资产的减少或者负债的增加

   C. 经济利益的流出额能够可靠计量

   D. 企业因向客户转让商品或提供劳务而有权取得的对价很可能收回

7. 下列各项中，属于企业在对会计要素进行计量时一般应当采用的计量属性是（ ）。

   A. 历史成本　　　　B. 重置成本

   C. 可变现净值　　　D. 公允价值计量

8. 对于企业盘盈的固定资产，按照当前市场条件，重新取得同样一项资产所需支付的现金金额计量，属于（ ）计量。

   A. 历史成本　　　　B. 可变现净值

   C. 重置成本　　　　D. 公允价值

9. 下列各项中，不属于会计计量属性的是（ ）。

   A. 账面余额　　　　B. 可变现净值

   C. 公允价值　　　　D. 重置成本

10. 企业以银行存款支付应付账款，会引起相关会计要素变化，下列表述正确的是（ ）。

    A. 一项资产增加，另一项资产减少

    B. 一项资产减少，一项负债增加

    C. 一项资产减少，一项负债减少

D. 一项负债减少，另一项负债增加

11. 下列各项中，属于资产与负债同增业务的是（　　）。

　　A. 从银行借入短期借款

　　B. 以未到期商业汇票支付赊购材料款

　　C. 宣告发放现金股利

　　D. 用银行存款预付货款

12. 下列关于会计等式的表述中不正确的是（　　）。

　　A. 资产＝负债＋所有者权益，是财务状况等式

　　B. 收入－费用＝利润，是复式记账法的理论基础

　　C. 资产＝负债＋所有者权益，是编制资产负债表的依据

　　D. 收入－费用＝利润，是动态会计等式

13. 下列各项中，反映复式记账法的理论基础的是（　　）。

　　A. 试算平衡　　　　B. 基本会计等式

　　C. 收付实现制　　　D. 权责发生制

14. 将短期借款 50 万元转为对本公司的投资，则引起本公司（　　）。

　　A. 负债减少，资产增加

　　B. 负债减少，所有者权益增加

　　C. 资产减少，所有者权益增加

　　D. 所有者权益内部一增一减

15. 下列科目中，不属于成本类科目的是（　　）。

　　A. 清算资金往来　　B. 生产成本

　　C. 制造费用　　　　D. 研发支出

16. "生产成本"账户的期末余额等于（　　）。

　　A. 期初余额－本期借方发生额＋本期贷方发生额

　　B. 期初余额＋本期借方发生额－本期贷方发生额

　　C. 期初余额－本期借方发生额－本期贷方发生额

　　D. 期初余额＋本期贷方发生额＋本期借方发生额

17. 甲公司王某报销差旅费 4 380 元，退回现金 620 元结清预借款，该笔业务编制的会计分录是（　　）。

　　A. 一借一贷　　　　B. 一借多贷

C. 一贷多借　　　　D. 多借多贷

18. 某企业期初资产总额为 800 万元，本期发生以下业务：（1）向银行借入资金 150 万元，存入企业存款户；（2）用银行存款 65 万元购买甲材料；（3）购买乙材料 85 万元，货款未付。期末，该企业资产总额为（　　）万元。

　　A. 1 100　　　　　B. 1 035

　　C. 1 015　　　　　D. 950

19. 在编制余额试算平衡表时，不会涉及的账户类别是（　　）。

　　A. 资产类账户　　　B. 负债类账户

　　C. 损益类账户　　　D. 所有者权益类账户

20. 下列各项中，关于原始凭证的表述正确的是（　　）。

　　A. 原始凭证按来源不同可分为一次凭证、累计凭证和汇总凭证

　　B. 原始凭证是记录或证明经济业务的发生或完成情况的原始凭据

　　C. 原始凭证的作用主要是确定会计分录，进行账簿登记

　　D. 原始凭证按照填制程序和用途可分为自制原始凭证和外来原始凭证

21. 下列各项中，不属于原始凭证基本内容的是（　　）。

　　A. 接受凭证单位名称

　　B. 经济业务内容

　　C. 记账符号

　　D. 填制凭证单位名称或者填制人姓名

22. 下列各项中，关于原始凭证的表述错误的是（　　）。

　　A. 从外单位取得的原始凭证，必须盖有填制单位的公章或者发票专用章等

　　B. 从个人取得的原始凭证，必须有填制人员的签名或者盖章

　　C. 自制原始凭证，应当填制人员的签名或者盖章

　　D. 以取得的境外原始凭证作为入账依据时，应当保证其来源可靠、内容真实、完整

23. 企业购进原材料 100 000 元，款项未付。该笔经济业务应编制的记账凭证是（　　）。

　　A. 收款凭证　　　　B. 付款凭证

C. 转账凭证　　　　D. 以上均可

24. 企业从银行提取现金，应编制（　　）。

A. 现金收款凭证

B. 现金付款凭证

C. 银行存款付款凭证

D. 转账凭证

25. 下列各项中，关于企业销售产品货款尚未收到的业务，应填制的记账凭证是（　　）。

A. 收款凭证　　　　B. 汇总凭证

C. 转账凭证　　　　D. 付款凭证

26. 下列各项中，关于会计凭证的保管要求说法错误的是（　　）。

A. 原始凭证一般不得外借

B. 原始凭证可以不办理手续直接外借

C. 会计凭证登记完毕后，应当按照分类和编号顺序保管不得散乱丢失

D. 向外单位提供的原始凭证复制件应当在专设的登记簿上登记

27. 下列账簿中，通常不采用三栏式或多栏式账页格式的是（　　）。

A. 应付账款明细账

B. 银行存款日记账

C. 销售费用明细账

D. 库存商品明细分类账

28. 下列关于会计账簿的说法中，不正确的是（　　）。

A. 由一定格式的账页组成

B. 以经过审核的原始凭证为依据，全面、系统、连续地记录各项经济业务

C. 各单位应该按照国家统一的会计制度的规定和会计业务的需要设置会计账簿

D. 设置和登记账簿是连接会计凭证与财务报表的中间环节

29. "银行存款日记账"与收款凭证的核对属于（　　）。

A. 账账核对　　　　B. 账表核对

C. 账证核对　　　　D. 账实核对

30. 下列各项中，属于账实核对的是（　　）。

A. 总账和明细账核对

B. 银行存款日记账和银行对账单核对

C. 账簿记录和记账凭证核对

D. 总账和日记账核对

31. 对于需要携带外出的账簿，一般应由（　　）负责。

A. 单位负责人

B. 会计主管人员

C. 经管人员

D. 经管人员或会计主管人员指定专人

32. 一般来说，单位撤销合并或改变隶属关系时，要进行（　　）。

A. 全面清查　　　　B. 局部清查

C. 实地盘点　　　　D. 技术推算盘点

33. 下列各项中，导致银行存款日记账余额大于银行对账单余额的未达账项是（　　）。

A. 银行根据协议支付当月电话费并已入账，企业尚未收到付款通知

B. 企业签发现金支票并入账，收款方尚未提现

C. 银行已代收货款并入账，企业尚未收到收款通知

D. 企业签发转账支票并入账，收款方未办理转账

34. 下列各项中，关于财产清查的表述错误的是（　　）。

A. 库存现金清查时出纳人员应在场

B. 库存现金清查应采用实地盘点法

C. 对生产设备采用技术推算法清查

D. 对露天堆放的砂石采用技术推算法清查

35. 下列各项中，属于科目汇总表账务处理程序优点的是（　　）。

A. 便于反映各账户的对应关系

B. 便于检查核对账目

C. 便于进行试算平衡

D. 便于进行分工核算

36. 在账务处理程序中，财务报表是根据（　　）资料编制的。

A. 日记账、总账和明细账

B. 日记账和明细分类账

C. 明细账和总分类账

D. 日记账和总分类账

37. 下列各项中，关于记账凭证账务处理程序的表述错误的是（　　）。

A. 直接根据记账凭证登记总分类账

B. 适用于规模较小、经济业务量较少的单位

C. 不能反映经济业务的详细情况

D. 登记总分类账的工作量较大

38. 单位会计信息化工作的第一责任人是（　　）。

A. 单位会计部门负责人

B. 单位分管会计工作的负责人

C. 单位信息部门负责人

D. 单位负责人

二、多项选择题

1. 下列各项中，符合企业资产定义的有（　　）。

A. 投资者投入的设备

B. 已报废的设备

C. 准备购入的设备

D. 已购入但尚在运输途中的设备

2. 下列各项中，属于流动负债的有（　　）。

A. 其他应付款　　　B. 持有待售负债

C. 衍生金融负债　　D. 应付债券

3. 企业的会计计量属性包括（　　）。

A. 历史成本　　　　B. 可变现净值

C. 公允价值　　　　D. 重置成本

4. 下列各项中，关于会计等式的表述正确的有（　　）。

A. 资产＝负债＋所有者权益，反映了企业利润的实现过程

B. 收入－费用＝利润，是编制利润表的依据

C. 资产＝负债＋所有者权益，是复式记账法的理论基础

D. 收入－费用＝利润，是经营成果等式

5. 下列各项经济业务中，能引起会计等式左右两边会计要素同时变动的有（　　）。

A. 收到某单位前欠货款存入银行

B. 以银行存款偿还银行借款

C. 收到某单位投入机器设备一台

D. 以银行存款购买材料（不考虑增值税）

6. 下列关于明细分类科目的表述中，正确的有（　　）。

A. 明细分类科目也称一级会计科目

B. 明细分类科目是对会计要素进行总括分类的科目

C. 明细分类科目是对总分类科目作进一步分类的科目

D. 明细分类科目是能提供更加详细具体会计信息的科目

7. 下列各项中，属于复合分录形式的有（　　）。

A. 多借多贷　　　　B. 一借多贷

C. 多借一贷　　　　D. 一借一贷

8. 下列各项中，属于成本类科目的有（　　）。

A. 生产成本　　　　B. 管理费用

C. 制造费用　　　　D. 长期待摊费用

9. 下列关于借贷记账法的说法中，表述正确的有（　　）。

A. 是以"借""贷"为记账符号的一种复式记账法

B. 资产类账户借方登记增加额

C. 收入类账户期末余额一般在贷方

D. 借贷记账法的记账规则是"有借必有贷，借贷必相等"

10. 下列关于试算平衡公式的表述中，正确的有（　　）。

A. 资产类账户借方发生额合计＝资产类账户贷方发生额合计

B. 负债类账户借方发生额合计＝负债类账户贷方发生额合计

C. 全部账户的借方期初余额合计＝全部账户的贷方期初余额合计

D. 全部账户本期借方发生额合计＝全部账户本期贷方发生额合计

11. 下列各项中，原始凭证按照填制的手续和内容进行分类的有（　　）。

A. 累计凭证　　　　B. 专用凭证

C. 一次凭证　　　　D. 汇总凭证

12. 下列各项中，不属于汇总原始凭证的有（　　）。

A. 发货票　　　　　B. 发料凭证汇总表

C. 限额领料单　　　D. 收料单

13. 下列各项中，属于外来原始凭证的有（　　）。

A. 职工出差报销餐饮费增值税普通发票

B. 产品生产完工入库填制的入库单

C. 购买材料取得的增值税专用发票

D. 职工出差预借现金填制的借款单

14. 下列各项中，关于会计账簿的表述正确的有（　　）。

A. 活页式账簿一般适用于明细分类账

B. 按用途分类可分为序时账簿、分类账簿和

备查账簿

C. 按账页格式分类可分为序时账簿、分类账簿和备查账簿

D. 按外形特征分类可分为订本式账簿、活页式账簿和卡片式账簿

15. 订本式账簿主要适用于（　　）。

A. 固定资产明细账

B. 销售收入明细账

C. 总分类账

D. 银行存款日记账

16. 下列各项中，属于登记库存现金日记账依据的有（　　）。

A. 银行存款收款凭证

B. 银行存款付款凭证

C. 库存现金收款凭证

D. 库存现金付款凭证

17. 下列各项中，可用红色墨水记账的有（　　）。

A. 在不设借贷栏的多栏式账页中，登记减少数

B. 在三栏式账户的余额栏前，如未印明余额方向的，在余额栏内登记负数余额

C. 补充登记原少记金额

D. 按照红字冲账的记账凭证，冲销错误记录

18. 下列结账方法中，正确的有（　　）。

A. 需要结出当月发生额的，应当在摘要栏内注明"本月合计"字样，并在下面通栏划单红线

B. 需要结出本年累计发生额的，应当在摘要栏内注明"本年累计"字样，并在下面通栏划单红线

C. 全年累计发生额下面应当通栏划双红线

D. 年度终了，要把各账户的余额结转到下一会计年度，并在摘要栏注明"结转下年"字样

19. 下列各项中，属于对账内容的有（　　）。

A. 账证核对　　B. 账账核对

C. 账实核对　　D. 账表核对

20. 下列各项中，属于账实核对的有（　　）。

A. 库存现金日记账余额与现金实际库存数相核对

B. 各项债权明细账余额与对方单位账面记录相核对

C. 会计部门各财产明细账余额与财产保管部门有关明细账账面余额相核对

D. 银行存款日记账余额与银行对账单余额相核对

21. 实物清查的常用方法有（　　）。

A. 实地盘点法　　B. 技术推算法

C. 账目核对法　　D. 逆查法

22. 下列各项中，属于企业进行的不定期清查的有（　　）。

A. 在财产物资或库存现金的保管人员更换时的清查

B. 发生自然灾害和意外损失时的清查

C. 年终决算前的清查

D. 开展临时性清产核资时的清查

23. 下列各项中，在财产清查中一般采用发函询证的方法进行核对的有（　　）。

A. 应收账款　　B. 预收账款

C. 银行存款　　D. 固定资产

24. 下列各项中，属于企业常用的账务处理程序有（　　）。

A. 记账凭证账务处理程序

B. 科目汇总表账务处理程序

C. 汇总记账凭证账务处理程序

D. 多栏式日记账务处理程序

25. 下列各项中，不属于记账凭证账务处理程序优点的有（　　）。

A. 减轻了登记总分类账的工作量

B. 总分类账可以反映经济业务的详细情况

C. 可以起到试算平衡的作用

D. 简单明了，易于理解

26. 对于经济业务较多的单位，可以采用的账务处理程序有（　　）。

A. 记账凭证账务处理程序

B. 汇总记账凭证账务处理程序

C. 科目汇总表账务处理程序

D. 多栏式日记账务处理程序

27. 下列各项中，关于科目汇总表账务处理程序表述正确的有（　　）。

A. 该账务处理程序不利于单位对账目进行检查

B. 该账务处理程序可减轻单位登记总分类账的工作量

C. 该账务处理程序下单位应根据记账凭证

直接登记总分类账

D. 该账务处理程序通常适用于经济业务较多的单位

28. 单位开展会计信息化建设,应当根据单位发展目标和信息化体系建设实际需要,需要遵循的原则包括(　　)。

A. 统筹兼顾 B. 安全合规

C. 成本效益 D. 成本最小

三、判断题

1. 经批准处置的已核销的生产设备,不确认为企业资产。（　　）

2. 企业将一项符合负债定义的现时义务确定为负债,需要同时满足两个条件,即该义务是由过去的交易或事项形成,且很可能导致经济利益流出企业。（　　）

3. 企业非日常活动所形成的利得,不得计入利润。（　　）

4. 非流动资产可收回金额按照未来现金流量以恰当的折现率进行折现后的价值计量,这是现值计量属性。（　　）

5. 经济业务的发生可能导致资产要素不变,负债和所有者权益一增一减的情况。（　　）

6. "资产＝负债＋所有者权益"这一会计恒等式,无论发生任何经济业务都不会破坏其平衡关系,也不会引起等式两边金额的变化。（　　）

7. 资产内部项目有增有减,会使会计恒等式两边总额发生变动。（　　）

8. 按照反映的经济内容分类,递延收益属于企业所有者权益类会计科目。（　　）

9. 所有的总分类科目都应该设置明细科目,进行明细核算。（　　）

10. 会计科目仅是会计账户的名称,会计科目没有结构和格式,不能反映会计要素具体内容的增减变动及其结果。（　　）

11. 账户是根据会计要素设置的,具有一定的格式和结构。（　　）

12. 复式记账是以资产与权益平衡关系作为记账基础,对于每一笔经济业务,都要以相等的金额,在任意的两个或两个以上账户中进行记录的一种记账方法。（　　）

13. 会计凭证通常指的是纸质会计凭证。（　　）

14. 自制原始凭证都是一次凭证,外来原始凭证绝大多数是一次凭证。（　　）

15. 原始凭证是会计核算的原始资料和重要依据,是登记会计账簿的直接依据。（　　）

16. 某单位购入甲材料48 000元,货款以银行存款支付40 000元,其余8 000元暂欠,该笔业务应编制一张转账凭证。（　　）

17. 记账凭证应当连同所附的原始凭证或者原始凭证汇总表,按照编号顺序进行整理保管。（　　）

18. 序时账簿是编制会计报表的主要依据。（　　）

19. "原材料明细账"应该采用数量金额式账页格式。（　　）

20. 备查账簿可以根据企业的实际需要设置,无固定的格式要求。（　　）

21. 会计账簿一律不得携带外出。（　　）

22. 期末对账时,也包括账证核对,即会计账簿记录与原始凭证、记账凭证的时间、凭证字号、内容、金额是否一致,记账方向是否相符。（　　）

23. 结账前,可以将本期内所发生的各项经济业务事项部分登记入账。（　　）

24. 库存现金清查时,填制的"库存现金盘点报告表",只作为书面记录,不作为原始凭证。（　　）

25. 不定期清查一定是全面清查。（　　）

26. 企业在与银行对账时,如果存在未达账项,应当编制"银行存款余额调节表",据以确定企业银行存款实有数,并作为调整企业银行存款账面记录的记账依据。（　　）

27. 科目汇总表账务处理程序能科学地反映账户的对应关系,且便于账目核对。（　　）

28. 记账凭证账务处理程序、汇总记账凭证账务处理程序和科目汇总表账务处理程序的一般步骤中都包括根据科目汇总表登记总分类账。（　　）

29. 科目汇总表账务处理程序下,企业应直接根据记账凭证逐笔登记总分类账。（　　）

30. 单位处理和应用电子会计凭证,应当保证电子会计凭证的接收、生成、传输、存储等各环节安全可靠。（　　）

本章习题参考答案及解析

一、单项选择题

1.【答案】D

【解析】资产是指企业过去的交易或事项形成的，由企业拥有或者控制的，预期会给企业带来经济利益的资源。根据资产的定义可知，选项A、B、C，应作为企业资产加以核算和反映；选项D，"待处理财产损溢"科目核算企业在清查财产过程中查明的各种财产盘盈、盘亏和毁损的价值，是一个临时的过渡科目，因此不作为企业资产加以核算和反映。

2.【答案】B

【解析】选项B正确，负债要素侧重于反映企业的财务状况。选项A、C、D错误，均侧重于反映企业的经营成果。

3.【答案】C

【解析】非流动资产包括债权投资、其他债权投资、长期应收款、长期股权投资、其他权益工具投资、其他非流动金融资产、投资性房地产、固定资产、在建工程、生产性生物资产、油气资产、使用权资产、无形资产、开发支出、商誉、长期待摊费用、递延所得税资产、其他非流动资产。应收账款、货币资金和合同资产属于流动资产。

4.【答案】D

【解析】负债是指企业由过去的交易或者事项形成的、预期会导致经济利益流出企业的现时义务。负债的清偿不仅可以是货币偿还，还可以是实物资产偿还或者以提供劳务偿还等。

5.【答案】B

【解析】资产是指企业过去交易或者事项形成的、由企业拥有或者控制的、预期会给企业带来经济利益的资源，选项B正确。负债是指企业过去的交易或者事项形成的，预期会导致经济利益流出企业的现时义务，选项A错误。收入是指企业在日常活动中形成的、

会导致所有者权益增加的、与所有者投入资本无关的经济利益的总流入，选项C错误。利润是指企业在一定会计期间的经营成果，包括收入减去费用后的净额、直接计入当期利润的利得和损失等，选项D错误。

6.【答案】D

【解析】费用的确认除了应当符合定义外，还至少应当符合以下三个条件：（1）与费用相关的经济利益很可能流出企业（选项A）；（2）经济利益流出企业的结果会导致资产的减少或者负债的增加（选项B）；（3）经济利益的流出额能够可靠计量（选项C）。企业因向客户转让商品或提供劳务而有权取得的对价很可能收回，属于收入的确认条件，选项D符合题意。

7.【答案】A

【解析】历史成本又称实际成本，是指取得或制造某项财产物资时所实际支付的现金或者现金等价物，是企业一般采用的计量属性。

8.【答案】C

【解析】重置成本，又称现行成本，是指按照当前市场条件，重新取得同样一项资产所需支付的现金或者现金等价物金额。

9.【答案】A

【解析】会计计量属性主要包括历史成本、重置成本、可变现净值、现值和公允价值等。

10.【答案】C

【解析】企业以银行存款支付应付账款，此项业务发生会引起银行存款减少即资产减少；应付账款减少即负债减少。

11.【答案】A

【解析】选项A，借：银行存款，贷：短期借款，资产与负债同增；选项B，借：应付账款，贷：应付票据，负债内部一增一减；选项C，借：利润分配——应付现金股利或利润，贷：应付股利，借：利润分配——未分配利润，贷：利润分配——应付现金股利

或利润，所有者权益减少，负债增加；选项D，借：预付账款，贷：银行存款，资产内部一增一减。

12.【答案】B

【解析】资产＝负债＋所有者权益，是复式记账法的理论基础，选项B错误。

13.【答案】B

【解析】财务状况等式，亦称基本会计等式或静态会计等式，是复式记账法的理论基础。

14.【答案】B

【解析】此项业务的会计分录为：

借：短期借款　　　　　　　50

　　贷：实收资本　　　　　　　50

故负债减少，所有者权益增加，选项B正确。

15.【答案】A

【解析】成本类科目是对可归属于产品生产成本、劳务成本等的具体内容进行分类核算的项目，主要有"生产成本""制造费用""研发支出"等科目。清算资金往来属于共同类科目。

16.【答案】B

【解析】生产成本是成本类账户，借方登记增加额，贷方登记减少额。所以"生产成本"账户的期末余额＝期初余额＋本期借方发生额－本期贷方发生额。

17.【答案】C

【解析】该笔经济业务的会计分录是：

借：管理费用　　　　　　4 380

　　库存现金　　　　　　　620

　　贷：其他应收款　　　　　5 000

属于一贷多借分录，选项C正确。

18.【答案】B

【解析】（1）向银行借入资金150万元，存入企业存款账户，增加银行存款150万元，同时增加负债150万元；（2）购买材料65万元，以银行存款支付，那么增加原材料65万元，同时减少银行存款65万元；（3）购买材料85万元，货款未付，那么增加原材料85万元，同时增加负债85万元。所以本期资产变动额＝150＋65－65＋85＝235（万元），所以该企业资产总额＝800＋235＝

1 035（万元）。

19.【答案】C

【解析】余额试算平衡的直接依据是财务状况等式，即：资产＝负债＋所有者权益。因此，在编制余额试算平衡表时，不会涉及损益类账户，选项C符合题意。

20.【答案】B

【解析】选项A，原始凭证按照填制的手续和内容，可分为一次凭证、累计凭证和汇总凭证。选项C表述的是记账凭证的作用。原始凭证的作用主要是记载经济业务的发生过程和具体内容。选项D，原始凭证按照取得来源，可分为自制原始凭证和外来原始凭证。

21.【答案】C

【解析】原始凭证应当具备以下基本内容（也称为原始凭证要素）：（1）凭证的名称；（2）填制凭证的日期；（3）填制凭证单位名称或者填制人姓名（选项D）；（4）经办人员的签名或者盖章；（5）接受凭证单位名称（选项A）；（6）经济业务内容（选项B）；（7）数量、单价和金额。

22.【答案】C

【解析】自制原始凭证，应当有经办单位负责人或者其授权人员的签名或者盖章，选项C的表述不正确。

23.【答案】C

【解析】本题考核记账凭证。该业务不涉及库存现金和银行存款收付，因此应编制转账凭证。

24.【答案】C

【解析】对于涉及"库存现金"和"银行存款"之间的相互划转业务，如将现金存入银行或从银行提取现金，为了避免重复记账，一般只填制付款凭证，不再填制收款凭证。

25.【答案】C

【解析】转账凭证，是指用于记录不涉及库存现金和银行存款业务的记账凭证。企业销售产品货款尚未收到，应填制转账凭证。

26.【答案】B

【解析】原始凭证一般不得外借，根据国家有关规定必须借出的，应当严格按照规定办理相关手续。选项 B 说法错误。

27.【答案】D

【解析】选项 D 库存商品明细分类账应采用数量金额式账簿；选项 A、B 应采用三栏式账簿；选项 C 应采用多栏式账簿。

28.【答案】B

【解析】本题考核会计账簿的概念和作用。会计账簿是指由一定格式账页组成的，以经过审核的会计凭证为依据，全面、系统、连续地记录各项经济业务和会计事项的簿籍。会计凭证包括记账凭证和原始凭证，原始凭证和记账凭证都可以作为登记账簿的依据。

29.【答案】C

【解析】账证核对是核对账簿记录与原始凭证、记账凭证的时间、凭证字号、内容、金额等是否一致，记账方向是否相符，题目表述属于账证核对。

30.【答案】B

【解析】选项 A、D，属于账账核对；选项 C，属于账证核对。

31.【答案】D

【解析】会计账簿除需要与外单位核对外，一般不能携带外出；对携带外出的账簿，一般应由经管人员或会计主管人员指定专人负责。

32.【答案】A

【解析】一般来说单位撤销、合并或改变隶属关系时要采用全面清查。

33.【答案】A

【解析】银行存款日记账余额大于银行对账单余额有两种情形：第一种是企业已收，银行未收；第二种是银行已付，企业未付。选项 A 属于银行已付，企业未付的情形，故该选项正确；选项 B 属于企业已付，银行未付（因为收款方未提现），表明银行存款日记账小于银行对账单余额，故该选项错误；选项 C 银行已收，企业未收，表明银行存款日记账小于银行对账单余额，故该选项错误；选项 D，企业已付，银行未付，表明银行存款日记账小于银行对账单余额，故该选项错误。

34.【答案】C

【解析】对生产设备通常采用实地盘点法清查，选项 C 错误。

35.【答案】C

【解析】科目汇总表账务处理程序的优点是减轻了登记总分类账的工作量，可以起到试算平衡的作用。

36.【答案】C

【解析】本题考核账务处理程序。在记账凭证账务处理程序、汇总记账凭证账务处理程序和科目汇总表账务处理程序这三种主要的账务处理程序中，都是根据明细账和总分类账编制财务报表的。

37.【答案】C

【解析】记账凭证账务处理程序具有简单明了、易于理解、总分类账可以反映经济业务的详细情况的优点，选项 C 错误。

38.【答案】D

【解析】单位负责人是本单位会计信息化工作的第一责任人。

二、多项选择题

1.【答案】AD

【解析】选项 B，报废的设备不能给企业带来经济利益；选项 C，准备购入的设备不是由企业过去的交易或者事项形成的，二者均不符合资产的定义。

2.【答案】ABC

【解析】流动负债包括短期借款、交易性金融负债、衍生金融负债、应付票据、应付账款、预收款项、合同负债、应付职工薪酬、应交税费、其他应付款、持有待售负债、一年内到期的非流动负债、其他流动负债。应付债券属于非流动负债。

3.【答案】ABCD

【解析】会计计量属性主要包括历史成本、重置成本、可变现净值、现值和公允价值等。

4.【答案】BCD

【解析】选项 A 错误，"资产＝负债＋所有者权益"等式，被称为财务状况等式、基本会计等式或静态会计等式，它是复式记账法的理论基础，也是编制资产负债表的依据。

"收入－费用＝利润"等式，反映了企业利润的实现过程，被称为经营成果等式或动态会计等式，是编制利润表的依据。

5.【答案】BC

【解析】选项 A、D 都是在资产内部一增一减，资产总额不变，更不会影响负债和所有者权益，因此不符合题目要求。

6.【答案】CD

【解析】明细分类科目是对总分类科目作进一步分类，提供更为详细和具体会计信息的科目。

7.【答案】ABC

【解析】复合会计分录是指由两个以上（不含两个）对应账户构成的会计分录，即一借多贷、多借一贷或多借多贷的会计分录。选项 D 属于简单分录。

8.【答案】AC

【解析】管理费用属于损益类科目，选项 B 错误；长期待摊费用属于资产类科目，选项 D 错误。

9.【答案】ABD

【解析】收入类账户属于损益类账户，期末结转后没有余额，选项 C 错误。

10.【答案】CD

【解析】选项 C、D 是试算平衡的两种分类：发生额试算平衡和余额试算平衡。

11.【答案】ACD

【解析】本题考核原始凭证分类。原始凭证按照填制的手续和内容，可分为一次凭证、累计凭证和汇总凭证。专用凭证系原始凭证按照格式的不同进行的分类，选项 B 错误。

12.【答案】ACD

【解析】汇总原始凭证是指对一定时期内反映经济业务内容相同的若干张原始凭证，按照一定标准综合填制的原始凭证。限额领料单属于累计凭证；发货票、收料单属于一次凭证。

13.【答案】AC

【解析】外来原始凭证，是指在经济业务发生或完成时，从其他单位或个人直接取得的原始凭证。选项 B、D，属于自制原始凭证。

14.【答案】ABD

【解析】会计账簿按账页格式分类可分为三栏式账簿、多栏式账簿和数量金额式账簿，

选项 C 错误。

15.【答案】CD

【解析】本题考核订本式账簿的适用范围。订本式账簿一般适用于重要的和具有统驭性的总分类账、库存现金日记账和银行存款日记账。固定资产明细账适用卡片式账簿；销售收入明细账适用多栏式账簿。

16.【答案】BCD

【解析】本题考核日记账的格式和登记方法。三栏式库存现金日记账由出纳人员根据库存现金收款凭证、库存现金付款凭证和银行存款付款凭证，按照库存现金收、付款业务和银行存款付款业务发生时间的先后顺序逐日逐笔登记。

17.【答案】ABD

【解析】补充登记原少记金额应使用蓝黑墨水或碳素墨水书写登记。

18.【答案】ABCD

【解析】（1）需要结出当月发生额的，应当在摘要栏内注明"本月合计"字样，并在下面通栏划单红线（选项 A）。（2）需要结出本年累计发生额的，应当在摘要栏内注明"本年累计"字样，并在下面通栏划单红线（选项 B）。（3）12 月末的"本年累计"就是全年累计发生额。全年累计发生额下面应当通栏划双红线（选项 C）。（4）年度终了结账时，所有总账账户都应当结出全年发生额和年末余额。年度终了，要把各账户的余额结转到下一会计年度，并在摘要栏注明"结转下年"字样（选项 D）；在下一会计年度新建有关会计账簿的第一行余额栏内填写上年结转的余额，并在摘要栏注明"上年结转"。

19.【答案】ABCD

【解析】对账一般可以分为账证核对、账账核对、账实核对、账表核对。

20.【答案】ABD

【解析】选项 C 属于账账核对。

21.【答案】AB

【解析】实物资产的清查方法有实地盘点法和技术推算法两种。

22.【答案】ABD

【解析】年终决算前（年末）的清查属于定期清查，选项C错误。

23.【答案】AB

【解析】往来款项的清查一般采用发函询证的方法进行核对。往来款项主要包括应收、应付款项和预收、预付款项等，选项A、B属于往来款项，采用发函询证的方法进行清查。

24.【答案】ABC

【解析】企业常用的账务处理程序主要有记账凭证账务处理程序、汇总记账凭证账务处理程序、科目汇总表账务处理程序。

25.【答案】AC

【解析】记账凭证账务处理程序的主要特点是直接根据记账凭证逐笔登记总分类账。其优点是简单明了，易于理解，总分类账可以反映经济业务的详细情况。选项A属于汇总记账凭证账务处理程序和科目汇总表账务处理程序的优点，选项C属于科目汇总表账务处理程序的优点。

26.【答案】BC

【解析】汇总记账凭证账务处理程序和科目汇总表账务处理程序都减轻了登记总账的工作量，适用于经济业务较多的单位。

27.【答案】ABD

【解析】选项C，应根据科目汇总表登记总分类账。

28.【答案】ABC

【解析】单位开展会计信息化建设，应当根据单位发展目标和信息化体系建设实际需要，遵循统筹兼顾、安全合规、成本效益等原则，因地制宜地推进。

三、判断题

1.【答案】√

【解析】经批准处置的已核销的生产设备，不符合未来经济利益流入的资产特征，因此不应确认为企业资产。

2.【答案】×

【解析】将一项现时义务确认为负债，需要符合负债的定义，还需要同时满足以下两个条件：（1）与该义务有关的经济利益很可能流出企业；（2）未来流出的经济利益的金额能够可靠地计量。

3.【答案】×

【解析】非日常活动所形成的利得有些计入当期损益，有些计入所有者权益。

4.【答案】√

【解析】现值通常用于非流动资产可收回金额和以摊余成本计量的金融资产价值的确定等。非流动资产可收回金额按照未来现金流量以恰当的折现率进行折现后的价值计量，属于现值计量属性。

5.【答案】√

【解析】根据会计等式"资产＝负债＋所有者权益"，若资产要素不变，则只有以下几种变化形式：（1）负债要素内部项目等额有增有减，资产和所有者权益要素不变；（2）所有者权益要素内部项目等额有增有减，资产和负债要素不变；（3）负债要素增加，所有者权益要素等额减少，资产要素不变；（4）负债要素减少，所有者权益要素等额增加，资产要素不变。

6.【答案】×

【解析】因为有一些经济业务的发生虽然不会破坏会计恒等式的平衡关系，但它会引起等式两边余额的同增或同减。

7.【答案】×

【解析】资产内部项目有增有减、负债和所有者权益项目有增有减都不会使"资产＝负债＋所有者权益"会计恒等式两边总额发生变动。

8.【答案】×

【解析】递延收益属于负债类科目。

9.【答案】×

【解析】明细科目可以根据需要设置。

10.【答案】√

【解析】账户是根据会计科目设置的，具有一定格式和结构，用于分类反映资产、负债、所有者权益、收入、费用、利润等会计要素增减变动情况及其结果的载体。会计科目是账户的名称，账户是会计科目的具体应用。在实际工作中，对会计科目和账户不加严格区分，而是相互通用。

11. 【答案】×

【解析】账户是根据会计科目设置的、具有一定格式和结构、用以分类反映会计要素增减变动情况及其结果的载体。

12. 【答案】×

【解析】复式记账对于每一笔经济业务，都必须用相等的金额在两个或两个以上相互联系的会计科目中进行记录。

13. 【答案】×

【解析】会计凭证是指记录经济业务发生或者完成情况的书面证明，是登记账簿的依据，包括纸质会计凭证和电子会计凭证两种形式。

14. 【答案】×

【解析】外来原始凭证均为一次凭证，自制原始凭证大多数是一次凭证。如限额领料单属于自制原始凭证，但不属于一次凭证，而是累计凭证。

15. 【答案】×

【解析】本题考核记账凭证概念。原始凭证是登记账簿的原始依据，而记账凭证是登记会计账簿的直接依据。

16. 【答案】×

【解析】该笔业务应编制一张转账凭证，借记：原材料 8 000 元，贷记：应付账款 8 000 元；再编制一张付款凭证，即借记：原材料 40 000 元，贷记：银行存款 40 000 元。

17. 【答案】√

【解析】本题考查记账凭证的保管。记账凭证应当连同所附的原始凭证或者原始凭证汇总表，按照编号顺序进行整理保管。

18. 【答案】×

【解析】本题考核会计账簿。分类账簿是会计账簿的主体，也是编制财务报表的主要依据。

19. 【答案】√

【解析】本题考核明细账的账页格式。数量金额式账页适用于既要进行金额核算又要进行数量核算的账户，如原材料、库存商品等存货账户。

20. 【答案】√

【解析】本题考核备查账簿的要求。备查账簿根据企业的实际需要设置，没有固定的格式要求。

21. 【答案】×

【解析】会计账簿除需要与外单位核对外，一般不能携带外出；对携带外出的账簿，一般应由经管人员或会计主管人员指定专人负责。

22. 【答案】√

【解析】期末对账时，也包括账证核对，即会计账簿记录与原始凭证、记账凭证的时间、凭证字号、内容、金额是否一致，记账方向是否相符。

23. 【答案】×

【解析】结账前，必须将本期内所发生的各项经济业务事项全部登记入账。

24. 【答案】×

【解析】库存现金清查时，应填制"库存现金盘点报告表"，作为重要原始凭证。

25. 【答案】×

【解析】不定期清查是根据实际需要所进行的临时性清查，事先并无规定的清查时间。不定期清查的清查范围根据实际需要，可以是全面清查，如在企业清算、撤销或合并时，为查清单位实际拥有资产情况所进行的临时性清查；也可以是局部清查，如因更换仓库保管人时，为分清经济责任，对被更换保管人员所管理的资产进行的清查，或发生非常灾害和意外损失时，为查明损失情况，对受灾的资产进行的清查等。

26. 【答案】×

【解析】企业在与银行对账时首先应查明是否存在未达账项，如果存在未达账项，就应当编制"银行存款余额调节表"，据以确定企业银行存款实有数。需要注意的是，"银行存款余额调节表"只是为了核对账目，不能作为调整企业银行存款账面记录的记账依据。

27. 【答案】×

【解析】科目汇总表账务处理程序缺点是不能反映各个账户之间的对应关系，不利于对账目进行检查。

28. 【答案】×

【解析】三种账务处理程序中，汇总记账凭

证账务处理程序是根据汇总记账凭证登记总分类账的；科目汇总表账务处理程序是根据科目汇总表登记总分类账的；记账凭证账务处理程序是根据各种记账凭证逐笔登记总分类账的。

29.【答案】×

【解析】科目汇总表账务处理程序下，企业应根据科目汇总表登记总分类账。

30.【答案】√

【解析】单位处理和应用电子会计凭证，应当保证电子会计凭证的接收、生成、传输、存储等各环节安全可靠。

第三章　流动资产

本章习题

一、单项选择题

1. 某企业支付的下列款项中，可以使用库存现金进行支付的是（　　）。
   - A. 财务部门购买账簿支付 2 200 元
   - B. 销售部门宣传费 1 200 元
   - C. 出差人员必须随身携带的 30 000 元差旅费
   - D. 生产车间办公费 1 500 元

2. 2×24 年 7 月 31 日，某企业进行现金清查时发现库存现金短缺 500 元，经批准，应由出纳员赔偿 200 元，其余 300 元无法查明原因，由企业承担损失。不考虑其他因素，该业务对当期营业利润的影响金额为（　　）元。
   - A. 0
   - B. 200
   - C. 300
   - D. 500

3. 企业将款项汇往异地银行开立采购专户，编制该业务的会计分录时应当（　　）。
   - A. 借记"应收账款"科目，贷记"银行存款"科目
   - B. 借记"其他货币资金"科目，贷记"银行存款"科目
   - C. 借记"其他应收款"科目，贷记"银行存款"科目
   - D. 借记"材料采购"科目，贷记"其他货币资金"科目

4. 下列各项中，不通过"其他货币资金"科目核算的是（　　）。

   - A. 银行本票存款
   - B. 银行承兑汇票
   - C. 外埠存款
   - D. 银行汇票存款

5. 甲企业于 3 月 31 日购入 A 公司股票 4 000 股，作为交易性金融资产。A 公司已于 3 月 20 日宣告分派股利（至 3 月 31 日尚未支付），每股 0.2 元，企业以银行存款支付股票价款 48 000 元，另付手续费 400 元，增值税进项税额 24 元。该交易性金融资产的入账价值为（　　）元。
   - A. 48 400
   - B. 48 000
   - C. 47 200
   - D. 40 000

6. 企业取得交易性金融资产时，应计入当期损益的是（　　）。
   - A. 支付价款中包含的已宣告但尚未发放的现金股利
   - B. 支付价款中包含的已到付息期但尚未领取的债券利息
   - C. 支付的不含增值税的交易费用
   - D. 支付交易费用取得的增值税专用发票上注明的增值税税额

7. A 公司 2×24 年 6 月 2 日从证券交易市场中购入 B 公司发行在外的普通股股票 1 000 万股作为交易性金融资产核算，每股支付购买价款 4 元，另支付相关交易费用 5 万元，2×24 年 6 月 30 日，该股票的公允价值为 4.3 元/股。则 A 公司购入该项金融资产对当期损益的影响金额为（　　）万元。

A. 295 B. 300

C. 0 D. 305

8. 2×24 年 12 月 31 日，甲公司出售其持有的交易性金融资产，取得价款 3 000 万元。出售前，"交易性金融资产"科目"成本"明细科目余额为 2 300 万元，"公允价值变动"明细科目借方余额为 200 万元。不考虑其他因素，甲公司出售交易性金融资产对 2×24 年损益的影响金额为（ ）万元。

A. 500 B. 3 000

C. 700 D. 2 300

9. 甲公司为上市公司，2×24 年 5 月 10 日以 830 万元（含已宣告但尚未领取的现金股利 30 万元）购入乙公司股票 200 万股作为交易性金融资产核算，另支付手续费 4 万元，取得的增值税专用发票上注明的增值税税额为 0.24 万元。5 月 30 日，甲公司收到现金股利 30 万元。6 月 30 日，乙公司股票每股市价为 3.95 元。7 月 20 日，甲公司以 920 万元出售该项交易性金融资产。甲公司因这项交易性金融资产而对利润表的影响金额为（ ）万元。

A. 146 B. 116

C. 130 D. 145

10. 某企业销售商品一批，增值税专用发票上注明的价款为 60 万元，适用的增值税税率为 13%，为购买方代垫运杂费 2 万元，增值税税额 0.18 万元，款项尚未收回。该企业确认的应收账款为（ ）万元。

A. 60 B. 62

C. 67.8 D. 69.98

11. 企业应收账款明细账的贷方余额反映的是（ ）。

A. 应付账款 B. 预收账款

C. 预付账款 D. 其他应收款

12. 下列各项中，企业应通过"其他应收款"科目核算的是（ ）。

A. 出租包装物收取的押金

B. 为职工垫付的水电费

C. 代购货方垫付的销售商品运费

D. 销售商品，货款尚未收到

13. 12 月 1 日，甲公司"坏账准备"科目贷方余额为 60 万元。本月发生坏账损失 40 万元。12 月 31 日，确定本期预期信用损失为 90 万元。不考虑其他因素，12 月 31 日应计提的坏账准备金额为（ ）万元。

A. 40 B. 70

C. 90 D. 0

14. 甲公司为增值税一般纳税人，7 月从乙公司处购入原材料一批，取得对方开具的增值税专用发票上注明的金额为 100 万元，增值税税额 13 万元。另以银行存款支付运杂费 1 万元，入库前挑选整理费 3 万元。不考虑其他因素，甲公司该批原材料的入账价值为（ ）万元。

A. 100 B. 101

C. 104 D. 117

15. 下列税金中，不应计入存货成本的是（ ）。

A. 一般纳税企业进口原材料支付的关税

B. 一般纳税企业购进原材料支付的增值税

C. 小规模纳税企业购进原材料支付的增值税

D. 一般纳税企业进口应税消费品支付的消费税

16. 甲公司的原材料采用先进先出法核算。2×24 年 12 月，月初结存材料 1 000 千克，每千克 10 元。12 月 5 日购入原材料一批，共计 500 千克，每千克 9 元。12 月 15 日领用原材料一批，共计 1 200 千克。12 月 25 日购入原材料一批，共计 1 000 千克，每千克 11 元。2×24 年 12 月末，甲公司结存原材料的成本为（ ）元。

A. 17 000 B. 15 300

C. 17 500 D. 13 700

17. 某企业存货发出计价采用月末一次加权平均法。7 月 1 日，原材料期初结存数量为 2 400 件，单价为 2.5 万元。7 月 5 日，发出原材料 2 000 件；7 月 13 日，购进原材料 3 600 件，单价为 2.55 万元；7 月 25 日，发出原材料 3 500 件。不考虑其他因素，该企业 7 月 31 日结存原材料的实际成本为（ ）万元。

A. 1 265 B. 0

C. 1 275 D. 1 272.5

18. 甲公司对原材料采用计划成本法进行核算。2×24 年 12 月初，结存的 A 材料的账面余额为 30 万元，该材料负担的节约差为 2 万元；本期购入 M 材料的实际成本为 110 万元，计划成本为 120 万元，当月发出 M 材料的计划成本为 100 万元。不考虑其他因素，甲公司 2×24 年 12 月发出 M 材料的实际成本为（　　）万元。

A. 100
B. 92
C. 108
D. 46

19. 甲企业采用移动加权平均法计算发出甲材料的成本，4 月初甲材料结存 300 千克，每千克实际成本为 3 元；当月 3 日，发出甲材料 100 千克；当月 12 日，购入甲材料 200 千克，每千克实际成本为 10 元；当月 27 日，发出甲材料 350 千克。甲材料本月末结存成本为（　　）元。

A. 450
B. 440
C. 500
D. 325

20. 甲企业随同商品出售且单独计价的包装物进行会计处理时，应将包装物的实际成本转入的会计科目是（　　）。

A. 销售费用
B. 管理费用
C. 其他业务成本
D. 营业外支出

21. 甲公司和乙公司均为增值税一般纳税人，甲公司委托乙公司加工一批应税消费品（非金银首饰），发出材料成本 280 000 元，支付往返运杂费 2 000 元，乙公司收取的加工费为 20 000 元（不含税），并向甲公司开具了增值税专用发票，乙公司代收代缴消费税 75 000 元。甲公司收回该批商品后用于连续加工生产应税消费品。则甲公司收回该批委托加工物资的成本为（　　）元。

A. 377 000
B. 300 000
C. 302 000
D. 375 000

22. 应当缴纳消费税的委托加工物资收回后直接用于销售的，按规定受托方代收代缴的消费税应记入（　　）科目中。

A. 生产成本
B. 委托加工物资
C. 应交税费
D. 主营业务成本

23. 甲商贸企业属于增值税一般纳税人，采用售价金额核算法核算库存商品，2 月初库存商品成本为 1 200 万元，售价总额为 1 500 万元，本月购进商品进价成本为 1 000 万元，

售价总额为 1 250 万元，本月销售收入为 1 020 万元，本月发生销售折扣 20 万元，则月末结存库存商品的实际成本为（　　）万元。

A. 1 200
B. 1 220
C. 1 320
D. 1 400

24. 某增值税一般纳税企业因暴雨毁损库存原材料一批，其成本为 100 万元，该批材料购进时的增值税税额为 13 万元；收回残料价值 2 万元，收到保险公司赔偿款 40 万元。假定不考虑其他因素，经批准企业确认该材料毁损净损失的会计分录是（　　）。

A. 借：营业外支出　　　　　71
　　贷：待处理财产损溢　　　　71
B. 借：管理费用　　　　　　71
　　贷：待处理财产损溢　　　　71
C. 借：营业外支出　　　　　58
　　贷：待处理财产损溢　　　　58
D. 借：管理费用　　　　　　58
　　贷：待处理财产损溢　　　　58

25. 甲公司为增值税一般纳税人，适用 13% 的增值税税率，4 月在财产清查中发现盘亏甲材料 1 000 千克，实际购入成本为 300 元/千克。经查属于管理不善造成的损失，由过失人赔款 3 000 元，则处理后有关存货盘亏的净损失为（　　）元。

A. 336 000
B. 297 000
C. 339 000
D. 300 000

26. 下列关于企业计提存货跌价准备的表述不正确的是（　　）。

A. 当存货的成本低于其可变现净值时，存货按成本计价
B. 计提存货跌价准备的影响因素消失，价值得以恢复时应在原计提的跌价准备金额内转回
C. 转回存货跌价准备时，将转回的金额计入管理费用中
D. 企业计提存货跌价准备会减少企业当期营业利润

27. 甲公司 2×24 年 6 月 30 日库存商品借方余额为 1 200 万元，其可变现净值为 1 170 万元，9 月销售该库存商品结转的成本为 400 万元，

10月完工入库的库存商品成本为500万元。12月31日库存商品的可变现净值为1 290万元，则甲公司2×24年12月31日需要计提的存货跌价准备为（ ）万元。

A. 20 B. 0

C. −20 D. −10

二、多项选择题

1. 根据《现金管理暂行条例》的规定，下列选项中，可以使用现金支付的有（ ）。

A. 向个人收购农副产品的价款5 000元

B. 出差人员必须随身携带差旅费7 000元

C. 购买500元的办公用品

D. 支付个人奖金800元

2. 下列各项中，企业应通过"其他货币资金"科目核算的有（ ）。

A. 取得银行汇票存入银行的款项

B. 汇往采购地银行开立采购专户的款项

C. 销售货物取得的银行本票款项

D. 存入在证券公司指定银行开立的投资款专户的款项

3. 下列各项中，关于其他货币资金业务表述不正确的有（ ）。

A. 企业单位信用卡存款账户不可以存入销售收入

B. 企业信用证保证金余额不可以转存其开户行结算户存款

C. 企业银行汇票的收款人不得将其收到的银行汇票背书转让

D. 企业外埠存款余额不可以转存其开户行结算户存款

4. 下列各项中，关于交易性金融资产的会计处理表述正确的有（ ）。

A. 持有期间发生的公允价值变动计入公允价值变动损益

B. 持有期间被投资单位宣告发放的现金股利计入投资收益

C. 取得时支付的价款中包含的已宣告但尚未发放的现金股利计入初始成本

D. 取得时支付的相关交易费用计入投资收益

5. 企业核算交易性金融资产持有期间的现金股利，可能涉及的会计科目有（ ）。

A. 投资收益 B. 交易性金融资产

C. 应收股利 D. 其他货币资金

6. 企业发生的与交易性金融资产有关的下列业务中，应通过"投资收益"科目核算的有（ ）。

A. 出售交易性金融资产时支付的转让金融商品增值税

B. 出售交易性金融资产时转出的持有期间累计确认的公允价值变动损益

C. 出售交易性金融资产发生的投资损失

D. 出售交易性金融资产实现的投资收益

7. 下列各项中，会导致企业应收账款账面价值减少的有（ ）。

A. 转销无法收回备抵法核算的应收账款

B. 收回应收账款

C. 计提应收账款坏账准备

D. 收回已转销的应收账款

8. 下列各项中，会影响企业应收账款入账金额的有（ ）。

A. 应收的销售商品价款

B. 增值税的销项税额

C. 应收的提供服务款

D. 代购货单位垫付的运费

9. 应收票据终止确认时，涉及的会计科目有（ ）。

A. 财务费用 B. 原材料

C. 应交税费 D. 银行存款

10. 下列业务中，甲公司应通过"其他应收款"科目核算的有（ ）。

A. 应收乙公司的合同违约金

B. 应收丙保险公司的赔款

C. 为职工垫付的水电费

D. 租入包装物支付的押金

11. 下列各项中，应计提坏账准备的有（ ）。

A. 应收账款 B. 应收票据

C. 预付账款 D. 其他应收款

12. 甲企业持有的下列资源中，属于存货的有（ ）。

A. 验收入库的M原材料

B. 委托乙公司销售的W商品

C. 受托代销的A商品

D. 购入的建造用的工程材料

13. 下列各项中，应计入存货采购成本的有（　　）。

A. 运输途中的合理损耗

B. 购买存货发生的保险费

C. 存货入库前发生的挑选整理费

D. 存货采购过程中发生的装卸费

14. 甲企业在采用实际成本核算其发出存货的成本过程中，可以采用的发出存货成本的计价方法有（　　）。

A. 个别计价法

B. 后进先出法

C. 月末一次加权平均法

D. 移动加权平均法

15. 下列关于发出存货计价的方法表述中，正确的有（　　）。

A. 企业可以选择按实际成本法或计划成本法计算发出存货成本

B. 企业采用实际成本法核算时，应当在个别计价法、先进先出法、加权平均法中进行选择

C. 月末一次加权平均法计算简单，但平时无法从账上提供存货发出和结存的单价和金额

D. 移动加权平均法计算的平均单位成本及发出和结存的存货成本比较客观，但工作量大

16. 在计划成本法下，下列会计处理正确的有（　　）。

A. 购入材料时，借方按照实际成本登记"材料采购"、相关税费，贷方登记"银行存款"

B. 材料入库时，借方按照实际成本登记"原材料"，贷方按照计划成本冲销"材料采购"，差额记入"材料成本差异"

C. 领用材料时，根据受益对象计入相关成本费用

D. 发出材料期末负担的差异如为节约差异，则在借方增加相关成本费用，贷记"材料成本差异"科目

17. 下列各项中，关于周转材料会计处理表述正确的有（　　）。

A. 多次使用的包装物应根据使用次数分次进行摊销

B. 低值易耗品金额较小的可在领用时一次计入成本费用

C. 随同商品销售出借的包装物的摊销额应计入管理费用

D. 随同商品出售单独计价的包装物摊销额应计入其他业务成本

18. 下列有关存货成本的表述中，正确的有（　　）。

A. 商业企业采购商品的进货费用金额较小的，可以不计入存货成本

B. 委托加工物资发生的加工费用应计入委托加工物资的成本

C. 商业企业进货费用先行归集的，期末未售商品分摊的进货费用计入存货成本

D. 企业为特定客户设计产品发生的设计费用计入产品成本

19. 下列各项中，一般纳税企业不需要计入收回委托加工物资成本的有（　　）。

A. 支付的加工费

B. 随同加工费支付的增值税

C. 支付的收回后用于继续加工应税消费品的委托加工物资的消费税

D. 支付的收回后用于直接销售的委托加工物资的消费税

20. 下列选项中，关于库存商品售价金额核算法的表述正确的有（　　）。

A. 商品进价与售价的差额通过"商品进销差价"科目核算

B. 期末需根据已售商品应分摊的进销差价调整本期销售成本

C. 库存商品入库时按售价记账

D. 库存商品销售时按进价结转销售成本

21. 下列与存货相关会计处理的表述中，正确的有（　　）。

A. 应收保险公司存货损失赔偿款计入其他应收款

B. 资产负债表日存货应按成本与可变现净值孰低计量

C. 按管理权限报经批准的盘盈存货价值冲减管理费用

D. 结转商品销售成本的同时转销其已计提的存货跌价准备

22. 下列关于企业存货清查的表述中不正确的有

（　　）。

A. 盘盈的存货应计入营业外收入

B. 盘亏的存货均计入营业外支出

C. 所有盘亏存货所负担的增值税进项税额需要作转出处理

D. 盘盈的存货应按差错进行追溯调整

23. 下列各项中，关于企业存货减值的相关会计处理表述正确的有（　　）。

A. 企业结转存货销售成本时，对于其已提的存货跌价准备，应当一并结转

B. 资产负债表日，当存货期末账面价值低于其可变现净值时，企业应当按账面价值计量

C. 已计提的存货跌价准备不得转回

D. 资产负债表日，当存货期末账面价值高于其可变现净值时，企业应当按账面价值计量

24. 某公司 2×24 年 10 月 31 日库存 A 材料账面余额为 80 000 元，预计可变现净值为 75 000 元，12 月 31 日该批材料账面余额为 80 000 元，预计可变现净值为 78 000 元，在此期间，A 材料没有发生购销业务，下列会计分录正确的有（　　）。

A. 10 月 31 日：

借：管理费用　　　　　　5 000

　　贷：存货跌价准备　　　　　5 000

B. 10 月 31 日：

借：资产减值损失——计提存货跌价准备

　　　　　　　　　　　　　5 000

　　贷：存货跌价准备　　　　　5 000

C. 12 月 31 日：

借：存货跌价准备　　　　3 000

　　贷：资产减值损失——计提存货跌价准备　　　　　　　　　3 000

D. 12 月 31 日：

借：资产减值损失——计提存货跌价准备

　　　　　　　　　　　　　2 000

　　贷：存货跌价准备　　　　　2 000

三、判断题

1. 企业现金都有一定的限额，这一限额是由企业根据自己单位的实际情况自行制定的。（　　）

2. 某企业收到对方以转账支票形式支付的货款，记入"其他货币资金"账户。（　　）

3. 企业为取得交易性金融资产发生的交易费用应计入交易性金融资产成本。（　　）

4. 交易性金融资产取得价款中包含已宣告尚未发放的现金股利应当计入投资收益。（　　）

5. 企业出售交易性金融资产时，要将原计入公允价值变动损益的金额转入投资收益中。（　　）

6. 资产负债表日，交易性金融资产应当按照公允价值计量，公允价值与账面余额之间的差额记入"公允价值变动损益"科目。（　　）

7. 企业为职工垫付的水电费、应由职工负担的医药费等应通过"应收账款"科目核算。（　　）

8. 企业取得的商业承兑汇票到期承兑人无力支付款项时，企业应当将应收票据转入营业外支出中。（　　）

9. 企业预付款项不多时，可以不设置"预付账款"科目，而将预付的款项通过"预收账款"科目核算。（　　）

10. 企业出租包装物应收取的租金，通过"其他应收款"科目核算。（　　）

11. 应收股利是指企业应收取的现金股利和应收取其他单位分配的利润。（　　）

12. 企业在确定应收款项减值核算所采用的方法时，应当根据企业实际情况，按照成本效益原则，选择采用备抵法和直接转销法。（　　）

13. 坏账准备一经计提，以后期间不得转回。（　　）

14. 企业购入存货运输途中的合理损耗会导致存货总成本变动。（　　）

15. 已展出或委托代销的商品，均不属于企业的存货。（　　）

16. 为简化核算，对那些发票账单尚未到达的入库材料，月末可以暂时不进行会计处理，待收到发票账单时再按实际价款进行会计处理。（　　）

17. 委托加工的物资收回后用于连续生产的，应将受托方代收代缴的消费税计入委托加工物资的成本。（　　）

18. 增值税小规模纳税人购进货物支付的增值税，应当直接计入有关货物的成本。（　　）

19. 某商场采用毛利率法进行日常核算，可根据本期销售净额乘以上期同类商品的实际毛利率匡算本期销售毛利，并据以计算发出商品和期末结存商品成本。　　　　（　　）

20. 企业发生的存货盘盈，按管理权限报经批准后，应计入营业外收入。　　　　（　　）

21. 期末，如果某项存货的成本低于其可变现净值，则企业应对该项存货计提存货跌价准备。　　　　（　　）

22. 存货跌价准备一经计提，在持有期间不得转回。　　　　（　　）

23. 结转销售产品的存货跌价准备应冲减资产减值损失。　　　　（　　）

四、不定项选择题

1. 某企业采用备抵法核算应收账款减值。2×24年初，"应收账款"科目借方余额为600万元，"坏账准备"科目贷方余额为30万元。2×24年度发生与应收账款相关的经济业务如下：

　　（1）3月31日，甲客户因长期经营不善破产，经批准后，将甲客户所欠货款5万元作为坏账转销。

　　（2）8月2日，收回2×23已作坏账转销的应收乙客户货款10万元存入银行。

　　（3）12月31日，确定应收账款的坏账准备余额为20万元。

要求：根据上述资料，不考虑其他因素，分析回答下列问题。

　　（1）根据资料（1），关于采用备抵法核算应收账款减值的表述正确的是（　　）。

　　　　A. 确认应收账款预期信用减值损失会导致营业利润减少

　　　　B. 对应收账款确认预期信用减值损失符合谨慎性会计信息质量要求

　　　　C. 将无法收回的应收账款作为坏账转销不影响坏账转销时的应收账款账面价值

　　　　D. 已计提的坏账准备在以后期间不得转回

　　（2）根据资料（1），转销坏账相关会计科目的处理结果正确的是（　　）。

　　　　A. "坏账准备"科目减少5万元

　　　　B. "信用减值损失"科目增加5万元

　　　　C. "坏账准备"科目增加5万元

　　　　D. "应收账款"科目减少5万元

　　（3）根据资料（2），收回已确认并转销的应收账款的会计处理正确的是（　　）。

　　　　A. 借：应收账款　　　　　　10
　　　　　　　贷：坏账准备　　　　　　　10

　　　　B. 借：银行存款　　　　　　10
　　　　　　　贷：应收账款　　　　　　　10

　　　　C. 借：坏账准备　　　　　　10
　　　　　　　贷：信用减值损失　　　　　10

　　　　D. 借：应收账款　　　　　　10
　　　　　　　贷：信用减值损失　　　　　10

　　（4）根据期初资料、资料（1）~（3），该企业12月31日计提坏账准备对"坏账准备"科目的影响表述正确的是（　　）。

　　　　A. 增加20万元

　　　　B. 冲减15万元

　　　　C. 增加55万元

　　　　D. 冲减5万元

　　（5）根据资料（1）~（3），2×24年12月31日，该企业资产负债表中"应收账款"项目期末余额栏应填列的金额是（　　）万元。

　　　　A. 585　　　　　　B. 575

　　　　C. 595　　　　　　D. 0

2. 甲企业为增值税一般纳税人，适用的增值税率为13%，原材料采用实际成本核算。2×24年12月初，A材料账面余额90 000元。该企业12月发生的有关经济业务如下：

　　（1）5日，购入A材料1 000千克，增值税专用发票上注明的价款300 000元，增值税税额39 000元，购入该种材料发生保险费1 000元，发生运输费4 000元，已取得增值税专用发票上注明增值税税额360元，运输过程中发生合理损耗10千克，材料已验收入库，款项均已通过银行付清。

　　（2）15日，委托外单位加工B材料（属于应税消费品），发出B材料成本70 000元，支付加工费20 000元，取得的增值税专用发票上注明的增值税税额为2 600元，由受托方代收代缴的消费税为10 000元。材料加工完毕验收入库，款项均已支付，材料收回后用于继续生产应税消费品。

（3）31 日，生产领用 A 材料一批，该批材料成本为 75 000 元。

要求：根据以上资料，分析回答下列问题。

（1）根据资料（1），下列各项中，应计入外购原材料实际成本的是（　　）。

　　A. 运输过程中的合理损耗

　　B. 采购过程中发生的保险费

　　C. 增值税专用发票上注明的价款

　　D. 增值税发票上注明的增值税税额

（2）根据资料（1），下列甲企业对采购 A 材料的会计处理中，结果正确的是（　　）。

　　A. 记入"原材料"科目的金额为 305 000 元

　　B. 记入"原材料"科目的金额为 344 360 元

　　C. 记入"应交税费——应交增值税（进项税额）"科目的金额为 39 000 元

　　D. 记入"应交税费——应交增值税（进项税额）"科目的金额为 39 360 元

（3）根据资料（2），关于甲企业委托加工业务会计处理，正确的是（　　）。

　　A. 收回委托加工物资的成本为 90 000 元

　　B. 收回委托加工物资的成本为 100 000 元

　　C. 受托方代收代缴的消费税 10 000 元应计入委托加工物资成本

　　D. 受托方代收代缴的消费税 10 000 元应借记"应交税费——应交消费税"科目

（4）根据资料（1）~（3），甲企业 31 日 A 材料的结存成本是（　　）元。

　　A. 304 800　　　　B. 31 500

　　C. 371 440　　　　D. 320 000

本章习题参考答案及解析

一、单项选择题

1.【答案】C

【解析】对企事业单位在结算起点（1 000 元）以下的零星支出可以使用现金，在结算起点以上的要以转账方式支付，所以选项 A、B、D 应当以转账方式支付。出差人员必须随身携带的差旅费是可以使用现金的，因此选项 C 正确。

2.【答案】C

【解析】企业发生现金短缺，在报经批准处理前：

借：待处理财产损溢　　　　　　500
　　贷：库存现金　　　　　　　　　500

报经批准后：

借：管理费用　　　　　　　　　300
　　其他应收款　　　　　　　　200
　　贷：待处理财产损溢　　　　　　500

管理费用 300 元对营业利润产生影响。

3.【答案】B

【解析】为到外地进行临时或零星采购而汇往采购地银行开立采购专户的款项，应通过"其他货币资金"科目核算。

4.【答案】B

【解析】其他货币资金是指企业除库存现金、银行存款以外的其他各种货币资金，主要包括银行汇票存款、银行本票存款、信用卡存款、信用证保证金存款、存出投资款和外埠存款等。选项 B，银行承兑汇票通过"应收票据"或"应付票据"科目核算。

5.【答案】C

【解析】取得交易性金融资产实际支付的价款中，包含的已宣告但尚未发放的现金股利，应单独作为应收项目反映，不能作为交易性金融资产的初始入账价值。至于取得时发生的交易费用，则在取得时直接计入投资收益；增值税进项税额可以抵扣，也不计入成本。本例中，该交易性金融资产的入账价值 = 48 000 - 4 000 × 0.2 = 47 200（元）。

6.【答案】C

【解析】选项 A，支付价款中包含的已宣告但尚未发放的现金股利，应当记入"应收股利"

科目；选项 B，支付价款中包含的已到付息期但尚未领取的债券利息，应当记入"应收利息"科目；选项 C，支付的不含增值税的交易费用，应当记入"投资收益"科目；选项 D，支付交易费用时取得经税务机关认证的增值税专用发票上注明的增值税税额，应当记入"应交税费——应交增值税（进项税额）"科目。

7.【答案】A

【解析】支付的交易费用 5 万元计入当期损益（投资收益）。6 月 30 日，交易性金融资产以公允价值核算，公允价值与账面价值的差额计入当期损益（公允价值变动损益）。则 A 公司购入该项金融资产对当期损益的影响金额 = −5 [投资收益] + (4.3 − 4) × 1 000 [公允价值变动损益] = 295（万元）。

8.【答案】A

【解析】甲公司出售交易性金融资产对 2 × 24 年损益的影响金额 = 3 000 − (2 300 + 200) = 500（万元）。

会计分录如下：

借：其他货币资金　　　　　　　3 000

　　贷：交易性金融资产——成本　2 300

　　　　　　　　　　——公允价值变动

　　　　　　　　　　　　　　　 200

　　　　投资收益　　　　　　　　 500

9.【答案】B

【解析】该交易性金融资产对利润表的影响金额 = −4 + 130 − 10 = 116（万元）。

5 月 10 日，购入时：

借：交易性金融资产　　　　　　　800

　　应收股利　　　　　　　　　　 30

　　投资收益　　　　　　　　　　　4

　　应交税费——应交增值税（进项税额）

　　　　　　　　　　　　　　　　0.24

　　贷：其他货币资金　　　　　 834.24

5 月 30 日，收到股利：

借：其他货币资金　　　　　　　　 30

　　贷：应收股利　　　　　　　　　30

6 月 30 日：

借：公允价值变动损益　　　　　　 10

　　贷：交易性金融资产　　　　　　10

7 月 20 日，出售：

借：其他货币资金　　　　　　　　920

　　贷：交易性金融资产　　　　　 790

　　　　投资收益　　　　　　　　 130

10.【答案】D

【解析】本题中应收的货款 = 60 × (1 + 13%) = 67.8（万元）；代垫运杂费 = 2 + 0.18 = 2.18（万元）。因此，应收账款 = 67.8 + 2.18 = 69.98（万元）。

11.【答案】B

【解析】应收账款明细账的贷方余额反映的是预收账款。

12.【答案】B

【解析】选项 A 通过"其他应付款"科目核算；选项 C 通过"应收账款"科目核算；选项 D 通过"应收账款"科目核算。

13.【答案】B

【解析】12 月 31 日应计提的坏账准备金额 = 90 − (60 − 40) = 70（万元）。

14.【答案】C

【解析】甲公司该批原材料的入账价值 = 100 + 1 + 3 = 104（万元），选项 C 正确。

15.【答案】B

【解析】一般纳税企业购进原材料支付的增值税记入"应交税费——应交增值税（进项税额）"科目的借方。

16.【答案】D

【解析】先进先出法是以先购入的存货应先发出（即用于销售或耗用）这样一种假设为前提，即先购入的存货成本在后购入存货成本之前转出。15 日领用的 1 200 千克，为月初的 1 000 千克和 5 日购入的 200 千克；12 月末结存原材料为 5 日购入剩下的 300 千克 + 25 日购入的 1 000 千克。则 12 月末结存原材料成本 = 300 × 9 + 1 000 × 11 = 13 700（元）。

17.【答案】A

【解析】（1）原材料月末加权平均单价 = (2 400 × 2.5 + 3 600 × 2.55) ÷ (2 400 + 3 600) = 2.53（万元/件）；（2）该企业 7 月 31 日结存原材料的实际成本 = [(2 400 + 3 600) − (2 000 + 3 500)] × 2.53 = 500 ×

2.53＝1 265（万元）。

18.【答案】B

【解析】（1）当月材料成本差异率＝（－2－10）÷（30＋120）×100％＝－8％；（2）当月发出材料的实际成本＝100×（1－8％）＝92（万元）。

19.【答案】D

【解析】4月12日，甲材料的加权平均单位成本＝[（300－100）×3＋200×10]÷（300－100＋200）＝6.5（元/千克）；4月末该企业甲材料的结存成本＝（300－100＋200－350）×6.5＝325（元）。

20.【答案】C

【解析】随同商品出售不单独计价的包装物，应按其实际成本计入销售费用；随同商品出售单独计价的包装物，应按其实际成本计入其他业务成本，选项C正确。

21.【答案】C

【解析】甲公司收回该批商品后用于连续加工生产应税消费品，受托方代收代缴的消费税记入"应交税费——应交消费税"科目的借方，所以收回委托加工物资的成本＝材料成本＋运杂费＋加工费＝280 000＋2 000＋20 000＝302 000（元）。

22.【答案】B

【解析】应当缴纳消费税的委托加工物资收回后直接用于销售的，应将受托方代收代缴的消费税计入委托加工物资成本。

23.【答案】D

【解析】商品进销差价率＝（300＋250）÷（1 500＋1 250）×100％＝20％，本月销售收入净额＝1 020－20＝1 000（万元），月末结存库存商品的实际成本＝1 200＋1 000－1 000×（1－20％）＝1 400（万元）。

24.【答案】C

【解析】本题有两点需要注意：（1）存货盘亏时，相应的增值税进项税额需要转出，但是因自然灾害造成的存货毁损，进项税额无须转出；（2）存货盘亏，属于非常损失的部分，计入营业外支出。该笔业务的账务处理如下：

批准前：

借：待处理财产损溢　　　　　100

　　贷：原材料　　　　　　　　　100

批准后：

借：营业外支出（100－2－40）58

　　原材料　　　　　　　　　　2

　　其他应收款　　　　　　　　40

　　贷：待处理财产损溢　　　　　100

因此，选项C正确。

25.【答案】A

【解析】一般纳税人因管理不善造成存货的盘亏，增值税进项税额不得抵扣，要作进项税额转出处理。该业务的账务处理如下：

批准处理前：

借：待处理财产损溢　　　　339 000

　　贷：原材料（1 000×300）300 000

　　　　应交税费——应交增值税（进项税额转出）　　　　　　39 000

批准处理后：

借：其他应收款　　　　　　　3 000

　　管理费用　　　　　　　336 000

　　贷：待处理财产损溢　　　339 000

处理后有关存货盘亏的净损失＝1 000×300×1.13－3 000＝336 000（元）。

26.【答案】C

【解析】选项C，转回存货跌价准备时，借记"存货跌价准备"科目，贷记"资产减值损失"科目，不计入管理费用。选项D，企业计提的存货跌价准备计入当期损益，即借记"资产减值损失"科目，贷记"存货跌价准备"科目，减少当期营业利润。

27.【答案】D

【解析】2×24年6月30日，计提存货跌价准备：

借：资产减值损失（1 200－1 170）

　　　　　　　　　　　　　　　30

　　贷：存货跌价准备　　　　　30

9月，销售库存商品结转成本的同时结转跌价准备＝（1 200－1 170）×400÷1 200＝10（万元）。

借：存货跌价准备　　　　　　10

　　贷：主营业务成本　　　　　10

12月31日，库存商品期末余额＝1 200－

400 + 500 = 1 300（万元）；期末存货的可变现净值为 1 290 万元；需提足的存货跌价准备 = 1 300 - 1 290 = 10（万元）。年末计提前存货跌价准备余额 = 30 - 10 = 20（万元），所以甲公司 2×24 年 12 月 31 日存货跌价准备需计提的金额 = 10 - 20 = -10（万元）。

二、多项选择题

1.【答案】ABCD
【解析】企业可用现金支付的款项有：（1）根据国家规定颁发给个人的科学技术、文化艺术、体育比赛等各种奖金，选项 D 正确；（2）向个人收购农副产品和其他物资的价款，选项 A 正确；（3）出差人员必须随身携带的差旅费，选项 B 正确；（4）结算起点（1 000元）以下的零星支出，选项 C 正确。

2.【答案】ABD
【解析】选项 C，销售货物取得的银行本票款项，应通过"银行存款"科目核算。

3.【答案】BCD
【解析】企业信用证保证金和企业外埠存款余额可以转存其开户行结算户存款，选项 B、D 错误；企业银行汇票的收款人可以将其收到的银行汇票背书转让，选项 C 错误。

4.【答案】ABD
【解析】取得时支付的价款中包含的已宣告但尚未发放的现金股利，应计入应收股利。

5.【答案】ACD
【解析】企业在持有交易性金融资产期间，对方宣告发放现金股利时，借记"应收股利"，贷记"投资收益"；收到现金股利时，借记"其他货币资金"，贷记"应收股利"。

6.【答案】ACD
【解析】出售交易性金融资产时无须转出持有期间累计确认的公允价值变动损益，选项 B 错误。

7.【答案】BC
【解析】转销无法收回备抵法核算的应收账款，借：坏账准备，贷：应收账款，不会影响应收账款的账面价值，选项 A 错误；收回应收账款，借：银行存款等，贷：应收账款，减少应收账款的账面价值，选项 B 正确；计

提应收账款的坏账准备，借：信用减值损失，贷：坏账准备，减少应收账款的账面价值，选项 C 正确；收回已转销的应收账款，借：应收账款，贷：坏账准备，借：坏账准备，贷：信用减值损失，同时，借：银行存款等，贷：应收账款，不影响应收账款的账面价值，选项 D 错误。

8.【答案】ABCD
【解析】应收账款的入账金额应当包括销售商品或提供服务应向有关债务人收取的价款、增值税税额及代购货单位垫付的款项。

9.【答案】ABCD
【解析】企业将持有的商业汇票背书转让以取得所需物资时，会涉及"原材料""应交税费——应交增值税（进项税额）""银行存款"科目；如果贴现，会涉及"银行存款""短期借款""财务费用"等科目。所以，四个选项都是正确的。

10.【答案】ABCD
【解析】其他应收款是指企业除应收票据、应收账款、预付账款、应收股利和应收利息以外的其他各种应收及暂付款项。其主要内容包括：应收的各种赔款、罚款，如因企业财产等遭受意外损失而应向有关保险公司收取的赔款等；应收的出租包装物租金；应向职工收取的各种垫付款项，如为职工垫付的水电费、应由职工负担的医药费、房租费等；存出保证金，如租入包装物支付的押金；其他各种应收、暂付款项。

11.【答案】ABCD
【解析】应收账款、其他应收款、应收票据、预付账款等都是可以计提坏账准备的。

12.【答案】AB
【解析】选项 C，受托代销的 A 商品，属于"受托代销商品"，不属于甲企业的存货；选项 D，购入的建造用的工程材料，属于"工程物资"，不属于甲企业的存货。

13.【答案】ABCD
【解析】存货的采购成本，包括购买价款、相关税费、运输费、装卸费、保险费以及其他可归属于存货采购成本的费用。

14.【答案】ACD

【解析】在实际成本核算方式下，企业应当采用的发出存货成本的计价方法有个别计价法、先进先出法、月末一次加权平均法和移动加权平均法。

15.【答案】ABCD

16.【答案】AC

【解析】选项B，材料入库时，借方按照计划成本登记"原材料"，贷方按照实际成本登记"材料采购"，差额记入"材料成本差异"。选项D，发出材料期末负担的差异如为节约差异，则应减少相关成本费用。

17.【答案】ABD

【解析】选项C，随同商品销售出借的包装物的成本记入"销售费用"科目。

18.【答案】ABCD

【解析】存货采购时支付的可归属于存货采购成本的费用计入存货采购成本，不能直接归属于存货采购成本的费用计入当期损益。

19.【答案】BC

【解析】随同加工费支付的增值税是可以抵扣的，不计入委托加工物资的成本；收回后用于连续生产应税消费品的，所支付代收代缴的消费税记入"应交税费——应交消费税"科目，不计入委托加工物资的成本。

20.【答案】ABC

【解析】售价金额核算法是指平时商品的购入、加工收回、销售均按售价记账，售价与进价的差额通过"商品进销差价"科目核算，期末计算进销差价率和本期已销售商品应分摊的进销差价，并据以调整本期销售成本的一种方法。根据此定义可知，选项A、B、C正确，选项D错误，库存商品销售时应按售价结转销售成本，期末再调整。

21.【答案】ABCD

22.【答案】ABCD

【解析】选项A，盘盈的存货按管理权限批准后应冲减管理费用；选项B，盘亏的存货如果属于一般经营损失部分计入管理费用，属于非常损失部分计入营业外支出；选项C，一般纳税人盘亏存货负担的增值税进项税额作转出处理，但由于自然灾害等原因造成的存货毁损不需将增值税进项税额作转出处

理；选项D，存货盘盈冲减本期管理费用即可，不需要进行追溯调整。

23.【答案】AB

【解析】存货期末按成本与可变现净值孰低计量，因此，选项B正确、选项D错误。已计提的存货跌价准备在减值因素消失时可以转回。

24.【答案】BC

【解析】10月末计提存货跌价准备：

借：资产减值损失——计提存货跌价准备
　　　　　　　　　　　　　　　5 000

　　贷：存货跌价准备（80 000 - 75 000）
　　　　　　　　　　　　　　　5 000

12月末存货可变现净值上升，转回多计提的存货跌价准备：

借：存货跌价准备　　　　　3 000

　　贷：资产减值损失——计提存货跌价准备（78 000 - 75 000）　　3 000

三、判断题

1.【答案】×

【解析】企业现金的限额是由开户银行根据单位的实际需要核定的，一般是按照单位3～5天日常零星开支所需确定的。

2.【答案】×

【解析】支票不属于其他货币资金，收到支票计入银行存款。

3.【答案】×

【解析】企业取得某项投资将其划分为交易性金融资产，初始取得时支付的相关交易费用计入投资收益。

4.【答案】×

【解析】交易性金融资产取得价款中包含已宣告尚未发放的现金股利应当计入应收股利。

5.【答案】×

【解析】企业出售交易性金融资产时，不需将原计入公允价值变动损益的金额转入投资收益。

6.【答案】√

7.【答案】×

【解析】企业为职工垫付的水电费、应由职工负担的医药费等应通过"其他应收款"科目核算。

8.【答案】×

【解析】企业取得的商业承兑汇票到期承兑人无力支付款项时，企业应当将应收票据转入应收账款中。

9.【答案】×

【解析】企业预付款项不多时，可以不设置"预付账款"科目，而将预付的款项记入"应付账款"科目的借方。

10.【答案】√

【解析】其他应收款的内容包括应收的出租物租金，应收的各种赔款、罚款，应向职工收取的各种垫付的款项。

11.【答案】√

12.【答案】×

【解析】我国企业会计准则规定，应收款项的坏账（减值）只能采用备抵法进行核算，不能选择使用直接转销法。

13.【答案】×

【解析】企业计提的坏账准备在影响减值的因素消失时，可以在原计提金额内进行转回。

14.【答案】×

【解析】企业购入存货运输途中的合理损耗不会影响存货的总成本，只会增加存货的单位成本。

15.【答案】×

【解析】已展出或委托代销的商品因法定的所有权未发生转移，所以仍属于企业的存货。

16.【答案】×

【解析】材料入库账单未到的应在月末暂估入账，下月月初用红字予以冲回。

17.【答案】×

【解析】如果委托方连续生产应税消费品，缴纳的消费税是记入"应交税费——应交消费税"科目的借方。收回以后直接出售的，消费税应该计入委托加工物资成本。

18.【答案】√

【解析】小规模纳税人购入货物支付的增值税进项税额不得抵扣，应直接计入存货成本。

19.【答案】√

20.【答案】×

【解析】存货盘盈，一般是由于管理疏忽所

致，因此冲减管理费用。

21.【答案】×

【解析】计提存货跌价准备的前提是，存货的成本高于其可变现净值，也就是说可变现净值不足以收回成本了，存在潜在的损失，这时才计提存货跌价准备，其金额应是存货账面价值与可变现净值的差额。

22.【答案】×

【解析】资产负债表日，企业应当重新确定存货的可变现净值，如果以前减记价值的影响因素已经消失，则减记的金额应当予以恢复，并在原已计提的存货跌价准备金额内予以转回。

23.【答案】×

【解析】销售产品时结转的存货跌价准备，应冲减主营业务成本。

四、不定项选择题

1.（1）【答案】ABC

【解析】选项 A 正确，确认应收账款预期信用减值损失：

借：信用减值损失

　　贷：坏账准备

营业利润＝营业收入－营业成本－税金及附加－销售费用－管理费用－研发费用－财务费用＋其他收益＋投资收益（－投资损失）＋净敞口套期收益（－净敞口套期损失）＋公允价值变动收益（－公允价值变动损失）－信用减值损失－资产减值损失＋资产处置收益（－资产处置损失）

所以，该业务会使信用减值损失的金额增加，进而使营业利润减少。

选项 B 正确，谨慎性要求企业不高估资产与收益，不低估负债与费用，所以对应收账款确认预期信用减值损失，属于不高估资产的体现，故符合谨慎性会计信息质量要求。

选项 C 正确，将无法收回的应收账款作为坏账转销：

借：坏账准备

　　贷：应收账款

该业务会使坏账准备和应收账款同时减少，所以不会影响应收账款账面价值。

选项 D 错误，已计提的坏账准备在以后期间可以转回。

（2）【答案】AD

【解析】将无法收回的应收账款作为坏账转销的会计分录为：

借：坏账准备 5
　贷：应收账款 5

选项 A、D 正确。

（3）【答案】ABC

【解析】收回已确认并转销的应收账款的会计分录为：

借：应收账款 10
　贷：坏账准备 10
借：坏账准备 10
　贷：信用减值损失 10
借：银行存款 10
　贷：应收账款 10

选项 A、B 正确。

（4）【答案】D

【解析】截至 12 月 31 日坏账准备贷方已有金额 = 30 − 5 + 10 − 10 = 25（万元）；截至 12 月 31 日坏账准备贷方应有金额 = 20 万元；因截至 12 月 31 日坏账准备贷方已有金额（25 万元）高于应有金额（20 万元），所以应冲销坏账准备的金额 = 25 − 20 = 5（万元）。会计分录为：

借：坏账准备 5
　贷：信用减值损失 5

（5）【答案】B

【解析】"应收账款"项目期末余额栏应填列的金额 = "应收账款"科目期末余额 − "坏账准备"科目期末余额 =（600 − 5）− 20 = 575（万元），选项 B 正确。

2.（1）【答案】ABC

【解析】购入材料的实际成本包括买价、保险费、运杂费、运输途中的合理损耗、入库前挑选整理费用、购入物资负担的税金（如关税等）和其他费用。增值税专用发票上注明的增值税税额不能计入材料成本。

（2）【答案】AD

【解析】甲企业采购 A 材料的成本 = 300 000 + 1 000 + 4 000 = 305 000（元）；

应交增值税进项税额 = 39 000 + 360 = 39 360（元）。

（3）【答案】AD

【解析】委托加工物资收回后用于连续生产的，受托方代扣代缴的消费税按规定准予抵扣，记入"应交税费——应交消费税"科目的借方，不计入成本中，所以选项 D 正确、选项 C 错误。收回委托加工物资的成本 = 70 000 + 20 000 = 90 000（元），选项 A 正确、选项 B 错误。

（4）【答案】D

【解析】甲企业 31 日 A 材料结存成本 = 90 000 + 305 000 − 75 000 = 320 000（元）。

第四章 非流动资产

本章习题

一、单项选择题

1. 2×24 年 1 月 1 日，甲公司持有乙公司发行在外的普通股 3 000 万股，账面价值为 9 000 万元，占乙公司有表决权股份的 30%，甲公司对乙公司的长期股权投资采用权益法核算。乙公司 2×24 年实现净利润 4 000 万元。不考虑其他因素，2×24 年 12 月 31 日甲公司对乙公司长期股权投资的账面价值为（　　）万元。

   A. 10 200
   B. 13 000
   C. 7 800
   D. 9 000

2. 甲公司和乙公司是同一母公司最终控制下的两家公司，2×24 年 1 月 1 日，甲公司向其母公司发行 1 000 万股普通股，该普通股每股面值为 1 元，每股的公允价值为 3.6 元。取得母公司拥有乙公司 80% 的股权，于当日起能够对乙公司实施控制。合并后乙公司维持其独立法人地位继续经营。合并日母公司合并报表中，乙公司的净资产账面价值为 4 000 万元，公允价值为 4 200 万元。假定合并前双方采用的会计政策及会计期间均相同。不考虑其他因素，下列有关甲公司合并日所作账务处理的说法正确的是（　　）。

   A. 该长期股权投资的初始投资成本为 4 000 万元
   B. 该长期股权投资的初始投资成本为 3 200 万元
   C. 贷方登记"实收资本"科目 1 000 万元
   D. 借方登记"股本"科目 1 000 万元

3. 2×24 年 1 月 1 日，甲公司以定向增发 1 500 万股普通股（每股面值为 1 元、公允价值为 6 元）的方式取得乙公司 80% 股权，另以银行存款支付股票发行费用 300 万元，相关手续于当日完成，取得了乙公司的控制权，该企业合并不属于反向购买。当日，乙公司所有者权益的账面价值为 12 000 万元。本次投资前，甲公司与乙公司不存在关联方关系。不考虑其他因素，甲公司该长期股权投资的初始投资成本为（　　）万元。

   A. 9 600
   B. 9 900
   C. 9 300
   D. 9 000

4. 2×24 年 1 月 1 日，甲公司以定向增发股票的方式购买同一集团内乙公司持有的 A 公司 60% 股权，能够控制 A 公司。为取得该股权，甲公司增发 1 000 万股普通股股票，每股面值为 1 元，每股公允价值为 7 元；另支付承销商佣金 100 万元。取得该股权时，A 公司在最终控制方合并财务报表中的净资产的账面价值为 9 000 万元，可辨认净资产公允价值为 12 000 万元，甲公司和 A 公司采用的会计政策及会计期间相同，不考虑其他因素。甲公司取得该股权投资时应确认的"资本公积——股本溢价"为（　　）万元。

A. 7 000　　　　　　B. 4 300

C. 5 900　　　　　　D. 6 000

5. 甲公司持有乙公司 35% 的股权，对乙公司具有重大影响，采用权益法核算。2×24 年 12 月 31 日，该项长期股权投资的账面价值为 1 260 万元。此外，甲公司还有一笔金额为 300 万元的应收乙公司的长期债权，该项债权没有明确的清收计划，且在可预见的未来期间不准备收回。乙公司 2×25 年发生净亏损 5 000 万元。取得投资时被投资单位各项资产、负债的公允价值等于账面价值，双方采用的会计政策、会计期间相同，且投资双方未发生任何内部交易。假定甲公司无须承担额外损失弥补义务。不考虑其他因素，则甲公司 2×25 年因该项投资应确认的投资损失为（　　）万元。

A. 190　　　　　　B. 1 260

C. 1 560　　　　　D. 1 750

6. 甲公司为一家上市公司，2×24 年 2 月 1 日甲公司向乙公司股东发行股份 1 000 万股（每股面值 1 元）作为支付对价，取得乙公司 20% 的股权。当日，乙公司净资产账面价值为 8 000 万元，可辨认净资产公允价值为 12 000 万元，甲公司所发行股份的公允价值为 2 000 万元，为发行该股份，甲公司向证券承销机构支付 200 万元的佣金和手续费，取得股权后甲公司能够对乙公司施加重大影响。取得股权日甲公司对乙公司长期股权投资的账面价值是（　　）万元。

A. 2 200　　　　　B. 2 400

C. 2 000　　　　　D. 2 600

7. 甲公司和乙公司为两家独立公司。2×24 年 1 月 1 日，甲公司发行普通股 9 000 万股取得乙公司有表决权股份的 60%，能够控制乙公司。该股票的面值为每股 1 元，市场发行价格为 5 元。甲公司向证券承销机构支付股票发行相关税费 1 350 万元，为企业合并支付审计费 300 万元。不考虑其他因素，下列各项中，甲公司对该股权投资的会计处理错误的是（　　）。

A. 甲公司取得的该项股权投资应作为长期股权投资核算

B. 甲公司取得该项股权投资的初始投资成本为 45 300 万元

C. 甲公司向证券承销机构支付的股票发行相关税费应冲减资本公积

D. 甲公司为企业合并支付的审计费应计入当期损益

8. 非同一控制下的企业合并，合并发生的审计、法律服务、评估咨询等中介费用以及其他相关管理费用，应计入（　　）。

A. 当期损益

B. 长期股权投资初始确认成本

C. 其他综合收益

D. 投资收益

9. 甲公司采用成本法核算长期股权投资，被投资单位宣告发放现金股利时，甲公司按持股份额进行的会计处理正确的是（　　）。

A. 冲减投资收益

B. 增加资本公积

C. 增加投资收益

D. 冲减长期股权投资

10. 2×24 年 1 月 1 日，甲公司将自用的写字楼转换为以成本模式进行后续计量的投资性房地产。当日的账面余额为 5 000 万元，已计提折旧 500 万元。已计提固定资产减值准备 400 万元。公允价值为 4 200 万元。甲公司将该写字楼转为投资性房地产核算时的初始入账价值为（　　）万元。

A. 4 500　　　　　B. 4 200

C. 4 600　　　　　D. 4 100

11. 2×24 年 8 月 1 日，甲公司将某厂房对外出租并采用公允价值模式进行后续计量，该厂房的原价为 8 000 万元，至租赁期开始日累计已计提折旧 2 000 万元，未计提减值准备。当日该厂房的公允价值为 10 000 万元。2×24 年 12 月 31 日，该厂房的公允价值为 10 200 万元。甲公司该厂房在 2×24 年 12 月 31 日资产负债表中列示的金额为（　　）万元。

A. 8 000　　　　　B. 6 000

C. 10 200　　　　D. 10 000

12. 下列关于投资性房地产初始计量的表述中，不正确的是（　　）。

A. 外购投资性房地产的成本，包括购买价

款、相关税费和可直接归属于该资产的其他支出

B. 采用成本模式进行后续计量的外购投资性房地产，应当按照实际成本进行初始计量

C. 自行建造投资性房地产的成本，由建造该项资产达到预定可使用状态前所发生的必要支出构成

D. 自用房地产转换为采用公允价值模式计量的投资性房地产时，公允价值和原账面价值的贷方差额计入公允价值变动损益

13. 下列各项中，关于投资性房地产后续计量的表述不正确的是（　　）。

A. 同一企业对投资性房地产不能采用多种后续计量模式

B. 采用成本模式进行后续计量的投资性房地产按月计提折旧或摊销

C. 采用成本模式进行后续计量的投资性房地产在期末发生减值的应计提减值准备

D. 采用公允价值模式进行后续计量的投资性房地产期末公允价值变动计入投资收益

14. 企业发生的下列关于投资性房地产的经济业务中，不会影响营业利润的是（　　）。

A. 将自用房地产转为采用成本模式进行后续计量的投资性房地产

B. 采用成本模式进行后续计量的投资性房地产发生减值

C. 采用成本模式进行后续计量的投资性房地产按月计提折旧（摊销）

D. 出售投资性房地产取得处置收入

15. 甲公司 2×24 年 7 月 31 日收回租赁期届满的商铺，计划重新装修后继续用于出租。该商铺成本为 4 800 万元，至重新装修之日已计提折旧 1 000 万元，未发生减值。其中拆除的原装修支出的账面原值为 300 万元。装修工程于 2×24 年 8 月 1 日开始，于年末完工并达到预定可使用状态，共发生装修支出 800 万元（均符合资本化条件）。装修后预计租金收入将大幅增加。甲公司对投资性房地产采用成本模式进行后续计量。甲公司 2×24 年 12 月 31 日该项投资性房地产的账面价值为（　　）万元。

A. 3 800　　　　　　B. 4 300

C. 5 300　　　　　　D. 4 362.5

16. 甲公司 2×24 年 2 月 1 日购入一栋办公楼用于对外出租，支付购买价款 1 200 万元。甲公司预计该办公楼可以使用 20 年，预计净残值率为 5%，采用年限平均法计提折旧。2×24 年 12 月 31 日该办公楼的可收回金额为 1 100 万元，假定不考虑增值税等其他因素，甲公司取得办公楼当日直接对外出租，且采用成本模式进行后续计量，下列各项说法中正确的是（　　）。

A. 购入办公楼应作为固定资产核算

B. 办公楼折旧金额计入管理费用

C. 当年应计提的折旧金额为 47.5 万元

D. 办公楼在 2×24 年 12 月 31 日的账面价值为 1 152.5 万元

17. 甲公司为增值税一般纳税人，2×24 年 6 月 1 日甲公司购入一台需要安装的生产用设备，取得的增值税专用发票上注明的设备买价 30 000 元，增值税税额为 3 900 元，支付的运输费为 1 200 元（不考虑增值税），设备安装时领用原材料价值 2 000 元（不含增值税）购进该批原材料的增值税进项税额为 260 元，设备安装时支付有关人员工资薪酬 2 000 元。该固定资产的入账成本为（　　）元。

A. 35 200　　　　　　B. 33 200

C. 32 200　　　　　　D. 34 200

18. 甲公司为一般纳税人企业，增值税税率为 13%。2×24 年 6 月 1 日，为降低采购成本，向乙公司一次性购进三套不同型号的生产设备 A、B、C。甲公司为该批设备共支付货款 1 000 万元，增值税进项税额为 130 万元，装卸费用 6 万元，运杂费 4 万元，专业人员服务费 10 万元，全部以银行存款支付。假定设备 A、B、C 均满足固定资产的定义及其确认条件。设备 A、B、C 的公允价值分别为 300 万元、200 万元、500 万元；不考虑其他税费。甲公司账务处理不正确的是（　　）。

A. 固定资产的总成本为 1 020 万元

B. A 设备入账价值为 306 万元

C. B 设备入账价值为 200 万元

D. C 设备入账价值为 510 万元

19. 甲公司为增值税一般纳税人，2×24年2月2日购入需安装的生产用机器设备一台，支付价款100万元，增值税税额为13万元。安装过程中领用本公司自产产品一批，该批产品成本为5万元，公允价值为8万元。2×24年2月22日安装结束，固定资产达到预定可使用状态。则该固定资产的入账金额为（　　）万元。
    A. 121　　　　　　　　B. 108
    C. 105　　　　　　　　D. 118

20. 甲公司为增值税一般纳税人，该公司2×24年6月10日购入需安装设备一台，价款为500万元，可抵扣增值税进项税额为65万元。为购买该设备发生运输途中保险费20万元。设备安装过程中，领用材料50万元，相关增值税进项税额为6.5万元；支付安装工人工资12万元。该设备于2×24年12月1日达到预定可使用状态。甲公司对该设备采用年数总和法计提折旧，预计使用10年，预计净残值为0。假定不考虑其他因素，2×25年该设备应计提的折旧额为（　　）万元。
    A. 102.18　　　　　　B. 103.64
    C. 105.82　　　　　　D. 120.64

21. 2×24年12月25日，甲公司为一般纳税人，购入一台设备并投入使用，其取得的增值税专用发票上注明的价款为25万元，增值税进项税额为3.25万元，预计使用年限5年，预计净残值1万元，采用双倍余额递减法计提折旧。假定不考虑其他因素，2×25年度该设备应计提的折旧额为（　　）万元。
    A. 4　　　　　　　　　B. 8
    C. 9　　　　　　　　　D. 10

22. 某企业为增值税小规模纳税人，2×24年4月1日购入一台不需要安装即可投入使用的设备，取得的增值税专用发票上注明的价款为40 000元，增值税税额为5 200元；支付运费300元，增值税税额27元；全部款项以银行存款支付。该设备的入账价值为（　　）元。
    A. 40 300　　　　　　B. 40 000
    C. 45 527　　　　　　D. 45 500

23. 下列各项中，关于企业固定资产折旧方法的表述正确的是（　　）。
    A. 年数总和法计算的固定资产年折旧额逐年递增
    B. 工作量法不需要考虑固定资产的预计净残值
    C. 年限平均法需要考虑固定资产的预计净残值
    D. 双倍余额递减法计算的固定资产年折旧额每年相等

24. 甲公司某项固定资产已完成改造，累计发生改造成本400万元，拆除部分的原价200万元，改造前，该固定资产原价800万元，已计提折旧250万元，不考虑其他因素，甲公司该固定资产改造后的价值为（　　）万元。
    A. 750　　　　　　　　B. 812.5
    C. 950　　　　　　　　D. 1 000

25. 某企业出售一台设备（假定不考虑相关税费），原价160 000元，已提折旧45 000元，出售设备时发生的各种清理费用3 000元，出售设备所得价款113 000元。该设备出售净损益为（　　）元。
    A. −2 000　　　　　　B. 2 000
    C. 5 000　　　　　　　D. −5 000

26. 企业处置固定资产应通过（　　）科目进行核算。
    A. 固定资产　　　　　B. 固定资产清理
    C. 在建工程　　　　　D. 以前年度损益调整

27. 甲企业出售一处房屋，其账面原价为40万元，已计提折旧20万元，计提减值准备2万元，出售时发生清理费用0.15万元，出售价格为50万元，增值税税额为4.5万元，不考虑其他因素，出售该房屋发生的净损益为（　　）万元。
    A. 32　　　　　　　　　B. 31.85
    C. 18　　　　　　　　　D. 49.85

28. 企业在年末财产清查中发现一台全新的未入账的设备，其同类设备的市场价格为5 000元，该设备按重置成本计价。下列关于该项经济业务的账务处理中，正确的是（　　）。
    A. 借：固定资产清理　　　　5 000
    　　　贷：固定资产　　　　　　　5 000

B. 借：固定资产　　　　　　　5 000
　　贷：固定资产清理　　　　　　　5 000
C. 借：待处理财产损溢　　　　　5 000
　　贷：固定资产　　　　　　　　　5 000
D. 借：固定资产　　　　　　　　5 000
　　贷：以前年度损益调整　　　　　5 000

29. 某企业为增值税一般纳税人，报废一台旧设备，取得残料价款 56 万元，增值税税额 7.28 万元，支付清理费用 2 万元及其增值税税额 0.12 万元。该设备原值为 60 万元，已提折旧 10 万元。假定不考虑其他因素，报废该设备影响当期损益的金额为（　　）万元。
A. 6　　　　　　　　B. 4
C. 54　　　　　　　D. 56

30. 2×23 年 1 月，某企业以银行存款 400 万元购入一项非专利技术。合同规定的受益年限为 5 年，采用年限平均法摊销，预计残值为 0。2×24 年 12 月 31 日，经测试，该项无形资产的可收回金额为 210 万元。不考虑其他因素，2×24 年末该项无形资产应计提的减值准备为（　　）万元。
A. 190　　　　　　B. 30
C. 38　　　　　　　D. 110

31. 某企业自行研发一项非专利技术，共发生研发支出 816 万元，其中研究阶段的支出为 288 万元，开发阶段符合资本化条件的支出为 336 万元，无法可靠区分研究阶段和开发阶段的支出为 192 万元，达到预定用途形成无形资产时，该项非专利技术的入账价值为（　　）万元。
A. 336　　　　　　B. 268
C. 604　　　　　　D. 528

32. 2×23 年 8 月 1 日，某企业开始研究开发一项新技术，当月共发生研发支出 800 万元，其中，费用化的金额 650 万元，符合资本化条件的金额 150 万元。8 月末，研发活动尚未完成。该企业 2×23 年 8 月应计入当期利润总额的研发支出为（　　）万元。
A. 0　　　　　　　B. 150
C. 650　　　　　　D. 800

33. 下列有关无形资产摊销的表述中，不正确的是（　　）。
A. 使用寿命不确定的无形资产不应摊销
B. 出租无形资产的摊销额应计入管理费用
C. 使用寿命有限的无形资产处置当月不再摊销
D. 无形资产的摊销方法主要有直线法和生产总量法

34. 下列各项中一般不会引起无形资产账面价值发生增减变动的是（　　）。
A. 无形资产可收回金额大于账面价值
B. 对无形资产计提减值准备
C. 摊销无形资产
D. 转让无形资产所有权

35. 某企业 2×24 年 3 月开始自行研发一项非专利技术，至当年 12 月 31 日研发成功并达到预定可使用状态，为研发该非专利技术，累计发生研究支出 160 万元，累计发生开发支出 500 万元（其中符合资本化条件的支出为 400 万元）。该非专利技术使用寿命不能合理确定，假定不考虑其他因素，该业务导致企业 2×24 年度利润总额减少（　　）万元。
A. 100　　　　　　B. 160
C. 260　　　　　　D. 660

36. 甲公司 2×22 年初开始进行新产品研究开发，2×22 年度投入研究费用 300 万元，2×23 年度投入开发费用 690 万元（假定均符合资本化条件），至 2×24 年 1 月获得成功，并向国家专利局提出专利权申请且获得专利权。该项专利权法律保护年限为 10 年。则甲公司对该项专利权 2×24 年度应摊销的金额为（　　）万元。
A. 55　　　　　　　B. 69
C. 80　　　　　　　D. 96

37. 某企业为增值税一般纳税人，出售一项专利权，开具的增值税专用发票上注明的价款为 20 万元，增值税税额为 1.2 万元，款项已收取，该专利权的账面原价为 80 万元，已累计摊销 56 万元，未计提减值。不考虑其他因素，该企业出售专利权应确认的资产处置损益金额为（　　）万元。
A. −5.2　　　　　B. −4
C. 20　　　　　　D. −60

38. 甲企业 2×24 年初某无形资产账面余额为 82 万元，剩余摊销年限为 10 年，无形资产减值准备账户贷方余额 12 万元，年末企业经判断估计该无形资产可收回金额为 45 万元，则当年应计提的无形资产减值准备为（ ）万元。

A. 16.8　　　　　B. 18

C. 6　　　　　　D. 37

二、多项选择题

1. 下列各项中会引起长期股权投资账面价值发生增减变动的有（ ）。

A. 采用成本法核算的长期股权投资，持有期间被投资单位宣告分派现金股利

B. 采用权益法核算的长期股权投资，持有期间被投资单位宣告分派现金股利

C. 采用权益法核算的长期股权投资，被投资单位实现净利润

D. 采用权益法核算的长期股权投资，被投资单位接受其他股东的资本性投入

2. 对于非同一控制下企业合并形成的长期股权投资，下列表述中正确的有（ ）。

A. 合并过程中发生的审计及法律咨询等中介费用，应计入长期股权投资的初始投资成本

B. 以发行权益性证券作为合并对价的，为发行权益性证券所发生的相关税费应计入初始投资成本

C. 作为合并对价的非货币性资产在购买日的公允价值与账面价值的差额应作为资产处置损益予以确认

D. 实际支付的合并价款中包含的已宣告但尚未发放的现金股利或利润，应计入应收股利

3. 2×24 年 1 月 1 日，甲公司以银行存款 3 950 万元取得乙公司 30% 的股份，另以银行存款 50 万元支付了与该投资直接相关的手续费，相关手续于当日完成，能够对乙公司施加重大影响。当日，乙公司可辨认净资产的公允价值为 14 000 万元。各项可辨认资产、负债的公允价值均与其账面价值相同。乙公司 2×24 年实现净利润 2 000 万元，其他债权投资的公允价值上升 100 万元。不考虑其他因素，下列各项中甲公司 2×24 年与该投资相

关的会计处理中，正确的有（ ）。

A. 确认投资收益 600 万元

B. 确认财务费用 50 万元

C. 确认其他综合收益 30 万元

D. 确认营业外收入 200 万元

4. A、B 公司为甲公司控制下的两家全资子公司。2×24 年 5 月 1 日，A 公司以账面原价为 1 000 万元、累计折旧 400 万元的一台设备作为对价，自甲公司处取得对 B 公司 80% 的控股股权，相关手续已办理，能够对 B 公司实施控制。合并当日，B 公司所有者权益在其最终控制方合并财务报表中的账面价值为 1 000 万元。假定 A 公司与 B 公司的会计年度和采用的会计政策相同，不考虑增值税等相关税费和其他因素的影响，以下选项正确的有（ ）。

A. 长期股权投资的初始投资成本为 1 000 万元

B. 长期股权投资的初始投资成本为 800 万元

C. 应在贷方确认资本公积 200 万元

D. 应在借方依次调整资本公积、盈余公积和未分配利润

5. 投资方发生的下列交易或事项中，将导致投资收益增加的有（ ）。

A. 采用权益法核算的长期股权投资，被投资方宣告分配现金股利时

B. 采用成本法核算的长期股权投资，被投资方宣告分配现金股利时

C. 采用权益法核算的长期股权投资，被投资方实现净利润时

D. 采用成本法核算的长期股权投资，实际收到现金股利时

6. 权益法下被投资单位发生亏损，下列说法中正确的有（ ）。

A. 首先应冲减长期股权投资的账面价值，减记至零为限

B. 首先应冲减构成被投资单位的长期应收款等长期权益

C. 如果协议约定，投资公司需承担额外损失弥补义务的，需要确认预计负债

D. 确认有关投资损失后，被投资单位以后期间实现盈利的，可按照亏损金额由大到小的顺序冲减当初确认的损失

7. 甲公司与乙公司签订合同，将其一栋办公楼于2×24年6月30日经营出租给乙公司，租期2年，年租金100万元，每半年支付一次。当日，该办公楼的公允价值为3 500万元。该办公楼取得时原价为4 500万元，截至出租时已计提折旧2 000万元，未计提减值准备。甲公司对投资性房地产采用公允价值模式进行后续计量。不考虑相关税费及其他因素的影响，下列关于甲公司会计处理的表述中，正确的有（　　）。

A. 甲公司2×24年应确认租金收入100万元

B. 2×24年6月30日甲公司应确认其他综合收益1 000万元

C. 2×24年6月30日甲公司应确认投资性房地产3 500万元

D. 2×24年6月30日甲公司应确认公允价值变动损益1 000万元

8. 下列各项对企业以成本模式计量的投资性房地产会计处理的表述中，正确的有（　　）。

A. 年末无须对其预计使用寿命进行复核

B. 应当按期计提折旧或摊销

C. 存在减值迹象时，应当进行减值测试

D. 计提的减值准备，在以后的会计期间不允许转回

9. 下列各项中，关于投资性房地产会计处理表述正确的有（　　）。

A. 采用公允价值模式计量的投资性房地产可转换为成本模式计量

B. 采用公允价值模式计量的投资性房地产应计提折旧或摊销

C. 采用成本模式计量的投资性房地产，在满足规定条件的情况下可转换为公允价值模式计量

D. 采用公允价值模式计量的投资性房地产其公允价值变动应计入公允价值变动损益

10. 下列各项资产中属于投资性房地产的有（　　）。

A. 用于赚取租金的房地产

B. 持有并准备增值后转让的土地使用权

C. 赚取租金或资本增值或两者兼有而持有的房地产

D. 很可能对外出租的房地产

11. 下列关于投资性房地产核算的表述中，不正确的有（　　）。

A. 采用成本模式计量的投资性房地产应计提折旧或摊销，但不需要确认减值损失

B. 采用成本模式进行后续计量的投资性房地产计提的减值准备以后会计期间不可以转回

C. 采用公允价值模式进行后续计量的投资性房地产，公允价值的变动金额应计入其他综合收益

D. 采用公允价值模式进行后续计量的投资性房地产，符合条件时可转换为成本模式计量

12. 下列关于投资性房地产的确认时点的说法中，正确的有（　　）。

A. 已出租的土地使用权，其作为投资性房地产的确认时点一般为租赁期开始日

B. 租赁开始日，即土地使用权、建筑物进入出租状态、开始赚取租金的日期

C. 持有并准备增值后转让的土地使用权，确认时点为企业停止自用、准备增值后转让的日期

D. 企业持有的以备经营出租的空置建筑物，董事会或类似机构作出书面协议明确表明将其用于经营出租且持有意图短期内不变，但尚未签订租赁协议，则不能视为投资性房地产

13. 下列关于固定资产计提折旧的表述中，正确的有（　　）。

A. 提前报废的固定资产不再补提折旧

B. 固定资产折旧方法一经确定不得改变

C. 已提足折旧但仍继续使用的固定资产不再计提折旧

D. 自行建造的固定资产应自办理竣工决算时开始计提折旧

14. 企业处置固定资产需通过"固定资产清理"科目核算，下列各项中应记入"固定资产清理"科目借方核算的有（　　）。

A. 结转清理的净收益

B. 应支付的税费

C. 发生的清理费用

D. 应收取的保险公司赔款

15. 下列关于固定资产的后续支出表述正确的有（　　）。

A. 固定资产的后续支出不满足资本化条件的计入当期损益

B. 行政管理部门固定资产的日常修理费用计入制造费用

C. 应当将满足资本化条件的后续支出金额计入固定资产更新改造前的固定资产原值中

D. 固定资产发生可资本化的后续支出时应将固定资产的账面价值转入在建工程

16. 下列关于固定资产清查的表述中正确的有（　　）。

A. 企业在财产清查中盘盈的固定资产应作为前期差错处理

B. 盘盈的固定资产应当按照其重置成本入账

C. 盘亏的固定资产应当按照其账面价值扣除保险公司或过失人赔偿后的净额计入营业外支出

D. 企业盘亏固定资产时需通过"待处理财产损溢"科目核算

17. 下列各项中，对于固定资产折旧的账务处理正确的有（　　）。

A. 企业自行建造固定资产过程中使用的固定资产，其计提的折旧应计入在建工程

B. 基本生产车间所使用的固定资产，其计提的折旧应计入制造费用

C. 经营租出的固定资产，其计提的折旧应计入营业外支出

D. 管理部门所使用的固定资产，其计提的折旧应计入管理费用

18. 下列各项中，关于长期待摊费用的会计处理表述正确的有（　　）。

A. "长期待摊费用"科目期末贷方余额反映企业尚未摊销完毕的长期待摊费用

B. 以租赁方式租入的使用权资产发生分摊期限为2年的改良支出，应借记"长期待摊费用"科目

C. 计提摊销应贷记"长期待摊费用"科目

D. "长期待摊费用"科目可按待摊费用项目进行明细核算

19. 下列各项中，企业应作为无形资产核算的有（　　）。

A. 投资者投入的土地使用权

B. 自行开发并按法律程序申请取得的专利权

C. 企业自创但尚未注册登记的商标

D. 内部自创的商誉

20. 甲公司为增值税一般纳税人，2×24年12月1日，将一项非专利技术出租给乙公司，当日收到乙公司支付的租金，开具的增值税专用发票上注明的价款为10万元，增值税税额为0.6万元，款项已存入银行。该非专利技术的月摊销额为6万元。则甲公司出租非专利技术的会计处理结果正确的有（　　）。

A. 其他业务收入增加10万元

B. 累计摊销增加6万元

C. 其他业务收入增加10.6万元

D. 其他业务成本增加6万元

21. 下列选项中属于无形资产特征的有（　　）。

A. 不具有实物形态

B. 具有不可辨认性

C. 具有可辨认性

D. 属于非货币性长期资产

22. 构成无形资产入账价值的有（　　）。

A. 购买价款　　　　B. 契税

C. 广告宣传费　　　D. 差旅费

23. 关于自行研究开发的无形资产，下列说法中不正确的有（　　）。

A. 研究阶段的支出，应当资本化，确认为无形资产

B. 研究阶段的支出，应当费用化，月末转入当期损益

C. 研发支出，应当区分研究阶段支出与开发阶段支出

D. 开发阶段的支出，应当资本化，确认为无形资产

24. 下列各项中属于无形资产摊销可能记入的科目有（　　）。

A. 制造费用　　　　B. 管理费用

C. 其他业务成本　　D. 研发支出

25. 下列各项中，企业出售无形资产的会计处理表述正确的有（　　）。

A. 按照已计提的累计摊销额借记"累计摊销"科目

B. 按照已计提的减值准备借记"无形资产减值准备"科目

C. 出售无形资产的净损失借记"营业外支出"科目

D. 按照无形资产的账面余额贷记"无形资产"科目

26. 关于无形资产后续计量，下列说法中正确的有（　　）。

A. 无形资产均应确定预计使用年限并分期摊销

B. 无形资产的摊销方法，应当反映与该项无形资产有关的经济利益的预期消耗方式

C. 使用寿命不确定的无形资产不应摊销

D. 使用寿命不确定的无形资产，摊销年限为10年

27. 下列关于无形资产会计处理的表述中，正确的有（　　）。

A. 出租的无形资产，其摊销的金额应当计入其他业务成本

B. 有偿取得的自用土地使用权应确认为无形资产

C. 内部研发项目开发阶段支出应全部确认为无形资产

D. 无形资产成本在取得的当月开始摊销，处置无形资产的当月不再摊销

28. 下列关于出售无形资产的表述中正确的有（　　）。

A. 应当按实际收到的金额计入银行存款

B. 按应支付的相关税费计入应交税费

C. 出售价款大于无形资产账面价值和出售相关税费的差额计入资产处置损益

D. 出售价款小于无形资产账面价值和出售相关税费的差额计入资产处置损益

29. 下列各项资产中，已计提减值准备后其价值又得以恢复，可以在原计提减值准备金额内予以转回的有（　　）。

A. 应收账款　　　　B. 无形资产

C. 固定资产　　　　D. 存货

30. 下列各项支出中应计入长期待摊费用的有（　　）。

A. 短期租赁方式租入设备的改良支出

B. 自有设备的改良支出

C. 企业为企业合并发生的审计费

D. 短期租赁方式租入办公楼的装修费

三、判断题

1. 甲公司将其自有写字楼的部分楼层对外出租，如果自用部分与出租部分不能单独计量，甲公司应将该写字楼整体确认为投资性房地产。（　　）

2. 长期股权投资采用成本法核算，被投资单位除净损益、其他综合收益和利润分配以外的所有者权益其他变动，投资企业应按其享有份额增加或减少其他资本公积。（　　）

3. 购买方作为合并对价发行权益性证券支付给有关证券承销机构的手续费，应当冲减资本公积（股本溢价），资本公积不足冲减的，依次冲减盈余公积和未分配利润。（　　）

4. 权益法核算确认被投资单位净利润时，被投资单位采用的会计政策及会计期间与投资企业不一致的，应按投资企业的会计政策及会计期间对被投资单位的财务报表进行调整。（　　）

5. 企业出租给本企业职工居住的宿舍属于投资性房地产。（　　）

6. 企业将其拥有的办公大楼由自用转为收取租金收益时，应将其转为投资性房地产。（　　）

7. 企业出售投资性房地产属于非日常活动，取得的收入属于影响当期损益的利得。（　　）

8. 采用公允价值模式进行后续核算的投资性房地产，在持有期间比照固定资产或无形资产的相关规定计提折旧或摊销。（　　）

9. 企业购入固定资产达到预定可使用状态前所发生的运输费、装卸费、安装费等在发生时计入固定资产的成本。（　　）

10. 同一控制下的企业合并，合并成本为合并方在合并日为取得对被合并方的控制权而付出的资产、发生或承担的负债以及发行权益性证券的公允价值。（　　）

11. 增值税小规模纳税人购入固定资产支付的增值税，应当直接计入有关固定资产的成本。（　　）

12. 固定资产使用寿命、预计净残值和折旧方法的改变应当作为会计政策变更处理。（　　）

13. 企业更新改造的固定资产，应将发生的可资本化后续支出计入固定资产成本，同时应当

终止确认被替换部分的账面价值。（　　）

14. 企业以一笔款项购入多项没有单独标价的固定资产，应将该款项按各项固定资产账面价值占账面价值总额的比例进行分配，分别确定各项固定资产成本。（　　）

15. 企业应当根据与固定资产有关的经济利益预期消耗方式合理选择折旧方法。（　　）

16. 企业盘盈的固定资产应当通过"待处理财产损溢"科目核算，将其净收益记入"营业外收入"科目中。（　　）

17. 企业将固定资产对外出售，收取的增值税不会影响最终计入损益的金额。（　　）

18. 企业内部研究开发项目的支出，应于发生当期全部计入当期损益。（　　）

19. 无法可靠确定与使用寿命有限的无形资产有关的经济利益的预期消耗方式的，该项无形资产不摊销，但应于每个会计期间对其进行减值测试。（　　）

20. 使用寿命确定的无形资产，应当自可供使用（即达到预定用途）的下月起进行摊销，自处置当月起停止摊销。（　　）

21. 企业发生固定资产改扩建支出且符合资本化条件的，应计入相应在建工程成本。（　　）

22. 对自行开发并按法律程序申请取得的无形资产，按在研究与开发过程中发生的材料费用、直接参与开发人员的工资及福利费、开发过程中发生的租金、借款费用，以及注册费、聘请律师费等费用作为无形资产的实际成本。（　　）

23. 企业应根据期末无形资产公允价值的一定比例计提减值准备。（　　）

24. 无法区分研究阶段支出和开发阶段支出时，应当将其所发生的研发支出全部资本化，计入无形资产成本。（　　）

25. 某企业对租入的营业大厅进行重大装修，发生的工程人员工资应计入长期待摊费用。（　　）

四、不定项选择题

1. 甲公司对投资性房地产采用公允价值模式进行后续计量，2×24～2×25 年资料如下：

（1）2×24 年 3 月 1 日，甲公司将一栋原作为固定资产的写字楼出租给乙公司并办妥相关手续，租期为 18 个月。当日，写字楼的公允价值为 16 000 万元，原价为 15 000 万元，已计提累计折旧的金额为 3 000 万元。

（2）2×24 年 3 月 31 日，甲公司收到出租写字楼当月的租金 125 万元，存入银行。2×24 年 12 月 31 日，该写字楼的公允价值为 17 000 万元。

（3）2×25 年 9 月 1 日，租期已满，甲公司以 17 500 万元的价格出售该写字楼，价款已存入银行，出售满足收入确认条件，不考虑其他因素。

要求： 根据上述资料，不考虑其他条件，分析回答下列问题。

（1）根据资料（1），2×24 年 3 月 1 日甲公司出租该写字楼，正确的会计分录是（　　）。

　A. 借：投资性房地产　　16 000

　　　　累计折旧　　　　3 000

　　　贷：固定资产　　　　　15 000

　　　　　公允价值变动损益

　　　　　　　　　　　　　4 000

　B. 借：投资性房地产　　16 000

　　　　累计折旧　　　　3 000

　　　贷：固定资产　　　　　15 000

　　　　　其他综合收益　　4 000

　C. 借：投资性房地产——成本

　　　　　　　　　　　　16 000

　　　　累计折旧　　　　3 000

　　　贷：固定资产　　　　　15 000

　　　　　其他综合收益　　4 000

　D. 借：投资性房地产——成本

　　　　　　　　　　　　16 000

　　　　累计折旧　　　　3 000

　　　贷：固定资产　　　　　15 000

　　　　　公允价值变动损益

　　　　　　　　　　　　　4 000

（2）根据资料（2），2×24 年 3 月 31 日，收到投资性房地产租金应记入（　　）科目。

　A. 主营业务收入　　B. 其他业务收入

　C. 资产处置收益　　D. 营业外收入

（3）根据资料（2），2×24 年 12 月 31 日甲公司账务处理影响的会计科目是（　　）。

A. 投资性房地产——公允价值变动

B. 投资收益

C. 其他综合收益

D. 公允价值变动损益

（4）根据资料（3），2×25年9月1日甲公司出售该写字楼时，说法正确的是（　　）。

A. 处置收益应计入资产处置损益

B. 甲公司应将处置收入扣除账面价值后的金额计入当期损益

C. 处置投资性房地产时，原计入其他综合收益的部分应当转入处置当期损益

D. 处置投资性房地产时，将影响主营业务成本科目

（5）下列关于甲公司投资性房地产的说法中，正确的是（　　）。

A. 甲公司在后续资产负债表日，应根据资产减值要求对投资性房地产计提减值准备

B. 自用房地产转为公允价值模式计量的投资性房地产时，公允价值小于账面价值的差额，应计入公允价值变动损益

C. 投资性房地产的公允价值无法可靠取得，甲公司应从公允价值模式转为成本模式进行后续计量

D. 采用公允价值模式进行后续计量的投资性房地产不应计提折旧和摊销

2. A股份有限公司（以下简称A公司）2×23～2×24年发生与投资业务有关的资料如下：

（1）A、B公司为甲公司控制下的两家全资子公司。2×23年5月1日，A公司以账面原价为1 000万元、累计折旧400万元的一台设备作为对价，自甲公司处取得对B公司80%的控股股权，相关手续已办理，能够对B公司实施控制。合并当日，B公司所有者权益在其最终控制方合并财务报表中的账面价值为1 000万元。假定A公司与B公司的会计年度和采用的会计政策相同。

（2）2×24年1月1日，A公司以银行存款280万元收购乙公司持有的S公司30%股权，对S公司能够施加重大影响，A公司和S公司为非同一控制下的两家独立公司。S公司可辨认净资产的公允价值与账面价值均为1 000万元。

（3）2×24年5月1日，S公司股东大会通过2×23年度利润分配方案。该分配方案宣告分配现金股利200万元。

（4）2×24年5月5日，A公司收到S公司分配的现金股利。

（5）2×24年12月31日，S公司因其他债权投资公允价值变动增加其他综合收益50万元。

要求： 根据上述资料，不考虑其他条件，分析回答下列问题。

（1）根据资料（1），以下选项正确的是（　　）。

A. 长期股权投资的初始投资成本为1 000万元

B. 长期股权投资的初始投资成本为800万元

C. 应在贷方确认资本公积200万元

D. 应在借方依次调整资本公积、盈余公积和未分配利润

（2）根据资料（2），2×24年1月1日A公司持有S公司长期股权投资的会计分录为（　　）。

A. 借：长期股权投资　　　　280

　　　贷：银行存款　　　　　　280

B. 借：长期股权投资　　　　300

　　　贷：银行存款　　　　　　300

C. 借：长期股权投资　　　　20

　　　贷：营业外收入　　　　　20

D. 借：长期股权投资　　　　300

　　　贷：银行存款　　　　　　280

　　　　　资本公积　　　　　　20

（3）根据资料（3）～（5），下列说法正确的是（　　）。

A. 2×24年5月1日，应借记"长期股权投资——损益调整"60万元

B. 2×24年5月5日，应贷记"应收股利"200万元

C. 2×24年12月31日，应贷记"其他综合收益"15万元

D. 2×24年12月31日，A公司持有S公司长期股权投资的账面价值为255万元

3. 某企业为增值税一般纳税人，2×24年发生与固定资产相关的业务如下：

（1）2月28日，购入一台不需要安装的M设

备,支付设备价款122万元,增值税15.86万元,另付设备运输费3万元、增值税0.27万元,已取得购入设备及运输费的增值税专用发票,全部款项以银行存款支付。当日,M设备交由行政管理部门使用,预计使用寿命为10年,预计净残值率为4%,采用年限平均法计提折旧。

(2) 10月5日,对M设备进行日常修理,从仓库领用维修材料0.5万元,另支付修理费用2万元,增值税专用发票上注明的增值税税额为0.26万元,全部款项以银行存款支付。

(3) 12月15日,M设备因自然灾害发生毁损。清理过程中取得报废残值变价收入9万元,增值税专用发票注明的增值税税额为1.17万元,全部款项已收到并存入银行,M设备未发生资产减值。12月31日,结转M设备的清理净损益。

要求:根据上述资料,不考虑其他因素,分析回答下列问题。(答案中的金额单位用万元表示)

(1) 根据资料(1),M设备的入账价值是( )万元。

    A. 137.86　　　　B. 125

    C. 122　　　　　D. 141.13

(2) 根据资料(1),下列各项中,M设备计提折旧的会计处理表述正确的是( )。

    A. 预计净残值为4.88万元

    B. 年折旧率为9.6%

    C. 计提的折旧应计入管理费用

    D. 月折旧额为1万元

(3) 根据资料(2),下列各项中,M设备日常修理的会计处理正确的是( )。

    A. 支付维修费及其增值税时:

      借:在建工程　　　　　2

        应交税费——应交增值税(进项

        税额)　　　　0.26

          贷:银行存款　　　2.26

    B. 支付维修费及其增值税时:

      借:管理费用　　　　　2

        应交税费——应交增值税(进项

        税额)　　　　0.26

          贷:银行存款　　　2.26

    C. 领用维修材料时:

      借:管理费用　　　　　0.5

         贷:原材料　　　　0.5

    D. 领用维修材料时:

      借:在建工程　　　　　0.5

         贷:原材料　　　　0.5

(4) 根据资料(1)~(3),下列各项中,M设备报废清理的会计科目处理表述正确的是( )。

    A. 将报废设备转入清理时,借记"固定资产清理"科目

    B. 收到报废残值变价收入时,贷记"固定资产清理"科目

    C. 结转报废净损失时,借记"营业外支出"科目

    D. 结转报废净损失时,借记"资产处置损益"科目

(5) 根据资料(1)~(3),M设备相关业务导致企业2×24年利润总额减少的金额是( )万元。

    A. 108.5　　　　B. 116

    C. 118.5　　　　D. 106

4. 甲企业为增值税一般纳税人,2×22~2×24年发生的与无形资产有关的业务如下:

(1) 2×22年1月10日,甲企业开始自行研发一项行政管理用非专利技术,截至2×22年5月31日,用银行存款支付外单位协作费74万元,领用本单位原材料成本26万元(不考虑增值税因素),经测试,该项研发活动已完成研究阶段。

(2) 2×22年6月1日,研发活动进入开发阶段,该阶段发生研究人员的薪酬支出为35万元,领用材料成本为85万元(不考虑增值税因素),全部符合资本化条件。

(3) 2×22年12月1日,该项研发活动结束,最终开发形成一项非专利技术,在行政管理部门投入使用。该非专利技术预计可使用年限为5年,预计净残值为0,采用直线法摊销。

(4) 2×23年1月1日,甲企业将该非专利技术出租给乙企业,双方约定租赁期限为2年,每月末以银行转账结算方式收取租金3万元。

（5）2×24年12月31日，租赁期限届满，经减值测试，该非专利技术的可回收金额为52万元。

要求：根据上述资料，不考虑其他因素，分析回答下列问题（答案中的金额单位用万元表示）。

（1）根据资料（1）和资料（2），甲企业自行研究开发无形资产的入账价值是（　　）万元。

    A. 100　　　　　　B. 120

    C. 146　　　　　　D. 220

（2）根据资料（1）~（4），下列关于甲企业该非专利技术摊销的会计处理的表述中，正确的是（　　）。

    A. 自可供使用的下月起开始摊销

    B. 自可供使用的当月起开始摊销

    C. 该非专利技术出租前的摊销额应计入管理费用

    D. 摊销方法应当反映与该非专利技术有关的经济利益的预期消耗方式

（3）根据资料（4），下列甲企业2×23年1月对出租无形资产和收取租金的会计处理中，正确的是（　　）。

    A. 借：其他业务成本　　　　2

        贷：累计摊销　　　　　　　　2

    B. 借：管理费用　　　　　　2

        贷：累计摊销　　　　　　　　2

    C. 借：银行存款　　　　　　3

        贷：其他业务收入　　　　　　3

    D. 借：银行存款　　　　　　3

        贷：营业外收入　　　　　　　3

（4）根据资料（5），甲企业该非专利技术的减值金额是（　　）万元。

    A. 0　　　　　　　　B. 18

    C. 20　　　　　　　D. 35.6

（5）根据资料（1）~（5），甲企业2×24年12月31日资产负债表中"无形资产"项目的金额是（　　）万元。

    A. 52　　　　　　　B. 70

    C. 72　　　　　　　D. 88

本章习题参考答案及解析

一、单项选择题

1.【答案】A

【解析】选项A正确，本题考查权益法下长期股权投资的会计处理。2×24年12月31日甲公司对乙公司长期股权投资的账面价值 = 9 000 + 4 000 × 30% = 10 200（万元）。

2.【答案】B

【解析】本题属于同一控制下的企业合并，甲公司取得长期股权投资入账价值 = 取得被合并方所有者权益在最终控制方合并财务报表中的账面价值的份额 = 4 000 × 80% = 3 200（万元）。会计分录如下：

借：长期股权投资　　　　3 200

    贷：股本　　　　　　　　　1 000

      资本公积——股本溢价

          2 200（倒挤）

3.【答案】D

【解析】甲公司取得乙公司的股权属于非同一控制下的企业合并，长期股权投资的初始投资成本 = 付出对价的公允价值 = 1 500 × 6 = 9 000（万元）。为发行权益性工具支付给有关证券承销机构的手续费、佣金等与工具发行直接相关的费用，不构成取得长期股权投资的成本。该部分费用应自所发行证券的溢价发行收入中扣除，溢价收入不足冲减的，应依次冲减盈余公积和未分配利润。所以300万元不影响长期股权投资初始成本。

4.【答案】B

【解析】同一控制下企业合并计入资本公积的金额为长期股权投资初始投资成本和发行股票面值之差并扣除支付承销商佣金的金额。长期股权投资初始投资成本 = 9 000 × 60% = 5 400（万元），甲公司取得该股权投资时应确认的资本公积——股本溢价 = 5 400 - 1 000 × 1 - 100 = 4 300（万元）。

会计分录如下：

借：长期股权投资　　　　　　5 400
　　贷：股本　　　　　　　　　1 000
　　　　资本公积——股本溢价　4 400
借：资本公积——股本溢价　　　100
　　贷：银行存款　　　　　　　100

5.【答案】C

【解析】被投资单位发生净亏损，借记"投资收益"科目，贷记"长期股权投资"科目（损益调整），但以"长期股权投资"科目的账面价值减记至零为限；还需承担的投资损失，应将其他实质上构成对被投资单位净投资的"长期应收款"等的账面价值减记至零为限；除按照以上步骤已确认的损失外，按照投资合同或协议约定将承担的损失，确认为预计负债。除上述情况仍未确认的应分担被投资单位的损失，应在账外备查登记。发生亏损的被投资单位以后实现净利润的，应按与上述相反的顺序进行处理。

甲公司 2×25 年应承担的投资损失金额 = 5 000 × 35% = 1 750（万元），其中冲减长期股权投资并确认投资损失的金额为 1 260 万元，冲减长期应收款并确认投资损失的金额为 300 万元，合计确认投资损失 = 1 260 + 300 = 1 560（万元），剩余部分 190 万元（1 750 − 1 560）作备查登记。

会计分录如下：

借：投资收益　　　　　　　　1 560
　　贷：长期股权投资——损益调整
　　　　　　　　　　　　　　1 260
　　　　长期应收款　　　　　　300

6.【答案】B

【解析】甲公司取得乙公司的 20% 股权，能够对乙公司实施重大影响，甲公司应该将其作为权益法核算的长期股权投资进行账务处理；在取得股权日，甲公司按照付出对价的公允价值 2 000 万元确认长期股权投资初始投资成本；初始投资成本 2 000 万元与应享有乙公司可辨认净资产公允价值的份额 2 400 万元（12 000 × 20%）比较，前者小于后者，应按照差额调整长期股权投资账面价值。因此取得投资日，甲公司长期股权投资的账面价值

是 2 400 万元。

7.【答案】B

【解析】本题考查的是非同一控制下企业合并取得长期股权投资的会计处理。甲公司对乙公司的持股比例为 60%，能够控制乙公司，应将该投资作为长期股权投资核算，选项 A 正确；非同一控制下企业合并取得长期股权投资的初始投资成本为付出对价的公允价值 = 9 000 × 5 = 45 000（万元），选项 B 错误，误将支付的审计费计入初始投资成本；为发行股票向证券承销机构支付的股票发行相关税费应冲减资本公积，选项 C 正确；为企业合并支付的审计费应计入当期损益（管理费用），选项 D 正确。

8.【答案】A

【解析】企业为企业合并发生的审计、法律服务、评估咨询等中介费用及其他相关管理费用，应当于发生时借记"管理费用"科目，即计入当期损益。

9.【答案】C

【解析】甲公司应作如下会计分录：
借：应收股利
　　贷：投资收益

10.【答案】D

【解析】自用写字楼转为成本模式计量的投资性房地产，以转换日的账面价值作为投资性房地产的入账价值，即投资性房地产的入账价值 = 5 000 − 500 − 400 = 4 100（万元）。

11.【答案】C

【解析】甲公司该厂房为采用公允价值模式进行后续计量的投资性房地产，应按资产负债表日公允价值列示。2×24 年 12 月 31 日厂房公允价值为 10 200 万元，所以选项 C 正确。

12.【答案】D

【解析】自用房地产转换为采用公允价值模式计量的投资性房地产，公允价值大于原账面价值，公允价值和账面价值的差额（即贷方差额）计入其他综合收益。

13.【答案】D

【解析】采用公允价值模式进行后续计量的投资性房地产期末公允价值变动计入公允价

值变动损益,选项 D 不正确。

14.【答案】A

【解析】选项 A,相关科目对应结转,不涉及损益,不会影响营业利润;选项 B,采用成本模式进行后续计量的投资性房地产发生的减值计入资产减值损失,会影响营业利润;选项 C,成本模式后续计量的投资性房地产计提折旧(摊销)计入其他业务成本,会影响营业利润;选项 D,出售投资性房地产取得的收入计入其他业务收入,会影响营业利润。

15.【答案】D

【解析】投资性房地产的账面价值 = (4 800 − 1 000) − (300 − 300 × 1 000 ÷ 4 800) + 800 = 4 362.5(万元)。

16.【答案】C

【解析】购入办公楼作为投资性房地产核算,选项 A 错误;办公楼的折旧金额计入其他业务成本,选项 B 错误;当年应计提的折旧金额 = 1 200 × (1 − 5%) ÷ 20 ÷ 12 × 10 = 47.5(万元),选项 C 正确;资产负债表日计提减值前投资性房地产的账面价值 = 1 200 − 47.5 = 1 152.5(万元),可收回金额小于其账面价值,应按账面价值与可收回金额孰低计量,故该办公楼在 2 × 24 年 12 月 31 日的账面价值为 1 100 万元,选项 D 错误。

17.【答案】A

【解析】固定资产的入账成本 = 30 000 + 1 200 + 2 000 + 2 000 = 35 200(元),增值税可以抵扣,因此不作为固定资产入账成本。

18.【答案】C

【解析】总成本 = 1 000 + 6 + 4 + 10 = 1 020(万元);总公允价值 = 300 + 200 + 500 = 1 000(万元)。A、B、C 设备比例分别为 300 ÷ 1 000 = 30%、200 ÷ 1 000 = 20%、500 ÷ 1 000 = 50%,因此,其入账价值分别为 1 020 × 30% = 306(万元);1 020 × 20% = 204(万元);1 020 × 50% = 510(万元)。

19.【答案】C

【解析】固定资产安装后的入账金额 = 100 + 5 = 105(万元),安装领用本公司自产产品不需确认增值税销项税额,以成本价计入在建工程。

20.【答案】C

【解析】设备入账价值 = 500 + 20 + 50 + 12 = 582(万元)。该设备自 2 × 25 年 1 月开始计提折旧,2 × 25 年其尚可使用年限为 10 年,年折旧额 = 582 × 10 ÷ 55 = 105.82(万元)。

注:55 为固定资产预计使用寿命 10 年逐年的数字总和。

21.【答案】D

【解析】该设备自 2 × 25 年 1 月开始计提折旧。双倍余额递减法开始计算折旧时不考虑固定资产预计净残值。该设备应计提的折旧 = 25 × 2 ÷ 5 = 10(万元)。

22.【答案】C

【解析】小规模纳税人购入设备支付的增值税需要计入成本,该设备入账价值 = 40 000 + 5 200 + 300 + 27 = 45 527(元)。

23.【答案】C

【解析】选项 A,年数总和法计算的固定资产年折旧额逐年递减;选项 B,工作量法需要考虑固定资产的预计净残值;选项 D,除了折旧的最后两年外,双倍余额递减法计算的固定资产年折旧额逐年递减。

24.【答案】B

【解析】固定资产更新改造,如果有被替换部分,应同时将被替换部分的账面价值从该固定资产原账面价值中扣除。注意,这里是账面价值,而题目中给的是替换部分的原值。拆除部分的账面价值 = 200 − 250 × 200 ÷ 800 = 137.5(万元)。改造后价值 = 800 − 250 − 137.5 + 400 = 812.5(万元)。也可以这样算,改造后价值 = (800 − 200) − (250 − 250 × 200 ÷ 800) + 400 = 812.5(万元)。

25.【答案】D

【解析】该设备出售净收益 = 113 000 − (160 000 − 45 000 + 3 000) = − 5 000(元)。

26.【答案】B

【解析】企业处置固定资产应通过"固定资产清理"科目进行核算。

27.【答案】B

【解析】出售该房屋应确认净损益 = 50 − (40 − 20 − 2) − 0.15 = 31.85(万元)。

28.【答案】D

【解析】固定资产盘盈，在"以前年度损益调整"账户中核算。

29.【答案】B

【解析】记入"营业外收入"科目的金额 = $56 - (60 - 10) - 2 = 4$（万元）；影响当期损益的金额为4万元。

30.【答案】B

【解析】选项B正确，2×24年末该项无形资产的账面价值 = $400 - 400 \div 5 \times 2 = 240$（万元），低于其可回收金额，所以应计提的减值准备 = $240 - 210 = 30$（万元）。

31.【答案】A

【解析】研究阶段的支出应计入当期损益，开发阶段符合资本化条件的计入成本，不符合资本化条件的计入当期损益。无法可靠区分研究阶段和开发阶段的支出应全部费用化计入当期损益。

32.【答案】C

【解析】研发支出中费用化部分在期末要转入管理费用，会影响当期利润总额。

33.【答案】B

【解析】出租无形资产的摊销额记入"其他业务成本"科目。

34.【答案】A

【解析】对无形资产计提减值准备、摊销无形资产、转让无形资产所有权，均会减少无形资产账面价值。无形资产可收回金额大于账面价值时，仍以其账面价值核算，不会引起无形资产账面价值变动。

35.【答案】C

【解析】研究阶段支出160万元和开发阶段不符合资本化条件支出100万元应计入当期损益，该业务导致企业2×24年度利润总额减少260万元（$100 + 160$）。

36.【答案】B

【解析】该项专利权的入账价值 = 690万元，应按照10年期限摊销，2×24年1月开始摊销，2×24年度应摊销的金额 = $690 \div 10 = 69$（万元）。

37.【答案】B

【解析】相关会计分录为：

借：银行存款　　　　　　　21.2

　　累计摊销　　　　　　　56

　　资产处置损益　　　　　　4

　　贷：无形资产　　　　　　　　80

　　　　应交税费——应交增值税（销项税额）　　　　　　　1.2

38.【答案】B

【解析】资产的账面价值 = 资产的账面余额 - 资产的减值准备（坏账准备）。2×24年应摊销的无形资产 = $(82 - 12) \div 10 = 7$（万元），2×24年末无形资产的账面余额 = $82 - 7 = 75$（万元），此时无形资产可收回金额 = 45万元，应累计计提的无形资产减值准备 = $75 - 45 = 30$（万元），已经计提的无形资产减值准备为12万元。所以应补提的无形资产减值准备 = $30 - 12 = 18$（万元）。

二、多项选择题

1.【答案】BCD

【解析】成本法核算的长期股权投资，持有期间被投资单位宣告发放现金股利，投资企业应当进行的处理是：借记"应收股利"科目，贷记"投资收益"科目，不会引起长期股权投资账面价值发生增减变动。

2.【答案】CD

【解析】选项A，非同一控制下企业合并过程中发生的审计及法律咨询等中介费用，应计入管理费用；选项B，以发行权益性证券作为合并对价的，为发行权益性证券所发生的相关税费应该冲减权益性证券的溢价发行收入，溢价收入不足冲减的，冲减留存收益，不计入长期股权投资的初始投资成本。

3.【答案】ACD

【解析】采用权益法核算的长期股权投资，投资方对于被投资方的净资产的变动应调整长期股权投资的账面价值。相关账务处理如下：

（1）取得长期股权投资：

借：长期股权投资——投资成本
　　　　　　　　　　　　　　　4 000

　　贷：银行存款　　　　　　4 000

（2）对初始投资成本的调整：

借：长期股权投资——投资成本 200

贷：营业外收入　　　　　　200

（3）被投资方实现净利润：

借：长期股权投资——损益调整

　　　（2 000×30%）600

贷：投资收益　（2 000×30%）600

（4）被投资方其他债权投资公允价值变动：

借：长期股权投资——其他综合收益

　　　　　　　　　　30

贷：其他综合收益　　　30

4.【答案】BC

【解析】本题账务处理为：

借：固定资产清理　　　　600

　　累计折旧　　　　　　400

　　　贷：固定资产　　　1 000

借：长期股权投资

　　　（1 000×80%）800

　　　贷：固定资产清理　　　600

　　　　　资本公积——股本溢价

　　　　　　（贷方差额）200

5.【答案】BC

【解析】本题综合考查长期股权投资的后续计量。本题应编制的会计分录如下：

（1）选项A：

借：应收股利

　　贷：长期股权投资——损益调整（被投资单位宣告分派现金股利或利润×投资方持股比例）

不影响投资收益，选项A错误。

（2）选项B：

借：应收股利

　　贷：投资收益

投资收益增加，选项B正确。

（3）选项C：

借：长期股权投资——损益调整

　　贷：投资收益

投资收益增加，选项C正确。

（4）选项D：

借：银行存款等

　　贷：应收股利

不影响投资收益，选项D错误。

6.【答案】AC

【解析】权益法下被投资单位发生超额亏损，

首先，冲减长期股权投资的账面价值，冲减至零为限；其次，冲减其他实质上构成被投资单位净投资的长期权益，冲减至零为限；再次，如果协议约定，投资公司需承担额外损失弥补义务的，需要确认预计负债；最后，按照上述处理后仍存在未确认损失的，应在账外备查登记。被投资单位在以后期间实现盈利的，应按上述相反顺序冲减账外登记金额、已确认预计负债金额、恢复其他长期权益金额及长期股权投资金额。

7.【答案】BC

【解析】甲公司2×24年应确认租金收入＝100×6÷12＝50（万元），选项A错误；办公楼出租前的账面价值＝4 500－2 000＝2 500（万元），出租日转换为以公允价值模式计量的投资性房地产，公允价值与账面价值的差额应确认其他综合收益＝3 500－2 500＝1 000（万元），选项B正确，选项D错误；2×24年6月30日甲公司应按照当日办公楼的公允价值确认投资性房地产3 500万元，选项C正确。

8.【答案】BCD

【解析】以成本模式计量的投资性房地产，需要计提折旧或摊销，则年末需要对其预计使用寿命进行复核，选项A错误。

9.【答案】CD

【解析】选项A错误，采用公允价值模式计量的投资性房地产，不得转换为成本模式计量；选项B错误，采用公允价值模式计量的投资性房地产，不计提折旧、摊销、减值准备。

10.【答案】ABC

【解析】已经出租的房地产才能作为投资性房地产核算，选项D不属于投资性房地产。

11.【答案】ACD

【解析】选项A，采用成本模式进行后续计量的投资性房地产期末应考虑确认减值损失；选项C，采用公允价值模式进行后续计量的投资性房地产公允价值变动应计入公允价值变动损益；选项D，以公允价值模式进行后续计量的投资性房地产不能再转为成本模式计量，而采用成本模式进行后续计量的投资性房地产在符合一定的条件时可以转为公允价值模式计量。

12.【答案】ABC

【解析】对已出租的土地使用权、已出租的建筑物，其作为投资性房地产的确认时点一般为租赁期开始日，即土地使用权、建筑物进入出租状态、开始赚取租金的日期，选项A、B正确。但对企业持有以备经营出租的空置建筑物，董事会或类似机构作出书面决议，明确表明将其用于经营出租且持有意图短期内不再发生变化的，即使尚未签订租赁协议，也应视为投资性房地产，选项D错误。对持有并准备增值后转让的土地使用权，其作为投资性房地产的确认时点为企业将自用土地使用权停止自用、准备增值后转让的日期，选项C正确。

13.【答案】AC

【解析】选项B，固定资产的折旧方法一经确定不得随意变更，当与固定资产有关的经济利益预期实现方式有重大变更的，应当改变固定资产折旧方法；选项D，自行建造的固定资产，已经达到预定可使用状态但尚未办理竣工决算的，应当按照估计价值确定其成本，并计提折旧。

14.【答案】ABC

【解析】选项D应通过"固定资产清理"科目的贷方核算。

15.【答案】AD

【解析】选项B，行政管理部门固定资产的日常维修费用计入管理费用；选项C，固定资产的更新改造等后续支出，满足固定资产确认条件的，应当计入更新改造后的固定资产成本。

16.【答案】ABCD

17.【答案】ABD

【解析】企业自行建造固定资产过程中使用的固定资产，其计提的折旧应计入在建工程成本；基本生产车间所使用的固定资产，其计提的折旧应计入制造费用；管理部门所使用的固定资产，其计提的折旧应计入管理费用；经营租出的固定资产，其计提的折旧应计入其他业务成本。

18.【答案】BCD

【解析】选项A错误，"长期待摊费用"科目期末借方余额反映企业尚未摊销完毕的长期待摊费用。

19.【答案】AB

【解析】无形资产是指企业拥有的或者控制的没有实物形态的可辨认非货币性资产，通常包括专利权（选项B）、非专利技术、商标权、著作权、土地使用权（选项A）、特许权等。选项C错误，尚未注册登记的商标，不满足无形资产的可辨认性标准，不应确认为无形资产。选项D错误，企业的自创商誉无法与企业的整体资产分离而存在，不具有可辨认性，按现行会计准则规定不应确认为无形资产。

20.【答案】ABD

【解析】相关会计分录如下：

借：银行存款　　　　　　　10.6

　　贷：其他业务收入　　　　　　10

　　　　应交税费——应交增值税（销项税额）　　　　　　　　　0.6

借：其他业务成本　　　　　　6

　　贷：累计摊销　　　　　　　　6

21.【答案】ACD

【解析】无形资产具有可辨认性，选项B错误。

22.【答案】AB

【解析】选项C计入销售费用，选项D计入管理费用，都不构成无形资产的入账价值。

23.【答案】AD

【解析】研究阶段的支出，应当费用化，月末转入当期损益，选项A错误；开发阶段的支出，满足条件的才能资本化，不满足资本化条件的结转记入当期"管理费用"科目，选项D错误。

24.【答案】ABCD

【解析】为生产特定产品使用的无形资产摊销额记入"制造费用"；一般管理用无形资产摊销额记入"管理费用"；对外出租无形资产的摊销额记入"其他业务成本"；用于其他无形资产研发的无形资产的摊销额记入"研发支出"。

25.【答案】ABD

【解析】出售无形资产的会计处理：

借：银行存款
　　累计摊销
　　无形资产减值准备
　　贷：无形资产
　　　　应交税费——应交增值税（销项税额）
　　　　资产处置损益［差额，或在借方］
因此选项 C 错误，出售无形资产的净损失应借记"资产处置损益"科目。

26.【答案】BC
【解析】使用寿命有限的无形资产应进行摊销，使用寿命不确定的无形资产不应摊销。企业选择无形资产摊销方法，应当反映与该项无形资产有关的经济利益的预期消耗方式，无法可靠确定预期消耗方式的，采用直线法摊销。

27.【答案】ABD
【解析】选项 C，内部研究开发阶段符合资本化条件的支出，应当予以资本化，计入无形资产成本，不满足资本化条件的应当费用化。

28.【答案】ABCD

29.【答案】AD
【解析】固定资产、无形资产相关的减值准备一经计提，以后会计期间不得转回；应收账款、存货计提减值准备后价值得以恢复时，可以在原计提减值准备的金额范围内予以转回。

30.【答案】AD
【解析】选项 B，在满足资本化条件时计入在建工程；选项 C，企业为企业合并发生的审计、法律服务、评估咨询等中介费用计入管理费用。

三、判断题

1.【答案】×
【解析】某项房地产，部分用于赚取租金或资本增值、部分自用时，如果能够单独计量和出售的、用于赚取租金或资本增值的，应当确认为投资性房地产；不能单独计量和出售的、用于赚取租金或资本增值的，应当确认为固定资产或无形资产。

2.【答案】×
【解析】长期股权投资采用成本法核算，不随

被投资单位所有者权益的变动而发生增减变动。

3.【答案】√

4.【答案】√

5.【答案】×
【解析】企业出租给本企业职工居住的宿舍，虽然也收取租金，但间接为企业自身的生产经营服务，因此属于自用房地产。

6.【答案】√

7.【答案】×
【解析】出售投资性房地产通过"其他业务收入"科目核算，不属于利得。

8.【答案】×
【解析】采用公允价值模式进行后续核算的投资性房地产不应计提折旧或摊销。

9.【答案】√
【解析】企业购入固定资产达到预定可使用状态前所发生的运输费、装卸费、安装费等在发生时计入固定资产的成本。

10.【答案】×
【解析】同一控制下的企业合并，合并成本为在合并日取得被合并方所有者权益相对于最终控制方而言的账面价值。

11.【答案】√
【解析】小规模纳税人购入固定资产支付的增值税进项税额不得抵扣，应直接计入固定资产成本。

12.【答案】×
【解析】固定资产使用寿命、预计净残值和折旧方法的改变应当作为会计估计变更处理。

13.【答案】√

14.【答案】×
【解析】企业以一笔款项购入多项没有单独标价的固定资产，应当按照各项固定资产的公允价值对总成本进行分配，分别确定各项资产的总成本。

15.【答案】√

16.【答案】×
【解析】固定资产的盘盈作为前期会计差错更正，通过"以前年度损益调整"科目进行核算，盘盈的固定资产按重置成本入账。

17.【答案】√

【解析】增值税属于价外税，不会影响损益。

18.【答案】×

【解析】符合资本化条件的支出应计入无形资产成本。

19.【答案】×

【解析】无法可靠确定与使用寿命有限的无形资产有关的经济利益的预期实现方式的，应按直线法进行摊销。

20.【答案】×

【解析】对于使用寿命确定的无形资产，应自可供使用（即达到预定用途）当月起开始摊销，处置当月不再摊销。

21.【答案】√

【解析】改扩建支出计入在建工程，最终计入固定资产成本。

22.【答案】×

【解析】自行开发的无形资产研究阶段的支出，应该计入当期损益；开发阶段的支出，符合资本化条件的，应该计入无形资产的成本。

23.【答案】×

【解析】企业应根据期末无形资产账面价值高于其预计可收回金额的数额计提减值准备。

24.【答案】×

【解析】无法区分研究阶段支出和开发阶段支出时，应当将其所发生的研发支出全部费用化，计入当期损益（管理费用）。

25.【答案】√

【解析】长期待摊费用是指企业已经发生但应由本期和以后各期负担的分摊期限在1年以上的各项费用，如以租赁方式租入的使用权资产发生的改良支出等。

四、不定项选择题

1.（1）【答案】C

【解析】自用房地产或存货转换为采用公允价值模式计量的投资性房地产，该项投资性房地产应当按照转换日的公允价值计量。转换日的公允价值小于原账面价值的，其差额计入当期损益（公允价值变动损益）。转换日的公允价值大于原账面价值的，其差额作为其他综合收益核算。处置该项投资性房地产时，

原计入其他综合收益的部分应当转入处置当期损益。

转换日，写字楼的公允价值为16 000万元，账面价值为12 000万元（15 000-3 000），转换日的公允价值大于原账面价值的，差额4 000万元作为其他综合收益核算；以公允价值进行后续计量的投资性房地产成本应记入"投资性房地产——成本"科目，所以选项C正确。

（2）【答案】B

【解析】租金收入应记入"其他业务收入"科目。

（3）【答案】AD

【解析】采用公允价值模式对投资性房地产进行后续计量，企业应设置"投资性房地产——公允价值变动"科目及其"公允价值变动损益"科目，分别核算投资性房地产的成本和后续计量公允价值变动及其由公允价值变动而产生的损益。2×24年12月31日的会计分录为：

借：投资性房地产——公允价值变动
　　　　　　　　　　　1 000
　　贷：公允价值变动损益　　1 000

（4）【答案】BC

【解析】处置投资性房地产时，设置"其他业务收入"和"其他业务成本"科目，核算处置收益和成本。所以处置收益应计入其他业务收入，处置成本应计入其他业务成本，选项A、D错误。

（5）【答案】BD

【解析】选项A，以公允价值模式进行后续计量的投资性房地产无须计提减值准备。选项C，同一企业只能采用一种模式对所有投资性房地产进行后续计量，不得同时采用两种计量模式，同时规定，企业可以从成本模式变更为公允价值模式，已采用公允价值模式不得转为成本模式。所以选项A、C错误。

2.（1）【答案】BC

【解析】A公司对B公司实施控制属于同一控制下企业合并，A公司以固定资产作为合并对价，应在合并日按取得B公司所有者权益在最终控制方合并财务报表中的账面价值的

份额，借记"长期股权投资"科目（投资成本），按支付的合并对价的账面价值，贷记或借记固定资产相关科目，按其差额，贷记"资本公积——资本溢价或股本溢价"科目；如为借方差额，借记"资本公积——资本溢价或股本溢价"科目，资本公积（资本溢价或股本溢价）不足冲减的，应依次借记"盈余公积""利润分配——未分配利润"科目。

具体账务处理为：

借：固定资产清理　　　　　600
　　累计折旧　　　　　　　400
　　　贷：固定资产　　　　　　1 000
借：长期股权投资
　　　　　　　　（1 000×80%）800
　　　贷：固定资产清理　　　　　600
　　　　　资本公积——股本溢价
　　　　　　　　　（贷方差额）200

（2）【答案】AC

【解析】会计分录如下：

借：长期股权投资　　　　　280
　　　贷：银行存款　　　　　　280

A 公司持有 S 公司长期股权投资初始投资成本 280 万元小于投资时应享有 S 公司可辨认净资产公允价值的份额 300 万元（1 000×30%），应调整长期股权投资的初始投资成本。

借：长期股权投资　（300−280）20
　　　贷：营业外收入　　　　　20

（3）【答案】CD

【解析】正确的会计处理为：

2×24 年 5 月 1 日：

借：应收股利　　（200×30%）60
　　　贷：长期股权投资——损益调整　60

2×24 年 5 月 5 日：

借：银行存款　　　　　　　60
　　　贷：应收股利　　　　　　60

2×24 年 12 月 31 日：

借：长期股权投资——其他综合收益
　　　　　　　　　（50×30%）15
　　　贷：其他综合收益　　　　　15

2×24 年 12 月 31 日，A 公司持有的 S 公司长期股权投资的账面价值 = 300−60+15 = 255（万元）。

3.（1）【答案】B

【解析】M 设备的入账价值 = 122+3 = 125（万元）。

（2）【答案】BCD

【解析】M 设备的预计净残值 = 125×4% = 5（万元），选项 A 错误；

年折旧率 =（1−4%）÷10×100% = 9.6%，选项 B 正确；

设备交由行政管理部门使用，计提的折旧计入管理费用，选项 C 正确；

月折旧额 = 125×9.6%÷12 = 1（万元），选项 D 正确。

（3）【答案】BC

【解析】管理部门固定资产的日常修理费，计入管理费用，选项 B、C 正确。

（4）【答案】ABC

【解析】M 设备折旧额 = 1×10 = 10（万元）；

M 设备毁损的账务处理为：

借：固定资产清理　　　　　115
　　累计折旧　　　　　　　 10
　　　贷：固定资产　　　　　　125
借：银行存款　　　　　　10.17
　　　贷：固定资产清理　　　　　9
　　　　　应交税费——应交增值税（销项税额）　　　　　　1.17
借：营业外支出　　　　　　106
　　　贷：固定资产清理　　　　106

（5）【答案】C

【解析】M 设备相关业务导致企业 2×24 年利润总额减少的金额 = 10（3~12 月折旧）+2.5（日常维修）+106（毁损净损失）= 118.5（万元）。

4.（1）【答案】B

【解析】企业自行开发无形资产在研究阶段发生的支出不符合资本化条件，记入"研发支出——费用化支出"，最终计入当期损益；开发阶段符合资本化条件的支出记入"研发支出——资本化支出"，最终计入无形资产。所以甲企业自行研究开发无形资产的入账价值 = 35+85 = 120（万元）。

（2）【答案】BCD

【解析】对于使用寿命有限的无形资产，应当自可供使用的当月起开始摊销,处置当月不再摊销,所以选项 A 错误,选项 B 正确。该无形资产出租前由行政管理部门使用,所以出租前其摊销金额应计入管理费用,选项 C 正确;企业选择无形资产的摊销方法,应当反映与该项无形资产有关的经济利益的预期消耗方式,选项 D 正确。

(3)【答案】AC

【解析】出租无形资产的摊销金额计入其他业务成本,租金收入计入其他业务收入,每月摊销金额 = 120 ÷ 5 ÷ 12 = 2(万元)。所以选项 A、C 正确。

(4)【答案】B

【解析】2×24 年 12 月 31 日,该无形资产已计提摊销金额 = 2 × (1 + 12 × 2) = 50(万元);计提减值损失前该无形资产的账面价值 = 120 − 50 = 70(万元)。可回收金额为 52 万元,所以计提减值金额 = 70 − 52 = 18(万元)。

(5)【答案】A

【解析】资产负债表中"无形资产"项目金额 = 无形资产账面原值 − 无形资产累计摊销 − 无形资产减值损失 = 120 − 50 − 18 = 52(万元)。

第五章　负　　债

一、单项选择题

1. 2×24 年 1 月 1 日，某企业向银行借入生产经营用短期借款 600 000 元，期限为 6 个月，年利率为 5%，本金到期一次归还，利息按月计提、按季度支付。假定不考虑其他因素，2×24 年 3 月 31 日该企业支付利息的下列会计处理中，正确的是（　　）。

   A. 借：财务费用　　　　　7 500
      贷：银行存款　　　　　　　　7 500

   B. 借：应付利息　　　　　7 500
      贷：银行存款　　　　　　　　7 500

   C. 借：财务费用　　　　　2 500
      应付利息　　　　　5 000
      贷：银行存款　　　　　　　　7 500

   D. 借：财务费用　　　　　5 000
      应付利息　　　　　2 500
      贷：银行存款　　　　　　　　7 500

2. 下列各项中，有关短期借款的说法不正确的是（　　）。

   A. 短期借款具有借款金额大、时间短、利息低等特点

   B. 短期借款利息属于筹资费用，通常发生时直接计入当期财务费用

   C. "短期借款"科目的借方和贷方只登记短期借款本金的取得和偿还

   D. 短期借款的期限是 1 年以下（含 1 年）

3. 下列各项中，关于应付票据会计处理的说法不正确的是（　　）。

   A. 企业到期无力支付的商业承兑汇票，应按账面余额转入短期借款

   B. 企业支付的银行承兑汇票手续费，计入当期财务费用

   C. 企业到期无力支付的银行承兑汇票，应按账面余额转入短期借款

   D. 企业开出商业汇票，应当按其票面金额作为应付票据的入账金额

4. 下列各项中，企业对于到期无力支付票款的商业承兑汇票，转销时应贷记的会计科目是（　　）。

   A. 预收账款　　　　　B. 其他应付款
   C. 应付账款　　　　　D. 短期借款

5. 某公司 2×24 年 6 月 1 日购入原材料一批，开出一张面值为 113 000 元、期限为 3 个月的不带息商业承兑汇票。9 月 1 日公司无力支付票款时，下列会计处理正确的是（　　）。

   A. 借：应付票据　　　　　113 000
      贷：短期借款　　　　　　　　113 000

   B. 借：应付票据　　　　　113 000
      贷：其他应付款　　　　　　　113 000

   C. 借：应付票据　　　　　113 000
      贷：应付账款　　　　　　　　113 000

   D. 借：应付票据　　　　　113 000
      贷：预付账款　　　　　　　　113 000

6. 企业因债权人撤销而转销无法支付的应付账款时，应按所转销的应付账款账面余额计入（ ）。

　　A. 管理费用　　　　B. 其他应付款

　　C. 资本公积　　　　D. 营业外收入

7. 2×24 年 12 月初某企业"应付账款"科目贷方余额为 200 万元，当月以银行存款偿还上月的外购材料货款 30 万元，退还出借包装物押金 5 万元。不考虑其他因素，2×24 年 12 月末该企业"应付账款"科目余额为（ ）万元。

　　A. 235　　　　　　B. 165

　　C. 170　　　　　　D. 200

8. 下列各项中，应通过"其他应付款"科目核算的是（ ）。

　　A. 应付销售方代垫的运杂费

　　B. 应付低价值资产租赁的租金

　　C. 应付短期借款的利息

　　D. 应付职工的福利费

9. 下列各项中，应列入资产负债表"其他应付款"项目的是（ ）。

　　A. 应付短期租赁固定资产租金

　　B. 预收的货款

　　C. 结转到期无力支付的应付票据

　　D. 应由企业负担的职工社会保险费

10. 下列关于负债表述正确的是（ ）。

　　A. 职工薪酬，包括提供给职工配偶、子女或其他被赡养人的福利

　　B. 企业对于确实无法支付的应付账款应按其账面余额计入预收账款

　　C. 对确实无法支付的应付账款，应将其账面余额转入资本公积

　　D. 购进货物发生的进项增值税一律记入"应交税费——应交增值税"账户的借方

11. 某企业以现金支付行政管理人员生活困难补助 2 000 元，下列各项中，会计处理正确的是（ ）。

　　A. 借：其他业务成本　　2 000

　　　　　贷：库存现金　　　　　2 000

　　B. 借：营业外支出　　　2 000

　　　　　贷：库存现金　　　　　2 000

　　C. 借：管理费用　　　　2 000

　　　　　贷：库存现金　　　　　2 000

　　D. 借：应付职工薪酬——职工福利费

　　　　　　　　　　　　　　2 000

　　　　　贷：库存现金　　　　　2 000

12. 下列各项中，不应当在"应付职工薪酬"科目核算的是（ ）。

　　A. 应付职工的医疗保险费

　　B. 应付职工的差旅费

　　C. 应付职工的离职后福利

　　D. 应付职工的辞退福利

13. 下列各项中，企业按税法规定代扣职工个人所得税时，应借记的会计科目是（ ）。

　　A. 税金及附加

　　B. 应付职工薪酬——工资

　　C. 应交税费——应交个人所得税

　　D. 财务费用

14. 企业为建造工程项目（动产）而购进物资负担的增值税税额应当计入（ ）。

　　A. 应交税费——应交增值税（进项税额）

　　B. 工程物资

　　C. 固定资产

　　D. 营业外支出

15. 甲企业为增值税小规模纳税人，2×24 年 5 月购入原材料一批，取得增值税专用发票上注明的价款为 50 万元，增值税税额为 6.5 万元；另支付运输费 0.45 万元，入库前挑选整理费 0.05 万元，材料已经验收入库。不考虑其他因素，该批材料的入账价值为（ ）万元。

　　A. 57　　　　　　　B. 50.5

　　C. 50.45　　　　　D. 56.5

16. 下列各项中，关于消费税核算的表述不正确的是（ ）。

　　A. 企业销售应税消费品应通过"税金及附加"科目核算

　　B. 企业在建工程领用应税消费品时，应当将消费税的金额计入在建工程成本中

　　C. 进口应税消费品直接出售的，进口环节交纳的消费税需要计入进口货物的成本中

　　D. 委托加工物资收回后直接销售的，受托方代收代缴的消费税应记入"应交税费——应交消费税"科目的借方

17. 下列各项中，企业依据税法规定计算应交的车船税应借记的会计科目是（   ）。
    A. 主营业务成本 B. 销售费用
    C. 税金及附加   D. 管理费用

18. 企业对于一次还本付息的长期债券，到期支付债券本息时，应作的会计处理正确的是（   ）。
    A. 借：应付债券——面值
        ——应计利息
      贷：应付债券——利息调整
    B. 借：应付债券——面值
        ——应计利息
      应付利息
      贷：银行存款
    C. 借：应付债券——面值
      在建工程
      贷：银行存款
    D. 借：应付债券——面值
      在建工程
      贷：应付债券——应计利息

二、多项选择题

1. 下列各项中，关于制造业企业预提短期借款利息的会计处理正确的有（   ）。
    A. 借记"制造费用"科目
    B. 贷记"应付账款"科目
    C. 贷记"应付利息"科目
    D. 借记"财务费用"科目

2. 下列各项中，引起"应付票据"科目金额发生增减变动的有（   ）。
    A. 开出商业承兑汇票购买原材料
    B. 转销已到期无力支付票款的商业承兑汇票
    C. 转销已到期无力支付票款的银行承兑汇票
    D. 支付银行承兑汇票手续费

3. 下列各项中，企业对于已到期而无力支付票款的商业承兑汇票的会计处理表述正确的有（   ）。
    A. 贷记"短期借款"科目
    B. 贷记"营业外收入"科目
    C. 借记"应付票据"科目
    D. 贷记"应付账款"科目

4. 下列各项中，股份有限公司应通过"应付股利"科目核算的有（   ）。
    A. 实际发放股票股利
    B. 宣告发放现金股利
    C. 宣告发放股票股利
    D. 实际发放现金股利

5. 下列各项中，关于"应付股利"的表述不正确的有（   ）。
    A. 应付股利是指企业根据股东大会或类似机构审议批准的利润分配方案确定分配给投资者的现金股利或利润
    B. 企业通过"应付股利"科目核算企业确定或宣告支付但尚未实际支付的现金股利或利润
    C. 该科目借方登记应支付的现金股利或利润，贷方登记实际支付的现金股利或利润
    D. 期末借方余额反映企业应付未付的现金股利或利润

6. 下列各项中，应计入其他应付款的有（   ）。
    A. 存入保证金
    B. 应付销货方代垫的运杂费
    C. 应付租入包装物租金
    D. 到期无力支付的商业承兑汇票

7. 下列各项中，应列入资产负债表"应付职工薪酬"项目的有（   ）。
    A. 支付临时工的工资
    B. 发放给困难职工的补助金
    C. 交纳职工的工伤保险费
    D. 支付辞退职工的经济补偿金

8. 下列各项中，属于短期薪酬的有（   ）。
    A. 职工福利费
    B. 医疗保险费等社会保险费
    C. 住房公积金
    D. 短期利润分享计划

9. 企业将自有房屋作为福利无偿提供给管理人员使用，以下会计分录正确的有（   ）。
    A. 借：管理费用
      贷：应付职工薪酬——非货币性福利
    B. 借：管理费用
      贷：累计折旧
    C. 借：应付职工薪酬——非货币性福利
      贷：累计折旧
    D. 借：制造费用
      贷：应付职工薪酬——非货币性福利

10. 下列各项中，属于企业职工短期薪酬的有（ ）。

    A. 为鼓励员工自愿接受裁减而给予职工的补偿

    B. 向职工提供的生活困难补助

    C. 按照短期奖金计划向职工发放的奖金

    D. 向在企业任职的独立董事支付的津贴

11. 下列各项中，属于离职后福利的有（ ）。

    A. 养老保险   B. 辞退福利

    C. 失业保险   D. 医疗保险

12. 下列各项中，应通过"应交税费"科目核算的有（ ）。

    A. 印花税

    B. 城镇土地使用税

    C. 车船税

    D. 个人所得税

13. 一般纳税人购进原材料，用于简易计税方法的计税项目，按照现行增值税制度规定不得从销项税额中抵扣的，下列关于增值税会计处理正确的有（ ）。

    A. 借：应交税费——待认证进项税额
           贷：银行存款/应付账款等

    B. 借：应交税费——应交增值税（进项税额）
           贷：应交税费——待认证进项税额

    C. 借：原材料
           贷：应交税费——应交增值税（进项税额转出）

    D. 借：应交税费——应交增值税（进项税额）
           贷：应交税费——应交增值税（进项税额转出）

14. 下列各项中，增值税一般纳税人需要转出进项税额的有（ ）。

    A. 自制产成品用于职工福利

    B. 自制产成品用于对外投资

    C. 外购的生产用原材料发生非正常损失

    D. 外购的生产用原材料改变用途，用于免征增值税项目

15. 一般纳税企业发生的下列各项业务中，属于视同销售行为，要计算增值税销项税额的有（ ）。

    A. 将自产的产品用于建造办公楼

    B. 将自产的产品分配给股东

    C. 将外购的材料无偿赠送他人

    D. 将自产的产品用于集体福利

16. 甲企业为增值税一般纳税人，委托外单位加工一批材料（属于应税消费品，且为非金银首饰）。该批原材料加工收回后用于连续生产应税消费品。甲企业发生的下列各项支出中，应增加收回委托加工材料实际成本的有（ ）。

    A. 支付的加工费   B. 支付的增值税

    C. 负担的运杂费   D. 支付的消费税

17. 下列各项中，关于消费税的会计处理表述正确的有（ ）。

    A. 企业销售应税消费品应交纳的消费税计入税金及附加

    B. 在建办公楼领用应税消费品应交的消费税计入在建工程

    C. 进口环节应交的消费税计入应交税费

    D. 委托加工环节受托方代扣代缴的消费税计入委托加工物资的成本

18. 企业交纳的下列税金，应通过"应交税费"科目核算的有（ ）。

    A. 印花税   B. 耕地占用税

    C. 房产税   D. 土地增值税

三、判断题

1. 短期借款利息应按照用途不同，归集在"管理费用""财务费用""制造费用"等科目中。 （ ）

2. 企业因开出银行承兑汇票而支付银行的承兑汇票手续费，应当计入当期财务费用。 （ ）

3. 企业向供货单位采购原材料支付货款开出的银行承兑汇票，应通过"应付账款"科目核算。 （ ）

4. 企业无法支付的应付账款，应按照其账面价值冲减管理费用。 （ ）

5. 企业购入货物验收入库后，若货款尚未支付，发票账单尚未收到，应在月末按照估计的金额确认一笔负债，反映在资产负债表有关负债项目中。 （ ）

6. 应付利息是指企业按实际利率约定应支付的利息。 （ ）

7. 企业董事会通过的利润分配方案中拟分配的

现金股利，不需要进行账务处理。（　　）

8. 股东确认分配的股票股利应该通过"应付股利"科目核算。（　　）

9. 其他应付款是指企业除应付票据、应付账款、预收账款、合同负债、应付职工薪酬、应交税费、应付股利等经营活动以外的其他各项应付、暂收的款项，包括应付短期租赁固定资产租金、租入包装物租金等，但是不包括存入保证金。（　　）

10. 企业为职工交纳的基本养老保险金、补充养老保险，以及为职工购买的商业养老保险，均属于企业提供的职工薪酬。（　　）

11. 企业购入材料不能取得增值税专用发票的，应当按适用的增值税税率计算已交纳的增值税税额，并通过"应交税费"核算。（　　）

12. 企业购进的货物发生非正常损失，以及将购进货物改变用途的（如用于非应税项目、集体福利或个人消费等），其进项税额应通过"应交税费——应交增值税（进项税额转出）"科目核算。（　　）

13. 企业进口应税物资在进口环节应交的消费税，应记入"应交税费——应交消费税"科目中。（　　）

14. 长期借款的利息费用应当在资产负债表日，按照实际利率法计算确定，实际利率与合同利率差异较小的，也可以采用合同利率计算确定利息费用。（　　）

15. 企业仅按溢价发行债券，应按实际收到的金额，借记"银行存款""库存现金"等科目，按债券票面价值，贷记"应付债券——面值"科目；实际收到的款项与债券票面金额的差额，借记或贷记"应付债券——利息调整"科目。（　　）

16. 企业购买资产有可能延期支付有关价款，若延期支付的购买价款超过正常信用条件，实质上具有融资性质的，所购资产的成本不能以各期付款额之和确定，应当以延期支付购买价款的现值为基础确认。（　　）

四、不定项选择题

1. 甲企业为增值税一般纳税人，每月中旬发放上月工资。2×24年8月发生有关业务如下：

（1）15日，根据"7月份工资费用分配汇总表"结算应付职工工资总额69.3万元，其中企业代垫职工房租2万元、代垫职工家属医药费0.8万元、代扣个人所得税1.2万元，通过网银转账实发工资65.3万元。

（2）20日，企业决定为每位销售人员发放一件本单位产品作为非货币性福利，该批产品的生产成本为25万元，市场不含税售价为40万元，适用的增值税税率为13%。

（3）31日，计提专设销售机构主管人员免费使用汽车的折旧费1万元，计提车间管理人员免费使用汽车的折旧费4万元。

（4）31日，分配本月货币性职工薪酬69.3万元，其中产品生产工人工资48万元，车间管理人员工资10.5万元，行政管理人员工资9.06万元，专设销售机构人员工资1.74万元。

要求： 根据上述资料，不考虑其他因素，分析回答下列问题。（答案中的金额单位用万元表示）

（1）根据资料（1），下列各项中，该企业结算并发放职工薪酬的会计科目处理正确的是（　　）。

　　A. 代垫职工房租时，贷记"其他应付款——职工房租"科目2万元

　　B. 代垫职工家属医药费时，贷记"应付职工薪酬——代垫医药费"科目0.8万元

　　C. 代扣个人所得税时，贷记"应付职工薪酬——工资"科目1.2万元

　　D. 通过网银转账发放货币性职工薪酬时，贷记"银行存款"科目69.3万元

（2）根据资料（2），下列各项中，甲企业8月20日非货币性福利的会计处理正确的是（　　）。

　　A. 借：销售费用　　　　　　25
　　　　　　贷：应付职工薪酬——非货币性福利　　　　　　25

　　B. 借：应付职工薪酬——非货币性福利　　　　　　45.2
　　　　　　贷：主营业务收入　　　40
　　　　　　　　应交税费——应交增值税（销项税额）　　　5.2

　　C. 借：应付职工薪酬——非货币性福利　　　　　　25

　　贷：库存商品　　　　　25
　　D. 借：销售费用　　　　45.2
　　　　贷：应付职工薪酬——非货币性
　　　　　　福利　　　　　45.2

（3）根据资料（3），下列各项中，关于甲企业非货币性福利的会计处理正确的是（　　）。

　　A. 确认制造费用 4 万元

　　B. 确认管理费用 5 万元

　　C. 确认销售费用 1 万元

　　D. 确认管理费用 1 万元

（4）根据资料（4），下列各项中，分配本月货币性职工工资的会计处理正确的是（　　）。

　　A. 行政管理人员工资 9.06 万元应计入管理费用

　　B. 产品生产工人工资 48 万元应计入生产成本

　　C. 专设销售机构人员工资 1.74 万元应计入销售费用

　　D. 车间管理人员工资 10.5 万元应计入管理费用

（5）根据资料（1）~（4），该企业 2×24 年 8 月 31 日资产负债表中"应付职工薪酬"项目"期末余额"栏应填列的金额为（　　）万元。

　　A. 116.5　　　　　B. 113.5

　　C. 69.3　　　　　D. 45.2

2. 甲公司为一家彩电生产企业，共有员工 600 名，2×24 年 5 月，公司发生以下业务：

（1）公司以其生产的每台成本为 1 000 元的某型号彩电作为福利发放给公司每名员工。该型号彩电的售价为每台 2 000 元，甲公司适用的增值税税率为 13%。600 名员工中 500 名为直接参加生产的员工，100 名为总部管理人员。

（2）公司为总部部门经理级别以上职工每人提供一辆某品牌汽车免费使用。该公司总部共有部门经理级别以上职工 15 名，每辆该品牌汽车每月计提折旧 1 000 元；该公司还为其 4 名高级管理人员每人租赁一套公寓免费使用，月租金为每套 7 000 元。

（3）2×24 年 1 月 2 日，公司决定将一条生产线停产进行改扩建，以提高其生产能力，工

期预计超过 1 年。2×24 年 5 月 30 日，应付安装工人的薪酬为 435 万元，应付安装技术人员住房租金 3 万元，以上款项均已开出转账支票支付；安装技术人员用车应计提折旧 3.5 万元。

要求：根据上述资料，回答下列问题。

（1）下列各项中，应通过"应付职工薪酬"科目核算的是（　　）。

　　A. 企业为职工缴纳的社会保险费

　　B. 企业为职工计提的职工教育经费和工会经费

　　C. 企业为职工缴纳的住房公积金

　　D. 企业提供给职工的非货币性福利

（2）根据资料（1），下列各项中，该企业会计处理正确的是（　　）。

　　A. 管理费用增加 22.6 万元

　　B. 生产成本增加 113 万元

　　C. 主营业务收入增加 120 万元

　　D. 主营业务成本增加 60 万元

（3）根据资料（2），下列各项中，该企业会计处理结果正确的是（　　）。

　　A. 借：管理费用　　　　43 000
　　　　贷：银行存款　　　　43 000

　　B. 借：管理费用　　　　43 000
　　　　贷：应付职工薪酬——非货币性
　　　　　　福利　　　　　43 000

　　C. 借：应付职工薪酬——非货币性福利
　　　　　　　　　　　　　28 000
　　　　贷：银行存款　　　　28 000

　　D. 借：应付职工薪酬——非货币性福利
　　　　　　　　　　　　　15 000
　　　　贷：累计折旧　　　　15 000

（4）根据资料（3），下列各项中，该企业会计处理结果正确的是（　　）。

　　A. "在建工程"增加 441.5 万元

　　B. 通过"应付职工薪酬——工资"核算的薪酬为 435 万元

　　C. 通过"应付职工薪酬——非货币性福利"核算的薪酬为 6.5 万元

　　D. "累计折旧"增加 3.5 万元

本章习题参考答案及解析

一、单项选择题

1.【答案】C

【解析】本题考查短期借款。因利息是按月计提、按季度支付,故1月末和2月末应计提利息,分录为:

借:财务费用　　　　　　2 500

　　贷:应付利息　　　　　　2 500

3月末为第一季度末,应支付利息,分录如下:

借:财务费用　　　　　　2 500

　　应付利息　　　　　　5 000

　　贷:银行存款　　　　　　7 500

故选项C正确。

2.【答案】A

【解析】短期借款具有借款金额小、时间短、利息低等特点,选项A不正确。

3.【答案】A

【解析】企业到期无力支付的商业承兑汇票,应按账面余额转入应付账款。

4.【答案】C

【解析】应付商业承兑汇票到期,如企业无力支付票款,由于商业汇票已经失效,企业应将应付票据按账面余额转作应付账款,借记"应付票据"科目,贷记"应付账款"科目,选项C正确。

5.【答案】C

【解析】该企业开出的是不带息的商业承兑汇票,票面到期值与面值相等。商业承兑汇票到期无法支付应转作应付账款。银行承兑汇票到期无法支付应转作短期借款,选项C正确。

6.【答案】D

【解析】应付账款一般在较短期限内支付,但有时由于债权单位撤销或其他原因而使应付账款无法清偿。企业对于确实无法支付的应付账款应予以转销,按其账面余额计入营业外收入,借记"应付账款"科目,贷记"营业外收入"科目。

7.【答案】C

【解析】以银行存款偿还上月的外购材料货款,导致应付账款减少;退还出借包装物押金应通过"其他应付款"科目核算,不影响应付账款的金额。因此,2×24年12月末该企业"应付账款"科目余额=200-30=170(万元)。

8.【答案】B

【解析】本题考查其他应付款。应付销售方代垫的运杂费,通过"应付账款"科目核算,选项A错误;应付短期借款的利息,通过"应付利息"科目核算,选项C错误;应付职工的福利费,通过"应付职工薪酬"核算,选项D错误。

9.【答案】A

【解析】其他应付款包括应付短期租赁固定资产租金、租入包装物租金、存入保证金、应付的赔款或罚款等。选项B,预收的货款应计入合同负债或预收账款。选项C,结转到期无力支付的应付票据应计入应付账款或短期借款。选项D,应由企业负担的职工社会保险费计入应付职工薪酬。

10.【答案】A

【解析】选项A,职工薪酬,包括提供给职工配偶、子女或其他被赡养人的福利;选项B、C,企业对于确实无法支付的应付账款应按其账面余额计入营业外收入;选项D,一般纳税人购进货物取得可抵扣凭证且属于抵扣范围的进项税额应记入"应交税费——应交增值税(进项税额)"科目的借方,小规模纳税人取得增值税专用发票上注明的增值税直接计入相关费用或资产。

11.【答案】D

【解析】职工生活困难补助属于职工福利费,应通过"应付职工薪酬——职工福利费"科目核算。根据受益原则,行政管理人员的生活困难补助应计入管理费用。

12.【答案】B
【解析】职工薪酬包括短期薪酬、离职后福利、辞退福利和其他长期职工福利，职工医疗保险属于短期薪酬。应付职工的差旅费不属于职工薪酬，应当在"其他应付款"科目核算。

13.【答案】B
【解析】会计分录如下：
借：应付职工薪酬——工资
　　贷：应交税费——应交个人所得税

14.【答案】A
【解析】企业为建造工程项目（动产）而购进物资负担的增值税税额应当记入"应交税费——应交增值税（进项税额）"科目。

15.【答案】A
【解析】本题考查小规模纳税人有关增值税账务处理。小规模纳税人采用简易计税方法，故不得抵扣购进时的进项税额，应计入相关资产的成本中，该批材料的入账价值 = $50 + 6.5 + 0.45 + 0.05 = 57$（万元），选项A正确。

16.【答案】D
【解析】委托加工物资收回后直接出售，受托方代收代缴的消费税应计入委托加工物资成本中；委托加工物资收回后用于连续生产应税消费品的，受托方代收代缴的消费税应记入"应交税费——应交消费税"科目的借方。

17.【答案】C
【解析】企业应交的房产税、城镇土地使用税、车船税和应记入"税金及附加"科目。

18.【答案】B
【解析】对于长期债券，到期支付债券本息时，借记"应付债券——面值""应付债券——应计利息"和"应付利息"科目，贷记"银行存款"科目。选项B正确。

二、多项选择题

1.【答案】CD
【解析】企业预提利息的账务处理：
借：财务费用
　　贷：应付利息

2.【答案】ABC
【解析】选项A，增加"应付票据"科目余额；选项B、C，减少"应付票据"科目余额；选项D，计入财务费用，不影响"应付票据"科目余额。

3.【答案】CD
【解析】应付商业承兑汇票到期，如企业无力支付票款，由于商业承兑汇票已经失效，企业应将应付票据按账面余额转作应付账款，借记"应付票据"科目，贷记"应付账款"科目。

4.【答案】BD
【解析】企业分配的股票股利不通过"应付股利"科目核算。"应付股利"科目核算企业确定或宣告发放但尚未实际支付的现金股利或利润。

5.【答案】CD
【解析】"应付股利"是负债类科目，贷方登记应支付的现金股利或利润，借方登记实际支付的现金股利或利润，期末贷方余额反映企业应付未付的现金股利或利润。

6.【答案】AC
【解析】应付销货方的代垫运杂费和到期无力支付的商业承兑汇票应计入应付账款。

7.【答案】ABCD
【解析】职工薪酬包括短期薪酬、离职后福利、辞退福利和其他长期职工福利。短期薪酬包括职工工资、奖金、津贴和补贴，职工福利费，医疗保险、工伤保险等社会保险费，住房公积金，工会经费和职工教育经费，短期带薪缺勤，短期利润分享计划，其他短期薪酬。

8.【答案】ABCD
【解析】短期薪酬具体包括：职工工资、奖金、津贴和补贴；职工福利费；医疗保险费、工伤保险费等社会保险费；住房公积金；工会经费和职工教育经费；短期带薪缺勤；短期利润分享计划；其他短期薪酬。

9.【答案】AC
【解析】将企业拥有的房屋等资产无偿提供给管理人员使用，应将住房每期应计提的折旧计入当期损益，借记"管理费用"科目，贷记"应付职工薪酬——非货币性福利"科目，并且同时借记"应付职工薪酬——非货币性福利"科目，贷记"累计折旧"科目。

10.【答案】BCD

【解析】选项A，属于辞退福利。

11.【答案】AC

【解析】离职后福利包括设定提存计划和设定受益计划，其中，设定提存计划包括养老保险和失业保险。医疗保险属于短期薪酬。

12.【答案】BCD

【解析】本题考查"应交税费"科目的核算内容。印花税无须计提，于发生时，借记"税金及附加"科目，贷记"银行存款"科目。

13.【答案】ABC

【解析】一般纳税人购进货物、加工修理修配劳务、服务、无形资产或不动产，用于简易计税方法计税项目、免征增值税项目、集体福利或个人消费等，即使取得的增值税专用发票上已注明增值税进项税额，该税额按照现行增值税制度规定也不得从销项税额中抵扣的，取得增值税专用发票时，应将待认证的目前不可抵扣的增值税进项税额，借记"应交税费——待认证进项税额"科目，贷记"银行存款""应付账款"等科目。经税务机关认证为不可抵扣的增值税进项税额时，借记"应交税费——应交增值税（进项税额）"科目，贷记"应交税费——待认证进项税额"科目；同时，将增值税进项税额转出，借记相关成本费用或资产科目，贷记"应交税费——应交增值税（进项税额转出）"科目。

14.【答案】CD

【解析】自制产品用于职工福利、对外投资应视同销售，计算增值税销项税额；企业购进的货物由于管理不善等原因造成的非正常损失，以及将购进货物、加工修理修配劳务或服务、无形资产或不动产改变用途（如专用于简易计税项目、免税项目、集体福利或个人消费等），其进项税额不能再抵扣，转入"应交税费——应交增值税（进项税额转出）"科目。

15.【答案】BCD

【解析】企业将自产或委托加工的货物用于集体福利或个人消费，将自产、委托加工或购买的货物作为投资、分配给股东、赠送他人等，应视同销售计算交纳增值税，借记"应付股利""营业外支出"等科目，贷记"应交税费——应交增值税（销项税额）"等科目。

16.【答案】AC

【解析】支付的增值税应作为进项税额，不计入委托加工材料成本；因该批材料加工收回后用于连续生产应税消费品，所以支付的消费税应记入"应交税费——应交消费税"科目的借方，不计入委托加工材料成本。

17.【答案】AB

【解析】选项C，进口环节应交的消费税计入所购物资的成本；选项D，委托加工环节受托方代扣代缴的消费税，如果委托加工物资收回后，直接用于销售的，计入委托加工物资成本，如果连续生产应税消费品的，记入"应交税费——应交消费税"科目的借方。

18.【答案】CD

【解析】企业的印花税和耕地占用税不需要预计，不通过"应交税费"科目核算，实际发生时直接以库存现金或银行存款支付。

三、判断题

1.【答案】×

【解析】短期借款利息均记入"财务费用"科目。

2.【答案】√

【解析】根据现行规定，支付银行的承兑汇票手续费，应在发生时计入当期财务费用。取得增值税专用发票的，按注明的增值税进项税额，计入应交税费——应交增值税（进项税额）。

3.【答案】×

【解析】企业向外单位开出的银行承兑汇票，通过"应付票据"科目核算。

4.【答案】×

【解析】企业转销确实无法支付的应付账款，应按其账面余额计入营业外收入。

5.【答案】√

【解析】按照企业会计准则的规定，企业购入货物尚未支付货款，材料已验收入库应分情况处理。在货物和发票账单同时到达的情况下，应按发票账单确定的金额，确认为一笔负债；在货物到达而发票账单未到的情况下，期末在资产负债表上按照估计的金额确认为一笔负债，待下月月初作相反分录予以冲回。

6.【答案】×

【解析】应付利息是指企业按合同约定应支付的利息，即按名义利率计算的利息。

7.【答案】√

【解析】企业董事会或类似机构通过的利润分配方案中拟分配的现金股利或利润，不需要进行账务处理，但应在附注中披露。

8.【答案】×

【解析】本题考查应付股利。企业分配的股票股利不通过"应付股利"科目核算。

9.【答案】×

【解析】其他应付款是指企业除应付票据、应付账款、预收账款、合同负债、应付职工薪酬、应交税费、应付股利等经营活动以外的其他各项应付、暂收的款项，包括应付短期租赁固定资产租金、租入包装物租金、存入保证金等。

10.【答案】√

【解析】养老保险属于离职后福利，是职工薪酬的核算范围。

11.【答案】×

【解析】企业购入材料不能取得增值税专用发票的，发生的增值税应计入材料采购成本。

12.【答案】√

【解析】企业已单独确认进项税额的购进货物、加工修理修配劳务或者服务、无形资产或者不动产但其事后改变用途（如用于简易计税方法计税项目、免征增值税项目、非增值税应税项目等），或发生非正常损失，原已计入进项税额、待抵扣进项税额或待认证进项税额，按照现行增值税制度规定不得从销项税额中抵扣，应作进项税额转出处理。

13.【答案】×

【解析】企业进口应税物资在进口环节应交的消费税，应计入该项物资的成本。

14.【答案】√

【解析】本题考查长期借款。长期借款的利息费用应当在资产负债表日，按照实际利率法计算确定，实际利率与合同利率差异较小的，也可以采用合同利率计算确定利息费用。

15.【答案】×

【解析】企业按溢价发行债券，应按实际收到的金额，借记"银行存款""库存现金"等科目，按债券票面价值，贷记"应付债券——面值"科目；实际收到的款项与债券票面金额的差额，贷记"应付债券——利息调整"科目。

16.【答案】√

【解析】本题考查长期应付款。企业购买资产有可能延期支付有关价款，若延期支付的购买价款超过正常信用条件，实质上具有融资性质的，所购资产的成本不能以各期付款额之和确定，应当以延期支付购买价款的现值为基础确认。

四、不定项选择题

1.（1）【答案】A

【解析】资料（1）会计分录：

借：应付职工薪酬——工资　　69.3
　　贷：银行存款　　　　　　　　65.3
　　　　其他应付款——职工房租　　2
　　　　　　　　——代垫医药费 0.8
　　　　应交税费——应交个人所得税
　　　　　　　　　　　　　　　　1.2

（2）【答案】D

【解析】甲企业决定发放时：

借：销售费用　　　　　　　　45.2
　　贷：应付职工薪酬——非货币性福利
　　　　　　　　　　　　　　　45.2

（3）【答案】AC

【解析】资料（3）会计分录：

借：销售费用　　　　　　　　　1
　　制造费用　　　　　　　　　4
　　贷：应付职工薪酬——非货币性福利
　　　　　　　　　　　　　　　　5

同时：

借：应付职工薪酬——非货币性福利

　　　　　　　　　　　5

　　贷：累计折旧　　　　　　5

（4）【答案】ABC

【解析】选项 D，车间管理人员工资 10.5 万元应计入制造费用。

（5）【答案】B

【解析】45.2（资料 2）+ 5 - 5（资料 3）+ 69.3（资料 4）= 113.5（万元）。

2. （1）【答案】ABCD

【解析】应付职工薪酬包括企业为职工缴纳的社会保险费、计提的职工教育经费和工会经费、为职工缴纳的住房公积金、企业提供给职工的非货币性福利等，选项 A、B、C、D 均正确。

（2）【答案】ABCD

【解析】管理费用 = 100 × 0.2 × (1 + 13%) = 22.6（万元），生产成本 = 500 × 0.2 × (1 + 13%) = 113（万元），主营业务收入 = 600 × 0.2 = 120（万元），主营业务成本 = 600 × 0.1 = 60（万元），选项 A、B、C、D 均正确。

（3）【答案】BCD

【解析】企业为职工每人提供一辆某品牌汽车免费使用，为高级管理人员每人租赁一套公寓免费使用，均属于应付职工薪酬，应通过"应付职工薪酬"科目核算，选项 B、C、D 正确。

（4）【答案】ABCD

【解析】应付安装技术人员住房租金 3 万元和安装技术人员用车应计折旧均属于应付职工薪酬——非货币性福利。计提时：

借：在建工程　　　　　　441.5

　　贷：应付职工薪酬——工资　435

　　　　　　　　——非货币性福利

　　　　　　　　　　　6.5

发放时：

借：应付职工薪酬——工资　435

　　　　　　　　——非货币性福利

　　　　　　　　　　　6.5

　　贷：银行存款　　　　　438

　　　　累计折旧　　　　　3.5

第六章 所有者权益

本章习题

一、单项选择题

1. 下列关于实收资本的说法中，不正确的是（   ）。

   A. 实收资本的构成比例，是确定所有者在企业所有者权益中所占份额的基础

   B. 当实收资本比原注册资金增加或减少超过25%时，应持资金使用证明向原登记主管机关申请变更登记

   C. 除国家另有规定外，企业的注册资金应当与实收资本相一致

   D. 实收资本的构成比例是企业进行利润或股利分配的主要依据。

2. 甲、乙公司均为增值税一般纳税人，适用的增值税税率为13%。甲公司接受乙公司投资转入的原材料一批，账面价值170 000元，投资协议约定的价值200 000元，假定投资协议约定的价值与公允价值相符，该项投资没有产生资本溢价。甲公司实收资本应增加（   ）元。

   A. 170 000　　　　B. 222 100

   C. 226 000　　　　D. 200 400

3. A股份有限公司由两位投资者各出资200万元成立，两年后为了扩大生产经营，将注册资本增加到600万元，并吸引第三位投资者加入，按照协议规定，新投资者需要缴入现金300万元，同时享有A公司1/3的股份，A

公司吸收第三位投资者投资的会计分录是（   ）。

   A. 借：银行存款　　　3 000 000
   　　　贷：股本　　　　　　　 3 000 000

   B. 借：银行存款　　　3 000 000
   　　　贷：股本　　　　　　　 1 000 000
   　　　　　资本公积——股本溢价
   　　　　　　　　　　　　　 2 000 000

   C. 借：银行存款　　　3 000 000
   　　　贷：股本　　　　　　　 2 000 000
   　　　　　资本公积——股本溢价
   　　　　　　　　　　　　　 1 000 000

   D. 借：银行存款　　　3 000 000
   　　　贷：股本　　　　　　　 2 000 000
   　　　　　营业外收入　　　　 1 000 000

4. 某股份有限公司按法定程序报经批准后采用收购本公司股票方式减资，购回股票支付价款低于股票面值总额的，所注销库存股账面余额与冲减股本的差额应计入（   ）。

   A. 盈余公积　　　　B. 营业外收入

   C. 资本公积　　　　D. 未分配利润

5. 股份有限公司注销库存股的账面余额大于其股本金额的部分，应首先冲减（   ）。

   A. 股本　　　　　　B. 资本公积

   C. 盈余公积　　　　D. 未分配利润

6. 下列各项中，能够导致企业留存收益减少的是（   ）。

A. 提取任意盈余公积

B. 以盈余公积转增资本

C. 提取法定盈余公积

D. 以盈余公积弥补亏损

7. 下列各项中，不属于留存收益的是（　　）。

   A. 其他综合收益　　　B. 任意盈余公积

   C. 未分配利润　　　　D. 法定盈余公积

8. 下列各项中，能够引起负债和所有者权益项目总额同时发生变动的是（　　）。

A. 用盈余公积弥补亏损

B. 提取法定盈余公积

C. 提取任意盈余公积

D. 经股东会批准宣告分配现金股利

9. 甲上市公司 2×24 年 12 月 31 日的股本为 1 000 万股，面值 1 元，资本公积（股本溢价）500 万元，盈余公积 300 万元，假定甲公司回购股票 200 万股，回购价格为每股 2 元，则注销库存股时冲减资本公积（　　）万元。

   A. 200　　　　　　　B. 500

   C. 400　　　　　　　D. 300

10. 某企业年初未分配利润余额为 –100 万元，盈余公积年初余额为 100 万元，本年利润总额为 1 000 万元，所得税税率为 25%，按净利润的 10% 提取法定盈余公积，并将盈余公积 50 万元转增资本。该企业盈余公积年末余额为（　　）万元。

   A. 60　　　　　　　B. 115

   C. 125　　　　　　　D. 130

11. 甲公司 2×24 年初所有者权益总额为 150 万元。2×24 年，甲公司实现利润总额 300 万元，以盈余公积转增资本 30 万元，应交所得税 100 万元，提取盈余公积 20 万元，向投资者分配利润 10 万元。甲公司 2×24 年末所有者权益总额为（　　）万元。

   A. 30　　　　　　　B. 310

   C. 350　　　　　　　D. 340

12. 甲企业年初未分配利润贷方余额为 200 万元，本年利润总额为 800 万元，本年所得税费用为 300 万元，按净利润的 10% 提取法定盈余公积，提取任意盈余公积 25 万元，向投资者分配利润 25 万元。该企业年末未分配利润贷方余额为（　　）万元。

   A. 600　　　　　　　B. 650

   C. 625　　　　　　　D. 570

二、多项选择题

1. 下列关于实收资本的说法中，正确的有（　　）。

A. 是企业清算时确定所有者对净资产的要求权的依据

B. 确定所有者在企业所有者权益中所占的份额和参与企业生产经营决策的基础

C. 实收资本可以转资本公积

D. 企业进行利润分配和股利分配的依据

2. 实收资本的来源包括（　　）。

   A. 货币　　　　　　　B. 实物

   C. 股权　　　　　　　D. 土地使用权

3. 下列各项中，会导致企业实收资本增加的有（　　）。

A. 盈余公积转增资本

B. 接受投资者追加投资

C. 资本公积转增资本

D. 接受非流动资产捐赠

4. 可以用来冲减发行股票相关的手续费、佣金等交易费用的有（　　）。

   A. 股本　　　　　　　B. 资本公积

   C. 盈余公积　　　　　D. 未分配利润

5. 股份有限公司委托其他单位发行股票支付的手续费或佣金等相关费用的金额，如果发行股票的溢价中不够冲减的，或者无溢价的，其差额不应记入的科目有（　　）。

A. 长期待摊费用

B. 盈余公积

C. 管理费用

D. 财务费用

6. 下列交易或事项中，影响企业资本公积变动的有（　　）。

A. 投资者实际出资额超过应出资额的部分

B. 企业股票发行价超过面值的部分

C. 企业支付股票发行费

D. 长期股权投资采用权益法核算，分享被投资单位除净损益、其他综合收益和利润分配以外的所有者权益变动的份额

7. 以后会计期间不能重分类进损益的其他综合收益，主要包括（　　）。

A. 企业在报告期末，重新计量设定受益计划净负债或净资产所产生的变动

B. 企业指定为以公允价值计量且其变动计入其他综合收益的非交易性权益工具投资发生的公允价值变动

C. 企业指定为以公允价值计量且其变动计入当期损益的金融负债，由企业自身信用风险变动引起的公允价值变动

D. 现金流量套期储备

8. 下列关于资本公积和留存收益的说法中，正确的有（　　）。

A. 二者均来自企业实现的利润

B. 资本溢价（或股本溢价）是资本公积的主要来源

C. 二者均可以转增资本

D. 二者均可作为所有者参与利润分配的依据

9. 下列各项中，不会导致企业留存收益变动的有（　　）。

A. 用盈余公积补亏

B. 接受投资者设备投资

C. 盈余公积转增资本

D. 资本公积转增资本

10. 下列各项中，年度终了需要转入"利润分配——未分配利润"科目的有（　　）。

A. 本年利润

B. 利润分配——应付现金股利或利润

C. 利润分配——盈余公积补亏

D. 利润分配——提取法定盈余公积

三、判断题

1. 企业增资扩股时，投资者实际缴纳的出资额大于其按约定比例计算的其在注册资本中所占的份额部分，也应该记入"实收资本"科目。（　　）

2. 资本公积是企业从历年实现的利润中提取或形成的留存于企业的、来源于企业生产经营活动实现的利润。（　　）

3. 企业接受投资者以非现金资产投资时，应按该资产的账面价值入账。（　　）

4. 企业溢价发行股票发生的手续费、佣金应从溢价中抵扣，溢价金额不足抵扣的调整留存收益。（　　）

5. 股份有限公司注销库存股的账面余额大于其股本金额的部分，应依次冲减盈余公积、资本公积和未分配利润。（　　）

6. 如果投资者投入的资本高于其在注册资本中占有的份额时，应当将高出部分计入营业外收入。（　　）

7. 对于归类为权益工具的金融工具，无论其名称中是否包含"股"，其利息支出或股利分配原则上按照借款费用进行处理，其回购或赎回产生的利得或损失等计入当期损益。（　　）

8. 企业当年只要实现利润，就应按一定比例提取盈余公积。（　　）

9. 企业计提法定盈余公积的基数是当年实现的净利润和企业年初未分配利润之和。（　　）

10. 企业计提的法定盈余公积经股东会决议可全部转增资本。（　　）

四、不定项选择题

1. 甲股份有限公司（以下简称"甲公司"），2×24 年度所有者权益相关情况如下：

（1）2×24 年初未分配利润为 600 万元，资本公积为 2 000 万元，盈余公积为 3 000 万元。

（2）2 月 1 日，为扩大经营规模，发行股票 500 万股，每股面值 1 元，每股发行价格为 4 元，按照发行收入的 3% 支付手续费和佣金。

（3）12 月 1 日，经股东大会批准，以现金回购本公司股票 600 万股并注销，每股回购价格为 3 元。

（4）2×24 年甲公司共实现净利润 1 000 万元，按净利润的 10% 提取法定盈余公积，按净利润的 5% 提取任意盈余公积。

（5）2×24 年末甲公司宣告发放现金股利 100 万元。

要求：根据上述资料，不考虑其他相关因素，分析回答下列问题（答案中金额单位用万元表示）。

（1）下列各项中，能够引起甲公司所有者权益总额发生增减变动的是（　　）。

A. 按净利润的 10% 计提法定盈余公积

B. 向投资者宣告发放现金股利 100 万元

C. 按净利润的 5% 计提任意盈余公积

D. 注销本公司股票 600 万股

(2) 2 月 1 日，甲公司因发行股票应记入"资本公积——股本溢价"科目的金额为（　　）万元。

　　A. 1 440　　　　　　B. 1 500

　　C. 1 515　　　　　　D. 2 000

(3) 12 月 1 日，甲公司因注销库存股应该冲减的盈余公积为（　　）万元。

　　A. 640　　　　　　　B. 0

　　C. 1 000　　　　　　D. 540

(4) 根据上述资料，2×24 年末甲公司未分配利润科目的余额为（　　）万元。

　　A. 1 500　　　　　　B. 1 000

　　C. 1 450　　　　　　D. 1 350

2. 2×24 年初甲股份有限公司（以下简称"甲公司"）股东权益总计为 45 000 万元，其中股本 30 000 万元，资本公积 1 000 万元，盈余公积 9 000 万元，未分配利润 5 000 万元，甲公司 2×24 年发生的有关股东权益业务资料如下：

(1) 经批准，甲公司以增发股票方式募集资金，共增发普通股股票 400 万股，每股面值 1 元，每股发行价格 5 元。证券公司代理发行费用共 60 万元，从发行收入中扣除。股票已全部发行完毕，所收价款存入甲公司开户银行。

(2) 当年甲公司实现利润总额 5 015 万元，其中，投资收益中包括当年收到的国债利息收入 25 万元，营业外支出中包括当年缴纳的税款滞纳金 10 万元。除以上事项外，无其他纳税调整事项。甲公司适用的所得税税率为 25%。

(3) 经股东大会批准，甲公司以每股 4 元价格回购本公司股票 100 万股并注销。

(4) 期末，甲公司确认因联营乙公司所有者权益增加而享有的权益，乙公司 2×24 年除净损益、其他综合收益和利润分配之外的所有者权益增加了 1 000 万元。甲公司持有乙公司 20% 有表决权的股份，采用权益法核算此项投资。

要求：根据上述资料，不考虑其他因素，分析回答下列问题。

(1) 根据资料（1），下列各项中，关于甲公司发行普通股的会计处理结果正确的是（　　）。

　　A. 财务费用增加 60 万元

　　B. 股本增加 2 000 万元

　　C. 资本公积增加 1 540 万元

　　D. 银行存款增加 1 940 万元

(2) 根据资料（2），2×24 年甲公司实现净利润（　　）万元。

　　A. 3 761.25　　　　　B. 3 772.5

　　C. 3 775　　　　　　D. 3 765

(3) 根据资料（3），下列各项中，甲公司关于股票回购、注销业务的会计处理正确的是（　　）。

　　A. 回购股票时：

　　借：库存股　　　　　　　　400

　　　　贷：银行存款　　　　　　　400

　　B. 回购股票时：

　　借：股本　　　　　　　　　100

　　　　贷：资本公积　　　　　　　100

　　C. 注销股票时：

　　借：股本　　　　　　　　　100

　　　　资本公积　　　　　　　300

　　　　贷：库存股　　　　　　　　400

　　D. 注销股票时：

　　借：库存股　　　　　　　　100

　　　　资本公积　　　　　　　300

　　　　贷：银行存款　　　　　　　400

(4) 根据资料（4），下列各项中，关于甲公司长期股权投资业务对报表项目影响正确的是（　　）。

　　A. "投资收益"项目增加 200 万元

　　B. "资本公积"项目增加 200 万元

　　C. "其他综合收益"项目增加 200 万元

　　D. "长期股权投资"项目增加 200 万元

(5) 根据期初资料、资料（1）~（4），甲公司 2×24 年末的资本公积为（　　）万元。

　　A. 2 440　　　　　　B. 2 840

　　C. 2 240　　　　　　D. 2 540

3. 甲公司为增值税一般纳税人，是由乙、丙公司于 2×22 年 1 月 1 日共同投资设立的一家有限责任公司。甲公司注册资本为 800 万元，乙公司和丙公司的持股比例分别为 60% 和 40%。2×24 年 1~3 月甲公司所有者权益相关的交易或事项如下：

（1）2×24 年初所有者权益项目期初余额分别为：实收资本 800 万元、资本公积 70 万元、盈余公积 100 万元、未分配利润 200 万元。

（2）2 月 23 日，经股东会批准，甲公司对 2×23 年度实现的净利润进行分配，决定提取任意盈余公积 10 万元，发放现金股利 40 万元。

（3）3 月 18 日，甲公司按照相关法定程序经股东会批准，注册资本增加至 1 000 万元。接受丁公司投资一项价值 250 万元的专利技术，取得的增值税专用发票上注明的价款为 250 万元（与公允价值相符），增值税进项税额为 15 万元（由投资方支付税款，并提供增值税专用发票），丁公司享有甲公司 20% 的股份。

要求：根据上述资料，不考虑其他因素，分析回答下列问题（答案中的金额单位用万元表示）。

（1）根据资料（2），下列各项中，甲公司决定提取任意盈余公积和发放现金股利会计处理正确的是（ ）。

    A. 提取盈余公积：

    借：盈余公积——任意盈余公积

                  100 000

        贷：利润分配——提取任意盈余公积

                     100 000

    B. 决定发放现金股利：

    借：盈余公积   400 000

        贷：应付股利   400 000

    C. 提取盈余公积：

    借：利润分配——提取任意盈余公积

                  100 000

        贷：盈余公积——任意盈余公积

                   100 000

    D. 决定发放现金股利：

    借：利润分配——应付现金股利或利润

                  400 000

        贷：应付股利   400 000

（2）根据资料（3），下列各项中，关于甲公司接受专利技术投资会计处理表述正确的是（ ）。

    A. 贷记"资本公积"科目 65 万元

    B. 丁公司对甲公司的实际投资额应为 265 万元

    C. 贷记"实收资本"科目 200 万元

    D. 丁公司对甲公司的实际投资额应为 250 万元

（3）根据资料（1）~（3），下列各项中，3 月末甲公司实收资本和权益份额表述正确的是（ ）。

    A. 甲公司的实收资本总额为 1 000 万元

    B. 乙公司的权益份额为 48%

    C. 丁公司的权益份额为 20%

    D. 丙公司的权益份额为 32%

（4）根据资料（1）~（3），2×24 年 3 月 31 日甲公司资产负债表中"未分配利润"项目的"期末余额"栏填列正确的是（ ）万元。

    A. 150   B. 160

    C. 190   D. 200

（5）根据资料（1）~（3），2×24 年 3 月 31 日甲公司资产负债表中"所有者权益（或股东权益）合计"项目的"期末余额"栏填列正确的是（ ）万元。

    A. 1 170   B. 1 385

    C. 1 395   D. 1 435

本章习题参考答案及解析

一、单项选择题

1.【答案】B

【解析】当实收资本比原注册资金增加或减少超过 20% 时，应持资金使用证明向原登记主管机关申请变更登记。

2.【答案】C

【解析】

借：原材料　　　　　　　　　200 000

　　应交税费———应交增值税（进项税额）

　　（200 000×13%）　　　　26 000

　　　贷：实收资本　　　　　　　226 000

3.【答案】C

【解析】对于追加投资，投资者投入的金额大于其在公司注册资本中享有份额的部分，应该记入"资本公积———股本溢价"科目，所以选项C正确。应记入"资本公积"科目的金额＝300－600÷3＝100（万元）。

4.【答案】C

【解析】如果购回股票支付的价款低于面值总额的，所注销库存股的账面余额与所冲减股本的差额应增加"资本公积———股本溢价"科目。

5.【答案】B

【解析】股份有限公司注销库存股的账面余额大于其股本金额的部分，应依次冲减资本公积、盈余公积和未分配利润。因此应选B。

6.【答案】B

【解析】以盈余公积转增资本导致留存收益减少；提取盈余公积（包括法定盈余公积和任意盈余公积）和盈余公积补亏都是在留存收益内部发生变化，不影响留存收益总额的变化。

7.【答案】A

【解析】留存收益包括盈余公积和未分配利润，盈余公积包括法定盈余公积和任意盈余公积。

8.【答案】D

【解析】用盈余公积补亏应借记"盈余公积"科目，贷记"利润分配———盈余公积补亏"科目，属于所有者权益项目内部增减变动。提取盈余公积应借记"利润分配"科目，贷记"盈余公积"科目，属于所有者权益项目内部增减变动。经股东会批准宣告分配现金股利应借记"利润分配———应付现金股利或利润"科目，贷记"应付股利"科目，引起负债和所有者权益项目同时发生变动。

9.【答案】A

【解析】回购股票时：

借：库存股　　　　　　　　　400

　　贷：银行存款　　　　　　　　400

注销股份时：

借：股本　　　　　　　　　　200

　　资本公积———股本溢价　　200

　　　贷：库存股　　　　　　　　400

10.【答案】B

【解析】如果以前年度有未弥补的亏损，应先弥补以前年度亏损再提取盈余公积，即盈余公积年末余额＝100＋[1 000×（1－25%）－100]×10%－50＝115（万元）。

11.【答案】D

【解析】2×24年末的所有者权益总额＝150＋300－100－10＝340（万元）。

12.【答案】A

【解析】年末未分配利润贷方余额＝200＋（800－300）×（1－10%）－25－25＝600（万元）。

二、多项选择题

1.【答案】ABD

【解析】资本公积可以转实收资本，实收资本在注销时，其溢价冲减会涉及"资本公积"的变动，但不能说是"实收资本可以转资本公积"。

2.【答案】ABCD

【解析】股东可以用货币出资，也可以用实物、知识产权、土地使用权、股权、债权等可以用货币估价并可以依法转让的非货币财产作价出资；但是，法律、行政法规规定不得作为出资的财产除外。因此应选A、B、C、D。

3.【答案】ABC

【解析】接受捐赠记入"营业外收入"科目，不影响企业的实收资本。

4.【答案】BCD

【解析】发行股票相关的手续费、佣金等交易费用，如果是溢价发行股票的，应从溢价中抵扣，冲减资本公积（股本溢价）；无溢价发行股票或溢价金额不足以抵扣的，应将不足抵扣的部分冲减盈余公积，盈余公积不足抵扣的，冲减未分配利润。因此应选B、C、D。

5.【答案】ACD

【解析】与发行权益性证券直接相关的手续费、佣金等交易费用，如果是溢价发行股票的，应从溢价中抵扣，冲减资本公积——股本溢价；无溢价发行股票或溢价金额不足以抵扣的，应将不足抵扣的部分冲减盈余公积和未分配利润。

6.【答案】ABCD

【解析】选项A、B使资本公积增加；选项C需要冲减资本公积；选项D记入"资本公积——其他资本公积"科目，也导致资本公积发生变动。

7.【答案】ABC

【解析】选项D，属于以后会计期间满足规定条件时将重分类进损益的其他综合收益。

8.【答案】BC

【解析】资本公积的来源不是企业实现的利润，而是企业收到投资者出资额超出其在注册资本（或股本）中所占份额的部分。留存收益是指企业从历年实现的利润中提取或形成的留存于企业的内部积累。资本公积与留存收益均可转增资本，但是二者均不体现各所有者的占有比例，也不能作为所有者参与企业财务经营决策或进行利润分配（或股利分配）的依据。因此，应选B、C。

9.【答案】ABD

【解析】选项A，借：盈余公积，贷：利润分配，留存收益不变；选项B，借：固定资产等，贷：实收资本或股本等，不影响留存收益；选项C，借：盈余公积，贷：实收资本或股本，留存收益减少；选项D，借：资本公积，贷：实收资本或股本，不影响留存收益。

10.【答案】ABCD

【解析】期末"本年利润"科目的余额应该转入"利润分配———未分配利润"科目；而当期的利润分配事项中利润分配的明细科目如"应付现金股利""盈余公积补亏""提取法定盈余公积"等都要转入"未分配利润"明细科目。

三、判断题

1.【答案】×

【解析】企业增资扩股时，投资者实际缴纳的出资额大于其按约定比例计算的其在注册资本中所占的份额部分，属于资本（股本）溢价，计入资本公积。

2.【答案】×

【解析】留存收益是企业从历年实现的利润中提取或形成的留存于企业的、来源于企业生产经营活动实现的利润。

3.【答案】×

【解析】企业接受投资者以非现金资产投资时，应按投资合同或协议约定的价值入账，但投资合同或协议约定的价值不公允的除外。

4.【答案】√

【解析】股份有限公司发行股票发生的手续费佣金等交易费用，如果是溢价发行股票的应从溢价中抵扣，溢价金额不足抵扣的，依次冲减盈余公积和未分配利润。

5.【答案】×

【解析】股份有限公司回购本公司股份时，如果回购股票支付的价款高于股票面值总额（溢价回购），按其差额，借记"资本公积——股本溢价"科目，股本溢价不足冲减的，应借记"盈余公积""利润分配——未分配利润"科目。也就是说股份有限公司注销库存股的账面余额大于其股本金额的部分，应依次冲减资本公积、盈余公积和未分配利润。

6.【答案】×

【解析】投资者投入的资本高于其在注册资本中占有的份额，应记入"资本公积"科目。

7.【答案】×

【解析】其他权益工具账务处理的基本原则：对于归类为权益工具的金融工具，无论其名称中是否包含"债"，其利息支出或股利分配都应当作为发行企业的利润分配，其回购、注销等作为权益的变动处理；对于归类为金融负债的金融工具，无论其名称中是否包含"股"，其利息支出或股利分配原则上按照借款费用进行处理，其回购或赎回产生的利得或损失等计入当期损益。

8.【答案】×

【解析】如果以前年度有亏损（即年初未分配

利润余额为负数），应先弥补以前年度亏损再提取盈余公积。

9.【答案】×

【解析】企业计提法定盈余公积是按当年实现的净利润作为基数计提的，该基数不应包括企业年初未分配利润贷方金额。

10.【答案】×

【解析】根据《公司法》规定，法定盈余公积转增资本时，所留的该项公积金不得少于转增前公司注册资本的25%。

四、不定项选择题

1.（1）【答案】B

【解析】向投资者宣告发放现金股利100万元，会使得所有者权益减少，选项B正确。计提法定盈余公积、任意盈余公积、注销本公司股票属于所有者权益内部的此增彼减，不影响所有者权益总额，选项A、C、D错误。

（2）【答案】A

【解析】甲公司因发行股票记入"资本公积——股本溢价"科目的金额=500×4-500-500×4×3%=1 440（万元）。

（3）【答案】B

【解析】溢价回购后，注销库存股时，先冲减资本公积，资本公积不足冲减的再冲减盈余公积，本题中，回购的库存股一共1 800万元，股本600万元，甲公司拥有的资本公积足够冲减，所以不需要冲减盈余公积。相关分录如下：

借：股本　　　　　　　　6 000 000
　　资本公积　　　　　　12 000 000
　　贷：库存股　　　　　　　　18 000 000

（4）【答案】D

【解析】年末未分配利润科目余额=年初未分配利润（或-年初未弥补亏损）+当年实现的净利润（或-净亏损）+其他转入-当年计提盈余公积-用未分配利润分配现金股利、分配股票股利等=600+1 000×（1-10%-5%）-100=1 350（万元）。

2.（1）【答案】CD

【解析】相关会计分录为：

借：银行存款　　　　　　　1 940

贷：股本　　　　　　　　　400
　　资本公积——股本溢价[400×（5-1）-60]　　　　　1 540

（2）【答案】D

【解析】所得税费用=（5 015-25+10）×25%=1 250（万元）；净利润=5 015-1 250=3 765（万元）。

（3）【答案】AC

【解析】采用收购本公司股票方式减资的，通过"库存股"科目核算回购股票的份额。①回购本公司股票，借记"库存股"科目，贷记"银行存款"科目；②注销本公司股票，借记"股本""资本公积"科目，贷记"库存股"科目。

（4）【答案】BD

【解析】相关会计分录为：

借：长期股权投资（1 000×20%）　　　　　　　　　　　　200
　　贷：资本公积——其他资本公积（1 000×20%）　　　　　　200

（5）【答案】A

【解析】甲公司2×24年末的资本公积=1 000+1 540-300+200=2 440（万元）。

3.（1）【答案】CD

【解析】从净利润中提取盈余公积和发放现金股利，利润分配减少，盈余公积和应付股利增加。

（2）【答案】ABC

【解析】相关的账务处理为：

借：无形资产　　　　　　　2 500 000
　　应交税费——应交增值税（进项税额）　　　　　150 000
　　贷：实收资本　　　　　　　　2 000 000
　　　　资本公积——资本溢价　650 000

（3）【答案】ABCD

【解析】接受丁公司投资之前，甲公司的实收资本中，乙公司为480万元（800×60%），丙公司为320万元（800×40%）；接受丁公司投资之后，甲公司的实收资本总额为1 000万元，乙公司的占比为48%（480÷1 000），丙公司占比为32%（320÷1 000），丁公司占比为20%（200÷1 000）。

（4）【答案】A

【解析】2×24 年 3 月 31 日，"未分配利润"项目的"期末余额" $= 200 - 40 - 10 = 150$（万元）。

（5）【答案】C

【解析】2×24 年 3 月 31 日，甲公司资产负债表中"所有者权益（或股东权益）合计"项目的"期末余额"= 期初余额 – 分配现金股利 + 投资者投入 $= 800 + 70 + 100 + 200 - 40 + 250 + 15 = 1\,395$（万元）。

第七章 收入、费用和利润

一、单项选择题

1. 下列各项中，属于制造业企业主营业务收入的是（　　）。
   - A. 销售原材料收入
   - B. 出租包装物租金收入
   - C. 出售生产设备净收益
   - D. 销售产品收入

2. 企业已向客户转让商品而有权收取对价的权利，且该权利取决于时间流逝之外的其他因素（如履行合同中的其他履约义务），则应将该权利记入（　　）科目。
   - A. 应收账款
   - B. 预收账款
   - C. 合同资产
   - D. 合同负债

3. （　　）是企业确认客户合同收入的前提。
   - A. 合同
   - B. 收款
   - C. 风险转移
   - D. 所有权转移

4. 对于某一时点履行履约义务，企业应在（　　）确认收入。
   - A. 实际收到货款时
   - B. 取得收取货款权利时
   - C. 将商品交给客户时
   - D. 客户取得相关商品控制权时

5. 甲公司委托乙公司销售商品一批，其价款为500万元（不考虑增值税），该商品的成本为300万元。商品已发出但乙公司没有取得商品控制权，则甲公司正确的会计处理是（　　）。

   - A. 借：应收账款　　　　3 000 000
     　　　贷：库存商品　　　　　3 000 000
   - B. 借：主营业务成本　　3 000 000
     　　　贷：发出商品　　　　　3 000 000
   - C. 借：发出商品　　　　3 000 000
     　　　贷：库存商品　　　　　3 000 000
   - D. 借：应收账款　　　　5 000 000
     　　　贷：库存商品　　　　　3 000 000
     　　　　　发出商品　　　　　2 000 000

6. 2×24年11月1日，A公司与B公司签订合同，合同约定A公司在B公司的土地上为其建造厂房，建设期5个月，合同价款1 000万元，预计合同成本600万元。当日A公司已预收B公司材料款200万元。至12月31日，A公司已发生建造成本300万元，预计还将发生建造成本300万元，经专业测量师测量后，确定该项劳务的完工程度为50%；不考虑其他因素，A公司2×24年应确认的收入为（　　）万元。
   - A. 200
   - B. 300
   - C. 500
   - D. 1 000

7. 2×24年6月17日，甲公司销售A、B、C三种商品给乙公司，并签订一份销售合同，售价总额800万元。已知，如果单独销售A、B、C三种商品，其价格分别为200万元、300万元、500万元。根据以往惯例，甲公司经常以组合方式销售B、C产品，组合价为

600 万元；A 产品经常以 200 万元的价格出售。不考虑其他因素，甲公司该批合同中 C 产品的售价为（　　）万元。

A. 500　　　　　　B. 400

C. 300　　　　　　D. 375

8. 甲公司为增值税一般纳税人，2×24 年 12 月 1 日，甲公司向乙公司销售 100 件商品，每件单价 150 元，每件成本 130 元，当日发出货物，开出的增值税专用发票上注明的税额为 1 950 元，款项尚未收到。甲公司向乙公司承诺 2 个月内乙公司可无条件退货，根据以往经验，甲公司预计退货率为 5%。假定商品控制权在发出货物时转移，不考虑其他因素，甲公司在 2×24 年 12 月 1 日应确认收入的金额为（　　）元。

A. 14 250　　　　　B. 15 000

C. 16 950　　　　　D. 750

9. 2×24 年 6 月 1 日，甲公司与乙公司签订合同，销售给乙公司一台空调。该空调的法定质保期为 2 年，乙公司可选择延长 5 年的质保，即在未来 7 年内，如果该空调发生质量问题，甲公司将负责免费维修。额外赠送的 5 年质保可单独出售，单独出售的价格为 1 000 元，因"双十一"促销活动，乙公司只需要花费 500 元即可将质保期延长 5 年。不考虑其他因素，下列说法中错误的是（　　）。

A. 2 年的法定质保期不构成单项履约义务

B. 5 年的延长质保期与 2 年的法定质保期可明确区分

C. 5 年的延长质保期不构成单项履约义务

D. 甲公司共有两项履约义务

10. 甲商场系增值税一般纳税人，适用增值税税率为 13%。2×24 年春节期间为进行促销，该商场规定购物每满 200 元积 10 分，不足 200 元部分不积分，积分可在 1 年内兑换与积分等值的商品。某顾客购买了售价为 5 000 元、成本为 4 000 元的服装，预计该顾客将在有效期限内兑换全部积分。假定不考虑增值税等因素，因该顾客购物商场应确认的收入为（　　）元。

A. 4 707.5　　　　B. 4 761.9

C. 4 750　　　　　D. 5 000

11. 下列项目通常应通过"其他业务成本"科目核算的是（　　）。

A. 制造企业销售自产产品而结转其产品生产成本

B. 修理企业对外承揽修理业务而发生的成本

C. 制造企业对于经营出租设备计提折旧

D. 施工企业承揽建筑工程发生的成本

12. 某制造企业在 2×24 年销售的商品成本为 700 万元，销售的原材料成本为 200 万元，处置设备的成本为 30 万元，销售专利所有权的成本为 50 万元，不考虑其他因素，2×24 年度该企业应记入"营业成本"项目的金额为（　　）万元。

A. 700　　　　　　B. 900

C. 930　　　　　　D. 980

13. 下列各项中，不通过"税金及附加"科目核算的是（　　）。

A. 所得税　　　　　B. 车船税

C. 资源税　　　　　D. 印花税

14. 某企业在某会计年度应交的有关税金项目有：实际购买并计交的印花税 6 万元，应交增值税 350 万元，应交城市维护建设税 35 万元，应交房产税 10 万元，应交车船税 5 万元，应交企业所得税 250 万元。则上述各项税金中应记入"税金及附加"科目（　　）万元。

A. 11　　　　　　　B. 21

C. 46　　　　　　　D. 56

15. 企业生产经营期间发放的员工薪酬，通常会在发生时直接计入期间费用的是（　　）。

A. 财务部门人员薪酬

B. 对外提供劳务的员工薪酬

C. 生产车间管理人员的薪酬

D. 工程施工人员的薪酬

16. 甲公司是一家制造企业，2×24 年度甲公司应付销售人员工资 100 万元，计提专设销售机构使用房屋折旧 10 万元，计提生产车间固定资产折旧 30 万元，支付业务招待费 50 万元，支付行政部门用固定资产修理费用 45 万元，因不具有使用价值而注销的无形资产成本为 25 万元。则上述费用损失中列入期间费用的金额共计为（　　）万元。

A. 260   B. 205

C. 160   D. 145

17. 对于某制造企业，下列费用在发生时一般计入管理费用的是（ ）。

 A. 行政管理部门固定资产的修理费用

 B. 生产经营周转贷款的利息支出

 C. 发行债券支付的佣金和手续费

 D. 违反税法规定而支付的滞纳金和罚款

18. 下列各项中，影响当期营业利润的是（ ）。

 A. 确认的所得税费用

 B. 自营工程领用本企业生产的产品成本

 C. 计提的存货跌价准备

 D. 结转盘亏固定资产的净损失

19. 甲公司 2×24 年度实现营业收入 1 000 万元，营业成本 800 万元，管理费用 15 万元，销售费用 20 万元，资产减值损失 35 万元，投资收益 30 万元，营业外收入 10 万元，营业外支出 5 万元，所得税费用 30 万元。假定不考虑其他因素，则甲公司 2×24 年度的营业利润为（ ）万元。

 A. 150   B. 160

 C. 200   D. 130

20. 报经批准后计入营业外支出的是（ ）。

 A. 结转售出材料的成本

 B. 采购原材料运输途中的合理损耗

 C. 管理原因导致的原材料盘亏

 D. 自然灾害导致的原材料损失

21. 2×24 年 6 月，某企业因财产纠纷诉讼败诉导致丧失对郊区某仓库的所有权。该仓库初始入账价值为 100 万元，累计折旧 35 万元，企业支付财产纠纷诉讼费 10 万元，律师服务费 5 万元。不考虑其他因素，2×24 年 6 月企业转销仓库计入营业外支出的金额为（ ）万元。

 A. 80   B. 15

 C. 45   D. 65

22. A 公司 2×24 年度利润总额为 500 万元，递延所得税负债年初数为 20 万元，年末数为 30 万元，递延所得税资产年初数为 15 万元，年末数为 10 万元。适用的企业所得税税率为 25%，假定不考虑其他因素，A 公司 2×24 年度应交所得税为（ ）万元。

A. 475   B. 125

C. 130   D. 126. 25

23. 某企业适用的所得税税率为 25%。2×24 年度实现利润总额（税前会计利润）3 000 万元，其中，国债利息收入 180 万元，支付税收滞纳金 30 万元。假定不考虑递延所得税因素，该企业 2×24 年应确认的所得税费用为（ ）万元。

 A. 712.5   B. 787.5

 C. 750   D. 697.5

24. 甲企业 2×24 年度实现的主营业务收入 2 000 万元，发生的主营业务成本 1 600 万元，其他业务收入 800 万元，其他业务成本 600 万元，生产成本 150 万元，计提的固定资产减值损失 120 万元。假定不考虑其他因素，则甲企业 2×24 年 12 月 31 日应结转至"本年利润"科目的金额为（ ）万元。

 A. 600   B. 330

 C. 480   D. 450

二、多项选择题

1. 收入确认与计量的五个步骤中，与收入确认有关的有（ ）。

 A. 识别与客户订立的合同

 B. 识别合同中的单项履约义务

 C. 将交易价格分摊至各单项履约义务

 D. 确定交易价格

2. 收入确认的前提条件包括（ ）。

 A. 合同各方已批准该合同并承诺将履行各自义务

 B. 企业因向客户转让商品而有权取得的对价很可能收回

 C. 该合同有明确的与所转让商品相关的支付条款

 D. 该合同明确了合同各方与所转让商品相关的权利和义务

3. 甲公司委托乙公司销售一批产品，合同约定甲公司按乙公司销售产品取得收入的 5% 向乙公司支付代销手续费。假定不考虑其他因素，下列说法中错误的有（ ）。

 A. 甲公司在将产品交给乙公司时确认收入

 B. 甲公司在收到乙公司的代销清单时结转销

售商品成本

C. 乙公司收到甲公司发出的产品时作为购进处理

D. 乙公司应将取得的代销手续费确认为收入

4. 下列各项中，属于可变对价的有（　　）。

A. 现金折扣　　　　B. 商业折扣

C. 索赔　　　　　　D. 价格保护

5. 下列各项中，属于企业增量成本的有（　　）。

A. 企业因现有合同续约或发生合同变更需要支付的额外佣金

B. 支付给直接为客户提供所承诺服务的人员的工资

C. 取得合同发生的投标费用

D. 支付给销售人员的佣金

6. 合同履约成本确认为资产应同时满足的条件包括（　　）。

A. 该成本与一份当前或预期取得的合同直接相关

B. 该成本增加了企业未来用于履行履约义务的资源

C. 该成本预期能够收回

D. 无法在尚未履行的与已履行（或已部分履行）的履约义务之间区分的相关支出

7. 企业对合同履约成本进行摊销时，可能涉及的会计科目有（　　）。

A. 合同履约成本　　B. 主营业务成本

C. 管理费用　　　　D. 其他业务成本

8. 下列各项中，可以作为确认合同履约进度产出指标的有（　　）。

A. 实际测量的完工程度

B. 评估已实现的结果

C. 时间进度

D. 已完工的产品

9. 关于期间费用的会计处理，下列说法正确的有（　　）。

A. 当发生现金折扣时，销货方应增加期间费用总额

B. 当发生销售折扣时，销货方应增加期间费用总额

C. 企业支付的车船税不会影响所在期间的期间费用总额

D. 企业支付的广告费应计入期间费用

10. 下列各项中，应计入企业期间费用的有（　　）。

A. 行政管理部门职工的薪酬

B. 生产部门机器设备的折旧费

C. 计提的无形资产减值准备

D. 预计产品质量保证损失

11. 对于一般工商企业而言，下列资产的折旧费用应直接计入当期损益的有（　　）。

A. 生产车间固定资产折旧

B. 销售部门固定资产折旧

C. 研究阶段研发部门固定资产折旧

D. 管理总部固定资产折旧

12. 下列各项中，企业应计入销售费用的有（　　）。

A. 随同商品销售单独计价的包装物成本

B. 预计产品质量保证损失

C. 专设销售机构的固定资产日常维修费

D. 售出商品结转成本

13. 下列关于管理费用的说法中，正确的有（　　）。

A. 管理费用应于发生的当期全部计入当期损益

B. 一定期间发生的管理费用越多，当期营业利润就越少

C. 管理费用一般是指企业为组织和管理企业生产经营发生的各种费用

D. 商品流通企业所发生的管理费用不多的，可通过"销售费用"科目替代核算有关的费用

14. 以下关于财务费用的表述中，正确的有（　　）。

A. 企业兑换外币时发生的汇兑损益一般计入财务费用

B. 企业发生的商业折扣应计入财务费用

C. 财务费用影响营业利润总额

D. 财务费用一般是指企业为筹集生产经营所需资金而发生的筹资费用

15. 下列各项中，导致企业利润总额减少的有（　　）。

A. 销售商品过程中承担的保险费

B. 确认的固定资产减值损失

C. 结转已提供劳务的成本

D. 确认的当期所得税费用

16. 下列会计科目中，在年末结账后应该无余额的有（　　）。
   A. 管理费用　　　　B. 税金及附加
   C. 其他业务成本　　D. 应付票据

17. 下列项目中，影响营业外支出的有（　　）。
   A. 固定资产报废毁损净损失
   B. 现金盘亏
   C. 罚款支出
   D. 出售长期股权投资的净损失

18. 下列各项中，对暂时性差异的表述正确的有（　　）。
   A. 负债的计税基础是指负债的账面价值减去未来期间计算应纳税所得额时按照税法规定可予抵扣的金额
   B. 资产的账面价值小于其计税基础，产生应纳税暂时性差异
   C. 资产的账面价值大于其计税基础，产生应纳税暂时性差异
   D. 负债的账面价值大于其计税基础，产生可抵扣暂时性差异

19. 下列各项中，可能引起当期所得税费用发生增减变动的有（　　）。
   A. 当期应交所得税
   B. 递延所得税资产
   C. 应交税费——应交个人所得税
   D. 递延所得税负债

20. 下列各项中，会使企业本期所得税费用大于本期应交所得税的有（　　）。
   A. 递延所得税资产借方增加额
   B. 递延所得税资产贷方增加额
   C. 递延所得税负债借方增加额
   D. 递延所得税负债贷方增加额

21. 下列各项中，期末需要转入"本年利润"科目的有（　　）。
   A. 主营业务收入　　B. 主营业务成本
   C. 生产成本　　　　D. 制造费用

22. 下列各项中，影响利润表中"营业利润"项目金额的有（　　）。
   A. 无形资产处置净损失
   B. 支付合同违约金
   C. 出售原材料损失

D. 交易性金融资产公允价值变动损失

23. 下列各项中，会计上和税法上核算不一致，需要进行纳税调整的有（　　）。
   A. 行政性罚款支出
   B. 国债利息收入
   C. 公司债券的利息收入
   D. 公司债券转让净收益

24. 会计期末结转本年利润的方法主要有（　　）。
   A. 表结法　　　　　B. 账结法
   C. 品种法　　　　　D. 分批法

25. 下列关于表结法的表述，正确的有（　　）。
   A. 增加了转账环节和工作量
   B. 各损益类科目月末只需结计出本月发生额和月末累计余额
   C. 年末时将全年累计损益类科目余额转入本年利润
   D. 不影响有关损益指标的利用

三、判断题

1. 企业应在收到货款或者取得收款权利时确认收入。（　　）

2. 房地产企业向客户销售商品房，在客户付款后入住商品房时，表明企业已将该商品房的法定所有权转移给客户。（　　）

3. 企业采用支付手续费方式委托代销商品的，该委托方企业支付给受托方的代销手续费应冲减所代销的商品销售收入。（　　）

4. 企业已收或应收客户对价而应向客户转让商品的义务应通过"预收账款"科目核算。（　　）

5. 某企业签订的销售合同中约定采用银行承兑汇票结算的，应在收到对方开具的银行承兑汇票时确认收入。（　　）

6. 在对可变对价进行估计时，企业应当按照最可能发生金额确定可变对价的最佳估计数。（　　）

7. 客户能够控制企业履约过程中在建的商品，属于在某一时段内履行履约义务，相关收入应在该履约义务履行的期间内确认。（　　）

8. 企业为取得建筑施工合同发生的预期能够收回的增量成本，应当作为合同取得成本，并

确认为一项资产。 （ ）

9. 企业对已确认为资产的合同取得成本，若该资产的摊销期限不超过 1 年的，则可以在发生时计入当期损益。 （ ）

10. 与企业过去的履约活动相关的支出应计入合同履约成本。 （ ）

11. 对于附有销售退回条款的销售，企业应当在客户取得相关商品控制权时，按预期因销售退回将退还的金额确认负债，日后无须调整直至销售退回款结束。 （ ）

12. 2×24 年 12 月 5 日，甲公司与乙公司签订了销售一批手机的合同，同时额外赠送为期 1 年的手机屏保服务，商品控制权当日转移给乙公司。该手机屏保服务应作为单项履约义务进行会计处理。 （ ）

13. 企业费用的增加会导致企业所有者权益的减少，所有者权益的减少也会导致费用增加。 （ ）

14. 委托加工的应税消费品收回后准备直接出售的，委托方对于支付给受托方代扣代缴的消费税，应记入"税金及附加"科目。 （ ）

15. 制造费用和管理费用都是企业在一定会计期间发生的经营费用，因此，均应计入当期损益。 （ ）

16. 所有的期间费用类科目，在会计期末结账后都应该无余额。 （ ）

17. 企业在日常活动中发生的固定资产修理费用，如果修理费用较大，应当采取适当方式在多个期间摊销。 （ ）

18. 某企业 2×24 年度利润总额为 500 万元，应纳税所得额为 480 万元；递延所得税资产年初数为 18 万元，年末数为 10 万元；所得税税率为 25%。不考虑其他因素，该企业 2×24 年末确认的所得税费用为 128 万元。 （ ）

19. 税收滞纳金罚款和非公益性捐赠支出均会增加应纳税所得额。 （ ）

20. 企业发生的所得税费用会减少净利润。 （ ）

21. 某企业 2×24 年初有上年形成的亏损 25 万元，当年实现利润总额 15 万元，所得税税率为 25%。则企业 2×24 年不需要交纳企业所得税。 （ ）

22. 企业当期的所得税费用就等于当期的应交所得税。 （ ）

23. 会计期末，企业应将"所得税费用"科目的余额转入"利润分配——未分配利润"科目。 （ ）

四、不定项选择题

A 公司是一家装修企业，为增值税一般纳税人，2×24 年 12 月该公司发生如下业务：

（1）1 日，A 公司通过竞标与 B 公司签订一项服务期为 20 个月的装修合同，合同约定不含税装修价款为 3 200 万元，为取得该合同，甲公司支付因投标而发生的差旅费 6 万元，支付咨询费 3 万元，另支付促成合同的中介机构佣金 15 万元，款项全部通过银行存款支付，甲公司预期上述支出未来均能收回。

（2）当月，A 公司为履行与 B 公司的合同，累计发生装修成本 100 万元，其中，装修人员薪酬为 50 万元，水电费为 10 万元，计提设备折旧费为 40 万元。水电费已通过银行存款支付，装修人员薪酬尚未支付，为完成该合同 A 公司估计将发生装修成本 1 900 万元。

（3）31 日，A 公司收到 B 公司支付的合同价款 160 万元和增值税税额 14.4 万元，全部款项已收存银行并开具增值税专用发票。A 公司确认当月合同收入并结转合同履约成本，采用与相关合同收入确认相同的基础对合同取得成本、合同履约成本进行摊销。该装修合同属于在某一时段内履行的单项履约义务，A 公司按照累计实际发生的成本占预计总成本的比例确定履约进度。

要求：根据上述资料，不考虑其他因素，分析回答下列问题。

（1）根据资料（1），下列各项中，A 公司为取得合同发生的支出会计处理正确的是（ ）。

A. 支付因投标而发生的差旅费时：

借：管理费用   6

    贷：银行存款   6

B. 支付促成合同的中介机构佣金时：

借：合同取得成本　　　　15
　　贷：银行存款　　　　　　15
C. 支付促成合同的中介机构佣金时：
借：管理费用　　　　　　15
　　贷：银行存款　　　　　　15
D. 支付咨询费时：
借：管理费用　　　　　　　3
　　贷：银行存款　　　　　　3

（2）根据资料（2），下列各项中，关于 A 公司发生装修成本会计处理表述正确的是（　　）。
A. 贷记"银行存款"科目 10 万元
B. 借记"合同履约成本"科目 100 万元
C. 贷记"累计折旧"科目 10 万元
D. 贷记"应付职工薪酬"科目 50 万元

（3）根据资料（1）～（3），下列各项中，关于 A 公司确认当月合同收入并结转当月合同履约成本的会计处理正确的是（　　）。
A. 确认当月合同收入：
借：银行存款　　　　　　174.4
　　贷：主营业务收入　　　　100
　　　　应交税费——应交增值税（销项税额）　　14.4

合同负债　　　　　　　　60
B. 结转当月合同履约成本：
借：主营业务成本　　　　160
　　贷：合同履约成本　　　　160
C. 结转当月合同履约成本：
借：主营业务成本　　　　100
　　贷：合同履约成本　　　　100
D. 确认当月合同收入：
借：银行存款　　　　　　174.4
　　贷：主营业务收入　　　　160
　　　　应交税费——应交增值税（销项税额）　　14.4

（4）根据资料（1）～（3），下列各项中，关于 A 公司合同取得成本摊销的会计处理表述正确的是（　　）。
A. 借记"销售费用"科目 0.75 万元
B. 贷记"合同取得成本"科目 0.75 万元
C. 贷记"合同取得成本"科目 1.05 万元
D. 借记"管理费用"科目 0.9 万元

（5）根据资料（1）～（3），A 公司相关业务对 2×23 年 12 月利润表"营业利润"项目的影响金额是（　　）万元。
A. 51　　　　　　　　B. 36
C. 50.25　　　　　　　D. 60

本章习题参考答案及解析

一、单项选择题

1.【答案】D
【解析】选项 A、B 计入其他业务收入；选项 C 计入资产处置损益。

2.【答案】C
【解析】"合同资产"科目核算企业已向客户转让商品而有权收取对价的权利，且该权利取决于时间流逝之外的其他因素（如履行合同中的其他履约义务），而"应收账款"科目核算企业已向客户转让商品而有权收取对价的权利，且该权利只取决于时间流逝因素。

3.【答案】A

【解析】合同的存在是企业确认客户合同收入的前提。

4.【答案】D
【解析】对于在某一时点履行的履约义务，企业应当在客户取得相关商品控制权时点确认收入。

5.【答案】C
【解析】企业已经发出但客户没有取得商品控制权，应当将库存商品成本转入"发出商品"科目核算，待企业收到货款或者取得收取货款的权利时确认收入。

6.【答案】C
【解析】A 公司为履行在某一时段内履行的履

约义务，至 2×24 年 12 月 31 日，A 公司应确认的收入 = 1 000×50% = 500（万元）。

7.【答案】D

【解析】当合同中包含两项或多项履约义务时，需要将交易价格分摊至各单项履约义务，分摊的方法是在合同开始日，按照各单项履约义务所承诺商品的单独售价（企业向客户单独销售商品的价格）的相对比例，将交易价格分摊至各单项履约义务。因为 A 产品经常以 200 万元的价格出售，所以 A 产品的售价为 200 万元。根据以往惯例，甲公司经常以组合方式销售 B 产品和 C 产品，组合价为 600 万元，而 B 产品和 C 产品的单独售价分别为 300 万元和 500 万元，所以 C 产品应按照单独售价的相对比例确认，甲公司该批合同中 C 产品的售价 = 600×500÷（300 + 500）= 375（万元），选项 D 正确。

8.【答案】A

【解析】附有销售退回条款的销售，企业在商品控制权转移时，应按预期有权收取的对价金额确认收入。应确认收入的金额 = 100×150×（1 − 5%）= 14 250（元）。

9.【答案】C

【解析】选项 C，5 年的延长质保期，属于法定质保期之外的，是企业提供的额外服务，应当作为单项履约义务。

10.【答案】B

【解析】授予奖励积分的公允价值 = 5 000÷200×10 = 250（元），因该顾客购物商场应确认的收入 = 5 000×5 000÷（5 000 + 250）= 4 761.9（元）。

11.【答案】C

【解析】制造企业经营租出设备取得的租金收入为其他业务收入，相应的成本属于其他业务成本。

12.【答案】B

【解析】销售商品的成本计入主营业务成本，出售原材料的成本计入其他业务成本，它们属于营业成本；处置设备的成本和销售专利所有权的成本都属于资产处置损益，它们不属于营业成本的组成部分。所以，该企业应记入"营业成本"项目的金额 = 700 + 200 = 900（万元）。

13.【答案】A

【解析】所得税通过"所得税费用"科目核算。

14.【答案】D

【解析】印花税、城市维护建设税、房产税和车船税应计入税金及附加，即 6 + 35 + 10 + 5 = 56（万元）。增值税属于价外税，不影响企业损益；应交企业所得税计入所得税费用。

15.【答案】A

【解析】财务部门属于企业的行政管理部门，财务部门人员薪酬应计入管理费用。工程人员薪酬应计入在建工程，对外提供劳务的员工薪酬计入主营业务成本，生产车间管理人员薪酬计入制造费用。

16.【答案】B

【解析】生产车间折旧费计入制造费用，不属于期间费用。注销的无形资产成本计入营业外支出，也不属于期间费用。因此，应计入期间费用的金额 = 100 + 10 + 50 + 45 = 205（万元）。

17.【答案】A

【解析】行政管理部门固定资产修理费用计入管理费用；生产经营周转贷款的利息支出计入财务费用；发行债券支付的佣金和手续费计入发行的债券的初始确认金额；违反税法规定而支付的滞纳金和罚款计入营业外支出。

18.【答案】C

【解析】选项 A，计入所得税费用，影响净利润，不影响营业利润和利润总额；选项 B，计入在建工程，不属于损益类科目，不影响营业利润、利润总额和净利润；选项 C，计入资产减值损失，影响营业利润、利润总额和净利润；选项 D，计入营业外支出，影响利润总额和净利润，不影响营业利润。

19.【答案】B

【解析】甲公司 2×24 年度的营业利润 = 1 000 − 800 − 15 − 20 − 35 + 30 = 160（万元）。营业外收入、营业外支出不影响营业利润，影响利润总额；所得税费用不影响营业利润，影响净利润。

20.【答案】D

【解析】结转售出材料的成本计入其他业务成本；采购原材料运输途中的合理损耗计入原材料成本；管理原因导致的原材料盘亏计入管理费用；自然灾害导致的原材料损失属于非损失，计入营业外支出。

21.【答案】D

【解析】仓库丧失所有权的净损失计入营业外支出；支付的诉讼费和律师费计入管理费用。2×24年6月企业转销仓库计入营业外支出的金额=100-35=65（万元），选项D正确。

22.【答案】B

【解析】递延所得税资产和递延所得税负债影响所得税费用，不影响应交所得税，在无纳税调整事项的情况下，利润总额即为应纳税所得额，所以A公司2×24年度应交所得税=应纳税所得额×所得税税率=500×25%=125（万元）。

23.【答案】A

【解析】该企业2×24年应确认的所得税费用=（3 000-180+30）×25%=712.5（万元），选项A正确。

24.【答案】C

【解析】生产成本年末不转入"本年利润"科目，则甲企业2×24年12月31日应转入"本年利润"科目的金额=2 000-1 600+800-600-120=480（万元）。

二、多项选择题

1.【答案】AB

【解析】收入确认与计量的五个步骤分别是：（1）识别与客户订立的合同；（2）识别合同中的单项履约义务；（3）确定交易价格；（4）将交易价格分摊至各单项履约义务；（5）履行各单项履约义务时确认收入。其中，第（1）步、第（2）步和第（5）步主要与收入的确认有关，第（3）步和第（4）步主要与收入的计量有关，选项A、B正确。

2.【答案】ABCD

【解析】企业与客户之间的合同同时满足下列五项条件的，企业应当在客户取得相关商品控制权时确认收入：（1）合同各方已批准该合同并承诺将履行各自义务；（2）该合同明确了合同各方与所转让商品相关的权利和义务；（3）该合同有明确的与所转让商品相关的支付条款；（4）该合同具有商业实质，即履行该合同将改变企业未来现金流量的风险、时间分布或金额；（5）企业因向客户转让商品而有权取得的对价很可能收回。

3.【答案】AC

【解析】甲公司将产品交给乙公司时，产品的控制权并未发生转移，不满足收入确认条件，甲公司应于收到乙公司的代销清单时确认收入，选项A错误、选项B正确。乙公司收到甲公司委托代销的产品并未取得控制权，因此不能作为购进进行处理，选项C错误。乙公司取得的代销手续费为乙公司应确认的收入，选项D正确。

4.【答案】ABCD

【解析】因折扣、价格折让、返利、退款、奖励积分、激励措施、业绩奖金、索赔等因素导致的价格变化为可变对价。

5.【答案】AD

【解析】增量成本是指企业不取得合同就不会发生的成本。支付给直接为客户提供所承诺服务的人员的工资属于合同履约成本；取得合同发生的投标费不论是否取得合同都会发生，不属于增量成本。

6.【答案】ABC

【解析】无法在尚未履行的与已履行（或已部分履行）的履约义务之间区分的相关支出在发生时直接计入当期损益。

7.【答案】ABD

【解析】企业对合同履约成本进行摊销时，借记"主营业务成本""其他业务成本"等科目，贷记"合同履约成本"科目。涉及增值税的，还应进行相应的处理。

8.【答案】ABCD

【解析】本题考查在某一时段内完成的商品销售收入的账务处理。企业应当考虑商品的性质，采用实际测量的完工进度、评估已实现的结果、时间进度、已完工或交付的产品等产出指标确定恰当的履约进度。

9. 【答案】CD

【解析】现金折扣和销售折扣属于可变对价，影响应确认收入，不影响期间费用；车船税计入税金及附加，不属于期间费用；广告费计入销售费用。

10. 【答案】AD

【解析】选项A，行政管理部门职工的薪酬计入管理费用；选项B，生产部门机器设备的折旧费计入制造费用；选项C，计提的无形资产减值准备计入资产减值损失；选项D，预计产品质量保证损失计入销售费用。期间费用包括管理费用、销售费用和财务费用，选项A、D正确。

11. 【答案】BCD

【解析】生产车间固定资产折旧应记入"制造费用"科目，销售部门固定资产折旧应计入销售费用或管理费用（非专设销售机构），研究阶段研发部门的固定资产折旧和管理总部的固定资产折旧计入管理费用。

12. 【答案】BC

【解析】选项A，计入其他业务成本；选项D，计入主营业务成本。

13. 【答案】ABCD

【解析】管理费用属于期间费用，于发生时直接计入当期损益；管理费用是营业利润的组成部分，其增加会减少企业的营业利润；管理费用是指企业为组织和管理生产经营发生的各种费用；商品流通企业管理费用不多的，可不设本科目，相关核算内容可并入"销售费用"科目核算。

14. 【答案】ACD

【解析】商业折扣属于可变对价，影响应确认的主营业务收入，不计入财务费用。财务费用是指企业为筹集生产经营所需资金等而发生的筹资费用，包括利息支出（减利息收入）、汇兑损益以及相关的手续费等。财务费用是企业营业利润的组成部分，会减少企业的营业利润。

15. 【答案】ABC

【解析】选项A，销售商品过程中承担的保险费计入销售费用，导致利润总额减少。选项B，确认的固定资产减值损失计入资产减

值损失，导致利润总额减少。选项C，结转已提供劳务的成本计入营业成本，导致利润总额减少。选项D，确认的当期所得税费用计入所得税费用，不影响利润总额，影响净利润。

16. 【答案】ABC

【解析】管理费用、税金及附加和其他业务成本都属于损益类科目，至少在年末都将其余额转入本年利润，所以年末无余额。应付票据属于负债类科目，年末余额不需要结转。

17. 【答案】AC

【解析】现金盘亏扣除责任人应承担的部分后计入管理费用；出售长期股权投资的净损失计入投资收益。

18. 【答案】ACD

【解析】资产的账面价值小于其计税基础，产生可抵扣暂时性差异，选项B错误。

19. 【答案】ABD

【解析】影响所得税费用的因素包括应交所得税和递延所得税两部分，其中递延所得税包括递延所得税资产和递延所得税负债。

20. 【答案】BD

【解析】递延所得税=（递延所得税负债的期末余额－递延所得税负债的期初余额）－（递延所得税资产的期末余额－递延所得税资产的期初余额）。所以，递延所得税的增加有两种途径，一是增加递延所得税负债，二是减少递延所得税资产。其中，递延所得税负债增加记贷方，所以选项D正确；递延所得税资产减少记贷方，所以选项B正确。

21. 【答案】AB

【解析】成本类科目在期末的时候不直接结转至本年利润，"生产成本""制造费用"均属于成本类科目，期末反映在资产负债表的"存货"项目中，不需要结转到本年利润。

22. 【答案】ACD

【解析】营业利润=营业收入－营业成本－税金及附加－销售费用－管理费用－研发费用－财务费用－资产减值损失＋公允价值变动收益（－公允价值变动损失）＋投资收益（－投资损失）＋其他收益＋资产处置收益（－资产处置损失）。无形资产处置净损失属

于资产处置损失，出售原材料损失属于其他业务收入，交易性金融资产公允价值变动属于公允价值变动收益，均影响营业利润。支付合同违约金属于营业外支出，不影响企业营业利润，影响利润总额。

23.【答案】AB

【解析】按照企业所得税法规定，国债利息收入不需要纳税，因国债利息收入已计入税前会计利润，因此在计算应纳税所得额时应予以调减。行政性罚款支出税法不允许税前扣除，因此属于调整增加的项目。

24.【答案】AB

【解析】品种法和分批法是产品成本计算方法。

25.【答案】BCD

【解析】表结法下，各损益类科目月末只需要结计出本月发生额和月末累计余额，不结转到本年利润，只有在年末时才将全年累计余额转入本年利润，减少了转账环节和工作量，同时并不影响利润表的编制和有关损益指标的利用。

三、判断题

1.【答案】×

【解析】企业应当在履行了合同中的履约义务，即在客户取得相关商品控制权时确认收入。

2.【答案】×

【解析】企业已将该商品的法定所有权转移给客户，即客户已拥有该商品的法定所有权。例如，房地产企业向客户销售商品房，在客户付款后取得房屋产权证时，表明企业已将该商品房的法定所有权转移给客户。

3.【答案】×

【解析】委托方支付给受托方的代销手续费属于为了组织销售而发生的，从用途上属于销售费用，应在"销售费用"科目核算。

4.【答案】×

【解析】企业已收或应收客户对价而应向客户转让商品的义务应通过"合同负债"科目核算。

5.【答案】×

【解析】企业以商业汇票结算方式对外销售商品，在收到商业汇票且客户取得相关商品控制权时点确认收入。

6.【答案】×

【解析】在对可变对价进行估计时，企业应当按照期望值或最可能发生金额确定可变对价的最佳估计数。

7.【答案】√

【解析】满足下列条件之一的，属于在某一时段内履行的履约义务：（1）客户在企业履约的同时即取得并消耗企业履约所带来的经济利益。（2）客户能够控制企业履约过程中在建的商品。（3）企业履约过程中所产出的商品具有不可替代用途，且该企业在整个合同期间有权就累计至今已完成的履约部分收取款项。

8.【答案】√

【解析】企业为取得合同发生的增量成本预期能够收回的，应当作为合同取得成本确认为一项资产。增量成本，是指企业不取得合同就不会发生的成本，如销售佣金。

9.【答案】√

【解析】企业对已确认为资产的合同取得成本，应当采用与该资产相关的商品收入确认相同的基础进行摊销，计入当期损益。为简化实务操作，该资产摊销期限不超过一年的，可以在发生时计入当期损益。

10.【答案】×

【解析】与履约义务中已履行（包括已全部履行或部分履行）部分相关的支出，即该支出与企业过去的履约活动相关，应直接计入当期损益。

11.【答案】×

【解析】对于附有销售退回条款的销售，企业应当在客户取得相关商品控制权时，按预期因销售退回将退还的金额确认负债，但是在每一资产负债表日需重新估计未来销售退回情况。

12.【答案】√

【解析】该质量保证属于在向客户保证所销售的商品符合既定标准之外提供了一项单独服务，即使未单独出售，但该服务与手机可明确区分，应该作为单项履约义务。

13.【答案】×

【解析】所有者权益减少并不导致费用增加。

14.【答案】×

【解析】委托加工的应税消费品收回后直接对外出售的，委托方应将受托方代收代缴的消费税计入委托加工物资成本。

15.【答案】×

【解析】本期发生的制造费用包含在存货成本中，如果存货未出售则不影响当期损益。

16.【答案】√

【解析】期间费用都是在发生的当期计入当期损益，为了体现这一特点，相关会计科目在期末都会转入"本年利润"科目，结转后无余额。

17.【答案】×

【解析】企业发生固定资产修理费用，除非确实符合资本化条件的，一般在发生时计入当期费用，而不得采取预提或者摊销方式跨期分配。

18.【答案】√

【解析】递延所得税＝（递延所得税负债的期末余额－递延所得税负债的期初余额）－（递延所得税资产的期末余额－递延所得税资产的期初余额）＝0－（10－18）＝8（万元）；所得税费用＝当期所得税＋递延所得税＝480×25%＋8＝128（万元）。

19.【答案】√

【解析】根据企业所得税法规定，税收滞纳金和非公益性捐赠支出不允许税前扣除，所以应增加企业的应纳税所得额。

20.【答案】√

【解析】净利润是在利润总额的基础上扣除所得税费用，所以企业发生的所得税费用会影响净利润。

21.【答案】√

【解析】根据企业所得税法规定，企业当年形成的亏损，可以在以后五年内用税前利润补亏。

22.【答案】×

【解析】所得税费用的影响因素包括应交所得税和递延所得税，在不存在递延所得税的情况下，所得税费用等于当期的应交所得税。

23.【答案】√

【解析】期末，应将"所得税费用"科目的余额转入"本年利润"科目。

四、不定项选择题

（1）【答案】ABD

【解析】因投标而发生的差旅费、支付的咨询费不论是否取得合同都会发生，因此不属于合同取得成本，应于发生时计入管理费用；支付促成合同的中介机构佣金是取得合同才会发生的增量成本，且预期未来能够收回，因此应计入合同取得成本。

（2）【答案】ABD

【解析】会计分录为：

借：合同履约成本　　　　100
　　贷：应付职工薪酬　　　　50
　　　　银行存款　　　　　　10
　　　　累计折旧　　　　　　40

（3）【答案】CD

【解析】A公司12月31日的履约进度＝100÷（100＋1 900）×100%＝5%

A公司12月31日应确认的收入＝3 200×5%＝160（万元）

A公司12月31日应结转的成本＝2 000×5%＝100（万元）

应编制的会计分录为：

借：银行存款　　　　　174.4
　　贷：主营业务收入　　　160
　　　　应交税费——应交增值税（销项税额）　　　14.4
借：主营业务成本　　　100
　　贷：合同履约成本　　　100

（4）【答案】AB

【解析】A公司每月应摊销合同取得成本＝15÷20＝0.75（万元），会计分录为：

借：销售费用　　　　　0.75
　　贷：合同取得成本　　　0.75

（5）【答案】C

【解析】A公司相关业务对2×23年12月利润表"营业利润"项目的影响金额＝－6－3＋160－100－0.75＝50.25（万元）。

第八章 财务报告

一、单项选择题

1. 2×24 年 12 月 31 日，A 公司"预收账款"总账科目贷方余额为 50 万元，其明细科目余额如下："预收账款——B 公司"科目贷方余额为 20 万元，"预收账款——C 公司"科目借方余额为 30 万元。不考虑其他因素，A 公司年末资产负债表中"预收款项"项目的期末余额为（　　）万元。
   - A. 50
   - B. 30
   - C. 20
   - D. 10

2. 2×24 年 12 月 31 日，某企业"无形资产"科目借方余额为 200 万元，"累计摊销"科目贷方余额为 50 万元，"无形资产减值准备"科目贷方余额为 10 万元，不考虑其他因素，资产负债表中"无形资产"项目应填列的金额为（　　）万元。
   - A. 200
   - B. 140
   - C. 150
   - D. 190

3. 下列各项中，影响企业当期营业利润的是（　　）。
   - A. 确认的所得税费用
   - B. 计提的存货跌价准备
   - C. 自营工程领用本企业生产的产品成本
   - D. 结转盘亏固定资产的净损失

4. 甲企业 2×24 年 6 月 30 日"固定资产"科目余额为 5 000 万元，"累计折旧"科目余额为 2 000 万元，"固定资产减值准备"科目余额为 250 万元，"工程物资"科目余额为 500 万元，"固定资产清理"科目贷方余额为 300 万元。该企业 2×24 年 6 月 30 日资产负债表中固定资产项目的金额为（　　）万元。
   - A. 3 000
   - B. 2 225
   - C. 2 450
   - D. 5 500

5. 下列资产负债表项目中，应根据多个科目余额计算填列的是（　　）。
   - A. 应付票据
   - B. 盈余公积
   - C. 未分配利润
   - D. 长期借款

6. 下列资产负债表项目，可根据相关账户明细科目期末余额分析填列的是（　　）。
   - A. 货币资金
   - B. 交易性金融资产
   - C. 存货
   - D. 应收账款

7. 2×24 年 12 月 31 日，某企业相关会计科目余额如下："生产成本"科目借方余额 20 万元，"原材料"科目借方余额 50 万元，"材料成本差异"科目贷方余额 8 万元。"工程物资"科目借方余额 15 万元。该企业 2×24 年 12 月 31 日资产负债表"存货"项目的期末余额为（　　）万元。
   - A. 42
   - B. 62
   - C. 57
   - D. 78

8. 2×24 年 12 月 31 日，甲公司"固定资产"科

目借方余额为 1 000 万元，"累计折旧"科目
贷方余额为 300 万元，"固定资产减值准备"
科目贷方余额为 200 万元，"固定资产清理"
科目借方余额为 100 万元。不考虑其他因素，
甲公司 2×24 年 12 月 31 日资产负债表中
"固定资产"项目的期末余额为（　　）
万元。

A. 600　　　　　　　　B. 500

C. 400　　　　　　　　D. 1 100

9. 某企业"应付账款"科目月末贷方余额 2 000
元，其中，"应付甲公司账款"明细科目贷方
余额 1 750 元，"应付乙公司账款"明细科目贷
方余额 250 元；"预付账款"科目贷方余额 1 500
元，其中，"预付 A 工厂账款"明细科目贷方
余额 2 500 元，"预付 B 工厂账款"明细科目
借方余额 1 000 元。该企业月末资产负债表中
"应付账款"项目的金额为（　　）元。

A. 4 500　　　　　　　B. 1 500

C. 2 000　　　　　　　D. 3 500

10. 下列报表中，（　　）能够反映企业一定时
点所拥有的资产、需偿还的债务，以及投资
者所拥有的净资产的情况。

A. 资产负债表

B. 利润表

C. 现金流量表

D. 所有者权益变动表

11. 甲公司 2×24 年末长期借款 100 万元，其中
所属明细科目工商银行 40 万元，借入时间为
2×23 年 11 月 1 日，期限 18 个月；所属明细
科目建设银行 60 万元，借入时间为 2×22 年
10 月 3 日，期限 36 个月，则甲公司 2×24
年末资产负债表中"长期借款"项目应填列
（　　）万元。

A. 100　　　　　　　　B. 60

C. 40　　　　　　　　D. 0

12. 2×24 年 12 月 31 日，某企业应付款项相关
会计科目期末贷方余额为：其他应付款 50
万元，应付利息 10 万元，应付股利 500 万
元。不考虑其他因素，2×24 年 12 月 31 日，
该企业资产负债表中"其他应付款"项目期
末余额栏应填列的金额为（　　）万元。

A. 50　　　　　　　　B. 60

C. 550　　　　　　　　D. 560

13. 2×24 年 12 月份，乙公司确认了销售经理薪
酬 8 万元，发生广告宣传费用 12 万元，确
认产品质量保证损失 3 万元，发生产品包装
费 6 万元，支付中介费 4 万元。不考虑相关
税费及其他因素。12 月份乙公司利润表中
"销售费用"项目的本期金额为（　　）
万元。

A. 33　　　　　　　　B. 20

C. 29　　　　　　　　D. 26

14. 下列各项中，属于企业利润表中"营业外支
出"项目列报内容的是（　　）。

A. 存货的减值净损失

B. 自然灾害造成的存货毁损净损失

C. 购买材料发生的现金折扣

D. 出售固定资产确认的净损失

15. 下列各项中，应计入利润表投资收益项目的
是（　　）。

A. 银行存款利息收入

B. 短期借款利息支出

C. 取得交易性金融资产时发生的交易费用

D. 交易性金融资产的公允价值变动

16. 甲公司适用的所得税税率为 25%，2×24 年
该公司实现利润总额为 200 万元，其中国债
利息收入为 20 万元，税收滞纳金为 12 万
元。不考虑其他因素，甲公司 2×24 年利润
表中"净利润"项目的"本期金额"栏应
填列的金额为（　　）万元。

A. 152　　　　　　　　B. 126

C. 138　　　　　　　　D. 174

17. 某企业"应付账款"科目月末贷方余额为
40 000 元，其中，"应付账款——甲公司"明
细科目贷方余额为 25 000 元，"应付账款——
乙公司"明细科目贷方余额为 25 000 元，
"应付账款——丙公司"明细科目借方余额为
10 000 元；"预付账款"科目月末贷方余额为
20 000 元，其中，"预付账款——A 工厂"明
细科目贷方余额为 40 000 元，"预付账款——
B 工厂"明细科目借方余额为 20 000 元。该
企业月末资产负债表中"应付账款"项目的
金额为（　　）元。

A. 20 000　　　　　　　B. 90 000

C. 110 000　　　　　　D. – 10 000

18. 企业归还的长期借款利息，在编制现金流量表时，应作为（　　）项目填列。

A. 补充资料

B. 归还借款所支付的现金

C. 归还债务所支付的现金

D. 分配股利、利润或偿付利息所支付的现金

19. 甲企业 2×24 年初未分配利润为借方余额 50 万元（该未弥补亏损未超过 5 年），本年度实现净利润 200 万元，分别按 10% 和 5% 提取法定盈余公积和任意盈余公积。假定不考虑其他因素，甲企业 2×24 年末未分配利润的贷方余额应为（　　）万元。

A. 127. 5　　　　　　B. 212. 5

C. 220　　　　　　　D. 250

20. 能够反映企业当年利润分配情况会计信息的报表是（　　）。

A. 资产负债表

B. 利润表

C. 现金流量表

D. 所有者权益变动表

21. 对资产负债表、利润表等报表列示项目的文字描述或明细资料，以及未能在这些报表中列示项目的说明是（　　）。

A. 财务情况说明书

B. 附注

C. 资产负债表的附表

D. 企业基本情况

二、多项选择题

1. 下列各项中，应填入资产负债表"货币资金"项目的有（　　）。

A. 库存现金

B. 银行存款

C. 其他货币资金

D. 交易性金融资产

2. 下列各项中，应在资产负债表"存货"项目列示的有（　　）。

A. "生产成本"科目的期末余额

B. "发出商品"科目的期末余额

C. "委托加工物资"科目的期末余额

D. "存货跌价准备"科目的期末余额

3. 下列各项中，关于资产负债表项目填列正确的有（　　）。

A. "短期借款"项目根据"短期借款"总账科目期末余额直接填列

B. "实收资本"项目根据"实收资本"总账科目期末余额直接填列

C. "开发支出"项目根据"研发支出"科目所属"资本化支出"明细科目期末余额填列

D. "长期借款"项目根据"长期借款"科目期末余额填列

4. 下列各项中，资产负债表"其他应付款"项目的期末余额根据（　　）科目填列。

A. 应付股利　　　　　B. 应付利息

C. 其他应付款　　　　D. 预收账款

5. 下列资产负债表项目中，需根据有关科目余额减去其备抵科目余额后的净额填列的有（　　）。

A. 固定资产　　　　　B. 长期借款

C. 应收账款　　　　　D. 应付债券

6. 下列选项中，应在现金流量表中"支付给职工以及为职工支付的现金"项目填列的有（　　）。

A. 代扣代缴的个人所得税

B. 支付在建工程人员的工资

C. 支付给高管的福利费

D. 发放给职工的劳动保护用品

7. 下列各项中，应根据有关科目余额减去其备抵科目余额后的净额填列的有（　　）。

A. 无形资产

B. 交易性金融资产

C. 其他应收款

D. 工程物资

8. 下列选项中，企业应在资产负债表的"非流动负债"项目内列示的有（　　）。

A. 从银行借入的 5 年期的贷款

B. 以分期付款方式购入的发生的偿还期为 1 年以上的应付款项

C. 按年付息还本的债券确认的未付利息

D. 将于 1 年内到期的长期借款

9. 下列选项中，企业应在利润表"管理费用"项目中填列的有（　　）。

A. 发生的中介机构咨询费

B. 外币交易发生的汇兑损益

C. 发生的业务招待费

D. 行政管理部门承担的差旅费

10. 下列选项中，应列入利润表"资产处置收益"项目的有（　　）。

    A. 出售无形资产取得的净收益

    B. 出售生产设备取得的净收益

    C. 出售原材料取得的收入

    D. 出售包装物取得的收入

11. 下列税费可能影响利润表中"税金及附加"项目的有（　　）。

    A. 增值税　　　　　　B. 印花税

    C. 环境保护税　　　　D. 消费税

12. 下列各项中，属于现金流量表"经营活动产生的现金流量"项目的有（　　）。

    A. 支付给职工以及为职工支付的现金

    B. 销售商品、提供劳务收到的现金

    C. 偿还债务支付的现金

    D. 收到的税费返还

13. 下列各项中，不应在"取得借款收到的现金"项目下反映的有（　　）。

    A. 发行债券取得现金

    B. 发行股票取得现金

    C. 从银行取得长期借款

    D. 取得现金股利

14. 下列选项中，会导致企业现金流量表"现金及现金等价物净增加额"项目变动的有（　　）。

    A. 用固定资产对外投资

    B. 发行债券收到现金

    C. 用银行存款偿付应付账款

    D. 现金购买自购买日起三个月内到期的国库券

15. 下列各项中，应填列至企业现金流量表中"投资活动产生的现金流量"项目的有（　　）。

    A. 发行股票取得的现金

    B. 收到债权投资产生的利息

    C. 购建固定资产支付的现金

    D. 收到的税费返还

16. 下列各项中，属于所有者权益变动表单独列示的项目有（　　）。

    A. 提取法定盈余公积

    B. 其他权益工具

    C. 提取资产减值准备

    D. 盈余公积转增资本

17. 所有者权益变动表中，反映所有者权益内部结转的有（　　）。

    A. 提取盈余公积

    B. 资本公积转增资本

    C. 设定受益计划变动额结转留存收益

    D. 其他综合收益结转留存收益

18. 企业财务报表附注应披露的内容有（　　）。

    A. 会计差错更正的说明

    B. 财务报表编制基础

    C. 重要会计政策

    D. 报表重要项目的说明

三、判断题

1. 资产负债表"在建工程"项目的期末余额，应根据"在建工程"的总账科目和明细账科目期末余额分析计算填列。　　（　　）

2. 企业资产负债表中"使用权资产"项目应根据"使用权资产"科目的期末余额直接填列。　　（　　）

3. "开发支出"项目应根据"研发支出"科目所属的"费用化支出"明细科目期末余额填列。　　（　　）

4. 不同合同下的合同资产和合同负债可以以净额列示。　　（　　）

5. 企业应当按照权责发生制编制财务报表。　　（　　）

6. 财务报告附注是对在资产负债表、利润表、现金流量表和所有者权益变动表等报表中列示项目的文字描述或明细资料，以及对未能在这些报表中列示项目的说明等。　（　　）

7. 利润表中"综合收益总额"项目依据企业净利润和其他综合收益（税后净额）的合计金额填列。　　（　　）

8. 年末，企业应将于一年内（含一年）摊销的长期待摊费用，列入资产负债表"一年内到期的非流动资产"项目。　　（　　）

9. 企业必须对外提供资产负债表、利润表和现金流量表，但会计报表附注不属于企业必须

对外提供的资料。　（　　）

10. 购买商品支付货款取得的现金折扣列入利润表"财务费用"项目。　（　　）

11. 利润表中"综合收益总额"项目根据企业净利润和其他综合收益（税后净额）的合计金额填列。　（　　）

12. 直接法，一般是以利润表中的净利润为起算点，调节与经营活动有关的增减变动，然后计算出经营活动产生的现金流量。　（　　）

13. 企业实现的净利润经过弥补亏损、提取盈余公积和向投资者分配利润后留存在企业的、历年结存的利润相应作为未分配利润在资产负债表"未分配利润"项目列示。　（　　）

14. 企业在编制年报时，所有者权益变动表"未分配利润"项目的本年年末余额，应当与资产负债表"未分配利润"项目的年末余额相等。　（　　）

15. 我国企业的所有者权益变动表采用的结构和资产负债表一致，都属于账户式结构。　（　　）

16. 如果没有需要，企业可以不编制附注。（　　）

四、不定项选择题

甲公司 2×24 年 12 月 31 日有关资料如下：

（1）"库存现金"科目余额为 10 000 元，"银行存款"科目余额为 2 000 000 元，"货币资金"科目余额为 500 000 元。

（2）宣告向股东发放现金股利 500 000 元，股票股利 800 000 元。现金股利尚未支付。

（3）应付管理人员工资 200 000 元，应计提福利费 28 000 元，应付车间工作人员工资 50 000 元。

（4）"长期待摊费用"科目的期末余额为

350 000 元，将于一年内摊销的数额为 200 000 元。

（5）"应收票据"账面余额为 200 000 元，已提坏账准备为 30 000 元，"应付票据"的账面余额为 92 000 元。

（6）"无形资产"科目余额为 500 000 元，"累计摊销"科目余额为 50 000 元，"无形资产减值准备"科目余额为 90 000 元。

要求： 根据上述资料，分析回答下列问题。

（1）资产负债表中"货币资金"项目的金额为（　　）元。

  A. 200 000   B. 2 010 000

  C. 2 500 000   D. 2 510 000

（2）资产负债表中"其他应付款"项目的金额为（　　）元。

  A. 500 000   B. 800 000

  C. 0   D. 1 300 000

（3）资产负债表中"应付职工薪酬"项目的金额为（　　）元。

  A. 200 000   B. 278 000

  C. 250 000   D. 228 000

（4）资产负债表中"长期待摊费用"项目的金额为（　　）元。

  A. 350 000   B. 550 000

  C. 0   D. 150 000

（5）资产负债表中"应收票据"项目的金额为（　　）元。

  A. 200 000   B. 170 000

  C. 78 000   D. 108 000

（6）资产负债表中"无形资产"项目的金额为（　　）元。

  A. 450 000   B. 360 000

  C. 410 000   D. 500 000

本章习题参考答案及解析

一、单项选择题

1.【答案】C

【解析】"预收款项"项目应根据"预收账款"所属明细科目贷方余额合计数填列。

2.【答案】B

【解析】"无形资产"项目应填列的金额 = 200 − 50 − 10 = 140（万元）。

3.【答案】B

【解析】选项 A，计入所得税费用，影响净利润，不影响营业利润和利润总额；选项 C，计入在建工程，不属于损益类科目，不影响营业利润、利润总额和净利润；选项 D，计入营业外支出，影响利润总额，不影响营业利润。

4.【答案】C

【解析】固定资产项目应当根据"固定资产"科目的期末余额减去备抵科目"累计折旧""固定资产减值准备"余额后的余额，以及"固定资产清理"科目的期末余额填列。本题资产负债表固定资产项目的金额 = 5 000 − 2 000 − 250 − 300 = 2 450（万元），选项 C 正确。"工程物资"科目余额在资产负债表中的"在建工程"项目反映。

5.【答案】C

【解析】"应付票据"根据"应付票据"科目的期末余额填列；盈余公积项目应根据"盈余公积"科目的期末余额直接填列；未分配利润项目应根据"本年利润"和"利润分配"科目的期末余额计算填列；长期借款项目应根据"长期借款"总账科目余额扣除"长期借款"科目所属的明细科目中将在一年内到期且企业不能自主地将清偿义务展期的长期借款后的金额计算填列。

6.【答案】B

【解析】交易性金融资产反映资产负债表日企业分类为以公允价值计量且其变动计入当期损益的和持有的指定为以公允价值计量且其变动计入当期损益的金融资产的期末账面价值。

7.【答案】B

【解析】"存货"的期末余额 = 20 + 50 − 8 = 62（万元），工程物资不计入"存货"项目。

8.【答案】A

【解析】"固定资产"项目填列金额 = 固定资产 − 累计折旧 − 固定资产减值准备 ± 固定资产清理 = 1 000 − 300 − 200 + 100 = 600（万元），选项 A 正确。

9.【答案】A

【解析】"应付账款"项目的金额 = 应付账款明细科目贷方余额 + 预付账款明细科目贷方余额 = 2 000 + 2 500 = 4 500（元）。

10.【答案】A

【解析】选项 A，资产负债表反映企业一定时点所拥有的资产、需偿还的债务以及投资者所拥有的净资产的情况；选项 B，利润表反映企业一定期间的经营成果，表明企业运用所拥有的资产的获利能力；选项 C，现金流量表反映企业在一定会计期间现金和现金等价物流入和流出的情况；选项 D，所有者权益变动表反映构成所有者权益的各组成部分当期的增减变动情况。

11.【答案】D

【解析】长期借款总账科目余额 100 万元 − 所属明细为一年内到期的部分 100 万元（40 + 60）= 0。

12.【答案】D

【解析】2 × 24 年 12 月 31 日该企业资产负债表中"其他应付款"项目期末余额栏应填列的金额 = 50 + 10 + 500 = 560（万元）。

13.【答案】C

【解析】"销售费用"项目应根据"销售费用"科目的发生额分析填列，12 月份乙公司利润表中"销售费用"项目的本期金额 = 8 + 12 + 3 + 6 = 29（万元）。中介费应计入管理费用。

14.【答案】B

【解析】"营业外支出"项目主要包括公益性捐赠支出、非常损失、盘亏损失、非流动资产毁损报废损失等。选项 A、C、D 都不属于营业外支出。

15.【答案】C

【解析】选项 A，应冲减财务费用；选项 B，应计入财务费用；选项 D，应计入公允价值变动损益。

16.【答案】A

【解析】由于国债利息不需要缴纳所得税，且税收滞纳金不允许税前扣除，因此甲公司本年应纳所得税金额 = （200 − 20 + 12）× 25% = 48（万元），所以净利润 = 200 − 48 = 152（万元）。选项 A 正确。

17.【答案】B

【解析】资产负债表中的"应付账款"项目应根据"应付账款"和"预付账款"科目所属明细科目的期末贷方余额合计数填列，该企业月末资产负债表中"应付账款"项目的金额 = 25 000 + 25 000 + 40 000 = 90 000（元）。

18.【答案】D

【解析】企业归还的长期借款利息，在编制现金流量表时，应作为"分配股利、利润或偿付利息所支付的现金"项目填列。

19.【答案】A

【解析】甲企业 2×24 年末未分配利润的贷方余额 = 200 − 50 −（200 − 50）× 15% = 127.5（万元）。

20.【答案】D

【解析】所有者权益变动表至少单独列示的信息有所有者投入资本和向所有者分配利润等。

21.【答案】B

【解析】附注是对资产负债表、利润表等报表列示项目的文字描述或明细资料，以及未能在这些报表中列示项目的说明。

二、多项选择题

1.【答案】ABC

【解析】选项 D 应填入资产负债表的"交易性金融资产"项目。

2.【答案】ABCD

【解析】"存货"项目应根据"材料采购""原材料""低值易耗品""库存商品""周转材料""委托加工物资""发出商品""生产成本""受托代销商品"等科目的期末余额合计数，减去"受托代销商品款""存货跌价准备"科目期末余额后的净额填列。

3.【答案】ABC

【解析】选项 D，"长期借款"项目要扣除"长期借款"科目所属的明细科目中将在资产负债表日起一年内到期且企业不能自主地将清偿义务展期的长期借款。

4.【答案】ABC

【解析】"其他应付款"项目应根据"应付利息""应付股利""其他应付款"科目的期末余额合计数填列，选项 A、B、C 正确；"预收账款"科目不影响"其他应付款"项目的填列金额，选项 D 错误。

5.【答案】AC

【解析】"长期借款"项目，需要根据"长期借款"总账科目余额扣除"长期借款"科目所属的明细科目中将在一年内到期，且企业不能自主地将清偿义务展期的长期借款后的金额计算填列。"应付债券"项目应根据"应付债券"科目期末余额分析填列。

6.【答案】AC

【解析】"支付职工以及为职工支付的现金"项目反映企业实际支付给职工的现金以及为职工支付的现金，包括本期实际支付给职工的工资、奖金、各种津贴和补贴等，以及为职工支付的其他费用，不包括支付的离退休人员的各项费用和支付给在建工程人员的工资等。选项 A、C 正确。

7.【答案】AC

【解析】选项 B，根据相关明细科目期末余额填列分析；选项 D 不单独列示。

8.【答案】AB

【解析】选项 C、D 都应在流动负债项目中列示。

9.【答案】ACD

【解析】选项 B 应计入财务费用。

10.【答案】AB

【解析】选项 C、D 应列入"营业收入"项目中。

11.【答案】BCD

【解析】选项 A，与损益无关。

12.【答案】ABD

【解析】选项 C 属于筹资活动产生的现金流量。

13.【答案】ABD

【解析】选项 A、B，应在"吸收投资收到的现金"项目下反映；选项 D，应在"取得投资收益收到的现金"项目下反映。

14.【答案】BC

【解析】选项 A，不涉及现金和现金等价物；选项 D，是现金和现金等价物的内部形式转换，不影响该项目。

15.【答案】BC

【解析】选项 A，发行股票取得的现金，属于"筹资活动产生的现金流量"；选项 B、C，收到债权投资产生的利息和购建固定资产支付的现金，属于"投资活动产生的现金流量"；选项 D，收到的税费返还属于"经营活动产生的现金流量"。

16.【答案】ABD

【解析】选项 C 提取资产减值准备，增加期末准备的金额，在资产负债表中是作为相应的资产的抵减，反映于相应资产的列示金额之中；同时确认相应的资产减值损失，在利润表中列示。选项 C 不在所有者权益变动表中单独列示。

17.【答案】BCD

【解析】选项 A，属于利润分配。

18.【答案】ABCD

【解析】附注中应披露的主要内容有：企业简介和主要财务指标；财务报表的编制基础；遵循企业会计准则的声明；重要会计政策和会计估计；会计政策和会计估计变更以及差错更正的说明；报表重要项目的说明；或有和承诺事项、资产负债表日后非调整事项、关联方关系及其交易等需要说明的事项；有助于财务报表使用者评价企业管理资本的目标、政策及程序的信息。

三、判断题

1.【答案】×

【解析】"在建工程"项目：（1）反映资产负债表日企业尚未达到预定可使用状态的在建工程的期末账面价值和企业为在建工程准备的各种物资的期末账面价值。（2）应根据"在建工程"科目的期末余额减去"在建工程减值准备"科目的期末余额后的金额，以及"工程物资"科目的期末余额减去"工程物资减值准备"科目的期末余额后的金额填列。应该是"根据有关科目余额减去其备抵科目余额后的净额填列"。

2.【答案】×

【解析】"使用权资产"项目应根据"使用权资产"科目的期末余额减去"使用权资产累

计折旧"和"使用权资产减值准备"科目的期末余额后的金额填列。

3.【答案】×

【解析】"开发支出"项目应根据"研发支出"科目所属的"资本化支出"明细科目期末余额填列。

4.【答案】×

【解析】同一合同下的合同资产和合同负债应当以净额列示，不同合同下的合同资产和合同负债不得抵销。

5.【答案】×

【解析】现金流量表应当按照收付实现制编制，其他财务报表按照权责发生制编制。

6.【答案】√

7.【答案】√

【解析】"综合收益总额"项目，反映企业净利润与其他综合收益的税后净额的合计金额。

8.【答案】×

【解析】企业将于一年内（含一年）摊销的长期待摊费用不再列入"一年内到期的非流动资产"项目。

9.【答案】×

【解析】会计报表附注也属于企业必须对外提供的资料。

10.【答案】√

11.【答案】√

【解析】"综合收益总额"项目，反映企业净利润和其他综合收益的合计金额。

12.【答案】×

【解析】直接法，一般是以利润表中的营业收入为起算点，调节与经营活动有关的增减变动，然后计算出经营活动产生的现金流量。

13.【答案】√

14.【答案】√

15.【答案】×

【解析】所有者权益变动表以矩阵的形式列示，而不是账户式结构。

16.【答案】×

【解析】附注是财务报表不可或缺的组成部分，因此企业必须编制。

四、不定项选择题

（1）【答案】D

【解析】"货币资金"项目金额 = 10 000 + 2 000 000 + 500 000 = 2 510 000（元）。

（2）【答案】A

【解析】"应付股利"项目金额为 500 000 元，企业发放的股票股利不通过"应付股利"科目核算，其他应付款项目包括应付利息、应付股利和其他应付款科目的期末余额。

（3）【答案】B

【解析】"应付职工薪酬"项目金额 = 200 000 + 28 000 + 50 000 = 278 000（元）。

（4）【答案】D

【解析】"长期待摊费用"项目金额 = 350 000 − 200 000 = 150 000（元）。企业应根据"长期待摊费用"总账科目余额减去将于一年内摊销的金额作为资产负债表"长期待摊费用"项目的金额。

（5）【答案】B

【解析】"应收票据"项目金额 = 200 000 − 30 000 = 170 000（元）。

（6）【答案】B

【解析】"无形资产"项目金额 = 500 000 − 50 000 − 90 000 = 360 000（元）。

第九章　产品成本核算

本章习题

一、单项选择题

1. 下列各项中，关于产品成本的相关说法不正确的是（　　）。

   A. 产品成本是指企业在生产产品（包括提供劳务）过程中所发生的材料费用、职工薪酬等，以及不能直接计入而按一定标准分配计入的各种间接费用

   B. 成本核算一般是对成本计划执行的结果进行事前的反映

   C. 企业通过产品成本核算，可以审核各项生产费用和经营管理费用的支出，分析和考核产品成本计划的执行情况，促使企业降低成本和费用

   D. 企业通过产品成本核算，可以为计算利润、进行成本和利润预测提供数据，有助于提高企业生产技术和经营管理水平

2. 下列关于正确划分各种费用支出界限的说法，不正确的是（　　）。

   A. 正确划分收益性支出和资本性支出的界限

   B. 正确划分本期成本费用与以后期间成本费用的界限

   C. 正确划分本期完工产品与下一阶段完工产品成本的界限

   D. 正确划分各种产品成本费用的界限

3. 某企业生产甲、乙两种产品，耗用直接原材料 15 万元，车间管理人员薪酬 3 万元，车间设备计提折旧 9 万元，各项生产费用按照工时在甲、乙之间分配，甲、乙耗费工时分别为 100 小时、50 小时，则甲产品应分配的生产费用为（　　）万元。

   A. 4　　　　　　　　B. 8

   C. 9　　　　　　　　D. 18

4. 企业采用计划成本分配法分配辅助生产费用，辅助生产车间实际发生的生产费用与按计划成本分配转出的费用之间的差额，应记入的科目是（　　）。

   A. 生产成本　　　　B. 制造费用

   C. 管理费用　　　　D. 销售费用

5. 某工业企业下设供水、供电两个辅助生产车间，采用交互分配法进行辅助生产费用的分配。2×24 年 11 月，供电车间交互分配前实际发生的生产费用为 80 000 元，应负担供水车间的水费为 24 000 元；供电总量为 500 000 度，其中供水车间耗用 100 000 度，基本生产车间耗用 350 000 度，行政管理部门耗用 50 000 度。供电车间 2×24 年 11 月对辅助生产车间以外的受益单位分配电费的总成本为（　　）元。

   A. 80 000　　　　　B. 88 000

   C. 99 000　　　　　D. 104 000

6. 某企业 A 产品经过两道工序加工完成。与 A 产品有关的资料如下：A 产品第一道工序 300 小时，在产品数量为 400 件，第二道工序 200

小时，在产品数量为 200 件，假定各工序内在产品完工程度平均为 50%。第一道工序在产品约当产量为（　　）件。

A. 120　　　　　　　B. 150

C. 400　　　　　　　D. 200

7. 下列各种方法，适用于生产成本在完工产品和在产品之间分配的是（　　）。

A. 交互分配法　　　B. 定额比例法

C. 代数分配法　　　D. 机器工时比例法

8. 根据不同类型生产的特点和管理要求，下列方法中，不属于产品成本计算主要方法的是（　　）。

A. 品种法　　　　　B. 分类法

C. 分步法　　　　　D. 分批法

9. 下列关于品种法的表述，不正确的是（　　）。

A. 成本核算对象是产品品种

B. 成本计算期与产品生产周期基本一致

C. 适用于单步骤、大量生产的企业

D. 月末一般不存在在产品

10. 下列各项中，关于逐步结转分步法特点的表述不正确的是（　　）。

A. 适用于大量大批连续式复杂性生产的企业

B. 成本计算期与产品的生产周期一致

C. 月末生产费用要在各步骤完工产品和在产品之间进行分配

D. 成本核算对象是各种产品的生产步骤

二、多项选择题

1. 下列各项中，通过成本项目核算的有（　　）。

A. 直接材料　　　　B. 管理费用

C. 制造费用　　　　D. 燃料及动力

2. 下列关于确定成本核算对象的表述中，正确的有（　　）。

A. 成本核算对象确定后，通常不应中途变更

B. 成本核算对象的确定是设立成本明细账、正确计算成本的前提

C. 多步骤连续加工产品，且管理上要求提供生产步骤成本信息的，以每种产品及生产步骤为成本核算对象

D. 小批或单件生产产品的以每批或每件产品为成本核算对象

3. 下列关于辅助生产费用分配方法的表述，正确的有（　　）。

A. 采用交互分配法，辅助生产费用需要经过两次分配完成

B. 采用计划成本分配法，辅助生产费用需进行对外和对内的分配

C. 采用直接分配法，实际发生的费用与分配转出的计划费用之间的差额计入制造费用

D. 采用计划成本分配法，辅助生产车间实际发生的费用与分配转出的计划费用之间的差额计入制造费用

4. 制造费用指为生产产品和提供劳务所发生的各项间接费用，包括（　　）。

A. 生产车间管理人员的工资、福利费

B. 生产车间工人的工资、福利费

C. 生产车间的房屋、设备的折旧费

D. 生产车间季节性停工损失

5. 下列各项中关于要素费用的归集和分配，表述正确的有（　　）。

A. 生产工人工时比例法是制造费用分配较为常用的方法

B. 辅助生产费用直接分配法可对内、对外进行分配

C. 辅助生产成本采用计划成本分配，实际发生的费用与按计划成本分配转出的费用之间的差额应当全部计入当期损益

D. 制造费用分配的生产工人工时比例法适用于各种产品机械化程度相差不多的企业

6. 采用定额比例法分配完工产品和月末在产品费用，应具备的条件有（　　）。

A. 各月月末在产品数量变化较大

B. 各月月末在产品数量变化不大

C. 消耗定额或成本定额比较稳定

D. 消耗定额或成本定额波动较大

7. 下列各项中，属于企业生产费用在完工产品和在产品之间分配方法的有（　　）。

A. 在产品按定额成本计价法

B. 交互分配法

C. 约当产量比例法

D. 不计算在产品成本法

8. 下列关于逐步结转分步法特点的说法中，正确的有（　　）。

A. 分步计算半成品成本

B. 逐步计算并结转半成品成本

C. 不计算各步骤所产半成品的成本

D. 需要将生产成本在各步骤完工产品和在产品之间进行分配

三、判断题

1. 大量大批单步骤生产产品的，一般按照每批或每件产品确定成本核算对象。（　）

2. 车间管理人员的工资不属于直接工资，因而不能计入产品成本，而应计入期间费用。（　）

3. 交互分配法的特点是辅助生产费用通过一次分配即可完成，减轻分配工作量。（　）

4. 企业采用计划成本分配法分配辅助生产费用，辅助生产车间实际发生的费用与按计划单位成本分配转出的费用之间的差额，应记入的科目是"制造费用"。（　）

5. 在产品发生盘亏和毁损，经查明是由于车间管理不善造成的损失，经批准处理时应记入"管理费用"科目。（　）

6. 分批法一般不存在完工产品与在产品之间分配费用的问题。（　）

7. 品种法除了按品种计算和结转产品成本外，还需要计算和结转产品的各步骤成本。（　）

8. 平行结转分步法的完工产品为最后完工的产成品，在产品为各步骤尚未加工完成的在产品但不包括各步骤已完工但尚未最终完成的产品。（　）

四、不定项选择题

1. 某企业为单步骤简单生产企业，设有一个基本生产车间，连续大量生产甲、乙两种产品，采用品种法计算产品成本。另设有一个供电车间，为全厂提供供电服务，供电车间的费用全部通过"辅助生产成本"归集核算。2×24 年 12 月有关成本费用资料如下：

（1）12 月发出材料情况如下：基本生产车间领用材料 2 400 千克，每千克实际成本 40 元，共同用于生产甲、乙产品各 200 件，甲产品材料消耗定额为 6 千克，乙产品材料消耗定额为 4 千克，材料成本按照定额消耗量比例进行分配；车间管理部门领用 50 千克，供电

车间领用 100 千克。

（2）12 月应付职工薪酬情况如下：基本生产车间生产工人薪酬 150 000 元，车间管理人员薪酬 30 000 元，供电车间工人薪酬 40 000 元，企业行政管理人员薪酬 28 000 元，生产工人薪酬按生产工时比例在甲、乙产品间进行分配，本月甲产品生产工时 4 000 小时，乙产品生产工时 16 000 小时。

（3）12 月计提固定资产折旧费如下：基本生产车间生产设备折旧费 32 000 元，供电车间设备折旧费 11 000 元，企业行政管理部门管理设备折旧费 4 000 元。

（4）12 月以银行存款支付其他费用支出如下：基本生产车间办公费 24 000 元，供电车间办公费 12 000 元。

（5）12 月供电车间对外提供劳务情况如下：基本生产车间 45 000 度，企业行政管理部门 5 000 度，供电车间的辅助生产费用月末采用直接分配法对外分配。

（6）甲产品月初、月末无在产品。月初乙在产品直接材料成本为 27 600 元，本月完工产品 180 件，月末在产品 40 件。乙产品直接材料成本采用约当产量法在月末完工产品和在产品之间分配，原材料在生产开始时一次投入。

要求：根据上述资料，不考虑其他因素，分析回答下列问题。

（1）根据资料（1），12 月甲、乙产品应分配的材料费用正确的有（　）。

　A. 甲产品 1 440 元

　B. 甲产品 57 600 元

　C. 乙产品 960 元

　D. 乙产品 38 400 元

（2）根据资料（2），12 月甲、乙产品应分配的职工薪酬正确的有（　）。

　A. 甲产品 36 000 元

　B. 甲产品 30 000 元

　C. 乙产品 144 000 元

　D. 乙产品 120 000 元

（3）根据资料（2），12 月分配职工薪酬，下列各项表述正确的有（　）。

　A. 生产成本增加 150 000 元

B. 应付职工薪酬增加 248 000 元

C. 制造费用增加 30 000 元

D. 辅助生产成本增加 40 000 元

（4）根据资料（1）~（5），下列各项中，关于 12 月末分配转出供电车间生产费用的会计处理正确的是（　　）。

  A. 借：制造费用   60 300

     管理费用   6 700

      贷：辅助生产成本 67 000

  B. 借：制造费用   56 700

     管理费用   6 300

      贷：辅助生产成本 63 000

  C. 借：辅助生产成本 49 500

     管理费用   5 500

      贷：辅助生产成本 55 000

  D. 借：制造费用   50 400

     销售费用   5 600

      贷：辅助生产成本 56 000

（5）根据资料（1）~（5），12 月基本生产车间归集的制造费用是（　　）元。

  A. 88 000   B. 138 400

  C. 144 700   D. 148 300

（6）根据资料（1）~（6），本月乙产品完工产品的直接材料成本是（　　）元。

  A. 31 418   B. 38 400

  C. 54 000   D. 59 400

2. 甲企业仅生产 M 产品，采用约当量比例法在完工产品和月末在产品之间分配生产费用。M 产品生产需要经过三道工序，各工序的工时定额分别为：30 小时、18 小时和 12 小时，假定各工序内在产品完工程度均为 50%，生产 M 产品直接材料进度与产品的加工进度完全一致。2024 年 7 月初，M 产品在产品期初成本项目为：直接材料 652 万元，直接人工 326 万元，制造费用 789 万元，该企业 7 月份发生的 M 产品生产业务资料如下：

（1）5 日，生产 M 产品耗用材料 200 万千克，生产车间一般耗用原材料 1 万千克，销售部门耗用原材料 1 万千克，行政管理部门耗用原材料 1 万千克，原材料平均成本 10 元/千克。

（2）31 日，计算分配职工薪酬，其中：M 产

品生产工人薪酬为 1 000 万元，车间管理人员薪酬为 300 万元，销售人员薪酬为 80 万元，行政管理人员为 30 万元。

（3）31 日，计提生产 M 产品设备折旧 500 万元，车间厂房折旧费 390 万元，销售部门固定资产折旧费 600 万元，行政管理部门固定资产折旧费 400 万元。

（4）31 日，M 产品完工 2 300 件，第一道工序在产品 2 300 件，第二道工序在产品 400 件，第三道工序在产品 200 件。

要求：根据上述资料，不考虑其他因素，分析回答下列问题（答案中的金额单位用万元表示，计算结果保留两位小数）。

（1）根据期初资料，甲企业各工序在产品完工程度计算结果正确的有（　　）。

  A. 第一道工序在产品的完工程度为 25%

  B. 第一道工序在产品的完工程度为 50%

  C. 第二道工序在产品的完工程度为 65%

  D. 第二道工序在产品的完工程度为 80%

（2）根据资料（1），下列各项中，关于该企业耗用材料相关科目的会计处理结果正确的有（　　）。

  A. 借记"生产成本"科目 2 000 万元

  B. 借记"制造费用"科目 10 万元

  C. 借记"管理费用"科目 10 万元

  D. 借记"销售费用"科目 10 万元

（3）根据期初资料和资料（1）~（3），下列各项中，关于该企业 M 产品生产费用归集结果正确的有（　　）。

  A. 直接材料费用总额 2 652 万元

  B. 直接人工费用总额 1 326 万元

  C. 直接人工费用总额 1 626 万元

  D. 制造费用总额 1 989 万元

（4）根据期初资料和资料（4），下列关于该企业在产品的约当产量计算结果正确的是（　　）。

  A. 1 015 件   B. 1 035 件

  C. 1 610 件   D. 3 315 件

（5）根据期初资料和资料（1）~（4），下列各项中，关于该企业产品成本计算结果的有（　　）。

  A. 完工产品成本为 4 140 万元

B. 完工产品单位成本为 1.8 万元
C. 在产品成本为 1 827 万元

D. 生产成本合计为 5 967 万元

本章习题参考答案及解析

一、单项选择题

1.【答案】B

【解析】选项 B 不正确，成本核算一般是对成本计划执行的结果进行事后的反映。

2.【答案】C

【解析】为正确计算产品成本，必须正确划分以下五个方面的费用界限：一是正确划分收益性支出和资本性支出的界限；二是正确划分成本费用、期间费用和营业外支出的界限；三是正确划分本期成本费用与以后期间成本费用的界限；四是正确划分各种产品成本费用的界限；五是正确划分本期完工产品与期末在产品成本的界限。

3.【答案】D

【解析】甲产品应分配的金额 = (15 + 3 + 9) ÷ (100 + 50) × 100 = 18（万元）。

4.【答案】C

【解析】计划成本分配法下辅助生产车间实际发生费用与按单位计划成本分配转出费用的差额简化计入管理费用。

5.【答案】B

【解析】交互分配前供电车间实际发生的费用为 80 000 元，应负担供水车间的水费为 24 000 元；供水车间耗用电量 100 000 度，应负担供电车间的费用 = 80 000 ÷ 500 000 × 100 000 = 16 000（元），所以供电车间对辅助生产车间以外的受益单位分配电费的总成本 = 80 000 + 24 000 − 16 000 = 88 000（元），选项 B 正确。

6.【答案】A

【解析】第一道工序的完工率 = (300 × 50%) ÷ (300 + 200) × 100% = 30%，第一道工序在产品约当产量 = 第一道工序在产品数量 × 第一道工序的完工率 = 400 × 30% = 120（件）。

7.【答案】B

【解析】交互分配法、代数分配法属于辅助生产费用的分配方法，选项 A、C 错误；机器工时比例法属于制造费用的分配方法，选项 D 错误。

8.【答案】B

【解析】产品成本计算方法主要包括品种法、分批法和分步法。

9.【答案】B

【解析】选项 B，属于分批法的特点。

10.【答案】B

【解析】逐步结转分步法的成本计算期是固定的，与产品的生产周期不一致。

二、多项选择题

1.【答案】ACD

【解析】企业应当根据生产经营特点和管理要求，按照成本的经济用途和生产要素内容相结合的原则或者成本性态等设置成本项目，一般可设置"直接材料""燃料及动力""直接人工""制造费用"等项目，选项 A、C、D 正确。

2.【答案】ABCD

【解析】本题考核成本核算对象的相关内容，题目表述均正确。

3.【答案】AB

【解析】采用直接分配法，不存在实际发生的费用与分配转出的计划费用之间的差额问题，选项 C 错误；计划成本分配法下辅助生产车间实际发生费用与按单位计划成本分配转出费用的差额简化计入管理费用，选项 D 错误。

4.【答案】ACD

【解析】生产车间工人的工资应记入"生产成本"科目，选项 B 错误。

5.【答案】AC

【解析】采用直接分配法，各辅助生产费用只进行对外分配，分配一次，只对外不对内，选项B不正确；生产工人工资比例法适用于各种产品生产机械化程度相差不多的企业，选项D不正确。

6.【答案】AC

【解析】定额比例法适用于各项消耗定额或成本定额比较准确、稳定，但各月月末在产品数量变动较大的产品。

7.【答案】ACD

【解析】选项B，属于辅助生产费用的分配方法。

8.【答案】ABD

【解析】逐步结转分步法主要用于分步计算半成品成本的情形，是按照产品加工的顺序，逐步计算并结转半成品成本，直到最后加工步骤完成才能计算产品成本的一种方法。该方法需要将生产成本在各步骤完工产品和在产品之间进行分配。平行结转分步法在计算各步骤成本时，不计算各步骤所产半成品的成本，选项C错误。

三、判断题

1.【答案】×

【解析】大量大批单步骤生产产品或管理上不要求提供有关生产步骤成本信息的，一般按照产品品种确定成本核算对象；小批单件生产产品的，一般按照每批或每件产品确定成本核算对象。

2.【答案】×

【解析】车间管理人员的工资应计入制造费用，最终分摊计入产品成本。

3.【答案】×

【解析】交互分配法辅助生产费用通过两次分配完成，先进行交互分配，再进行对外分配。

4.【答案】×

【解析】采用计划成本分配法，辅助生产车间实际发生的费用与按计划单位成本分配转出的费用之间的差额，应记入"管理费用"科目。

5.【答案】×

【解析】在产品发生盘亏和毁损，经查明是由于车间管理不善造成的损失，经批准处理时

应记入"制造费用"科目。

6.【答案】√

【解析】分批法的特点有：（1）成本计算的对象是产品批别；（2）成本计算期与产品生产周期基本一致，而与财务报告期不一致；（3）一般不存在完工产品与在产品之间分配费用的问题。

7.【答案】×

【解析】题目所述特点是分步法的特点，品种法的特点有：一是成本核算对象是产品品种；二是品种法下一般定期（每月月末）计算产品成本；三是月末一般不存在在产品。

8.【答案】×

【解析】平行结转分步法的完工产品为最后完工的产成品，在产品为各步骤尚未加工完成的在产品和各步骤已完工但尚未最终完成的产品。

四、不定项选择题

1.（1）【答案】BD

【解析】甲产品应分配的材料费用 = 200 × 6 ÷ (200 × 6 + 200 × 4) × 2 400 × 40 = 57 600（元）；

乙产品应分配的材料费用 = 200 × 4 ÷ (200 × 6 + 200 × 4) × 2 400 × 40 = 38 400（元）。

（2）【答案】BD

【解析】甲产品应分配的职工薪酬 = 150 000 ÷ (4 000 + 16 000) × 4 000 = 30 000（元）；

乙产品应分配的职工薪酬 = 150 000 ÷ (4 000 + 16 000) × 16 000 = 120 000（元）。

（3）【答案】ABCD

【解析】借：生产成本——基本生产车间——甲
　　　　　　　　　　　　　　30 000
　　　　　　　　　　　　——乙
　　　　　　　　　　　120 000
　　　制造费用　　　30 000
　　　辅助生产成本　40 000
　　　管理费用　　　28 000
　　　贷：应付职工薪酬　248 000

（4）【答案】A

【解析】辅助生产成本的费用合计 = 4 000（材料）+ 40 000（薪酬）+ 11 000（折旧）+

12 000（办公费）=67 000（元）；供电车间对外分配率 =67 000÷（45 000+5 000）=1.34（元/度）；基本生产车间 =1.34×45 000 =60 300（元）；企业行政管理部门 =1.34×5 000 =6 700（元）。

（5）【答案】D

【解析】制造费用 =2 000（材料）+30 000（人工）+32 000（折旧）+24 000（办公费）+60 300（辅助）=148 300（元）。

（6）【答案】C

【解析】（27 600+38 400）÷（180+40）×180 =54 000（元）。

2.（1）【答案】AC

【解析】第一道工序在产品完工程度 =30×50%÷（30+18+12）×100% =25%；

第二道工序在产品完工程度 =（30+18×50%）÷（30+18+12）×100% =65%。

（2）【答案】ABCD

【解析】资料（1）会计分录：

借：生产成本——M 产品　　　　2 000
　　制造费用　　　　　　　　　　10
　　管理费用　　　　　　　　　　10
　　销售费用　　　　　　　　　　10
　　贷：原材料　　　　　　　　2 030

（3）【答案】ABD

【解析】直接材料费用总额 =652（期初）+2 000（资料（1））=2 652（万元）；

直接人工费用总额 =326（期初）+1 000（资料2）=1 326（万元）；

制造费用总额 =789（期初）+10（资料（1））+300（资料（2））+890（资料（3））=1 989（万元）。

（4）【答案】A

【解析】第三道工序在产品完工程度 =（30+18+12×50%）÷（30+18+12）×100% =90%，

在产品约当产量 =2 300×25% +400×65% +200×90% =1 015（件）。

（5）【答案】ABCD

【解析】M 产品生产成本合计 =2 652（料）+1 326（工）+1 989（费）=5 967（万元）；

完工产品单位成本 =5 967÷（2 300+1 015）=1.8（万元）；

完工产品成本 =2 300×1.8 =4 140（万元）；

在产品成本 =5 967-4 140 =1 827（万元）。

第十章 政府会计基础

本章习题

一、单项选择题

1. 下列各项中，属于政府预算会计要素的是（　　）。
   A. 所有者权益
   B. 预算结余
   C. 利润
   D. 净资产

2. 下列各项中，属于事业单位非流动负债的是（　　）。
   A. 应缴款项
   B. 长期应付款
   C. 预收款项
   D. 短期借款

3. 下列关于政府单位负债要素的表述，不正确的是（　　）。
   A. 负债是政府会计主体过去的经济业务或者事项形成的
   B. 预期会导致经济资源流出政府会计主体
   C. 流动负债包括应付政府债券
   D. 负债是预期能够导致经济资源流出政府会计主体的现时义务

4. 政府会计特点中的"双报告"指的是（　　）。
   A. 预算报告和财务报告
   B. 决算报告和财务报告
   C. 绩效报告和预算报告
   D. 预算报告和决算报告

5. 某市属事业单位因开展专业业务活动，于 2×24 年 5 月收到上级教育部门拨入的经费 500 万元，则该事业单位收到该笔款项时，预算会计核算中应贷记的会计科目是（　　）。
   A. 财政拨款收入
   B. 非同级财政拨款预算收入
   C. 事业预算收入
   D. 非同级财政拨款收入

6. 采用财政授权支付方式，当事业单位收到代理银行盖章的"授权支付到账通知书"时，下列各项中，属于财务会计核算应借记的会计科目是（　　）。
   A. 零余额账户用款额度
   B. 财政拨款收入
   C. 资金结存——零余额账户用款额度
   D. 财政拨款预算收入

7. 2×24 年 8 月 8 日，某行政单位接受其他部门无偿调入物资一批，该批物资在调出方的账面价值为 20 000 元，经验收合格后入库。物资调入过程中单位以银行存款支付了运输费 1 000 元。财务部门根据有关凭证编制会计分录，不考虑相关税费。在预算会计中，应贷记（　　）。
   A. 无偿调拨净资产 20 000
   B. 无偿调拨净资产 21 000
   C. 资金结存——货币资金 1 000
   D. 资金结存——货币资金 21 000

8. 单位对外捐赠现金资产的，按照实际捐赠的金额，在预算会计中借记"其他支出"科目，贷记（　　）科目。

A. 资金结存——货币资金

B. 银行存款

C. 待处理财产损溢

D. 库存现金

9. 下列各项中，事业单位应当计提折旧的固定资产是（　　）。

A. 单独计价入账的土地

B. 文物和陈列品

C. 图书和档案

D. 已交付使用的办公大楼

10. 下列各项中，行政单位可以根据实际情况自行选择是否编制的财务报表是（　　）。

A. 净资产变动表

B. 收入费用表

C. 现金流量表

D. 资产负债表

二、多项选择题

1. 下列各项中，属于政府会计标准体系的有（　　）。

A. 基本准则

B. 具体准则及应用指南

C. 政府会计制度

D. 管理会计应用指引

2. 下列各项中，属于政府资产计量属性的有（　　）。

A. 历史成本

B. 现值

C. 公允价值

D. 名义金额

3. 下列有关政府会计核算模式的说法中，正确的有（　　）。

A. 政府会计核算模式要求政府会计主体应分别建立预算会计和财务会计两套账

B. 预算会计实行收付实现制，国务院另有规定的，从其规定；财务会计实行权责发生制

C. 政府会计由预算会计和财务会计构成

D. 政府会计主体应当编制决算报告和财务报告

4. 2×24年度甲单位财政直接支付指标数与当年财政直接支付实际支出数之间的差额为30万元。甲单位在2×24年末应作的会计分录有（　　）。

A. 借：零余额账户用款额度300 000

贷：财政拨款收入　　　300 000

B. 借：零余额账户用款额度300 000

贷：财政拨款预算收入　300 000

C. 借：财政应返还额度——财政直接支付

300 000

贷：财政拨款收入　　　300 000

D. 借：资金结存——财政应返还额度

300 000

贷：财政拨款预算收入　300 000

5. 2×24年6月30日，某采用财政授权支付方式的事业单位根据相关规定向上级主管部门上缴财政拨款结转资金30万元，该单位应编制的会计分录有（　　）。

A. 借：累计盈余　　　　　300 000

贷：零余额账户用款额度300 000

B. 借：财政拨款结转——归集上缴

300 000

贷：资金结存——零余额账户用款额度

300 000

C. 借：累计盈余　　　　　300 000

贷：财政应返还额度　　300 000

D. 借：财政拨款结转——归集上缴

300 000

贷：资金结存——财政应返还额度

300 000

6. 2×24年2月15日，某事业单位以财政授权支付的方式支付印刷费30 000元。财会部门根据有关凭证，应编制的分录有（　　）。

A. 借：业务活动费用　　　30 000

贷：零余额账户用款额度 30 000

B. 借：事业支出　　　　　30 000

贷：零余额账户用款额度 30 000

C. 借：业务活动费用　　　30 000

贷：银行存款　　　　　30 000

D. 借：事业支出　　　　　30 000

贷：资金结存——零余额账户用款额度

30 000

7. 下列各项中，事业单位应计提折旧的有（　　）。

A. 已提足折旧仍继续使用的固定资产

B. 当月无偿调入未提足折旧的专用设备

C. 以名义金额计量的固定资产

D. 当月达到预定可使用状态的办公大楼

8. 某事业单位本年度预算指标数大于当年实际支付数 250 000 元。2×24 年 12 月 31 日，经财政部门批准，本年度预算指标数大于当年实际支付数的差额中的 200 000 元允许结转使用。该事业单位应作的会计分录有（　　）。

A. 借：财政应返还额度　　　250 000

　　　贷：财政拨款预算收入　250 000

B. 借：财政应返还额度　　　200 000

　　　贷：财政拨款收入　　　200 000

C. 借：资金结存——财政应返还额度

　　　　　　　　　　　　　200 000

　　　贷：财政拨款预算收入　200 000

D. 借：零余额账户用款额度 200 000

　　　贷：财政拨款收入　　　200 000

9. 下列各项中，单位应通过"待处理财产损溢"科目核算的有（　　）。

A. 盘盈固定资产

B. 无偿调入固定资产

C. 盘亏固定资产

D. 报废固定资产

10. 下列各项中，关于政府综合财务报告的表述正确的有（　　）。

A. 年度预算执行情况是其反映的对象

B. 数据来源于预算会计核算结果

C. 编制基础为权责发生制

D. 编制主体是各级政府财政部门、各部门、各单位

三、判断题

1. 政府会计主体对资产进行计量，一般应当采用重置成本。（　　）

2. 政府会计由预算会计和财务会计构成，两者适度分离并相互衔接，全面、清晰反映政府财务信息和预算执行信息。（　　）

3. 政府预算收入是指报告期内导致政府会计主体净资产增加的，含有服务潜力或经济利益的经济资源的流入。（　　）

4. 科学事业单位按照规定从科研项目预算收入中提取项目管理费时，只需进行预算会计核算。（　　）

5. 甲事业单位通过财政直接支付方式购买一台设备，该业务不需要进行预算会计核算。（　　）

6. 行政事业单位应当在预算会计中设置"资金结存"科目，核算纳入年度部门预算管理的资金流入、流出、调整和滚存等情况。（　　）

7. 事业活动中涉及增值税业务的，事业预算收入应当按照实际收到的金额扣除增值税销项税之后的金额入账。（　　）

8. 按照规定上缴、缴回、单位间调剂结转结余资金产生的净资产变动额，通过"以前年度盈余调整"科目核算。（　　）

9. 事业单位对以名义金额计量的固定资产不按月计提折旧。（　　）

10. 政府决算报告是反映政府会计主体某一特定日期的财务状况和某一会计期间的运行情况及现金流量等信息的文件。（　　）

本章习题参考答案及解析

一、单项选择题

1.【答案】B

【解析】政府预算会计要素包括预算收入、预算支出、预算结余（选项 B 正确）。

2.【答案】B

【解析】政府会计主体的负债按照流动性，分

为流动负债和非流动负债。流动负债是指预计在 1 年内（含 1 年）偿还的负债，包括短期借款（选项 D）、应付短期政府债券、应付及预收款项（选项 C）、应缴款项（选项 A）等。非流动负债是指流动负债以外的负债，包括长期借款、长期应付款（选项 B）、应付长期政府债券等。故选项 B 正确。

3.【答案】C

【解析】负债是指政府会计主体过去的经济业务或者事项形成的，预期会导致经济资源流出政府会计主体的现时义务，选项A、B、D正确；非流动负债是指流动负债以外的负债，包括长期借款、长期应付款、应付政府债券和政府依法担保形成的债务等，选项C不正确，符合题意。

4.【答案】B

【解析】"双报告"指的是决算报告和财务报告。

5.【答案】C

【解析】事业单位对于因开展专业业务活动及其辅助活动取得的非同级财政拨款收入，应当通过"事业收入"和"事业预算收入"科目下的"非同级财政拨款"明细科目核算；对于其他非同级财政拨款收入，应当通过"非同级财政拨款收入"和"非同级财政拨款预算收入"科目核算。

6.【答案】A

【解析】在财政授权支付方式下，单位收到代理银行盖章的"授权支付到账通知书"时，根据通知书所列数额，在预算会计中借记"资金结存——零余额账户用款额度"科目，贷记"财政拨款预算收入"科目；同时在财务会计中借记"零余额账户用款额度"科目，贷记"财政拨款收入"科目。

7.【答案】C

【解析】正确的会计分录为：

财务会计中：

借：库存物品　　　　21 000

　　贷：银行存款　　　　　1 000

　　　　无偿调拨净资产　　20 000

同时，在预算会计中：

借：其他支出　　　　1 000

　　贷：资金结存——货币资金　1 000

8.【答案】A

【解析】单位对外捐赠现金资产的，按照实际捐赠的金额，在财务会计中借记"其他费用"科目，贷记"银行存款""库存现金"等科目；同时在预算会计中借记"其他支出"科目，贷记"资金结存——货币资金"科目。

9.【答案】D

【解析】单位应当按月对固定资产计提折旧，下列固定资产除外：（1）文物和陈列品；（2）特种动植物；（3）图书和档案；（4）单独计价入账的土地；（5）以名义金额计量的固定资产。故选项D正确。

10.【答案】C

【解析】政府财务报告应当包括财务报表和其他应当在财务报告中披露的相关信息和资料。财务报表包括会计报表和附注。会计报表一般包括资产负债表、收入费用表和净资产变动表，单位可根据实际情况自行选择编制现金流量表。故选项C正确。

二、多项选择题

1.【答案】ABC

【解析】政府会计标准体系主要由政府会计基本准则、具体准则及应用指南和政府会计制度等组成。

2.【答案】ABCD

【解析】政府资产的计量属性主要包括历史成本、重置成本、现值、公允价值和名义金额。

3.【答案】BCD

【解析】政府会计由预算会计和财务会计构成，政府会计应当实现预算会计和财务会计的双重功能，即"双功能"，选项C正确；政府会计核算模式应当实现预算会计与财务会计适度分离并相互衔接，政府预算会计和财务会计"适度分离"，并不是要求政府会计主体分别建立预算会计和财务会计两套账，对同一笔经济业务或事项进行会计核算，而是要求政府预算会计要素和财务会计要素相互协调，决算报告和财务报告相互补充，共同反映政府会计主体的预算执行信息和财务信息，选项A错误；预算会计实行收付实现制，国务院另有规定的，从其规定；财务会计实行权责发生制，即"双基础"，选项B正确；政府会计主体应当编制决算报告和财务报告，即"双报告"，选项D正确。

4.【答案】CD

【解析】年末，政府单位根据本年度财政直接支付预算指标数与其实际支出数的差额，在预算会计中借记"资金结存——财政应返还额度"科目,贷记"财政拨款预算收入"科目;同时在财务会计中借记"财政应返还额度"科目,贷记"财政拨款收入"科目。

5.【答案】AB

【解析】财政授权支付额度单位按规定上缴(或注销)财政拨款结转资金、向其他单位调出财政拨款结转资金,按照实际上缴资金数额、实际调减的额度数额或调出的资金数额,在预算会计中借记"财政拨款结转——归集上缴、归集调出"科目,贷记"资金结存"科目;同时,在财务会计中借记"累计盈余"科目,贷记"零余额账户用款额度""财政应返还额度"等科目。

6.【答案】AD

【解析】按规定支用额度时,需要财务会计和预算会计同时进行登记。本业务在财务会计中,借记"业务活动费用"科目,贷记"零余额账户用款额度"科目,选项A正确;在预算会计中,借记"事业支出"科目,贷记"资金结存——零余额账户用款额度"科目,选项D正确。

7.【答案】BD

【解析】单位应当按月对固定资产计提折旧,下列固定资产除外:(1)文物和陈列品;(2)特种动植物;(3)图书和档案;(4)单独计价入账的土地;(5)以名义金额计量的固定资产(选项C)。单位固定资产应当按月计提折旧,当月增加的固定资产,当月开始计提折旧;当月减少的固定资产,当月不再计提折旧。固定资产提足折旧后,无论能否继续使用,均不再计提折旧(选项A)。故选项B、D正确。

8.【答案】BC

【解析】年末,单位根据财政部批准的本年度预算指标数大于当年实际支付数的差额中允许结转使用的金额,在财务会计下借记"财政应返还额度"科目,贷记"财政拨款收入"科目,选项B正确;同时,在预算会计下借记"资金结存——财政应返还额度"科目,贷记"财政拨款预算收入"科目,选项C正确。

9.【答案】ACD

【解析】对于资产盘盈、盘亏、报废或毁损的,应当在报经批转前将相关资产账面价值转入"待处理财产损溢"科目,待报经批准后再进行资产处置。无偿调入固定资产通过"无偿调拨净资产"科目核算。

10.【答案】CD

【解析】选项A、B属于政府决算报告的内容;选项C属于政府综合财务报告的编制基础;选项D既属于政府决算报告的编制主体也属于政府综合财务报告的编制主体。

三、判断题

1.【答案】×

【解析】政府会计主体对资产进行计量,一般应当采用历史成本。

2.【答案】√

【解析】该说法正确。

3.【答案】×

【解析】政府收入是指报告期内导致政府会计主体净资产增加的、含有服务潜力或者经济利益的经济资源的流入,不是指政府预算收入。

4.【答案】×

【解析】科学事业单位按照规定从科研项目预算收入中提取项目管理费时,既要进行财务会计核算,又要进行预算会计核算。

5.【答案】×

【解析】单位对于纳入部门预算管理的现金收支业务,在采用财务会计核算的同时应当进行预算会计核算。

6.【答案】√

【解析】该说法正确。

7.【答案】×

【解析】事业活动中涉及增值税业务的,事业收入按照实际收到的金额扣除增值税销项税之后的金额入账,事业预算收入按照实际收到的金额入账。

8.【答案】×

【解析】"累计盈余"科目核算单位历年实现的盈余扣除盈余分配后滚存的金额,以及因无偿调入调出资产产生的净资产变动额。按照规定上缴、缴回、单位间调剂结转结余资金产生的净资产变动额,以及对以前年度盈余的调整金额，也通过"累计盈余"科目核算。

9.【答案】√

【解析】单位应当按月对固定资产计提折旧，下列固定资产除外：(1) 文物和陈列品；(2) 特种动植物；(3) 图书和档案；(4) 单独计价入账的土地；(5) 以名义金额计量的固定资产。

10.【答案】×

【解析】政府财务报告是反映政府会计主体某一特定日期的财务状况和某一会计期间的运行情况和现金流量等信息的文件。

第三部分　模拟测试

2025 年度全国会计专业技术初级资格考试模拟试卷
初级会计实务（一）

一、单项选择题（本类题共 20 小题，每小题 2 分，共 40 分。每小题备选答案中，只有一个符合题意的正确答案。多选、错选、不选均不得分。）

1. 下列各项中，确立会计核算空间范围的基本假设是（　　）。
   A. 货币计量　　　　　　　　　　　　B. 会计主体
   C. 持续经营　　　　　　　　　　　　D. 会计分期

2. 企业对固定资产计提减值准备体现的会计信息质量要求是（　　）。
   A. 可比性　　　　　　　　　　　　　B. 谨慎性
   C. 重要性　　　　　　　　　　　　　D. 及时性

3. 下列各项中，关于以银行存款偿还所欠货款业务对会计等式影响的表述正确的是（　　）。
   A. 一项资产增加，另一项资产等额减少
   B. 一项资产与一项负债等额增加
   C. 一项负债增加，另一项负债等额减少
   D. 一项资产与一项负债等额减少

4. 下列各项关于其他货币资金业务的表述中，正确的是（　　）。
   A. 企业单位信用卡存款账户可以存取现金
   B. 企业信用证保证金存款余额不可以转存其开户行结算户存款
   C. 企业银行汇票存款的收款人不得将其收到的银行汇票背书转让
   D. 企业外埠存款除采购人员可从中提取少量现金外，一律采用转账结算

5. 甲企业为增值税一般纳税人，本年购入材料一批，共计 1 000 千克，每千克单价为 100 元，增值税税率为 13%。购入该材料时发生运输费 2 000 元（不考虑增值税），运输途中发生合理损耗 30 千克，入库前发生挑选整理费用 500 元。该批材料的入账价值为（　　）元。
   A. 100 000　　　　　　　　　　　　B. 102 500
   C. 112 500　　　　　　　　　　　　D. 115 500

6. 2×22 年 12 月 31 日，某企业购入一台生产设备并直接投入使用。该设备的入账价值为 121 万元。预计净残值为 1 万元，预计使用寿命为 4 年，采用年数总和法计提折旧。不考虑其他因素，2×24 年该设备应计提的折旧金额为（　　）万元。
   A. 36　　　　　　　　　　　　　　　B. 48
   C. 36.3　　　　　　　　　　　　　　D. 30

7. 甲公司为增值税一般纳税人，现将一项专利权转让给乙公司，开具的增值税专用发票上注明的价款为 40 万元，增值税税额为 2.4 万元。该专利权成本为 30 万元，已累计摊销 15 万元。不考虑其他因素，转让该项专利权应确认的处置净损益为（　　）万元。
   A. 12.4　　　　　　　　　　　　　　B. 27.4
   C. 10　　　　　　　　　　　　　　　D. 25

8. 企业因日常业务经营需要向银行借入短期借款，利息按月预提、按季支付。下列各项中，预提借款利息应贷记的会计科目是（　　）。

    A. 应付账款   B. 合同负债

    C. 应付利息   D. 短期借款

9. 下列各项中，关于企业应付票据会计处理的表述，正确的是（　　）。

    A. 应以商业汇票的票面金额作为应付票据的入账金额

    B. 应将到期无力支付的银行承兑汇票的账面余额转作应付账款

    C. 申请银行承兑汇票支付的手续费应计入当期管理费用

    D. 应将到期无力支付的商业承兑汇票的账面余额转作短期借款

10. 企业因债权人撤销而无法支付的应付账款，应转入（　　）科目。

    A. 营业外收入   B. 其他业务收入

    C. 资本公积   D. 短期借款

11. 某股份有限公司委托证券公司代理发行普通股1 000万股，每股面值1元，发行价格为每股3元。证券公司按发行收入的2%收取手续费，该公司因此项业务应计入资本公积的金额为（　　）万元。

    A. 940   B. 1 940

    C. 2 000   D. 2 940

12. 下列各项中，能够引起企业留存收益总额减少的是（　　）。

    A. 提取盈余公积   B. 以资本公积转增资本

    C. 盈余公积补亏   D. 盈余公积转增资本

13. 下列各项中，属于制造业企业主营业务收入的是（　　）。

    A. 销售原材料收入   B. 出租包装物收取的押金

    C. 出售生产设备净收益   D. 销售产品收入

14. 甲公司与乙公司签订销售合同，向乙公司销售A、B、C三种产品，合同总价款为9万元，A、B、C产品的单独售价分别为5万元、4万元、3万元。A产品应分摊的交易价格为（　　）万元。

    A. 3   B. 3.75

    C. 2.25   D. 5

15. 下列资产中，属于流动资产的是（　　）。

    A. 使用权资产   B. 一年内到期的非流动资产

    C. 递延所得税资产   D. 无形资产

16. 2×24年12月31日，A公司有关科目余额如下："工程物资"科目的借方余额为220万元，"发出商品"科目借方余额为350万元，"生产成本"科目借方余额为180万元，"原材料"科目借方余额为80万元，"委托加工物资"科目借方余额为35万元，"材料成本差异"科目的贷方余额为20万元，"存货跌价准备"科目贷方余额为15万元，"受托代销商品"科目借方余额为200万元，"受托代销商品款"科目贷方余额为200万元，则2×24年12月31日，A公司资产负债表中"存货"项目"期末余额"的列报金额为（　　）万元。

    A. 810   B. 830

    C. 650   D. 610

17. 钢铁厂的生铁、钢锭，纺织厂的棉纱等需要计算半成品成本适用的成本核算方法是（　　）。

    A. 品种法   B. 分批法

    C. 逐步结转分步法   D. 平行结转分步法

18. 甲制造业企业本月生产 A 产品的工人工资为 40 万元，生产 B 产品的工人工资为 60 万元。本月发生车间管理人员工资等制造费用 40 万元。该企业按生产工人工资比例法分配制造费用。假设不考虑其他因素，本月 B 产品应分配的制造费用为（　　）万元。

    A. 20   B. 24

    C. 30   D. 40

19. 流动负债是指预计在 1 年内（含 1 年）偿还的负债。下列各项中，属于流动负债的是（　　）。

    A. 短期借款   B. 长期应付款

    C. 长期借款   D. 应付长期政府债券

20. 下列各项关于政府决算报告和政府综合财务报告的说法中，不正确的是（　　）。

    A. 两者的编制主体一致

    B. 政府综合财务报告的数据来源是以财务会计核算生成的数据为准

    C. 政府决算报告编制基础为权责发生制

    D. 政府综合财务报告反映的对象为政府整体财务状况、运行情况和财政中长期可持续性

二、多项选择题（本类题共 10 小题，每小题 2 分，共 20 分。每小题备选答案中，有两个或两个以上符合题意的正确答案。少选得相应分值，多选、错选、不选均不得分。）

1. 持续经营是企业会计确认、计量、记录和报告的前提，下列关于持续经营的说法中正确的有（　　）。

    A. 会计分期是对持续经营基本假设的有效延续

    B. 无形资产摊销可以按照其价值和使用情况确定采用合适的摊销方法，其依据的会计核算前提是持续经营

    C. 在持续经营理念下，企业会计人员认为未来经济发展高速应根据未来的预测核算经济业务的发生

    D. 持续经营的目的是将生产经营活动划分成连续相同的期间

2. 关于会计等式，以下表述正确的有（　　）。

    A. 资产 = 负债 + 所有者权益，反映了企业利润的实现过程

    B. 收入 - 费用 = 利润，是编制利润表的依据

    C. 资产 = 负债 + 所有者权益，是复式记账法的理论基础

    D. 收入 - 费用 = 利润，是经营成果等式

3. 企业取得交易性金融资产支付的总价款中，不应当计入交易性金融资产入账成本的有（　　）。

    A. 取得时金融资产的公允价值

    B. 支付给代理机构的手续费

    C. 取得时已到付息期但尚未领取的债券利息

    D. 支付给咨询公司的佣金

4. 甲公司和乙公司均为 A 公司的子公司，甲公司 2×24 年 4 月 1 日定向发行 10 000 万股普通股股票给乙公司的原股东（A 公司），以此为对价取得乙公司 90% 的有表决权股份，所发行股票面值为每股 1 元，公允价值为每股 6 元，当日办理完毕相关手续。当日乙公司所有者权益相对于集团最终控制方而言的账面价值为 10 000 万元（原母公司未确认商誉），公允价值为 15 000 万元，甲公司对此投资采用成本法核算。乙公司 2×24 年 6 月 3 日宣告分派现金股利 1 500 万元，当年乙公司实现净利润 6 000 万元（假设每月均衡）。2×25 年 5 月 6 日，乙公司宣告分派现金股利 7 500 万元；2×25 年乙公司实现净利润 9 000 万元（假设每月均衡）。则根据上述资料，甲公司正确的会计处理有（　　）。

A. 2×24 年 4 月 1 日初始投资成本为 9 000 万元

B. 对乙公司 2×24 年宣告分派的现金股利应确认投资收益 1 350 万元

C. 对乙公司 2×25 年宣告分派的现金股利应确认投资收益 6 750 万元

D. 2×25 年 12 月 31 日长期股权投资的账面价值为 14 400 万元

5. 某企业（为增值税一般纳税人）以其自产的一批微波炉作为春节福利发放给总部管理人员。该批产品不含增值税的市场售价为 80 万元，生产成本为 60 万元，按计税价格计算的增值税销项税额为 10.4 万元。不考虑其他因素，下列各项中，关于该业务对本期利润表项目的影响表述正确的有（   ）。

A. "税金及附加"项目增加 10.4 万元   B. "营业成本"项目增加 60 万元

C. "管理费用"项目增加 90.4 万元   D. "营业收入"项目增加 80 万元

6. 甲公司 2×23 年 12 月 31 日的股本为 10 000 万股，每股面值为 1 元，资本公积（股本溢价）4 000 万元，盈余公积 1 500 万元。经股东大会批准，甲公司以银行存款回购本公司股票 1 500 万股并注销，每股回购价为 4 元。下列各项中，会计处理正确的有（   ）。

A. 回购库存股时使所有者权益减少 6 000 万元

B. 注销库存股时减少资本公积 4 500 万元

C. 注销库存股时不影响所有者权益总额

D. 注销库存股时使股本减少 1 500 万元

7. 下列关于附有质量保证条款的销售中的质量保证的会计处理中，正确的有（   ）。

A. 法定要求之外的质量保证，通常应作为单项履约义务

B. 企业提供额外服务的，应当作为单项履约义务

C. 企业销售商品提供的质量保证，均应与商品销售作为一项履约义务

D. 企业提供的质量保证属于向客户保证所销售商品符合既定标准的服务的，应作为或有事项进行会计处理

8. 下列各项中，应列入利润表"营业成本"项目的有（   ）。

A. 随同商品出售单独计价的包装物成本

B. 销售材料的成本

C. 商品流通企业销售外购商品的成本

D. 随同商品出售不单独计价的包装物成本

9. 下列各项中，关于辅助生产费用直接分配法的表述中，错误的有（   ）。

A. 直接将辅助生产费用分配给辅助生产车间以外的各受益单位

B. 适用于辅助生产内部相互提供产品或劳务较多的情况

C. 直接分配法计算复杂，分配结果准确

D. 直接将辅助生产费用在辅助生产车间之间进行分配

10. 下列关于事业单位应缴财政款的说法中，正确的有（   ）。

A. 应缴财政款是指单位取得或应收的按照规定应当上缴财政的款项

B. 应缴财政款应进行预算会计处理

C. 应缴财政款包括应缴国库的款项和应缴财政专户的款项

D. 单位按照规定应缴纳的各种税费，应通过"应缴财政款"科目核算

三、判断题（本类题共 10 小题，每小题 1 分，共 10 分。请判断每小题的表述是否正确。每小题答题正确的得 1 分，错答、不答均不得分，也不扣分。）

1. 某企业与银行达成了 6 个月后借入 2 000 万元的借款意向书，形成了该企业的一项负债。

（   ）

2. 企业计提存货跌价准备，会影响资产负债表中"存货"项目的金额。 （ ）

3. 制造业企业出租无形资产取得的租金收入，应计入营业外收入。 （ ）

4. 企业仅按面值发行债券，应按实际收到的金额，借记"银行存款""库存现金"等科目，按债券票面价值，贷记"应付债券——面值"科目；实际收到的款项与债券票面金额的差额，借记或贷记"应付债券——利息调整"科目。 （ ）

5. 企业接受的机器设备投资，投资方承担增值税并向作为一般纳税人的被投资企业开具增值税专用发票时，其增值税进项税额不能计入实收资本。 （ ）

6. 盈余公积转增资本会使留存收益总额和所有者权益总额均发生变动。 （ ）

7. 企业发生的收取手续费方式的代销业务，应于发出委托代销商品时确认收入。 （ ）

8. 企业购置的固定资产是其从事生产经营活动的物质基础，因此购置固定资产支付的资金应在现金流量表"经营活动产生的现金流量"项目列示。 （ ）

9. 在财政授权支付方式下，事业单位按规定支用额度时，按照实际支用的额度，在预算会计中借记"事业支出"等科目，贷记"零余额账户用款额度"科目。 （ ）

10. 事业收入是指事业单位开展专业业务活动及其辅助活动实现的收入以及从同级政府财政部门取得的各类财政拨款。 （ ）

四、不定项选择题（本类题共 15 小题，每小题 2 分，共 30 分。每小题备选答案中，有一个或一个以上符合题意的正确答案，每小题全部选对得满分，少选得相应分值，多选、错选、不选均不得分。）

1. 甲公司为增值税一般纳税人，2×24 年发生的有关交易性金融资产业务如下：

（1）5 月 10 日，委托证券公司购入乙上市公司股票 200 万股，支付价款 1 006 万元（其中包含已宣告但尚未发放的现金股利 6 万元），另支付相关交易费用 3 万元，支付增值税 0.18 万元，甲公司将该股票投资确认为交易性金融资产。

（2）5 月 23 日，收到乙上市公司发放的现金股利并存入银行的投资款专户。

（3）6 月 30 日，持有的乙上市公司股票公允价值为 950 万元。

（4）7 月 20 日，全部出售乙上市公司股票 200 万股，售价为 1 160 万元，款项已收到。

要求：根据上述资料，假定不考虑其他因素，分析回答下列问题。（选项中的金额单位用万元表示）

（1）根据资料（1），下列各项中，甲公司购买股票应记入"交易性金融资产——成本"科目的金额正确的是（ ）万元。

    A. 1 009.18   B. 1 009

    C. 1 006   D. 1 000

（2）根据资料（2），下列各项中，甲公司收到乙上市公司发放现金股利的会计处理正确的是（ ）。

    A. 借：银行存款   6

           贷：投资收益   6

    B. 借：其他货币资金   6

           贷：应收股利   6

    C. 借：银行存款   6

           贷：应收股利   6

    D. 借：其他货币资金   6

           贷：投资收益   6

（3）根据资料（1）和资料（3），下列各项中，甲公司 6 月 30 日相关科目的会计处理结果正确的是（　　）。

  A. 贷记"交易性金融资产——公允价值变动"科目 50 万元

  B. 贷记"交易性金融资产——公允价值变动"科目 56 万元

  C. 借记"投资收益"科目 50 万元

  D. 借记"公允价值变动损益"科目 56 万元

（4）根据资料（1）~（4），下列各项中，关于甲公司 7 月 20 日出售乙上市公司股票时的会计处理结果正确的是（　　）。

  A. 交易性金融资产成本减少 1 000 万元

  B. 公允价值变动损益要转入投资收益

  C. 投资收益增加 210 万元

  D. 投资收益增加 204 万元

（5）根据资料（1）~（4），下列各项中，该股票投资对甲公司 2×24 年投资收益的影响额是（　　）万元。

  A. 213　　　　　　　　　　　　B. 157

  C. 207　　　　　　　　　　　　D. 209

2. 甲、乙、丙公司均不在同一集团内，2×23~2×24 年甲公司发生如下与长期股权投资相关的交易或事项：

（1）2×23 年 1 月，甲公司以 11 000 万元购入乙公司有表决权股份的 80%，能够对乙公司实施控制，取得投资时，乙公司所有者权益的账面价值为 15 000 万元（与公允价值相等）。

（2）2×23 年 1 月，甲公司以 9 000 万元取得丙公司有表决权股份的 30%，能够对丙公司施加重大影响，投资时，丙公司可辨认净资产的账面价值为 25 000 万元（与公允价值相等）。

（3）2×23 年度乙公司实现净利润 4 000 万元，丙公司实现净利润 3 000 万元。

（4）2×24 年 3 月，乙公司和丙公司分别宣告分派现金股利，甲公司按其持股比例可分得乙公司现金股利 200 万元，丙公司现金股利 100 万元。

（5）2×24 年 10 月，丙公司其他资本公积增加 1 000 万元。

（6）2×24 年 12 月，甲公司将其持有的丙公司股份全部出售，取得价款 11 000 万元。

要求：根据上述资料，不考虑其他因素，分析回答下列问题。（答案中的金额单位用万元表示）

（1）根据资料（1）和资料（2），下列各项中，关于甲公司长期股权投资核算方法表述正确的是（　　）。

  A. 对乙公司的长期股权投资应采用权益法核算

  B. 对丙公司的长期股权投资应采用权益法核算

  C. 对乙公司的长期股权投资应采用成本法核算

  D. 对丙公司的长期股权投资应采用成本法核算

（2）根据资料（1）和资料（2），下列各项中，关于甲公司取得长期股权投资时会计处理结果正确的是（　　）。

  A. 对丙公司的投资，"长期股权投资"科目增加 9 000 万元

  B. 对乙公司的投资，"长期股权投资"科目增加 12 000 万元

  C. 对乙公司的投资，"长期股权投资"科目增加 11 000 万元

  D. 对丙公司的投资，"长期股权投资"科目增加 7 500 万元

（3）根据资料（3）和资料（4），下列各项中，关于甲公司会计处理正确的是（　　）。

  A. 乙公司宣告分派现金股利：

   借：应收股利   200

  贷：投资收益 200

  B. 乙公司实现净利润：

   借：长期股权投资——乙公司——损益调整 32 000

    贷：投资收益 32 000

  C. 丙公司宣告分派现金股利：

   借：应收股利 100

    贷：长期股权投资——丙公司——损益调整 100

  D. 丙公司实现净利润：

   借：长期股权投资——丙公司——损益调整 900

    贷：投资收益 900

（4）根据资料（5），下列各项中，关于甲公司会计处理结果正确的是（ ）。

  A. "长期股权投资——丙公司——其他权益变动"科目增加 300 万元

  B. "其他综合收益"科目增加 300 万元

  C. "投资收益"科目增加 300 万元

  D. "资本公积——其他资本公积"科目增加 300 万元

（5）根据资料（6），下列各项中，甲公司应确认的投资收益是（ ）万元。

  A. 900   B. 1 200

  C. 800   D. 2 000

3. 甲公司是增值税一般纳税人，适用的增值税税率为 13%。销售商品、材料的价款中均不包含增值税，其成本随销售收入的确认逐笔结转，本年利润采用表结法核算。

2×24 年 1~11 月实现主营业务收入 800 万元，主营业务成本 500 万元，其他业务收入 100 万元，其他业务成本为 60 万元，税金及附加 30 万元，管理费用 40 万元，财务费用 15 万元，投资收益 30 万元，公允价值变动损益 60 万元，资产处置损益 –12 万元，营业外收入 50 万元，营业外支出 10 万元。

2×24 年 12 月份甲公司发生的交易或事项：

（1）12 月 1 日，销售一批商品，共销售 5 万件，每件售价 100 元，每件成本 70 元。同时，甲公司与客户签订销售退回条款，约定 2×25 年 3 月 31 日前该商品如出现质量问题可以予以退货。甲公司销售当日预计该商品的退货率为 10%；2×24 年 12 月 31 日甲公司根据最新情况重新预计该商品的退货率为 8%。

（2）12 月 8 日，出售一项无形资产，共取得价款 60 万元，该无形资产原价 80 万元，采用直线法摊销，无残值，该无形资产原计划摊销 10 年，到出售时已经摊销了 5 年。

（3）12 月 19 日，报废一台设备，原价 120 万元，已提折旧 100 万元，发生清理费用 2 万元，残料估价 1 万元，已入库。

（4）12 月 24 日，因债务重组获得确认收益 5 万元。

  要求：根据上述资料，不考虑增值税及其他因素，分析回答下列问题。（答案中的金额单位用万元表示）

（1）根据期初资料，甲公司 2×24 年 1~11 月份的营业利润为（ ）万元。

  A. 333   B. 345

  C. 373   D. 383

（2）根据资料（1），甲公司因销售该批商品 2×24 年 12 月应确认收入的金额为（ ）万元。

  A. 500   B. 490

  C. 350   D. 460

（3）根据资料（2），下列处理正确的是（　　）。

    A. 计入资产处置损益的金额为 20 万元

    B. 计入营业外收入的金额为 20 万元

    C. 该处置影响营业利润 20 万元

    D. 该处置影响利润总额 20 万元

（4）根据资料（3），下列处理正确的是（　　）。

    A. 计入资产处置损益的金额为 −21 万元

    B. 计入营业外支出的金额为 21 万元

    C. 该处置影响营业利润 −20 万元

    D. 该处置影响利润总额 −21 万元

（5）根据期初资料和资料（1）~（4），甲公司 2×24 年的利润总额为（　　）万元。

    A. 408   B. 437

    C. 393   D. 515

2025年度全国会计专业技术初级资格考试模拟试卷
初级会计实务（二）

一、单项选择题（本类题共20小题，每小题2分，共40分。每小题备选答案中，只有一个符合题意的正确答案。多选、错选、不选均不得分。）

1. 下列各项中，会计机构、会计人员对其特定主体经济活动和相关会计核算的真实性、完整性、合法性和合理性进行审查的会计职能是（　　）。
   - A. 监督职能
   - B. 评价经营业绩职能
   - C. 参与经济决策职能
   - D. 核算职能

2. 下列各项中，关于收付实现制的表述中，正确的是（　　）。
   - A. 以发生支付款项的义务确认费用
   - B. 政府财务会计采用收付实现制
   - C. 企业财务会计采用收付实现制
   - D. 以实际收到款项为标志确认收入

3. 某公司期末盘盈复印机一台，应采用的会计计量是（　　）。
   - A. 现值
   - B. 公允价值
   - C. 历史成本
   - D. 重置成本

4. 某企业为增值税一般纳税人，适用13%的增值税税率，本月销售一批商品，企业开具的增值税专用发票上注明价款为200万元，增值税税额为26万元。同时，为购买方垫付包装费1万元，保险费0.5万元，款项尚未收回。该企业应当确认的应收账款入账金额为（　　）万元。
   - A. 226
   - B. 201.5
   - C. 227
   - D. 227.5

5. 某商业企业采用售价金额核算法计算期末存货成本。本月月初存货成本为20 000元，售价总额为30 000元；本月购入存货成本为100 000元，其售价总额为120 000元；本月销售收入为100 000元。该企业本月销售成本为（　　）元。
   - A. 96 667
   - B. 80 000
   - C. 40 000
   - D. 33 333

6. 企业的某项固定资产账面原价为2 000万元，采用年限平均法计提折旧，预计使用寿命为10年，预计净残值为0。在第4个折旧年度末企业对该项固定资产的某一主要部件进行更换，发生支出合计1 000万元，符合准则规定的固定资产确认条件。被更换部件的账面原价为800万元，出售取得变价收入1万元。固定资产更新改造后的入账价值为（　　）万元。
   - A. 2 200
   - B. 1 720
   - C. 1 200
   - D. 2 199

7. 某企业对投资性房地产采用成本模式计量。2×24年1月25日购入一幢建筑物用于出租，该建筑物的成本为270万元，预计使用年限为20年，预计净残值为30万元，采用直线法计提折旧。不考虑其他因素，该企业2×24年应计提的折旧额为（　　）万元。

    A. 12   B. 20

    C. 11   D. 10

8. 2×24 年 7 月 1 日,某企业借入生产经营用借款 900 000 元,期限 6 个月,年利率 4%。该借款的利息按月计提、按季度支付,借款本金到期一次偿还。下列各项中,2×24 年 9 月 20 日该企业支付借款利息的会计处理正确的是（   ）。

    A. 借：应付利息   6 000

        财务费用   2 000

           贷：银行存款   8 000

    B. 借：财务费用   8 000

           贷：银行存款   8 000

    C. 借：财务费用   2 000

        短期借款   6 000

           贷：银行存款   8 000

    D. 借：短期借款   8 000

           贷：银行存款   8 000

9. 某企业与其销售经理达成协议：2 年后利润达到 500 万元,其薪酬为利润的 3%。下列各项中,该企业向销售经理提供薪酬的类别是（   ）。

    A. 职工福利费   B. 辞退福利

    C. 离职后福利   D. 利润分享计划

10. 甲公司为增值税一般纳税人,委托乙公司加工一批应税消费品,该批应税消费品收回后直接对外出售。甲公司在收回该批委托加工应税消费品时,应将由受托方代收代缴的消费税记入（   ）科目。

    A. 应交税费——应交消费税   B. 主营业务成本

    C. 委托加工物资   D. 生产成本

11. 下列项目中,能同时引起资产和所有者权益发生增减变化的项目是（   ）。

    A. 将盈余公积转增资本   B. 分配股票股利

    C. 投资者投入资本   D. 提取盈余公积

12. 某企业年初未分配利润贷方余额为 1 000 万元,本年实现净利润 3 000 万元,按净利润的 10% 提取法定盈余公积,提取任意盈余公积 200 万元,该企业年末可供投资者分配利润为（   ）万元。

    A. 1 000   B. 3 400

    C. 3 500   D. 4 000

13. 2×24 年 1 月 1 日,甲公司开始推行一项奖励积分计划。根据该计划,客户在甲公司每消费 10 元可获得 1 个积分,每个积分从次月开始在购物时可以抵减 1 元。截至 2×24 年 1 月 31 日,客户共消费 100 000 元,可获得 10 000 个积分,根据历史经验,甲公司估计该积分的兑换率为 90%。截至 2×24 年 12 月 31 日,客户共兑换了 6 300 个积分,假定甲公司预计该积分的兑换率不变。不考虑增值税及其他因素的影响,2×24 年 12 月 31 日,甲公司合同负债的账面余额为（   ）元。(计算结果保留两位小数)

    A. 5 779.82   B. 2 477.06

    C. 8 256.88   D. 9 000

14. 甲公司 2×24 年税前会计利润为 2 000 万元,其中本年国债利息收入 120 万元,行政罚款 20 万元,企业所得税税率为 25%,假定不考虑其他因素,该公司 2×24 年度所得税费用为（   ）万元。

A. 465　　　　　　　　　　　　　B. 470

C. 475　　　　　　　　　　　　　D. 500

15. 下列各项中，应根据有关科目余额减去其备抵科目余额后的净额填列的是（　　）。

　　A. 短期借款　　　　　　　　　　B. 货币资金

　　C. 长期借款　　　　　　　　　　D. 在建工程

16. 2×24 年 12 月 31 日，某公司有关科目余额如下，"在建工程"科目借方余额 90 万元，"在建工程减值准备"科目贷方余额 12 万元，"工程物资"科目借方余额 35 万元，"工程物资减值准备"科目贷方余额 5 万元。不考虑其他因素，2×24 年 12 月 31 日，该公司资产负债表"在建工程"项目期末余额应填列的金额为（　　）万元。

　　A. 125　　　　　　　　　　　　　B. 113

　　C. 120　　　　　　　　　　　　　D. 108

17. 2×24 年 9 月，甲工厂基本生产车间生产 M 和 N 两种产品。共发生生产工人职工薪酬 3 000 万元，按生产工时比例分配，M 产品的生产工时为 400 小时，N 产品的生产工时为 600 小时。该工厂 M 产品当月应分配的职工薪酬金额为（　　）万元。

　　A. 1 200　　　　　　　　　　　　B. 1 800

　　C. 3 000　　　　　　　　　　　　D. 1 500

18. 如果企业定额管理基础好，各月月末在产品数量变化不大，则该企业适宜采用的完工产品和在产品成本分配方法是（　　）。

　　A. 不计算在产品成本法　　　　　B. 在产品按年初数固定成本计算

　　C. 在产品按定额成本计价法　　　D. 定额比例法

19. 下列各项业务中，单位需要进行预算会计核算的是（　　）。

　　A. 受托代理的现金收支业务　　　B. 应上缴财政的现金收支业务

　　C. 计提固定资产折旧　　　　　　D. 购买固定资产

20. 下列各项中，在财政直接支付方式下，事业单位收到"财政直接支付入账通知书"时，财务会计核算应贷记的会计科目是（　　）。

　　A. 经营收入　　　　　　　　　　B. 其他收入

　　C. 事业收入　　　　　　　　　　D. 财政拨款收入

二、多项选择题（本类题共 10 小题，每小题 2 分，共 20 分。每小题备选答案中，有两个或两个以上符合题意的正确答案。少选得相应分值，多选、错选、不选均不得分。）

1. 下列各项中，属于原始凭证审核内容的有（　　）。

　　A. 原始凭证记载的金额是否正确

　　B. 原始凭证各项基本要素是否齐全

　　C. 原始凭证所记录经济业务是否符合企业经济活动的需要

　　D. 原始凭证日期、内容和数据是否真实

2. 企业在计提下列各项减值准备时，应通过"资产减值损失"科目核算的有（　　）。

　　A. 坏账准备　　　　　　　　　　B. 存货跌价准备

　　C. 无形资产减值准备　　　　　　D. 固定资产减值准备

3. 下列各项关于企业固定资产折旧方法的表述中，正确的有（　　）。

　　A. 采用年限平均法计算的年折旧额相等

　　B. 采用年数总和法计算的年折旧率相等

　　C. 采用年数总和法计算的年折旧额递减

　　D. 采用双倍余额递减法计算的年折旧额相等

4. 下列各项中，关于制造业企业预提短期借款利息的会计科目处理正确的有（　　）。

　　A. 借记"财务费用"科目　　　　　　　　B. 借记"制造费用"科目

　　C. 贷记"应付账款"科目　　　　　　　　D. 贷记"应付利息"科目

5. 下列各项中，最终会引起留存收益总额发生增减变动的有（　　）。

　　A. 资本公积转增资本　　　　　　　　　　B. 盈余公积转增资本

　　C. 盈余公积补亏损　　　　　　　　　　　D. 发生业务招待费

6. 甲公司为了促销某款手机，在销售的同时，约定免费提供一年期的维修服务，该维修服务既包括手机自身质量问题的修理，也包括非自身质量问题的修理。假定这两项服务可以合理地区分。下列关于甲公司会计处理的表述中，正确的有（　　）。

　　A. 甲公司因手机自身质量问题提供的维修服务，需要作为单项履约义务进行会计处理

　　B. 甲公司因手机自身质量问题提供的维修服务，应在销售发生时按照或有事项准则确认为一项负债

　　C. 甲公司因非手机自身质量问题提供的维修服务，应当在销售发生时按照交易价格和商品与服务的单独售价比例，分别分摊确认商品销售收入和维修服务收入

　　D. 甲公司应该在销售时直接确认商品销售收入，不确认其他收入

7. 下列属于企业财务报告附注中应披露的内容有（　　）。

　　A. 企业基本情况　　　　　　　　　　　　B. 财务报表的编制基础

　　C. 会计估计变更的说明　　　　　　　　　D. 遵循企业会计准则的声明

8. 下列各项中，不列入工业企业利润表"营业收入"项目的有（　　）。

　　A. 出售专利技术净收益　　　　　　　　　B. 销售商品取得收入

　　C. 接受捐赠利得　　　　　　　　　　　　D. 债券投资利息收入

9. 下列各项中，属于企业生产费用在完工产品和在产品之间分配方法的有（　　）。

　　A. 交互分配法

　　B. 在产品按定额成本计价法

　　C. 约当产量比例法

　　D. 不计算在产品成本法

10. 下列关于政府会计的表述中，错误的有（　　）。

　　A. 政府负债的计量属性主要包括历史成本、重置成本、现值、公允价值

　　B. 预算会计要素包括预算收入、预算支出与预算结余

　　C. 政府会计是由预算会计构成

　　D. 政府财务会计要素包括资产、负债、所有者权益、收入和费用

三、判断题（本类题共 10 小题，每小题 1 分，共 10 分。请判断每小题的表述是否正确。每小题答题正确的得 1 分，错答、不答均不得分，也不扣分。）

1. 实质重于形式要求企业应当按照交易或者事项的经济实质进行会计确认、计量和报告，而不仅仅以交易或者事项的法律形式为依据。　　　　　　　　　　　　　　　　　　　　　（　　）

2. 单位应当指定专门机构或者岗位负责会计信息化工作，未设置会计机构和会计岗位的单位，可以采取委托代理记账机构或者财政部规定的其他方式组织会计工作，推进会计信息化应用。（　　）

3. 货物验收入库但尚未取得增值税扣税凭证，月末按暂估价格入账，增值税进项税额不需要暂估入账。　　　　　　　　　　　　　　　　　　　　　　　　　　　　　　　　　　　（　　）

4. 权益法核算的长期股权投资，被投资单位发生净亏损时，投资方应冲减长期股权投资账面价值，若长期股权投资账面价值减记至零后，还需承担投资损失的，应继续冲减长期股权投资账面价值，即权益法核算的长期股权投资账面价值可以为负数。　　　　　　　　　　　　　　　（　　）

5. 长期借款利息费用应当在资产负债表日按照实际利率法计算确定，实际利率与合同利率差异较小的，也可以采用合同利率计算确定利息费用。　　　　　　　　　　　　　　　　（　　）

6. 股份有限公司发行股票发生的手续费和佣金等费用，先从发行股票的溢价收入中抵销，发行股票的溢价不足冲减或无溢价，计入财务费用。　　　　　　　　　　　　　　　　　　（　　）

7. 应纳税暂时性差异一般情况下应确认相关递延所得税负债。　　　　　　　　　　（　　）

8. 资产负债表是根据"资产＝负债＋所有者权益"这一平衡公式，按照一定的分类标准和一定的次序，将某一特定日期的资产、负债、所有者权益的具体项目予以适当的排列编制而成。（　　）

9. 对制造企业而言，大批大量单步骤生产产品或管理上不要求提供有关生产步骤成本信息的，以每种产品及各生产步骤为成本核算对象。　　　　　　　　　　　　　　　　　　（　　）

10. 预算支出是指报告期内导致政府会计主体净资产减少的、含有服务潜力或经济利益的经济资源的流出。　　　　　　　　　　　　　　　　　　　　　　　　　　　　　　　　（　　）

四、不定项选择题（本类题共 15 小题，每小题 2 分，共 30 分。每小题备选答案中，有一个或一个以上符合题意的正确答案，每小题全部选对得满分，少选相应分值，多选、错选、不选均不得分。）

1. 甲公司为增值税一般纳税人，适用的货物增值税税率为 13%，原材料采用计划成本核算。2×24 年 7 月 1 日，"原材料——A 材料"科目借方余额 1 463 万元，"材料成本差异"科目贷方余额 62.89 万元，"存货跌价准备——甲产品"科目贷方余额 122 万元。甲公司采用期初材料成本差异率分摊成本差异。7 月发生如下经济业务：

（1）2 日，外购 A 材料一批，取得增值税专用发票注明的价款为 210 万元，增值税税额为 27.3 万元，取得运费增值税专用发票注明的运费为 2 万元，增值税税额为 0.18 万元，以上款项均以银行存款支付。该批原材料已验收入库，其计划成本为 200 万元。

（2）10 日，将一批计划成本为 120 万元的 A 材料发往乙公司进行加工，支付加工费及辅料费取得增值税专用发票注明加工费 13.6 万元，增值税税额为 1.77 万元。乙公司按税法规定代扣代缴消费税 32.5 万元。A 材料加工后称为 B 材料。甲公司将收回的 B 材料用于连续生产加工应税消费品丁产品。20 日，甲公司收回 B 材料并验收入库，其计划成本为 140 万元。

（3）25 日，生产车间领用 A 材料一批，其计划成本为 520 万元。

（4）31 日，库存商品——甲产品成本为 1 200 万元，预计市场售价为 1 210 万元，预计销售甲产品将发生销售税费合计 18 万元。

要求：根据上述资料，不考虑其他因素，分析回答下列问题。（答案金额以万元表示）

（1）根据资料（1），下列会计处理正确的是（　　　　）。

A. 借：原材料　　　　　　　　　　　　　　　　　212
　　应交税费——应交增值税（进项税额）　　　　27.48
　　　贷：银行存款　　　　　　　　　　　　　　　　　239.48

B. 借：材料采购　　　　　　　　　　　　　　　　　212
　　应交税费——应交增值税（进项税额）　　　　27.48
　　　贷：银行存款　　　　　　　　　　　　　　　　　239.48

C. 借：材料采购　　　　　　　　　　　　　　　　　200
　　材料成本差异　　　　　　　　　　　　　　　　12
　　　贷：原材料　　　　　　　　　　　　　　　　　　212

D. 借：原材料　　　　　　　　　　　　　　　　　　200
　　材料成本差异　　　　　　　　　　　　　　　　12
　　　贷：材料采购　　　　　　　　　　　　　　　　　212

（2）根据资料（2），下列会计处理正确的是（　　　）。

  A. 10 日，发出材料：

   借：委托加工物资　　　　　　　　　　　　　　　120

    贷：原材料　　　　　　　　　　　　　　　　　　　　120

  B. 10 日，发出材料：

   借：委托加工物资　　　　　　　　　　　　　　　116.4

    材料成本差异　　　　　　　　　　　　　　　3.6

    贷：原材料　　　　　　　　　　　　　　　　　　　　120

  C. 支付加工费：

   借：委托加工物资　　　　　　　　　　　　　　　13.6

    应交税费——应交增值税（进项税额）　　　1.77

    贷：银行存款　　　　　　　　　　　　　　　　　　　15.37

  D. 20 日，收回加工材料：

   借：原材料　　　　　　　　　　　　　　　　　　140

    贷：委托加工物资　　　　　　　　　　　　　　　　　130

    材料成本差异　　　　　　　　　　　　　　　　　　　10

（3）根据资料（3），生产车间领用 A 材料的实际成本为（　　　）万元。

  A. 520　　　　　　　　　　　　　　B. 535.6

  C. 504.4　　　　　　　　　　　　　D. 501.6

（4）根据资料（4），下列会计处理正确的是（　　　）。

  A. 借：资产减值损失　　　　　　　　　　　　　　8

    贷：存货跌价准备　　　　　　　　　　　　　　　　8

  B. 借：存货跌价准备　　　　　　　　　　　　　　8

    贷：资产减值损失　　　　　　　　　　　　　　　　8

  C. 借：存货跌价准备　　　　　　　　　　　　　　114

    贷：资产减值损失　　　　　　　　　　　　　　　　114

  D. 借：资产减值损失　　　　　　　　　　　　　　114

    贷：存货跌价准备　　　　　　　　　　　　　　　　114

（5）根据上述资料，A 材料期末的实际成本为（　　　）万元。

  A. 1 023　　　　　　　　　　　　　B. 992.31

  C. 1 053.69　　　　　　　　　　　D. 998.69

2. 2×24 年，甲企业发生如下与无形资产有关的业务：

（1）3 月 1 日，该企业自行研发某项非专利技术，其中研究阶段支出 100 万元，开发阶段支出 800 万元（其中符合资本化支出 500 万元）。5 月，研发成功达到可使用状态，该项无形资产无法确定其预计使用年限。

（2）6 月 1 日，出租一项特许权，账面余额为 300 万元，已摊销 120 万元，本月应摊销 5 万元，收到本月租金 10 万元存入银行。假定适用增值税税率为 6%。

（3）7 月 4 日，出售一项专利权，该专利权账面余额为 100 万元，已摊销 60 万元，未计提减值准备。取得收入 80 万元，税法规定此业务免税。

（4）年底，企业自行研发的非专利技术的可收回金额为 300 万元。

要求：根据上述资料，不考虑其他因素，分析回答下列问题。（答案中的金额单位用万元表示）

（1）根据资料（1），3 月末，该非专利技术研发费用的账务处理正确的是（　　　）。

　　　A. 记入"研发支出——费用化支出"的金额为 400 万元

　　　B. 记入"研发支出——资本化支出"的金额为 800 万元

　　　C. "研发支出——费用化支出"期末转入"管理费用"

　　　D. "研发支出——资本化支出"期末转入"无形资产"

（2）根据资料（1），下列处理正确的是（　　）。

　　　A. 该项非专利技术的入账价值为 800 万元

　　　B. 该项非专利技术应按照可使用年限和法律规定年限中较短者进行摊销

　　　C. 该项非专利技术应按照 10 年进行摊销

　　　D. 该项非专利技术不应摊销

（3）根据资料（2），关于企业出租特许权的处理中，正确的是（　　）。

　　　A. 租金 10 万元应计入其他业务收入

　　　B. 租金 10 万元应计入营业外收入

　　　C. 摊销金额 5 万元应计入其他业务成本

　　　D. 摊销金额 5 万元应计入营业外支出

（4）根据资料（3），出售专利权的账务处理正确的是（　　）。

　　　A. 计入"资产处置损益"的金额为 40 万元

　　　B. 计入"营业外收入"的金额为 40 万元

　　　C. 该业务影响营业利润 40 万元

　　　D. 该业务影响利润总额 40 万元

（5）根据资料（1）和资料（4），关于该非专利技术，下列处理正确的是（　　）。

　　　A. 应计提 200 万元的减值准备

　　　B. 影响营业利润 200 万元

　　　C. 计提完减值准备后的账面价值为 300 万元

　　　D. 计提减值不影响营业利润

3. 甲公司是一家专业从事工业设备安装的企业，适用的增值税税率为 9%，2×24 年 12 月 1 日与乙公司签订合同，为其安装一台设备，安装期为 3 个月，合同总收入 600 000 元，该项安装服务构成单项履约义务，并属于在某一时段内履行的履约义务。

（1）甲公司于 2×24 年 12 月 1 日预收安装费 440 000 元。

（2）甲公司至 2×24 年末，实际发生的安装费用为 280 000 元（假定均为安装人员薪酬），估计还将发生安装费用 120 000 元。假定甲公司按实际发生的成本占估计总成本的比例确定安装的履约进度。

（3）2×25 年 2 月 25 日完成该安装任务，累计发生安装费 390 000 元（假定均为安装人员薪酬），并收到剩余合同款及全部增值税。

　　要求：根据上述资料，不考虑其他因素，分析回答下列问题。

（1）根据资料（1），甲公司的正确会计处理是（　　）。

　　　A. 银行存款增加 440 000 元

　　　B. 预收账款增加 440 000 元

　　　C. 合同负债增加 440 000 元

　　　D. 其他应付款增加 440 000 元

（2）根据资料（2），甲公司的正确会计处理是（　　）。

　　　A. 合同履约成本增加 280 000 元

　　　B. 合同取得成本增加 280 000 元

　　　C. 合同资产增加 280 000 元

D. 应付职工薪酬增加 280 000 元

（3）根据资料（1）和资料（2），2×24 年末甲公司的正确会计处理是（　　）。

A. 甲公司应确认主营业务成本 280 000 元

B. 甲公司应确认主营业务收入 420 000 元

C. 甲公司应冲减合同负债 420 000 元

D. 甲公司应冲减预收账款 420 000 元

（4）根据资料（3），2×25 年 2 月 25 日，甲公司会计处理不正确的是（　　）。

A. 甲公司主营业务成本增加 390 000 元

B. 甲公司主营业务收入增加 180 000 元

C. 甲公司银行存款增加 214 000 元

D. 甲公司合同负债减少 20 000 元

（5）下列关于在某一时段内履行履约义务的说法中，正确的是（　　）。

A. 企业应当考虑商品的性质，采用一定的方法确定恰当的履约进度，并且在确定履约进度时，应当扣除那些控制权尚未转移客户的商品和服务

B. 企业应当根据实际情况，首先判断履约义务是否满足在某一时点履行的条件，如不满足，则该履约义务属于在某一时段内履行的履约义务

C. 资产负债表日，企业按照合同的交易价格总额乘以履约进度扣除以前会计期间累计已确认的收入后的金额，确认当期收入

D. 当履约进度不能合理确定时，企业已经发生的成本预计能够得到补偿的，应当按照已经发生的成本金额确认收入，直到履约进度能够合理确定为止

2025 年度全国会计专业技术初级资格考试模拟试卷
初级会计实务（三）

一、单项选择题（本类题共 20 小题，每小题 2 分，共 40 分。每小题备选答案中，只有一个符合题意的正确答案。多选、错选、不选均不得分。）

1. 下列各项中，体现谨慎性会计信息质量要求的表述是（   ）。
   A. 不同时期发生的相同交易，应采用一致的会计政策，不得随意变更
   B. 提供的会计信息应当清晰明了，便于理解和使用
   C. 对已售商品很可能发生的保修义务确认预计负债
   D. 及时将编制的财务报告传递给使用者

2. 下列各项中，引起资产的内部增减变化的经济业务是（   ）。
   A. 从银行提取现金 5 万元
   B. 以银行存款 1 200 万元偿还前欠货款
   C. 收到投资者投入的价值 3 000 万元的机器一台
   D. 宣布向投资者分配利润 2 000 万元

3. 下列各项中，关于记账凭证账务处理程序的表述错误的是（   ）。
   A. 直接根据记账凭证登记总分类账
   B. 适用于规模较小、经济业务量较少的单位
   C. 不能反映经济业务的详细情况
   D. 登记总分类账的工作量较大

4. 因债务人抵偿前欠货款而取得的应收票据，借记"应收票据"科目，贷记（   ）科目。
   A. 应收账款
   B. 主营业务收入
   C. 应交税费——应交增值税（销项税额）
   D. 银行存款

5. 下列属于其他应收款的是（   ）。
   A. 租入包装物支付的押金
   B. 租入包装物支付的租金
   C. 预付的货款
   D. 应付的出租包装物的押金

6. 企业对随同商品出售且单独计价的包装物进行会计处理时，该包装物的实际成本应结转到的会计科目是（   ）。
   A. 制造费用
   B. 管理费用
   C. 销售费用
   D. 其他业务成本

7. 某企业月初结存材料的计划成本为 250 万元，材料成本差异为节约 30 万元；当月入库材料的计划成本为 550 万元，材料成本差异为超支 70 万元；当月生产车间领用材料的计划成本为 600 万元。当月生产车间领用材料的实际成本为（   ）万元。
   A. 502.5
   B. 570

C. 630

D. 697.5

8. 3月20日，甲公司合并乙企业，该项合并属于同一控制下的企业合并。合并中，甲公司发行本公司普通股1 000万股（每股面值1元，市价为2.1元）作为对价取得乙企业60%股权。合并日，乙企业的净资产账面价值为3 200万元（相对于最终控制方而言），公允价值为3 500万元。假定合并前双方采用的会计政策及会计期间均相同。不考虑其他因素，甲公司对乙企业长期股权投资的初始投资成本为（　　）万元。

A. 1 920

B. 2 100

C. 3 200

D. 3 500

9. 企业扩建一条生产线，该生产线原价为1 000万元，已提折旧300万元，扩建生产线发生相关支出800万元，且满足固定资产确认条件，不考虑其他因素，该生产线扩建后的入账价值为（　　）万元。

A. 1 000

B. 800

C. 1 800

D. 1 500

10. 某公司辞退计划的职工最佳估计数为60名，为生产工人和车间管理人员，该公司预计离职补偿总额为120万元。不考虑其他因素，则该公司有关辞退福利的会计处理正确的是（　　）。

A. 借：管理费用　　　　　　　　　　　　　　　　　　　　　　　1 200 000

　　　贷：应付职工薪酬——辞退福利　　　　　　　　　　　　　　　　　1 200 000

B. 借：生产成本　　　　　　　　　　　　　　　　　　　　　　　1 200 000

　　　贷：应付职工薪酬——离职后福利　　　　　　　　　　　　　　　　1 200 000

C. 借：生产成本　　　　　　　　　　　　　　　　　　　　　　　1 200 000

　　　贷：应付职工薪酬——辞退福利　　　　　　　　　　　　　　　　　1 200 000

D. 借：制造费用　　　　　　　　　　　　　　　　　　　　　　　1 200 000

　　　贷：应付职工薪酬——辞退福利　　　　　　　　　　　　　　　　　1 200 000

11. 下列各项中，应通过"应交税费"科目核算的是（　　）。

A. 一般纳税人进口商品交纳的关税　　　　B. 占用耕地交纳的耕地占用税

C. 购买印花税票交纳的印花税　　　　　　D. 销售应税消费品交纳的消费税

12. 某企业将自产的200台产品作为非货币性福利发放给职工。每台成本为800元、不含税市场售价为每台1 200元，适用的增值税税率为13%。不考虑其他因素，该企业应确认的应付职工薪酬金额为（　　）元。

A. 160 000

B. 180 800

C. 240 000

D. 271 200

13. 投资者实际出资额超过投资者在企业注册资本中所占份额的部分，应计入（　　）。

A. 实收资本

B. 资本公积

C. 留存收益

D. 营业外收入

14. M公司2×24年12月31日的股本是1 000万股，面值1元，资本公积（股本溢价）100万元，盈余公积100万元，假定M公司回购本公司股票100万股，以每股2元的价格收回，假定不考虑其他条件，则注销库存股时冲减的盈余公积是（　　）万元。

A. 100

B. 200

C. 300

D. 0

15. 2×24年1月1日，甲公司与乙公司签订合同，向其销售A产品。合同约定，当乙公司在2×24年的采购量不超过2 000件时，每件产品的价格为80元；当乙公司在2×24年的采购量超过2 000件时，每件产品的价格为70元。乙公司在第一季度的采购量为150件，甲公司预计乙公司全年的采购量不会超过 2 000 件。2×24 年 4 月，乙公司因完成产能升级而增加了原材料的采购量，第二季度共向甲公司采购 A 产品 1 000 件，甲公司预计乙公司全年的采购量将超过 2 000 件，因此，全年采购量适用的产品单价均将调整为 70 元。甲公司 2×24 年第二季度应确认收入为（　　）元。

  A. 68 500   B. 8 000

  C. 7 000   D. 0

  16. 2×24 年某企业取得债券投资利息收入 15 万元，其中国债利息收入 5 万元，全年税前利润总额为 150 万元，所得税税率为 25%，不考虑其他因素，2×24 年该企业的净利润为（　　）万元。

  A. 112.5   B. 113.75

  C. 116.75   D. 111.25

  17. 甲公司 2×24 年主营业务收入 175 万元，主营业务成本 75 万元；其他业务收入 23 万元，其他业务成本 15 万元；营业外收入 27 万元。不考虑其他因素，则甲公司 2×24 年利润表中"营业收入"项目应填列金额为（　　）万元。

  A. 108   B. 198

  C. 135   D. 225

  18. 下列各项中，属于投资活动现金流量的是（　　）。

  A. 吸收投资需要的现金   B. 处置无形资产收回的现金净额

  C. 支付的所得税   D. 偿还债务支付的现金

  19. 下列各项中，不属于单位财务会计要素的是（　　）。

  A. 资产   B. 预算收入

  C. 负债   D. 净资产

  20. 下列各项中，关于政府会计"双功能"特点表述正确的是（　　）。

  A. 政府会计应当实现预算会计和财务会计的双重功能

  B. 政府会计应当实现预算会计和管理会计的双重功能

  C. 政府会计应当实现预算会计和成本会计的双重功能

  D. 政府会计应当实现财务会计和管理会计的双重功能

二、多项选择题（本类题共 10 小题，每小题 2 分，共 20 分。每小题备选答案中，有两个或两个以上符合题意的正确答案。少选得相应分值，多选、错选、不选均不得分。）

  1. 下列各项中，属于我国企业会计准则体系组成部分的有（　　）。

  A. 基本准则   B. 具体准则

  C. 准则解释   D. 会计处理规定

  2. "材料成本差异"账户贷方可以用来登记（　　）。

  A. 购进材料实际成本小于计划成本的差额

  B. 发出材料应负担的超支差异

  C. 发出材料应负担的节约差异

  D. 购进材料实际成本大于计划成本的差额

  3. 下列各项中，应计入存货成本的有（　　）。

  A. 采购入库后放入一般仓库后的仓储费用

  B. 季节性停工损失

  C. 生产工人的非货币性福利

  D. 支付收回后直接销售的委托加工物资的消费税

  4. 下列有关无形资产会计处理的表述中，正确的有（　　）。

  A. 用于建造厂房的土地使用权的账面价值应计入所建厂房的建造成本

B. 使用寿命不确定的无形资产应统一按照10年摊销

C. 内部研发无形资产，无法区分研究阶段和开发阶段的应全部费用化

D. 内部研发无形资产，研究阶段发生的支出不应确认为无形资产

5. 下列各项中，企业对于已到期而无力支付票款的商业承兑汇票的会计处理，表述正确的有（　　）。

A. 贷记"短期借款"科目

B. 贷记"营业外收入"科目

C. 借记"应付票据"科目

D. 贷记"应付账款"科目

6. 下列各项中，属于资本公积核算的内容有（　　）。

A. 企业收到投资者出资额超出其在注册资本（或股本）中所占份额的部分

B. 直接计入所有者权益的利得

C. 直接计入所有者权益的损失

D. 其他资本公积

7. 下列各项中，对暂时性差异的表述正确的有（　　）。

A. 负债的计税基础是指负债的账面价值减去未来期间计算应纳税所得额时按照税法规定可予抵扣的金额

B. 资产的账面价值小于其计税基础，产生应纳税暂时性差异

C. 资产的账面价值大于其计税基础，产生应纳税暂时性差异

D. 负债的账面价值大于其计税基础，产生可抵扣暂时性差异

8. 以下属于筹资活动产生的现金流量的有（　　）。

A. 借款收到的现金　　　　　　　　　B. 偿付利息所支付的现金

C. 取得债券利息收入所收到的现金　　D. 用固定资产清偿债务

9. 下列各项中，属于制造企业制造费用分配方法的有（　　）。

A. 生产工人工时比例法　　　　　　　B. 生产工人工资比例法

C. 约当产量比例法　　　　　　　　　D. 计划成本分配法

10. 下列各项中，属于政府会计融资活动形成的举借债务的有（　　）。

A. 应缴财政款　　　　　　　　　　　B. 向国际经济组织借入款项

C. 对外国政府贷款担保　　　　　　　D. 发行政府债券

三、判断题（本类题共10小题，每小题1分，共10分。请判断每小题的表述是否正确。每小题答题正确的得1分，错答、不答均不得分，也不扣分。）

1. 符合中小企业划型标准规定且具有金融企业性质的小企业适用小企业会计准则。（　　）

2. 生产产品完工验收入库填制的产品入库单属于企业外来原始凭证。（　　）

3. 分次摊销法适用于可供多次反复使用的低值易耗品。（　　）

4. 企业以一笔款项购入多项没有单独标价的固定资产时，应按各项固定资产账面价值的比例对总成本进行分配，分别确定各项固定资产的成本。（　　）

5. 企业根据股东大会或类似机构审议批准的利润分配方案中确认分配的股票股利，应通过"应付股利"科目核算。（　　）

6. 优先股应当分类为权益工具，而永续债应当分类为金融负债。（　　）

7. 如果选择权向客户提供了重大权利，企业应当在客户取得这些商品或服务前确认收入。（　　）

8. 如果企业研发的无形资产在资产负债表日尚未达到预定用途，其中符合资本化条件支出的部分，记入资产负债表"开发支出"项目下。（　　）

9. 制造费用属于直接生产成本，所以产成品成本中的制造费用要根据生产工时等分配标准分配计入。　　　　　　　　　　　　　　　　　　　　　　　　　　　　　　（　　）

10. 政府单位提前报废的固定资产，需要补提折旧。　　　　　　　　　　　　　　（　　）

四、不定项选择题（本类题共 15 小题，每小题 2 分，共 30 分。每小题备选答案中，有一个或一个以上符合题意的正确答案，每小题全部选对得满分，少选得相应分值，多选、错选、不选均不得分。）

1. 甲公司为增值税一般纳税人，其固定资产相关业务如下：

（1）2×24 年 12 月 20 日，甲公司向乙公司一次购进三台不同型号且具有不同生产能力的 A 设备、B 设备和 C 设备，共支付价款 4 000 万元，增值税税额为 520 万元，包装费及运输费 30 万元，另支付 A 设备安装费 18 万元，B 设备、C 设备不需要安装，同时，支付购置合同签订、差旅费等相关费用 2 万元，全部款项已由银行存款支付。

（2）2×24 年 12 月 28 日，三台设备均达到预定可使用状态，三台设备的公允价值分别为 2 000 万元、1 800 万元和 1 200 万元。该公司按每台设备公允价值的比例对支付的价款进行分配，并分别确定其入账价值。

（3）三台设备预计的使用年限均为 5 年，预计净残值率为 2%，使用双倍余额递减法计提折旧。

（4）2×25 年 12 月 31 日，对固定资产进行减值测试，发现 B 设备实际运行效率和生产能力验证未完全达到预计的状况，存在减值迹象，其预计可收回金额低于账面价值的差额为 120 万元，其他各项固定资产未发生减值迹象。

要求：根据上述资料，不考虑其他因素，分析回答下列问题。（答案中的金额单位用万元表示）

（1）根据资料（1）和资料（2），下列各项中，关于固定资产取得会计处理表述正确的是（　　）。

    A. 固定资产应按公允价值进行初始计量

    B. 支付的相关增值税税额不应计入固定资产的取得成本

    C. 固定资产取得成本与其公允价值差额应计入当期损益

    D. 购买价款、包装费、运输费、安装费等费用应计入固定资产的取得成本

（2）根据资料（1）和资料（2），下列各项中，计算结果正确的是（　　）。

    A. A 设备的入账价值为 1 612 万元

    B. B 设备的入账价值为 1 450.8 万元

    C. C 设备的入账价值为 967.2 万元

    D. A 设备分配购进固定资产总价款的比例为 40%

（3）根据资料（1）和资料（2），固定资产购置业务引起下列科目增减变动，正确的是（　　）。

    A. "银行存款"减少 4 050 万元

    B. "管理费用"增加 2 万元

    C. "制造费用"增加 2 万元

    D. "应交税费——应交增值税（进项税额）"增加 520 万元

（4）根据资料（3），下列各项中，关于甲公司固定资产折旧，表述正确的是（　　）。

    A. 前三年计提折旧所使用的折旧率为 40%

    B. A 设备 2×25 年度应计提折旧额为 652 万元

    C. B 设备 2×25 年度应计提折旧额为 580.32 万元

    D. 计提前三年折旧额时不需要考虑残值的影响

（5）根据资料（4），甲公司计提资产减值准备对其利润表项目的影响是（　　）。

A. 资产减值损失增加 120 万元 B. 营业利润减少 120 万元

C. 利润总额减少 120 万元 D. 净利润减少 120 万元

2. 甲公司适用的所得税税率为 25%。该公司 2×24 年 1～11 月利润总额为 308 万元，12 月发生如下交易或事项：

（1）12 月 7 日，向乙公司销售单独计价的包装物一批，开出的增值税专用发票上注明的价款为 2 万元，增值税税额为 0.26 万元，包装物实际成本为 1.2 万元，收到货款存入银行。

（2）12 月 20 日以自产的产品作为福利发放给生产工人，该批产品市场售价 80 万元（不含增值税），该产品的生产成本为 56 万元。

（3）2×24 年国债利息收入共 30 万元，税收滞纳金 10 万元，假定不存在其他纳税调整事项，递延所得税负债发生额为 45 万元，递延所得税资产发生额 10 万元。

要求：根据上述资料，不考虑其他因素，分析回答下列问题。（答案中的金额单位用万元表示）

（1）根据资料（1），关于甲公司销售包装物的处理正确的是（ ）。

  A. 确认其他业务收入 2 万元 B. 结转其他业务成本 1.2 万元

  C. 计入销售费用 1.2 万元 D. 计入营业外收入 2 万元

（2）根据资料（2），甲公司的下列处理正确的是（ ）。

  A. 计入应付职工薪酬的金额为 80 万元

  B. 计入生产成本的金额为 56 万元

  C. 计入主营业务成本的金额为 56 万元

  D. 计入应付职工薪酬的金额为 90.4 万元

（3）根据期初资料和资料（1）～（3），甲公司 2×24 年的应交所得税金额是（ ）万元。

  A. 77 B. 0

  C. 83.2 D. 78.2

（4）根据期初资料和资料（1）～（3），甲公司 2×24 年的所得税费用金额是（ ）万元。

  A. 123.2 B. 78.2

  C. 113.2 D. 43.2

（5）根据期初资料和资料（1）～（3），甲公司 2×24 年的净利润为（ ）万元。

  A. 308 B. 332.8

  C. 219.6 D. 254.6

3. 某工业企业大量生产甲产品，生产费用在完工产品与在产品之间的分配采用约当产量法。本月有关成本资料如下：甲产品本月完工 5 600 件，月末在产品 400 件，原材料在开工时一次投入，在产品的完工程度为 50%。月初在产品成本和本月生产费用合计为 1 088 800 元。其中：直接材料 432 000 元，直接人工 385 600 元，制造费用 271 200 元。

要求：根据上述资料，分析回答下列问题。

（1）采用约当产量比例法分配完工产品和月末在产品费用，适用的情况是（ ）。

  A. 各月末在产品数量变化较大

  B. 各月完工产品数量变化不大

  C. 在产品数量较多

  D. 生产成本中直接材料成本和直接人工等加工成本的比重相差不大

（2）完工产品负担的直接材料费是（ ）元。

  A. 440 000 B. 403 200

  C. 489 090 D. 42 440

（3）完工产品负担的制造费用是（ ）元。

A. 261 848.28

B. 225 000

C. 206 250.48

D. 475 428.57

（4）本月完工产品成本是（　　）元。

A. 960 340.74

B. 1 037 351.73

C. 934 750.73

D. 925 750.28

（5）月末在产品成本是（　　）元。

A. 48 500

B. 33 060.25

C. 51 448.27

D. 68 500

2025 年度全国会计专业技术初级资格考试模拟试卷参考答案及解析

初级会计实务（一）

一、单项选择题

1.【答案】B

【解析】会计主体，是指会计工作服务的特定对象，是企业会计确认、计量、记录和报告的空间范围。故选项 B 正确。

2.【答案】B

【解析】谨慎性要求企业对交易或者事项进行会计确认、计量和报告应当保持应有的谨慎，不应高估资产或者收益、低估负债或者费用。

3.【答案】D

【解析】以银行存款偿还所欠货款会计分录如下：

借：应付账款

　　贷：银行存款

一项资产与一项负债等额减少，选项 D 正确。

4.【答案】D

【解析】选项 A，企业单位信用卡存款账户不可以交存现金；选项 B，企业信用证保证金存款余额可以转存其开户行结算户存款；选项 C，企业银行汇票存款的收款人可以将其收到的银行汇票背书转让，但是带现金字样的银行汇票不可以背书转让。

5.【答案】B

【解析】企业的采购材料成本包括买价、相关税费、运输费、入库前的挑选整理费和合理损耗等。可以抵扣的增值税不计入材料成本。运输途中的合理损耗计入成本，所以总成本计算时不扣除合理损耗的 30 千克，计算单位成本时才扣除。本题中，材料入账价值 = $1\ 000 \times 100 + 2\ 000 + 500 = 102\ 500$（元）。

6.【答案】A

【解析】该生产设备从 2×23 年 1 月开始计提折旧，2×24 年为其第二个折旧年度，故 2×24 年该设备应计提的折旧金额 = $(121 - 1) \times 3 \div (4 + 3 + 2 + 1) = 36$（万元）。

7.【答案】D

【解析】转让该项专利权的账务处理为：

借：银行存款等	42.4
累计摊销	15
贷：无形资产	30
应交税费——应交增值税（销项税额）	2.4
资产处置损益	25

8.【答案】C

【解析】预提利息时：借记"财务费用"科目，贷记"应付利息"科目，选项 C 正确。

9.【答案】A

【解析】选项 B 错误，应将到期无力支付的银行承兑汇票的账面余额转作短期借款；选项 C 错误，申请银行承兑汇票支付的手续费应计入当期财务费用；选项 D 错误，应将到期无力支付的商业承兑汇票的账面余额转作应付账款。

10.【答案】A

【解析】因债权人撤销而无法支付的款项，属于与企业日常活动无关的利得，所以在将其转销时，应记入"营业外收入"科目，选项 A 正确。

11.【答案】B

【解析】发行股票支付的手续费 = 1 000 × 3 × 2% = 60（万元）；发行股票相关的手续费等交易费用，在溢价发行时，应从溢价中扣除，冲减资本公积。所以计入资本公积的金额 = 1 000 × 3 - 1 000 - 60 = 1 940（万元）。

12.【答案】D

【解析】选项 A、C，留存收益总额不变；选项 B，与留存收益无关。

13.【答案】D

【解析】销售原材料收入属于其他业务收入，选项 A 错误；出租包装物收取的押金属于其他应付款，选项 B 错误；出售生产设备净收益属于资产处置收益，选项 C 错误。

14.【答案】B

【解析】A 产品应分摊的交易价格 = 5 ÷ (5 + 4 + 3) × 9 = 3.75（万元）。

15.【答案】B

【解析】选项 A、C、D 都属于非流动资产。

16.【答案】D

【解析】"存货"项目应根据"材料采购""原材料""发出商品""库存商品""周转材料""委托加工物资""生产成本""受托代销商品"等科目的期末余额合计数，减去"受托代销商品款""存货跌价准备"科目期末余额后的净额填列。工程物资不属于存货项目，因此 2 × 24 年 12 月 31 日，A 公司资产负债表中"存货"项目"期末余额"的列报金额 = 350（发出商品）+ 180（生产成本）+ 80（原材料）+ 35（委托加工物资）- 20（材料成本差异）- 15（存货跌价准备）+ 200（受托代销商品）- 200（受托代销商品款）= 610（万元）。

17.【答案】C

【解析】逐步结转分步法是为了分步计算半成品成本而采用的一种分步法，所以钢铁厂的生铁、钢锭，纺织厂的棉纱等需要计算半成品成本适用的成本核算方法是逐步结转分步法，选项 C 正确。

18.【答案】B

【解析】制造费用分配率 = 制造费用总额 ÷ 生产工人工资总和 = 40 ÷ (40 + 60) = 0.4，B 产品应分配的制造费用 = B 产品生产工人工资 × 制造费用分配率 = 60 × 0.4 = 24（万元），选项 B 正确。

19.【答案】A

【解析】流动负债包括短期借款、应付短期政府债券、应付及预收款项、应缴款项等，选项 A 正确；非流动负债包括长期借款、长期应付款、应付长期政府债券等，选项 B、C、D 错误。

20.【答案】C

【解析】政府决算报告和政府综合财务报告的编制主体是各级政府财政部门、各部门、各单位；政府综合财务报告的数据来源是以财务会计核算生成的数据为准；政府综合财务报告反映的对象为政府整体财务状况、运行情况和财政中长期可持续性；政府决算报告编制基础为收付实现制，选项 C 符合题意。

二、多项选择题

1. 【答案】AB

【解析】选项C，在持续经营假设下，会计确认、计量、记录和报告应当以企业持续、正常的生产经营活动为前提，不能按照未来的预测核算企业经济业务；选项D，会计分期的目的是将生产经营活动划分成连续相同的期间。

2. 【答案】BCD

【解析】选项A错误，"资产＝负债＋所有者权益"等式，被称为财务状况等式、基本会计等式或静态会计等式，它是复式记账法的理论基础，也是编制资产负债表的依据。"收入－费用＝利润"等式，反映了企业利润的实现过程，被称为经营成果等式或动态会计等式，是编制利润表的依据。

3. 【答案】BCD

【解析】企业取得交易性金融资产时，应当按照该金融资产的公允价值作为其初始入账金额，选项A计入成本。支付价款中包含已宣告但尚未发放的现金股利或已到付息期但尚未领取的债券利息，应单独确认为应收项目，选项C不计入成本。购入时支付的交易费用计入投资收益，选项B、D不计入成本。

4. 【答案】ABC

【解析】2×24年4月1日初始投资成本＝10 000×90%＝9 000（万元），选项A正确；2×24年6月3日宣告分派现金股利应确认投资收益＝1 500×90%＝1 350（万元），选项B正确；2×25年5月6日宣告分派现金股利应确认投资收益＝7 500×90%＝6 750（万元），选项C正确；2×25年12月31日长期股权投资的账面价值仍然为9 000万元，选项D错误。

5. 【答案】BCD

【解析】会计分录如下：

借：管理费用（80＋10.4）　　　　　　　　　　　　　　　　　90.4

　　　贷：应付职工薪酬　　　　　　　　　　　　　　　　　　　　　　90.4

借：应付职工薪酬　　　　　　　　　　　　　　　　　　　　　　90.4

　　　贷：主营业务收入　　　　　　　　　　　　　　　　　　　　　　　80

　　　　　应交税费——应交增值税（销项税额）　　　　　　　　　　　10.4

借：主营业务成本　　　　　　　　　　　　　　　　　　　　　　60

　　　贷：库存商品　　　　　　　　　　　　　　　　　　　　　　　　　60

6. 【答案】ACD

【解析】库存股属于所有者权益，注销库存股不影响所有者权益总额。会计分录是：

①回购。

借：库存股　　　　　　　　　　　　　　　　　　　　　　60 000 000

　　　贷：银行存款　　　　　　　　　　　　　　　　　　　　　60 000 000

②注销。

借：股本　　　　　　　　　　　　　　　　　　　　　　　15 000 000

　　　资本公积——股本溢价　　　　　　　　　　　　　　　40 000 000

　　　盈余公积　　　　　　　　　　　　　　　　　　　　　5 000 000

　　　贷：库存股　　　　　　　　　　　　　　　　　　　　　60 000 000

7. 【答案】BCD

【解析】选项A计入制造费用，其余均于发生或者计提时计入其他业务成本。

8. 【答案】ABC

【解析】营业成本包括主营业务成本和其他业务成本。选项A、B均计入其他业务成本；选项C

计入主营业务成本；选项 D 计入销售费用。

9.【答案】BCD

【解析】直接分配法的特点是不考虑各辅助生产车间之间相互提供劳务或产品的情况，而是将各种辅助生产费用直接分配给辅助生产以外的各受益单位，选项 D 符合题意；其优点是只进行对外分配，分配一次，计算简单，选项 C 符合题意；其缺点是分配结果不够准确；直接分配法适用于辅助生产内部相互提供产品和劳务不多、不进行费用的交互分配、对辅助生产成本和企业产品成本的影响不大的情况，选项 B 符合题意。

10.【答案】AC

【解析】应缴财政的款项不属于纳入部门预算管理的现金收支，因此不进行预算会计处理，选项 B 错误；单位按照国家税法等有关规定应当缴纳的各种税费，通过"应交增值税""其他应交税费"科目核算，不通过"应缴财政款"科目核算，选项 D 错误。

三、判断题

1.【答案】×

【解析】本题考核负债的确认。企业只是与银行达成借款意向书，不属于过去的交易或者事项，不形成企业的负债。

2.【答案】√

【解析】"存货"项目反映的是存货的账面价值，存货的账面价值 = 存货的账面余额 − 存货跌价准备。

3.【答案】×

【解析】出租无形资产取得租金收入：

借：银行存款等

　　贷：其他业务收入

　　　　应交税费——应交增值税（销项税额）

4.【答案】×

【解析】企业无论按面值发行、还是溢价发行或折价发行债券，应按实际收到的金额，借记"银行存款""库存现金"等科目，按债券票面价值，贷记"应付债券——面值"科目；实际收到的款项与债券票面金额的差额，借记或贷记"应付债券——利息调整"科目。

5.【答案】×

【解析】按题目所述情形，企业接受机器设备投资时，应按设备的公允价值借记"固定资产""应交税费——应交增值税（进项税额）"等科目，同时贷记"实收资本（或股本）"等科目，也就是说，增值税税额应计入实收资本。

6.【答案】×

【解析】盈余公积转增资本的会计分录为：

借：盈余公积

　　贷：实收资本

该分录将使留存收益减少，但不影响所有者权益总额。

7.【答案】×

【解析】企业发生的收取手续费方式的委托代销业务，应于收到受托方代销清单时确认收入。

8.【答案】×

【解析】购置固定资产支付的现金作为投资活动的现金流出列示。

9.【答案】×

【解析】在财政授权支付方式下，单位按规定支用额度时，按照实际支用的额度，在预算会计中借记"行政支出""事业支出"等科目，贷记"资金结存——零余额账户用款额度"科目；同时在财务会计中借记"库存物品""固定资产""应付职工薪酬""业务活动费用""单位管理费用"等科目，贷记"零余额账户用款额度"科目。

10.【答案】×

【解析】事业收入是指事业单位开展专业业务活动及其辅助活动实现的收入，不包括从同级政府财政部门取得的各类财政拨款。

四、不定项选择题

1.（1）【答案】D

【解析】甲公司购入股票的会计处理：

借：交易性金融资产——成本	1 000
应收股利	6
投资收益	3
应交税费——应交增值税（销项税额）	0.18
贷：其他货币资金	1 009.18

（2）【答案】B

【解析】甲公司收到乙上市公司发放现金股利的会计处理：

借：其他货币资金	6
贷：应收股利	6

（3）【答案】A

【解析】资产负债表日：

借：公允价值变动损益	50
贷：交易性金融资产——公允价值变动	50

因此，只有选项A正确。

（4）【答案】AC

【解析】甲公司7月20日出售乙上市公司股票时的会计处理：

借：其他货币资金	1 160
交易性金融资产——公允价值变动	50
贷：交易性金融资产——成本	1 000
投资收益	210

（5）【答案】C

【解析】该股票投资对甲公司 2×24 年投资收益的影响额 $= -3 + 210 = 207$（万元）。

2.（1）【答案】BC

【解析】本题考查的是长期股权投资后续计量方法。企业持有的长期股权投资，按照对被投资单位施加的影响程度，分为成本法后续计量和权益法后续计量，其中对其能够控制的被投资单位（即对子公司的投资）后续核算时采用成本法核算，选项C正确，选项A错误；对其能够施加重大影响的被投资单位（即对联营企业的投资）后续计量时采用权益法核算，选项B正确，选项D错误。

（2）【答案】AC

【解析】本题考查的是长期股权投资的初始计量。非同一控制下企业合并形成的长期股权投资的，取得时，应当按实际支付的购买价款作为长期股权投资成本，甲公司对乙公司的投资，导致"长期股权投资"科目金额增加 11 000 万元，选项C正确，选项B错误；甲公司取得对丙公司的长期股权投资的初始投资成本是 9 000 万元，投资时享有丙公司可辨认净资产公允价值的份额 = 25 000 × 30% = 7 500（万元），初始投资成本大于应享有的份额，无须调整长期股权投资初始投资成本，对丙公司的投资成本是 9 000 万元，选项 A 正确，选项 D 错误。

（3）【答案】ACD

【解析】本题考查的是长期股权投资的后续计量。

①成本法核算长期股权投资，被投资单位实现净利润，投资单位不做账务处理，选项 B 错误；权益法核算长期股权投资，被投资单位实现净利润，投资单位按相应的持股比例确认长期股权投资，丙公司实现净利润时，甲公司应编制的会计分录为：

借：长期股权投资——丙公司——损益调整（3 000 × 30%）　　　　　900

　　贷：投资收益　　　　　　　　　　　　　　　　　　　　　　　　　　900

选项 D 正确。

②成本法核算长期股权投资，被投资单位宣告发放现金股利，投资单位确认投资收益；权益法核算长期股权投资，被投资单位宣告发放现金股利，投资单位按相应的持股比例调整长期股权投资账面价值。

乙公司宣告分配现金股利时，甲公司应编制的会计分录为：

借：应收股利　　　　　　　　　　　　　　　　　　　　　　　　　　200

　　贷：投资收益　　　　　　　　　　　　　　　　　　　　　　　　　200

选项 A 正确。

丙公司宣告分配现金股利时，甲公司的会计处理如下：

借：应收股利　　　　　　　　　　　　　　　　　　　　　　　　　　100

　　贷：长期股权投资——丙公司——损益调整　　　　　　　　　　　　100

选项 C 正确。

（4）【答案】AD

【解析】本题考查的是权益法核算的长期股权投资的后续计量。丙公司其他资本公积增加 1 000 万元，则甲公司应按持股比例调整长期股权投资账面价值，甲公司应编制的会计分录为：

借：长期股权投资——丙公司——其他权益变动（1 000 × 30%）　　　300

　　贷：资本公积——其他资本公积　　　　　　　　　　　　　　　　　300

选项 A、D 正确，选项 B、C 错误。

（5）【答案】B

【解析】本题考查的是处置权益法核算的长期股权投资对投资收益的影响。甲公司处置持有的丙公司股份，应编制的会计分录为：

借：银行存款　　　　　　　　　　　　　　　　　　　　　　　　11 000

　　贷：长期股权投资——投资成本　　　　　　　　　　　　　　　　9 000

　　　　　　　　　　　——损益调整（900 - 100）　　　　　　　　　800

　　　　　　　　　　　——其他权益变动　　　　　　　　　　　　　300

　　　　投资收益　　　　　　　　　　　　　　　　　　　　　　　　900

同时，

借：资本公积——其他资本公积　　　　　　　　　　　　　　　　　300

　　贷：投资收益　　　　　　　　　　　　　　　　　　　　　　　　300

出售丙公司股份应确认的投资收益 = 900 + 300 = 1 200（万元），选项 B 正确；选项 A 错误，未将持有期间确认的资本公积结转至投资收益；选项 C、D 错误，无法通过计算得出。

3.（1）【答案】A

【解析】甲公司 2×24 年 1~11 月份的营业利润 = 800 + 100 - 500 - 60 - 30 - 40 - 15 + 30 + 60 - 12 = 333（万元）。

（2）【答案】D

【解析】该批商品 2×24 年 12 月 1 日应确认的收入 = 5 × 100 × (1 - 10%) = 450（万元），2×24 年 12 月 31 日，根据最新情况重新预计商品的退货率降低了 2%，所以应补充确认收入 = 5 × 100 × (10% - 8%) = 10（万元）。因此，甲公司 2×24 年此项销售业务应确认的收入 = 450 + 10 = 460（万元）。

（3）【答案】ACD

【解析】出售无形资产应计入资产处置损益的金额 = 60 - (80 - 80 ÷ 10 × 5) = 20（万元），资产处置损益影响营业利润的同时也影响利润总额，因此选项 A、C、D 正确。

（4）【答案】BD

【解析】由于是报废设备，因此处置设备的净损益应计入营业外收支，报废设备应计入营业外支出的金额 = 120 - 100 + 2 - 1 = 21（万元），营业外支出影响利润总额，不影响营业利润；因此，选项 B、D 正确。

（5）【答案】D

【解析】甲公司 2×24 年 1~11 月份利润总额 = 333 + 50 - 10 = 373（万元），所以甲公司 2×24 年的利润总额 = 373 + 460 - 5 × 70 × (1 - 8%) + 20 - 21 + 5 = 515（万元）。

2025 年度全国会计专业技术初级资格考试模拟试卷参考答案及解析
初级会计实务（二）

一、单项选择题

1. 【答案】A

【解析】单位内部的会计监督职能是指会计机构、会计人员对其特定主体经济活动和相关会计核算的真实性、完整性、合法性和合理性进行审查，使之达到预期经济活动和会计核算目标的功能。故选项 A 正确。

2. 【答案】D

【解析】收付实现制，是指以现金的实际收付为标志来确定本期收入和费用的会计核算基础，选项 A 错误，选项 D 正确；在我国，政府会计中预算会计和财务会计构成，其中，预算会计采用收付实现制，国务院另有规定的，依照其规定；财务会计采用权责发生制，选项 B 错误；为了真实、公允地反映特定会计期间的财务状况和经营成果，企业应当以权责发生制为基础进行会计确认、计量、记录和报告，选项 C 错误。

3. 【答案】D

【解析】本题考核会计计量属性。重置成本是指按照当前市场条件，重新取得同样一项资产所需支付的现金或现金等价物金额。采用重置成本计量时，资产按照现在购买相同或者相似资产所需支付的现金或者现金等价物的金额计量。该公司对盘盈的固定资产计量时应以现在市场上与该盘盈固定资产相同规格型号、相同新旧程度的固定资产的价值作为其成本进行计量入账，即以重置成本计量入账。

4. 【答案】D

【解析】应收账款的入账金额 = 商品售价 + 增值税 + 为购买方垫付费用 = $200 \times 1.13 + 1 + 0.5 = 227.5$（万元）。

5. 【答案】B

【解析】本月销售成本 = $100\,000 - 100\,000 \times (30\,000 - 20\,000 + 120\,000 - 100\,000) \div (30\,000 + 120\,000) \times 100\% = 80\,000$（元）。

6. 【答案】B

【解析】固定资产进行更新改造后的入账价值 = 该项固定资产进行更新改造前的账面价值 + 发生的资本化后续支出 - 该项固定资产被更换部件的账面价值 = $(2\,000 - 2\,000 \div 10 \times 4) + 1\,000 - (800 - 800 \div 10 \times 4) = 1\,720$（万元）。

7. 【答案】C

【解析】购入的作为投资性房地产的建筑物采用成本计量模式时，其会计处理同固定资产——当月增加，当月不计提折旧。2×24 年应该计提折旧的时间为 11 个月，2×24 年计提折旧 = $(270 - 30) \div 20 \times 11 \div 12 = 11$（万元）。相关会计分录为：

2×24 年 1 月 25 日：

借：投资性房地产　　　　　　　　　　　　270

　　贷：银行存款　　　　　　　　　　　　　　　270

2×24 年 12 月 31 日：

借：其他业务成本　　　　　　　　　　　　　　　　　　　　　　11
　　贷：投资性房地产累计折旧　　　　　　　　　　　　　　　　　　　11

8.【答案】A

【解析】相关账务处理为：

7 月 1 日：

借：银行存款　　　　　　　　　　　　　　　　　　　　　900 000
　　贷：短期借款　　　　　　　　　　　　　　　　　　　　　　900 000

7 月末，计提 7 月份应付利息：

借：财务费用　　　　　　　　　　　　　　　　　　　　　　3 000
　　贷：应付利息（900 000×4%÷12）　　　　　　　　　　　　3 000

8 月末，计提 8 月份应付利息：

借：财务费用　　　　　　　　　　　　　　　　　　　　　　3 000
　　贷：应付利息（900 000×4%÷12）　　　　　　　　　　　　3 000

9 月 20 日，按季度支付银行借款利息：

借：财务费用（3 000÷30×20）　　　　　　　　　　　　　　2 000
　　应付利息　　　　　　　　　　　　　　　　　　　　　6 000
　　贷：银行存款　　　　　　　　　　　　　　　　　　　　　　8 000

9 月 30 日，计提 9 月份最后 10 日应付利息：

借：财务费用（3 000÷30×10）　　　　　　　　　　　　　　1 000
　　贷：应付利息　　　　　　　　　　　　　　　　　　　　　　1 000

9.【答案】D

【解析】利润分享计划，是指因职工提供服务而与职工达成的基于利润或其他经营成果提供薪酬的协议，题目中的薪酬类别符合利润分享计划，选项 D 正确。

10.【答案】C

【解析】本题考查应交消费税——委托加工应税消费品。委托加工物资收回后，直接用于销售的，应将受托方代收代缴的消费税计入委托加工物资的成本，借记"委托加工物资"等科目；委托加工物资收回后用于连续生产应税消费品的，按规定准予抵扣的，应按已由受托方代收代缴的消费税，借记"应交税费——应交消费税"科目，选项 C 正确。

11.【答案】C

【解析】选项 A、B、D 均属于所有者权益内部项目一增一减。

12.【答案】C

【解析】可供投资者分配利润 = 1 000 + 3 000 − 3 000×10% − 200 = 3 500（万元）。

13.【答案】B

【解析】甲公司授予客户的积分为客户提供了一项重大权利，应当作为单项履约义务。客户购买商品的单独售价合计为 100 000 元，考虑积分的兑换率，甲公司估计积分的单独售价为 9 000 元（1 × 10 000×90%）。甲公司按照商品和积分单独售价的相对比例对交易价格进行分摊：商品分摊的交易价格 =［100 000÷（100 000 + 9 000）］×100 000 = 91 743.12（元）。积分分摊的交易价格 =［9 000÷（100 000 + 9 000）］×100 000 = 8 256.88（元）。2×24 年 12 月 31 日，积分当年应当确认的收入为 5 779.82 元（6 300÷9 000×8 256.88）；合同负债余额 = 8 256.88 − 5 779.82 = 2 477.06（元）。

14.【答案】C

【解析】国债利息收入应调减应纳税所得额，行政罚款应调增应纳税所得额，因此甲公司 2×24

年应纳税所得额 = 2 000 – 120 + 20 = 1 900（万元）；因无递延所得税，所以所得税费用 = 1 900 × 25% = 475（万元）。会计分录为：

借：所得税费用   475

    贷：应交税费——应交所得税   475

15.【答案】D

【解析】选项 A、B 应根据有关总账科目余额填列；选项 C 应根据总账科目和明细账科目余额分析计算填列。

16.【答案】D

【解析】该公司资产负债表"在建工程"项目期末余额 = 90 – 12 + 35 – 5 = 108（万元）。故选项 D 正确。

17.【答案】A

【解析】选项 A 正确。M 产品当月应分配的职工薪酬金额 = 3 000 ÷（400 + 600）× 400 = 1 200（万元）。

18.【答案】C

【解析】完工产品和在产品的成本分配方法中，涉及定额问题的有两种方法：一是在产品按定额成本计价法，适用于各月末在产品数量变化不大的情况，选项 C 正确；二是定额比例法，适用于各月末在产品数量变化较大的情况。

19.【答案】D

【解析】对于单位受托代理的现金以及应上缴财政的现金所涉及的收支业务，仅需要进行财务会计处理，不需要进行预算会计处理，选项 A、B 不正确；计提固定资产折旧不涉及现金收支，无须进行预算会计核算，选项 C 不正确。

20.【答案】D

【解析】在财政直接支付方式下，单位在收到"财政直接支付入账通知书"时，按照通知书中直接支付的金额，在财务会计中借记"库存物品"等科目，贷记"财政拨款收入"科目，选项 D 正确。

二、多项选择题

1.【答案】ABCD

【解析】选项 A，属于审核原始凭证的正确性；选项 B，属于审核原始凭证的完整性；选项 C，属于审核原始凭证的合法性、合理性；选项 D，属于审核原始凭证的真实性。

2.【答案】BCD

【解析】企业计提的存货跌价准备、无形资产减值准备和固定资产减值准备应通过"资产减值损失"科目核算，坏账准备应通过"信用减值损失"科目核算。

3.【答案】AC

【解析】选项 B 不正确，采用年数总和法计算的年折旧率逐年递减。选项 D 不正确，双倍余额递减法是指在不考虑固定资产预计净残值的情况下，根据每期期初固定资产原价减去累计折旧后的余额和双倍的直线法折旧率计算固定资产折旧的一种方法。采用双倍余额递减法计提固定资产折旧，一般应在固定资产使用寿命到期前两年内，将固定资产账面净值扣除预计净残值后的余额平均摊销。

4.【答案】AD

【解析】预提短期借款利息账务处理如下：

借：财务费用

    贷：应付利息

5.【答案】BD

【解析】选项 B，盈余公积转增资本，借记"盈余公积"科目，贷记"实收资本"科目，会导致留存收益减少。选项 D，借记"管理费用"科目，贷记"银行存款"科目等，管理费用期末要结转到本年利润中，本年利润最后要结转到"利润分配——未分配利润"科目，所以会引起留存收益总额的减少。

6.【答案】BC

【解析】甲公司因手机自身质量问题提供的维修服务，应作为或有事项处理，不构成单项履约义务；因非手机自身质量问题提供的维修服务属于额外提供的服务，且能合理区分，因此应作为单项履约义务，在取得销售价款中按合理比例进行分摊，分别确认手机的销售收入和提供维修的服务收入。

7.【答案】ABCD

【解析】以上四个选项均正确。

8.【答案】ACD

【解析】选项 A，专利技术属于无形资产，出售无形资产的净收益计入资产处置损益；选项 C，计入营业外收入；选项 D，计入投资收益。

9.【答案】BCD

【解析】交互分配法属于辅助生产费用的分配方法，选项 A 错误。

10.【答案】ACD

【解析】政府负债的计量属性主要包括历史成本、现值和公允价值，选项 A 错误；预算会计要素包括预算收入、预算支出与预算结余，选项 B 正确；政府会计由预算会计和财务会计构成，选项 C 错误；政府财务会计要素包括资产、负债、净资产、收入和费用，选项 D 错误。

三、判断题

1.【答案】√

【解析】该说法正确。

2.【答案】√

【解析】单位应当指定专门机构或者岗位负责会计信息化工作，未设置会计机构和会计岗位的单位，可以采取委托代理记账机构或者财政部规定的其他方式组织会计工作，推进会计信息化应用。

3.【答案】√

【解析】为便于存货管理，对于所购货物已验收入库，但发票账单尚未到达的，应按货物的暂估价入账，但不用暂估增值税。待下月初用红字冲回，收到账单后按发票上注明的价款和增值税入账。

4.【答案】×

【解析】本题考查的是权益法核算的长期股权投资发生超额亏损的会计处理。被投资单位发生净亏损，以"长期股权投资"科目的账面价值减记至零为限；还需承担的投资损失，应将其他实质上构成对被投资单位净投资的"长期应收款"等的账面价值减记至零为限；除按照以上步骤已确认的损失外，按照投资合同或协议约定将承担的损失，确认为预计负债，长期股权投资的账面价值不能为负数，题干表述错误。

5.【答案】√

【解析】长期借款利息费用应当在资产负债表日按照实际利率法计算确定，实际利率与合同利率差异较小的，也可以采用合同利率计算确定利息费用。

6.【答案】×

【解析】发行股票的溢价不足冲减或无溢价冲减，应当冲减盈余公积，盈余公积不足抵扣的，冲减未分配利润。

7.【答案】√

【解析】应纳税暂时性差异在未来期间转回时，会增加转回期间的应纳税所得额和相应的应交所得税，从而导致经济利益流出企业，因而在其发生当期，一般情况下应确认为相关的递延所得税负债。

8. 【答案】√

【解析】资产负债表是根据"资产＝负债＋所有者权益"这一平衡公式，依照一定的分类标准和一定的次序，将某一特定日期的资产、负债、所有者权益的具体项目予以适当排列编制而成。资产负债表主要反映资产、负债和所有者权益三方面的内容。

9. 【答案】×

【解析】对制造企业而言，大批大量单步骤生产产品或管理上不要求提供有关生产步骤成本信息的，以产品品种为成本核算对象。

10. 【答案】×

【解析】费用是指报告期内导致政府会计主体净资产减少的、含有服务潜力或者经济利益的经济资源的流出。

四、不定项选择题

1. （1）【答案】BD

【解析】企业采用计划成本核算存货成本，应按实际成本计入材料采购，按计划成本计入原材料，差额计入材料成本差异，选项 B、D 正确。

（2）【答案】BCD

【解析】材料成本差异率＝（－62.89＋12）÷（1 463＋200）×100%＝－3%，发出 A 材料的实际成本＝120×（1－3%）＝116.4（万元），选项 B 正确、选项 A 错误；受托方代收代缴消费税记入"应交税费——应交消费税"科目借方；收回委托加工物资的实际成本＝116.4＋13.6＝130（万元），选项 B、C、D 正确。

（3）【答案】C

【解析】A 材料的实际成本＝520×（1－3%）＝504.4（万元）。

（4）【答案】C

【解析】甲产品的可变现净值＝1 210－18＝1 192（万元），"存货跌价准备"的期末余额＝1 200－1 192＝8（万元），而"存货跌价准备"期初余额为 122 万元，所以当期应转回存货跌价准备＝122－8＝114（万元）。

（5）【答案】B

【解析】A 材料期末的实际成本＝（1 463＋200－120－520）×（1－3%）＝992.31（万元）。

2. （1）【答案】AC

【解析】研究阶段以及开发阶段不符合资本化的部分均应记入"研发支出——费用化支出"科目，期末转入"管理费用"科目，其中应当费用化金额＝100＋300＝400（万元），资本化金额为 500 万元，选项 A、C 正确，选项 B 错误；符合资本化条件的，发生支出时记入"研发支出——资本化支出"科目，待达到使用状态再转入"无形资产"科目，选项 D 错误。

（2）【答案】D

【解析】研究阶段以及开发阶段不符合资本化的部分均应计入管理费用，所以计入该项非专利技术的金额为 500 万元，选项 A 错误；使用寿命不确定的无形资产不应摊销，因此，选项 B、C 错误，选项 D 正确。

（3）【答案】AC

【解析】出租无形资产的租金计入其他业务收入，其摊销额计入其他业务成本。

（4）【答案】ACD

【解析】

借：银行存款

累计摊销	60	
贷：无形资产		100
资产处置损益		40

资产处置损益影响营业利润 40 万元，同时影响利润总额 40 万元。因此，选项 A、C、D 正确，选项 B 错误。

（5）【答案】ABC

【解析】非专利技术账面原值 500 万元，可收回金额 300 万元，应计提减值准备 200 万元，同时记入"资产减值损失"科目，影响营业利润 200 万元，计提完减值准备后的账面价值 = 500 - 200 = 300（万元）。

3.（1）【答案】AC

【解析】甲公司预收安装费的会计分录为：

| 借：银行存款 | 440 000 | |
| 贷：合同负债 | | 440 000 |

（2）【答案】AD

【解析】甲公司实际发生安装费用的会计分录为：

| 借：合同履约成本 | 280 000 | |
| 贷：应付职工薪酬 | | 280 000 |

（3）【答案】ABC

【解析】2×24 年 12 月 31 日，甲公司实际发生的成本占估计总成本的比例确定安装的履约进度 = 280 000÷（280 000 + 120 000）= 70%，应确认收入 = 600 000×70% = 420 000（元），结转安装成本 = 280 000 元。

借：合同负债	420 000	
应收账款	37 800	
贷：主营业务收入		420 000
应交税费——应交增值税（销项税额）		37 800
借：主营业务成本	280 000	
贷：合同履约成本		280 000

（4）【答案】A

【解析】2×25 年 2 月 25 日，甲公司会计处理为：

借：银行存款	214 000	
合同负债	20 000	
贷：主营业务收入		180 000
应交税费——应交增值税（销项税额）		16 200
应收账款		37 800
借：合同履约成本	110 000	
贷：应付职工薪酬		110 000
借：主营业务成本	110 000	
贷：合同履约成本		110 000

（5）【答案】ACD

【解析】企业应当根据实际情况，首先判断履约义务是否满足在某一时段内履行的条件，如不满足，则该履约义务属于在某一时点履行的履约义务。

2025 年度全国会计专业技术初级资格考试模拟试卷参考答案及解析

初级会计实务（三）

一、单项选择题

1.【答案】C

【解析】谨慎性要求企业对交易或者事项进行会计确认、计量、记录和报告应当保持应有的谨慎，不应高估资产或者收益、低估负债或者费用，选项 C 正确。选项 A 体现的是可比性；选项 B 体现的是可理解性；选项 D 体现的是及时性。

2.【答案】A

【解析】选项 A 属于资产内部一增（库存现金）一减（银行存款）；选项 B 属于资产（银行存款）和负债（应付账款）同时减少；选项 C 属于资产（固定资产）和所有者权益（实收资本）同时增加；选项 D 属于负债（应付利润）增加和所有者权益（未分配利润）减少。

3.【答案】C

【解析】记账凭证账务处理程序具有简单明了、易于理解、总分类账可以反映经济业务的详细情况的优点，选项 C 错误。

4.【答案】A

【解析】企业应收账款改用应收票据结算，在收到承兑的商业汇票时，借记"应收票据"科目，贷记"应收账款"科目。

5.【答案】A

【解析】"其他应收款"的主要内容包括：（1）应收的各种赔款、罚款，如因企业财产等遭受意外损失而应向有关保险公司收取的赔款等；（2）应收的出租包装物租金；（3）应向职工收取的各种垫付款项，如为职工垫付的水电费、应由职工负担的医药费、房租费等（选项 C）；（4）存出保证金，如租入包装物支付的押金；（5）其他各种应收、暂付款项。选项 B，计入其他应付款；选项 C，计入预付账款；选项 D，计入其他应付款。

6.【答案】D

【解析】随同商品出售且单独计价的包装物成本应结转到其他业务成本，选项 D 正确。这里需要区别的是，随同商品出售不单独计价的包装物成本应计入销售费用。

7.【答案】C

【解析】本月的材料成本差异率 = $(-30 + 70) \div (250 + 550) \times 100\% = 5\%$，则当月生产车间领用材料应负担的材料成本差异 = $600 \times 5\% = 30$（万元），则当月生产车间领用的材料的实际成本为 $600 + 30 = 630$（万元）。

8.【答案】A

【解析】同一控制下的企业合并，应以取得被合并方所有者权益相对于最终控制方而言的账面价值的份额作为初始投资成本，因此甲公司对乙企业长期股权投资的初始投资成本 = $3\,200 \times 60\% = 1\,920$（万元）。

9.【答案】D

【解析】本题考查的是固定资产后续支出的会计处理。生产线扩建后入账价值 = 改扩建前固定资产的账面价值 + 改扩建支出 = 1 000（固定资产原值）- 300（累计折旧）+ 800（改扩建支出）= 1 500（万元），选项 D 正确。

10.【答案】A

【解析】辞退福利不区分受益对象，一律计入管理费用，选项 A 正确。

11.【答案】D

【解析】选项 A 计入进口商品成本，选项 B、C 不需要预计应交数，不通过"应交税费"科目核算。不计入应交税费的税费（直接交纳，不用预提税费）：印花税、耕地占用税、车辆购置税、契税；除此之外，其他税种均通过应交税费核算。

12.【答案】D

【解析】本题考查短期职工薪酬的账务处理——非货币性职工薪酬。该企业应确认的应付职工薪酬金额 = 200 × 1 200 ×（1 + 13%）= 271 200（元），选项 D 正确。

13.【答案】B

【解析】投资者实际出资额超过投资者在企业注册资本中所占份额的部分，应计入资本公积。

14.【答案】D

【解析】注销库存股时，如果回购价大于回购股份对应的股本，先冲减资本公积，资本公积不足冲减的再冲减盈余公积和未分配利润，本题中，回购的库存股一共 200 万元，对应股本为 100 万元，差额 100 万元，所以冲减资本公积 100 万元即可，无须冲减盈余公积。

15.【答案】A

【解析】2 × 24 年第一季度，甲公司根据以往经验估计乙公司全年的采购量将不会超过 2 000 件，甲公司按照 80 元的单价确认收入，满足在不确定性消除之后，累计已确认的收入将极可能不会发生重大转回的要求，因此，甲公司在第一季度确认的收入金额为 12 000 元（80 × 150）。2 × 24 年第二季度，甲公司对交易价格进行重新估计，由于预计乙公司全年的采购量将超过 2 000 件，按照 70 元的单价确认收入，才满足极可能不会导致累计已确认的收入发生重大转回的要求。因此，甲公司在第二季度确认收入 = [70 ×（1 000 + 150）- 12 000] = 68 500（元）。

16.【答案】B

【解析】国债利息收入免征企业所得税，所以在计算应纳税所得额时应调整减少，该企业的应纳税所得额 = 150 - 5 = 145（万元）；因无递延所得税，该企业所得税费用 = 应交所得税 = 145 × 25% = 36.25（万元），2 × 24 年该企业的净利润 = 150 - 36.25 = 113.75（万元）。

17.【答案】B

【解析】营业收入包括主营业务收入和其他业务收入，所以甲公司应确认的营业收入金额 = 175 + 23 = 198（万元）。

18.【答案】B

【解析】选项 A、D 属于筹资活动产生的现金流量；选项 B 属于投资活动产生的现金流量；选项 C 属于经营活动产生的现金流量。故选项 B 正确。

19.【答案】B

【解析】单位财务会计通过资产、负债、净资产、收入、费用五个要素，全面反映单位财务状况、运行情况和现金流量情况；单位预算会计通过预算收入、预算支出和预算结余三个要素全面反映单位预算收支执行情况，选项 B 符合题意。

20.【答案】A

【解析】政府会计应当实现预算会计和财务会计的双重功能，选项 A 正确。

二、多项选择题

1.【答案】ABCD

【解析】我国企业会计准则体系自 2006 年正式发布以来，财政部在坚持国际趋同和服务国内实践基础上，形成了由基本准则、具体准则、准则解释和会计处理规定构成的基本制度安排。故选项 A、B、C、D 均正确。

2.【答案】AB

【解析】"材料成本差异"账户贷方登记购进环节的节约差和发出材料环节的超支差。

3.【答案】BCD

【解析】选项 A，不是为达到下一个生产阶段所必需的仓储费用应计入当期损益。

4.【答案】CD

【解析】选项 A，用于建造厂房的土地使用权的账面价值不需要转入所建造厂房的建造成本；选项 B，使用寿命不确定的无形资产，不应进行摊销。

5.【答案】CD

【解析】应付商业承兑汇票到期，如企业无力支付票款，由于商业汇票已经失效，企业应将应付票据按账面余额转作应付账款，借记"应付票据"科目，贷记"应付账款"科目。

6.【答案】AD

【解析】企业收到投资者出资额超出其在注册资本（或股本）中所占份额的部分及其他资本公积都属于资本公积核算的内容。

7.【答案】ACD

【解析】资产的账面价值小于其计税基础，产生可抵扣暂时性差异，选项 B 错误。

8.【答案】AB

【解析】选项 C 属于投资活动的现金流量，选项 D 不会引起现金流量的变动。

9.【答案】AB

【解析】制造费用分配方法很多，通常采用生产工人工时比例法（或生产工时比例法）、生产工人工资比例法（或生产工资比例法）、机器工时比例法和按年度计划分配率分配法等，选项 A、B 正确；约当产量比例法属于生产成本在完工产品和在产品之间进行分配的方法，选项 C 错误；计划成本分配法属于辅助生产费用的分配方法，选项 D 错误。

10.【答案】BD

【解析】政府举借的债务包括政府发行的政府债券，向外国政府、国际经济组织等借入的款项，以及向上级政府借入转贷资金形成的借入转贷款。选项 A 属于暂收性负债；选项 C 属于或有事项。故选项 B、D 正确。

三、判断题

1.【答案】×

【解析】小企业会计准则主要适用于符合《中小企业划型标准规定》所规定的小型企业标准的企业，但以下三类小企业除外：（1）股票或债券在市场上公开交易的小企业；（2）金融机构或其他具有金融性质的小企业；（3）企业集团内的母公司和子公司。

2.【答案】×

【解析】外来原始凭证是指在经济业务发生或完成时，从其他单位或个人直接取得的原始凭证，如购买原材料取得的增值税专用发票、职工出差报销的飞机票、火车票和餐饮费发票等；自制原始凭证是指由本单位有关部门和人员，在经办或完成某项经济业务时填制的原始凭证，如领料单、产品入库单、借款单等。

3.【答案】√

【解析】分次摊销法适用于可供多次反复使用的低值易耗品。

4.【答案】×

【解析】企业以一笔款项购入多项没有单独标价的固定资产时，应按各项固定资产公允价值的比例对总成本进行分配，分别确定各项固定资产的成本。

5.【答案】×

【解析】应付股利是指企业根据股东大会或类似机构审议批准的利润分配方案确定分配给投资者的现金股利或利润。企业分配的股票股利不通过"应付股利"科目核算。

6.【答案】×

【解析】企业应根据所签订金融工具的合同条款及其所反映的经济实质在初始确认时将该金融工具或其组成部分分类为金融资产、金融负债或权益工具，而不能仅仅根据其名称中是否包含"股"或"债"。也就是说，优先股和永续债均有可能被分类为权益工具或金融负债。

7.【答案】×

【解析】如果选择权向客户提供了重大权利，企业应当在未来转让这些商品或服务时或选择权失效时确认收入。

8.【答案】√

【解析】"开发支出"项目，反映企业开发无形资产过程中能够资本化形成无形资产成本的支出部分。

9.【答案】×

【解析】制造费用是指企业为生产产品和提供劳务而发生的各项间接费用。制造费用不属于直接生产成本。

10.【答案】×

【解析】政府单位提前报废的固定资产，不再计提折旧。

四、不定项选择题

1.（1）【答案】BD

【解析】固定资产应按实际支付的购买价款、相关税费、使固定资产达到预定可使用状态前所发生的可归属于该项资产的运输费、装卸费、安装费和专业人员服务费等，作为固定资产的取得成本，增值税进项税额不计入固定资产取得成本。

（2）【答案】BCD

【解析】A 设备的入账价值 = $(4\,000+30) \times 2\,000 \div (2\,000+1\,800+1\,200) + 18 = 1\,630$（万元）；B 设备的入账价值 = $(4\,000+30) \times 1\,800 \div (2\,000+1\,800+1\,200) = 1\,450.8$（万元）；C 设备的入账价值 = $(4\,000+30) \times 1\,200 \div (2\,000+1\,800+1\,200) = 967.2$（万元）。A 设备分配购进固定资产总价款的比例 = $2\,000 \div (2\,000+1\,800+1\,200) \times 100\% = 40\%$。

（3）【答案】BD

【解析】该业务会计分录如下：

借：固定资产——A	1 630
——B	1 450.8
——C	967.2
应交税费——应交增值税（进项税额）	520
管理费用	2
贷：银行存款	4 570

（4）【答案】ABCD

【解析】三台设备自 2×25 年 1 月开始计提折旧。

2×25 年 A 设备应计提的折旧额 = 1 630×2÷5 = 652（万元）；

2×25 年 B 设备应计提的折旧额 = 1 450.8×2÷5 = 580.32（万元）；

双倍余额递减法前三年的折旧率 = 2÷5×100% = 40%；前三年不考虑残值。

（5）【答案】ABC

【解析】计提资产减值准备的账务处理为：

借：资产减值损失   120

    贷：固定资产减值准备   120

本题中该固定资产计提减值损失 120 万元，利润表中资产减值损失增加 120 万元，相应营业利润、利润总额均减少 120 万元。

2．（1）【答案】AB

【解析】随同商品出售单独计价的包装物，应将价格确认其他业务收入，按其成本结转其他业务成本。

借：银行存款   2.26

    贷：其他业务收入   2

        应交税费——应交增值税（销项税额）   0.26

借：其他业务成本   1.2

    贷：周转材料——包装物   1.2

因此，选项 A、B 正确。

（2）【答案】CD

【解析】

借：生产成本   90.4

    贷：应付职工薪酬   90.4

借：应付职工薪酬   90.4

    贷：主营业务收入   80

        应交税费——应交增值税（销项税额）   10.4

借：主营业务成本   56

    贷：库存商品   56

因此，选项 C、D 正确。

（3）【答案】D

【解析】应交所得税 = 应纳税所得额×适用税率 = [308 + (2 - 12) + (80 - 56) - 30 + 10]×25% = 78.2（万元）。

（4）【答案】C

【解析】所得税费用金额 = 78.2 + 45 - 10 = 113.2（万元）。

（5）【答案】C

【解析】2×24 年净利润 = 利润总额 - 所得税费用 = (308 + 2 - 12 + 80 - 56) - 113.2 = 219.6（万元）。

3．（1）【答案】ACD

【解析】约当产量比例法适用产品数量较多，各月在产品数量变化也较大，且生产成本中直接材料成本和直接人工等加工成本的比重相差不大的产品。

（2）【答案】B

【解析】原材料开工时一次投入的，在产品数量＝在产品约当产量，所以完工产品负担的直接材料费＝耗用总的材料费用÷（完工产品数量＋在产品数量）×完工产品数量＝432 000 ÷（5 600 ＋400）×5 600＝403 200（元）。

（3）【答案】A

【解析】在产品约当产量＝400×50%＝200（件）；完工产品负担的制造费用＝耗用总的制造费用÷（完工产品数量＋在产品约当产量）×完工产品数量＝271 200÷（5 600＋400×50%）×5 600＝261 848.28（元）。

（4）【答案】B

【解析】完工产品负担的直接人工＝耗用总的直接人工÷（完工产品数量＋在产品约当产量）×完工产品数量＝385 600÷（5 600＋400×50%）×5 600＝372 303.45（元）；本月完工产品成本＝完工产品负担的直接材料＋完工产品负担的直接人工＋完工产品负担的制造费用＝403 200＋372 303.45＋261 848.28＝1 037 351.73（元）。

（5）【答案】C

【解析】在产品负担的直接材料费＝432 000－403 200＝28 800（元）；在产品负担的直接人工＝耗用的总的直接人工÷（完工产品数量＋在产品约当产量）×在产品约当产量＝385 600÷（5 600＋400×50%）×400×50%＝13 296.55（元）；在产品负担的制造费用＝耗用的总的制造费用÷（完工产品数量＋在产品约当产量）×在产品约当产量＝271 200÷（5 600＋400×50%）×400×50%＝9 351.72（元）；月末在产品成本＝在产品负担的直接材料＋在产品耗用的直接人工＋在产品耗用的制造费用＝28 800＋13 296.55＋9 351.72＝51 448.27（元）。